8 Lb 25 20 1

Paris
1864

Douët d'Arcq, Louis-Claude (éd.)

Choix de pièces inédites relatives au règne de Charles VI

Tome 1

CHOIX
DE PIÈCES INÉDITES
RELATIVES AU RÈGNE
DE CHARLES VI.

PARIS — IMPRIMERIE DE CH. LAHURE
Rue de Fleurus, 9

CHOIX
DE PIÈCES INÉDITES

RELATIVES AU RÈGNE

DE CHARLES VI

PUBLIÉES

POUR LA SOCIÉTÉ DE L'HISTOIRE DE FRANCE

PAR

L. DOUËT-D'ARCQ

TOME PREMIER

A PARIS
CHEZ Mme Ve JULES RENOUARD
LIBRAIRE DE LA SOCIÉTÉ DE L'HISTOIRE DE FRANCE
RUE DE TOURNON, N° 6
M. DCCC. LXIII

EXTRAIT DU RÈGLEMENT.

Art. 14. Le Conseil désigne les ouvrages à publier, et choisit les personnes les plus capables d'en préparer et d'en suivre la publication.

Il nomme, pour chaque ouvrage à publier, un Commissaire responsable, chargé d'en surveiller l'exécution.

Le nom de l'Éditeur sera placé à la tête de chaque volume.

Aucun volume ne pourra paraître sous le nom de la Société sans l'autorisation du Conseil, et s'il n'est accompagné d'une déclaration du Commissaire responsable, portant que le travail lui a paru mériter d'être publié.

Le Commissaire responsable soussigné déclare que l'Édition du volume intitulé Choix de Pièces inédites relatives au règne de Charles VI, *préparée par* M. Douët-d'Arcq, *lui a paru digne d'être publiée par la* Société de l'Histoire de France.

Fait à Paris, le 20 juin 1863.

Signé : L. BELLAGUET.

Certifié,

Le Secrétaire de la Société de l'Histoire de France,

J. DESNOYERS.

AVERTISSEMENT.

Le règne de Charles VI est certainement, pour le moyen âge, l'un des plus riches en sources historiques. Les deux volumes que nous publions en donneront un aperçu, qui eût été plus complet si nous avions eu plus d'espace. C'est un choix de pièces inédites divisées en deux catégories : la première comprenant les pièces d'un intérêt général, telles que les instructions et les pouvoirs diplomatiques, les traités et alliances, les ordonnances et règlements, les dons et acquisitions du domaine, etc. La seconde, s'appliquant à tout ce qui touche les mœurs et la vie privée, et puisée plus particulièrement dans les comptes, les inventaires, les lettres de grâce ou de rémission pour les crimes et délits, etc. On a là, si l'on veut bien nous passer l'expression, la grande et la petite histoire. Or, cette dernière est loin d'être, à nos yeux, la moins intéressante des deux, et nous espérons que le seul volume qu'il nous est donné de lui consacrer dans la présente publication, en fournira un commencement de preuve.

CHOIX
DE PIÈCES INÉDITES
RELATIVES AU REGNE
DE CHARLES VI.

I

Mort de Charles V; avénement de Charles VI.

16 septembre 1380.

Dies obitus domini regis Caroli quinti.

Dominus rex Franciæ, Carolus quintus, diem suum clausit extremum in domo sua vocata gallice *Beauté* supra Maternam, juxta Nemus Vincennarum, dominica decima sexta die septembris, anno millesimo trecentesimo octuagesimo, qui annus est decimus septimus sui regni, hora undecima ante meridiem. Et die lunæ immediate sequenti, bene mane, corpus ejusdem regis fuit delatum in ecclesia sancti-Anthonii prope Parisius, et ibi stetit et requievit a dicta die lunæ usque ad diem lunæ sequentem, vicesimam quartam diem dicti mensis septembris. Qua die, post prandium, dictum corpus conditum et ordinatum more regali et solito, fuit delatum cum magnis solemnitate et processionibus in ecclesiam Parisiensem, et ibi receptum, ut moris est. Et ibi vigiliis, orationibus, missis, et aliis exequiis celebratis, illud corpus, die martis sequenti post meridiem, fuit portatum et delatum cum solemnitate qua decuit ad ecclesiam Sancti-Dyonisii in Francia, ubi idem corpus, post celebrationem vigiliarum, orationum, missarum et aliarum obsequiarum ibidem solemniter celebratarum, die mercurii sequenti est inhumatum. Cujus animæ parcat Deus, et requiescat in pace, Amen. Dominus Ludovicus, filius regis Francorum, dux Andegavensis et Turonensis, ac comes Cenomanensis, propter subætatem dominorum regis Caroli et Ludovici, filiorum Caroli regis defuncti, adeptus fuit possessionem regiminis ejusdem regni et postmodum, die lunæ prima octobris M. IIIe IIII^{xx}, idem dominus Regens, existens in palatio regali Parisiensi, suam possessionem continuando, volens et desiderans procedere super facto regni boni regiminis, legitimo scrutinio procedendo, creavit et publicavit Cancellarium ex deliberatione sui magni Consilii, dominum Milonem de Dormano, episcopum Belvacensem, qui in presenti Consilio prestitit eadem die, in manibus dicti domini Regentis, solitum juramentum.

Et die martis immediate sequenti, dominus Ludovicus, Regens prædictus, certis ductus causis et rationibus, matura pluries sui Consilii super hoc deliberatione præhabita, utilitate, honoreque et securitate regis et regni circa hoc per ipsum præpensatis, voluit, deliberavit et ordinavit, quod dictus dominus rex Carolus, non agiatus, pro agiato teneretur, et quod tanquam rex agiatus sacraretur, et omnia circa hæc agenda fierent et agerentur. Quæ omnia et singula ipsa die dictus dominus Dux Andegavensis præsens in Parlamento, publicari, ratificari, concordari et auctorisari voluit et præcepit, et sic actum fuit, præsentibus ibi et convocatis domina Regina Blancha et ducissa Aurelianensi, dominis ducibus Bituricensi, Burgundiæ et Borbonensi, comitibus Sarepontis, Dompni Martini, Marchiæ et de Brena una cum pluribus aliis baronibus militibus et nobilibus, nec non archiepiscopis Remensi, Senonensi, Rothomagensi et Turonensi, episcopis Parisiensi, Noviomensi, Belvacensi, Laudunensi, Lingonensi, Andegavensi, Agennensi et Meldensi, una cum aliis pluribus aliis prælatis et personis ecclesiasticis, necnon gentibus Parlamenti, præsidentibus et aliis, ac gentibus Compotorum, consiliariis et thesaurariis super domanio Franciæ, Præposito Parisiensi, Præposito Mercatorum et scabinis villæ Parisiensis, una cum pluribus aliis personis advocatis et procuratoribus, clericis et burgensibus, ac aliis personis notabilibus propter præmissa ibidem congregatis et evocatis.

Et deinde, die sequenti, fuit ordinatum quod dictus dominus Carolus rex, sic agiatus, sacraretur dominica vicesima die mensis octobris supradicti.

Factum et scriptum in Camera compotorum, sexta die dictæ mensis octobris, anno millesimo trecentesimo octuagesimo supradicto.

Postmodum vero, dominica dies prorogata fuit usque ad diem dominicam quæ fuit quarta die novembris, anno sæpe dicto. Qua die fuit cum magna solemnitate consecratus et coronatus in civitate Remensi prout est fieri consuetum. Et vicesima sexta novembris, millesimo trecentesimo octuagesimo secundo, subegit Flammigos.

Arch. de l'Emp. — Mém. D., fol. 207 v°.

II

Instructions de l'évêque de Langres, envoyé vers le Pape.

1380.

Instructions baillées à l'évesque de Lengres et à monseigneur Jehan de Rye, par manière de mémoire de dire au Pape[1] les choses qui s'ensuivent, de par le Roy, par vertu des lettres de créance à lui envoyés.

Premièrement, de lui dire comment le Roy se recommande à lui, et li supplie qu'il vuille avoir lui et son royaume pour recommandé, et que ausi comme son père et autres ses prédécesseurs roys de France ont esté espéciauls et dévost fils de l'Esglise, deffenseurs et protecteurs et de la foy catholique, veult il estre et euls ensuivre.

Item, de excuser le Roy devers nostre dit Saint Père pour quoy il n'a plus tost envoyé par devers lui ses messaiges solemnez pour soy recommander à lui et lui faire la révérence, car ce a esté par les grans empeschemens[2] qu'il a euz, tant pour la mort de son père, comme de son sacre et autres grans et grosses besoignes qui lui sont seurvenuez à son commancement, et ausi pour lui faire assavoir plus pleinement de ses besoignes afin d'en avoir sur ycelles

1. Clément VII.
2. Ce mot remplace celui de *despens* qui a été barré.

son bon conseil et advis, duquel il se confie très singulairement.

Item, de lui faire la révérence devant les cardinaulx.

Item, de lui dire la cause pour quoy il l'envoye en Langue d'oc, à part¹.

Item, de li dire comment il a fait monseigneur de Berry, son oncle, son lieutenant par de là, et comme il le vuille avoir pour recommandé, et auxi le païs et toutes ses besoignes.

Item, de li dire comment le Roy des Romains² et le roy de Ungrie³ ont envoyé pardevers lui messaiges avecques lettres de créance et patentes.

Item, de lui dire la créance.

Item, de lui dire la response que le Roy leur a fait et lui monstrer les lettres, et non à autre.

Item, de dire à nostre Saint Père qu'il vuille donner licence au clargié de faire aide au Roy tel comme bon leur semblera, en baillant la contrainte aux ordinaires chascun en sa dyocèse.

Item, de lui demander dispensacion, ou cas où il sera nécessité, du cardinal d'Amiens, sur le fait qu'il a parlé au conte de Foix, ou cas qu'il ne le vouldroit dire, ou s'en excuseroit pour cause du serement.

Item, porter lettres de créance au cardinaux Ytaliens, et diront la créance, s'il le trovent, et s'il ne le trovent, il lui envoyera la créance selonc l'ordenance et dotie du Pape.

Item, parler du fait de la Rochelle.

Loys⁴.

(Orig. parch. — *Arch. de l'Emp.* Carton K. 53ª, pièce 8 *ter*.)

1. Mot ajouté. — 2. Wenceslas. — 3. Louis Iᵉʳ.
4. Signature autographe de Louis Iᵉʳ, duc d'Anjou, régent.

III

Instructions de l'évêque de Langres et de messire Jean de Rye, envoyés vers le comte de Foix.

1380.

Instructions baillées par le Roy et son Conseil à l'évesque de Lengres[1] et à messire Jehan de Rye, sur le fait de leur légacion[2].... toichant le conte de Foix[3].

Premièrement, ilz salueront ledit conte de par le Roy ausi comme ilz le sauront bien faire, et li présenteront les lettres de créance de par le Roy.

Item, li diront la grant amour, affection et confiance que le Roy darrain passé avoit à lui et ausi à cestui de maintenant, et le doit bien avoir, actendu le lignaige et l'affinité estant entre eulx et leurs prédécesseurs.

Item, li diront que le Roy a grant volunté de garder, conserver ladicte bonne amour et affection estant entre eulx, et pour ce qu'il sceyt bien que ledit conte avoit grant amour et affection singulière à son père, que Dieu absoille, et apparoit bien pour les bons et grans services qu'il li avoit faiz ou temps passé, il envoye les messaiges dessusdiz par de là, pour lui prier que la personne du Roy, de monseigneur de Valoys, et les besoignes de lui et de son royaume et ses pais, il les voussit avoir à cuer, et ledit pais de Langue-Doc voussit aidier et conforter en la menière qu'il appartient.

1. Bernard de la Tour. — 2. Un mot effacé.
3. Gaston III, dit Phébus.

Item, affin que l'amour soit plus grant entre eulx, pour ce que le Roy à présent ne puet aler au païs par delà, il envoye les messaiges dessusdiz au dit païs de Langue-Doc pour requérir tous les grans signeurs, tant contes, vicontes, barons et autres, qu'il viengnent faire homaige au Roy ausi comme il doivent faire. Et pour ce qu'il est le plus grant de touz et celui auquel le Roy a plus grant fiance, il leur a commandé que ilz se adrécient à lui, quar par lui se doivent tous les autres gouverner et prendre bon exemple en lui. Si lui prieront qu'il viengne faire son homaige au Roy comme il appartient. Et sur ce soit, moustrez le povoir que lesdiz messaiges auront sur ce, s'il le requier.

Item, se ledit conte vouloit prendre dilacion de faire ledit homaige, ilz le requerront de faire la féauté ausi comme ilz sera ou povoir. Et ou cas qu'il ne vouldroit faire ces choses gracieusement, ilz le requerront par instrumant publique secrètement.

Item, face ou ne face l'homaige ou féauté, ilz procederont ès autres choses toichant monseigneur de Berry, et lui diront comment le Roy par grant délibéracion, actendu la jonesce de lui qu'il ne pourroit gouverner tout son royaume, il a commis le gouvernement du païs de Langue-Doc à son oncle monseigneur de Berry, ausi comme il a loy de faire par tous ses païs. Et disant comment le Roy a commandé audit monseigneur de Berry que tout le plaisir, amour et faveur qu'il lui pourra faire, lui face, ne autrement ne le vouldroit le Roy, ne souffriroit qu'il le feist. Et pour ce, lui prie que audit monseigneur de Berry vuille donner conseil, aide et confort et à lui obéir comme à lui meismes et comme à cellui auquel il a plus grant fiance que à nul autre quant à ce, de par delà c'est assavoir à son dit oncle, quar il est si prouchains de lui qu'il le doit bien avoir plus que à nul autre.

Item, que le Roy a commandé à monseigneur de Berry, et ausi l'entend monseigneur de Berry à faire, que se aucunes choses estoient à faire entre lui et le conte d'Armaignac, qu'il se pène plus fort de faire le plaisir du conte de Foix que de l'autre, afin que on ne puisse dire que faveur ou affinité l'esmove au contraire. Et ausi le fera tant qu'il aura la charge du païs.

Item, li diront que ledit monseigneur de Berry est tielz signeur et si prouchains du Roy qu'il ne vouldroit faire chose qui ne feust selonc raison et justice, par espéciale ès choses qui lui seroient commises de par le Roy, pour faveur d'autrui ne affinité de lignage.

Par mémoire de réplicacion se besoing est.

Item, que ou cas qu'il ne voudroit obéir à ces choses, ilz lui diront que quant ces choses feurent ordonnées il n'estoit nulle espérance de guerre entre les contes de Foix et d'Armaignac, et n'est encoir, considéré la paix dont il ont la copie pardevers eulx, et les aliences du mariaige.

Item, li diront que on se doit bien mervoillier de ces choses qu'il entreprant, tant des chasteaux et bonnes villes du Roy qu'il a establies et receuz plusieurs seremens des communes et autres du païs.

Item, s'il ne le puent esmovoir pour riens de son entencion, ils demourront par delà et feront à savoir au Roy et à nosseigneurs les d'Anjou, de Berry et de Bourgoigne toute l'entencion dudit conte.

Item, auront puissance de requerir barons, communes et tous autres de fère serement de féauté et de fère commandement de obéissance à monseigneur de Berry comme lieutenant du Roy.

Item, parleront en chemin au cardinal d'Amiens, auquel ilz pourteront lettres de créance de par le Roy, sur les choses qui feurent traictées par lui avecques le conte de Foix au vivant du père du Roy. Et se ledit cardenaul ne le vouloit dire pour cause du serement, soit empetrée sur ce dispensacion du Pape.

Item, seront toutes ces choses dictes au Pape, auquel il porteront lettres de créance. Loys[1].

(Orig. parch. — *Arch. de l'Emp.* Carton K. 53, pièce n° 6 *bis*.)

IV

Ordre de Charles VI au lieutenant du bailli de Rouen et de Gisors, d'assembler les notables des trois ordres dans son ressort, pour arriver à l'exécution de l'ordonnance touchant la défense du royaume ; avec la convocation du lieutenant.

Saint-Denis, 8 février 1381.

Guillaume Marguerie, lieutenant général du bailli de Rouen et Gisors, et commissaire du Roy nostre sire en ceste partie, au vicomte de Pont-de-l'Arche ou à son lieutenant, salut : Hui avons receu les lettres du Roy nostre diz sire contenant ceste forme :

Charles, par la grâce de Dieu, roy de France. Au

---

1. Signature autographe.

bailli de Rouen et de Gisors, ou à son lieutenant, salut. Comme naguères, pour faire et accomplir l'ordenance qui se doit mectre sus pour la provision et défense de nostre royaume, et aviser tèle aide comme nos subgès nous vouldront faire pour aider à soutenir nostre estat, il eust été délibéré entre les autres choses que les prélas et autres gens d'Église, contes, barons et autres nobles, bourgeois et autres gens notables de la province de Rouen, ou personnes pour euls suffisamment foudez seroient ensembles à Loviers[1] dyemenche darain passé, tiers jour de ce présent moys, et par aucuns autres jours ensuivans, et ce samedi pardevers nous à Senlis, pour rapporter ce que fait auroient. Et afin qu'il fussent aus dictes journées et que de ce commandement leur fust fait, eussons ordoné envoyer nos lettres à tous nos baillis de ladicte province. Lesquelles, par inadvertance ou oubliance de ceuls qui porter ou envoyer les devoient, sont demourées à Paris sans avoir esté exécutées; dont forment nous desplet et non sans cause. Pour quoy, Nous, qui de tout nostre cuer désirons pourveoir à la défense et bien publique de nostre royaume, vous mandons, commectons et enjoignons estroitement et à chascun de vous, que tantost et sans délay, ces lettres veues, toutes excuses cessans ou arrère mises, vous faites ou faites faire exprès commandement de par nous à tous les prélas et autres gens d'église, contes, barons et autres nobles, bourgeois et autres gens notables de vostre bailliage et du bailliage de Senlis, en tant

---

1. Il y a au texte *alous*, avec un signe abréviatif entre l'*u* et l'*s*. Ainsi on doit lire Loviers.

comme il en a en ladicte province de Rouen et qui sont ou se dient estre voisins ou enclavez en iceuls, exemps et non exemps, et à chascun d'iceuls, que dyemenche xvii® jour de ce dit moys, euls ou personnes notables pour euls suffisamment fondez, soient audit lieu de Louviers pour le parfait et acomplissement des choses dessus touchées et aus autres jours et lieux que mestier sera, tant que la chose ait prins conclusion. Et ou cas que aucuns en seroist refusans ou délayans, si les y contraigniez, sans faveur ne déport; c'est assavoir les prélas et autres gens d'église par la prinze de leur temporel, et les contes, barons et autres nobles, bourgeois et autres gens notables, par leurs biens meubles et héritages, sans faire de ce recréance ou délivrance, se par nostre exprés et spécial mandement n'est. En leur signifiant que s'il ne viennent ou envoient en la manière que dit est auz jours et lieux que mestier sera, l'on ira avant aussi comme se ils y estoient présens, et si seront punis les deffaillans par la manière que il appartendra. Et de tout ce que fait aurez sur ce, certifiez suffisamment par vos lettres patentes ceuls qui de par nous seront envoiez à ladicte journée de Louviers à fin deue. Et gardez, si chier comme vous doubtez nous couroucher, que de ces choses vous facez tèle et si bonne diligence que nous n'aions cause de vous en donner blasme, et que par vous ou l'un de vous n'y ait aucun deffaut, duquel s'il y estoit, nous vous en ferions griefment punir. Des choses dessus dictes et chascunes d'icelles et dépendances faire et acomplir, vous donnons et à chascun de vous et à vos commis et députez en ceste partie, plein povoir et commission.

Mandons à tous nos justiciers et subgez, que en ce faisant vous obéissent diligemment et prestent conseil, confort et aide, se mestiers est et requis en sont. Donné à Saint-Denys en France, le vııı° jour de février, l'an de grâce mil ccc quatre vins, et de nostre règne le premier. Ainsi signé : Par le Roy, à la relacion de nosseigneurs les dux d'Anjou, de Bourgoigne et de Bourbon.

E. MORICE.

Et as dictes lettres estoit et est atachée une cédule contenant ceste fourme :

Bailli de Rouen et de Gisors, faites adjourner pour estre à la journée de Loviers avecques les autres, ceuls qui ensuivent : monseigneur Lohier de Trie, sire de Serie-Fontaine, messire Guy, sire de la Roche, messire Hutin Daumont, messire Jaquet de Blarru, messire Adam Lebrun, messire Adam de Gaillonel, messire Guillaume Lebrun, messire Fouques de Marcillie, messire Jehan de Harenvillier, messire Rogier de Harenvillier, messire Regnaut de Davy, messire Guillaume de Caletot, messire Anceau du Fay, messire de Saint-Cler, messire Aubert de Hangest, messire de Roncherolles.

Si vous mandons et commetons par ces présentes que hastivement et sans délay, ces lettres veues, vous acomplissez le contenu ès dictes lettres et cédule de point en point selon leur teneur, si deuement et diligamment que deffaut n'y ait, et par vertu desdictes lettres vous en donnons povoir et commission, tant en vostre juridiction que partout ailleurs ou mestiers en sera. Et certifiez suffisamment nosseigneurs qui de par le Roy nostredit seigneur seront envoyez à l'assemblée déclarée esdictes lettres, ou plustost nostre maistre le bailli ou son lieutenant, de tout ce que fait en arez à fin deue. Donné à Rouen, le dyemenche x^e jour de février, l'an de grace mil ccc iiii xx. Et deux mandemens que vous en recevrez avec cesti adréchans, l'un au viconte de Conches ou à son lieutenant, et l'autre as sergens d'Évreux, seur envoiez hastivement pour les acomplir. Donné comme dessus.

Collacion faicte.

G. TANQUERRE.

(Orig. parch. Sceau perdu. *Arch. de l'Emp.* Carton K. 53ª, pièce 5.)

V

Montre du sire de Garencières, capitaine de Caen.

Caen, 1er mars 1381.

La reveue de noble homme mons. Yon sire de Garencières, chevalier, chastellain et capitaine du chastel et ville de Caen, six gentilz hommes d'armes et dix arballestriers en sa compaingnie et soubz son gouvernement en la garde dudit chastel, receuz par nous Guillaume de Sainte-Croix, lieutenant général du bailli de Caen et commissaire du roy nostre sire en ceste partie, à Caen le premier jour de mars, l'an mil ccciiii^{xx} [1].

Escuiers.

Richart de Maillot.	Esmery de la Palu.
Robert de Folleville.	Jehan de la Palu.
Guillaume de Bernabo.	Colart le Long.

[1]. Semblable du 8 mai 1382. K, 53, n° 13. Aussi 8 octobre, 8 novembre et 10 décembre.

Arbalestriers.

Gaultier Rabot.
Guillemin de Moncoq.
Cardin Homo.
Jehan d'Eschallons.
Jehan le Bidaut.

Jehan le Chambellenc.
Hubert de Paris.
Jehan le Thur.
Jehan de Malaunoy [1].
Jehan le Sourt.

(Orig. parch. — *Arch. de l'Emp.*, carton K. 53, pièce 6.)

VI

Traité d'alliance entre Charles VI et Jean, roi de Castille.

Bicêtre, 22 avril après Pâques 1381 [2].

Petrus Luppi de Ayala, miles et vexillarius illustrissimi principis et domini mei, domini Johannis, regis Castelle et Legionis, presesque suus in Guipusca, et Ferdinandus Alfonsi de Algaria, decretorum doctor et Burgensis ecclesie decanus, procuratores et procuratorio nomine dicti domini nostri regis, habentes ad infrascripta speciale mandatum, prout constat per litteras dicti domini nostri regis super hoc confectas, quarum tenor scribitur inferius. Notum facimus universis presentibus et futuris, quod cum dudum inter illustrissimum principem et dominum felicis recordacionis dominum Henricum, quondam regem Castelle et Legionis, pro se et pro dicto domino nostro rege, qui tunc erat suus primogenitus, ex parte una, et clare memorie dominum Karolum tunc regem Francie, pro se et pro illustrissimo principe domino Karolo, nunc rege Francie, suo primogenito et herede, ex altera, certe lige et confederaciones concepte et habite fuerint sub certis

1. À partir du 8 octobre 1382 il est remplacé par Richart le Portier. — 2. L'année 1381 avait commencé le 14 avril.

condicionibus, excepcionibus atque modis, prout in litteris super hoc ex utraque parte confectis, lacius continetur. Nos, ligas, confederaciones et amicicias predictas sub modis, condicionibus et excepcionibus contentis in litteris confectis super hoc, ceteraque universa et singula in eisdem litteris contenta nomine procuratoris dicti domini nostri regis Castelle et Legionis pro eodem domino nostro rege Castelle moderno et pro primogenito herede et successore, nato seu nascituro, regnis, terris et subditis suis cum dicto domino Karolo rege Francie moderno pro se et pro primogenito herede et successore, nato seu nascituro, regno, terris et subditis suis, ad quos primogenitos heredes et successores hinc inde ligas et confederaciones hujusmodi extendi volumus, et extendimus quo supra nomine; ratas et gratas habentes, eas et ea tenore presencium confirmamus. Excipientes tamen ab hujusmodi federe, cum ceteris aliis exceptis, Wyncelaum, nunc Romanorum regem loco deffuncti Karoli Romanorum dum viveret imperatoris, patris sui, qui exceptus fuerat in confederacionibus memoratis. Sane quum in eisdem confederacionibus cavetur expresse, deffunctum Petrum, qui dum viveret se regem Castelle dicebat, si quomodocumque captus fuisset in guerra dicti domini regis Henrici aut sui primogeniti, captivum debuisse teneri. Nostre intencionis existit, hocque dictus dominus Karolus rex Francie voluit et consentiit, quod si contingat ducem Lencastrie, qui nunc se regem Castelle nominat, in guerra quomodocumque capi, idem dux Lencastrie efficiatur dicti domini nostri regis Castelle et Legionis suive predicti primogeniti et heredis captivus, possitque dictus dominus noster rex, vel suus predictus primogenitus et heres de eodem duce prout de dicto deffuncto Petro, virtute dictarum confederacionum potuisset ordinare sue beneplacitum voluntatis; predictis confederacionibus quo ad alios de sanguine regali Anglie qui in casu sue capcionis debent esse dicti domini regis Francie sui ve primogeniti et successoris captivi, insuper et quo ad alios universos et singulos articulos in eis comprehensos in suo robore duraturis. Que omnia et singula predicta, nos Petrus, et Fernandus, procuratores predicti, quo supra nomine, pro dicto domino nostro rege et pro primogenito herede et successore nato seu nascituro, regnis, terris et subditis suis juramus in animam dicti domini nostri regis super ymaginem sancte crucis, tactis per nos sacrosanctis Euvangeliis, promittimusque bona fide tenere et teneri, ac omni fraude et malo ingenio cessantibus adimpleri et inviolabiliter observari, sub obligatione et penis in predictis litteris expressatis. Tenor vero procuratorii et potestatis nostre sequitur in hec verba :

In Dei nomine amen. Noverint universi presentes litteras seu presens publicum instrumentum inspecturi, quod, anno a nativitate ejusdem Domini millesimo ccc° lxxx°, indictione quarta, die vero xviii mensis decembris, constitutus personaliter serenissimus princeps et dominus, dominus Johannes, Dei gratia Castelle et Legionis rex, Orie Petro Fernandi, publico notario, et testibus infrascriptis coram sui presencia existentibus et ad infrascripta specialiter convocatis, fecit, constituit ac eciam ordinavit, facit, constituit et ordinat omnibus melioribus modo, via et forma quibus de jure potuit et debuit, suos veros, certos, legitimos et indubitatos procuratores, actores, factores, negociorum suorum gestores ac nuncios speciales et ambaxiatores, videlicet nobilem virum dominum Petrum Luppi de Ayala, militem et vexillarium dicti domini regis constituentis ac suum presidem in Guipusca, et venerabilem ac circumspectum virum dominum Fernandum Alfonsi del Algaria, decretorum doctorem et ecclesie Burgensis decanum, et quenlibet eorum in solidum, ita quod non sit melior conditio occupandi, sed quod unus eorum inceperit, alter prosequi, mediare valeat et finire. Quibus concessit plenam et liberam potestatem ac speciale mandatum ratificandi, innovandi et firmandi omnes et singulos tractatus, convenciones, ligas, pacta et compositionis qui et que positi, concordati et firmati fuerunt alias et sunt inter illustrissimos principes et dominos, videlicet dominum Karolum, bone memorie, olim Francorum regem, ex una parte, et dominum Henricum, ejusdem memorie, quondam regem Castelle et Legionis, patrem dicti domini regis constituentis ex altera, pro se suisque filiis primogenitis, natis vel nascituris, contra quascunque personnas que possunt vivere et mori, cujuscunque status, preeminencie sive dignitatis existant, etiam si regalis fuerit aut alia, sub declarationibus, conditionibus ac modo et forma quibus dicte lige et confederaciones inter dictos principes pro se et suis predictis primogenitis alias facte fuerunt, et prout in litteris super hoc confectis plenius continetur; firmandi que dictas ligas et confederationes per sacramentum in animam dicti domini regis constituentis, et prestandi quodcunque aliud juramentum circa premissa et quodlibet premissorum necessarium seu eciam opportunum, et obligandi omnia bona regalia prefati domini regis constituentis, cum pene seu penarum adjectione, vel alterius cujuscunque compositionis ; et solvendi sumptus et expensas, dampna et interesse, si defecerit in hiis, que per prefatos procuratores suos ratificata et innovata fuerunt ac firmata. Dansque eciam insuper sepedictus dominus rex constituens, predictis suis procuratoribus, plenam et liberam potestatem et speciale mandatum generaliter omnia et singula tractandi, concordandi et firmandi que in premissis et circa premissa et quodlibet premissorum fuerint necessaria seu eciam quomodolibet opportuna, etiamsi talia sint vel majora que mandatum exigant speciale et que idem dominus rex constituens faceret et facere posset si premissis et eorum cuilibet personaliter interesset. Promisitque michi publico notario infrascripto stipulanti et recipiente vice et nomine quorum interest vel intererit, quomodolibet in futurum se, ratum, gratum et firmum perpetuo habiturum totum et quicquid super premissis et eorum quolibet per supradictos procuratores suos vel eorum alterum fuerit factum, ratifficatum, innovatum et firmatum sub ypotheca et obligacione omnium bonorum suorum. In quorum omnium testimonium, idem dominus rex constituens mandavit et petiit inde fieri seu confici presentes litteras, redactas in formam publici instrumenti, ipsius domini regis constituentis propria manu subscriptas ejusque proprii sigilli appensione munitas. Acta fuerunt hec apud Metinam del Campo, in camera dicti domini regis constituentis, anno, indictione, die, mense quibus supra, regnante dicto domino rege constituenti anno secundo, presentibus nobilibus viris domino Petro Fernandi de Velasco, dicti domini regis primo camerario, ac Fernando Sancii de Touar, admiral de Castelle, et Didaco Luppi de Astunega, milite, testibus ad premissa vocatis specialiter et rogatis. Et ego Petrus Fernandi, clericus Burgensis, publicus apostolica auctoritate notarius, qui premissis omnibus et singulis supradictis dum sic uti premittitur agerentur et fierent una cum prenominatis testibus presens interfui, et de mandato et requisicione dicti domini regis constituentis hanc litteram procuratorii manu mea propria scripsi et in hanc publicam formam reddegi, signoque meo solito et consueto, una cum appensione sigilli et roboratione nominis dicti domini regis constituentis, signavi rogatus in testimonium premissorum pariter et requisitus. Nos el Rey. De mandato regis in suo consilio : Petrus Fernandi secretarius.

In quorum testimonium presentes litteras nostrorum sigillorum fecimus appensione muniri. Datum apud Wynscestre prope Parisius, die vicesima secunda aprilis post Pascha, anno Domini millesimo trecentesimo octavo primo.

(Orig. parch. Des deux sceaux en cire rouge sur double queue qui le scellaient, il ne reste plus que celui du docteur. Il est armorial. L'écu porte cinq châteaux 2, 2, 1. — *Arch. de l'Emp. Tresor des Chartes.* Carton J. 603, pièce 62.)

Sous le n° 62 *bis* se trouve une transcription de cette pièce faite par Gérard de Montaigu, garde du Trésor des Chartes. Elle y est précédée de seconds pouvoirs donnés par Jean, roi de Castille, aux mêmes Lopez d'Ayala et Ferdinand Alfonse d'Algaria, datés de Ségovie, le 23 novembre 1386. Au bas de la pièce, on lit :

« Factum fuit presens transcriptum Parisius, anno Domini millesimo trecentesimo octuagesimo sexto, indictione IXᵃ, pontificatus sanctissimi in Christo patris et domini Clementis divina providencia pape VII anno octavo. Et ego Gerardus de Monteacuto, clericus Laudunensis diocesis, publicus apostolica et imperiali auctoritate notarius, de presenti transcripto per alium scripto ad originale in eodem insertum in Thesauro privillegiorum, cartarum et registrorum precellentissimi ac serenissimi principis et domini, domini regis Francorum in sacra Capella regali in palacio suo Parisius existens, cum fideli clerico collacionem feci et hic me subscripsi, signumque meum solitum apposui in veritate testimonii requisitus, raturas sub certis condicionibus excepcionibus pro hujusmodi approbando. »

VII

Mention d'une émeute à Saint-Quentin.

Paris, mai 1381.

Charles. — Nous avoir oye lumble supplicacion de Gervaise de Grengies, charpentier, chargié de femme et d'enfans, demourant en la ville de Saint-Quentin. Contenant, que comme en la commocion qui naguères a esté en ladicte ville du menu commun d'icelle, ledit suppliant feust alez veoir et regarder l'assemblée des gens faisans ladite commocion, si comme l'on va veoir aucunes assemblées ou commocions de peuple que l'on n'a point accoustumé de veoir souvent, et comme faisoient plusieurs gens de lad. ville.... Paris, mai 1381.

(*Arch. de l'Emp. Trés. des Ch.* Reg. JJ. 119, pièce 35.)

VIII

Rémission pour Berthelot du Drac.

Paris, mai 1381.

Charles, etc. Savoir faisons à tous présens et avenir, que Berthelot du Drac, filz de feu Berthelemy du Drac, jadiz trésorier des guerres, nous a fait exposer : Comme jà pieçà, plait et procès eust esté meu pour cause de la succession de son dit père entre sa mère et lui ou Chastellet de Paris, lequel pour ce que lui sembla que maistre Jehan du Drac, son frère, advocat en parlement, soustenoit et portoit à l'encontre de lui la partie de leur dicte mère, icellui suppliant menassa le dit maistre Jehan son frère. Pour la quelle chose ledit Berthelot fu arresté et détenu prisonnier au dit Chastelet longuement. Et ce pendant, pour ce qu'il est clerc, fu requis par la court de l'Esglise, et adonques fu rendu et envoyé ès prisons de nostre amé et féal conseiller l'évesque de Paris, après ce que ledit maistre Jehan fu priz et mis par le prévost de Paris en nostre sauvegarde et qui fu deffendu au dit Berthelot qu'il ne mesfeit à son dit frère. Et lequel Berthelot en la dicte court de l'official de Paris, avant qu'il en peust issir ne estre délivrés, donna asseurement audit maistre Jehan son frère. Néantmoins le dit Berthelot, après petit de temps, pour le grant courroux et desplaisir qu'il avoit de ce qu'il avoit esté emprisonnéz, assailli son dit frère ou cloistre Saint-Merry et le navra d'une dague qu'il portoit. Et en ce conflict le dit maistre Jehan navra le dit Berthelot d'un coustel qu'il portoit aussi. Et tantost après ycellui Berthelot pour ceste cause s'en ala hors du royaume, où il a esté deux ans ou environ. Lequel, meu de contricion et repentence, est retournez devers le dit maistre Jehan son frère, en lui suppliant humblement que la villenie et injure qu'il lui a faicte il lui vueille pardonner. En nous humblement suppliant que sur ce lui veillons impartir nostre grace. Nous, ces choses considérées, etc....

(Suit la rémission avec la condition de faire dans l'année un pèlerinage à Saint-Jacques en Galice et d'en rapporter lettres certificatoires au prévôt de Paris.)

Donné à Paris, ou moys de may, l'an de grâce mil cccIIII^{xx} et un et le premier de nostre règne.

Par le Roy à la relacion du Conseil.

ADAM.

(*Arch. de l'Emp. Trés. des Ch.* Reg. JJ. 119, pièce 39.)

IX

Rébellion contre un percepteur d'impôt à Noyon.

Vincennes, 16 janvier 1382.

Charles, etc. Savoir faisons à touz présens et avenir. De la partie de Jehan Labbé dit Galois, veneur et serviteur de nostre amé et féal cousin le conte de Dampmartin[1], nous avoir esté humblement supplié : Que comme le samedi xxi$^\mathrm{e}$ jour de décembre derrenièrement passé, que lui et sa femme venoient de la hale aus draps de la maison de la ville de Noyon, où

---

1. Charles de Trie.

il avoient acheté une pièce de drap que la femme dudit suppliant emportoit, un appellé Jehan Wadier, qui se disoit estre fermier du tonlieu que l'en liève pour le doyen et chapitre de Noyon, eust demandé audit suppliant tonlieu pour ledit drap. Lequel respondi qu'il n'en devoit point et qu'il estoit clerc et gentilz homs, et qu'il le demandast à maistre Regnaut de Thece. Et lors eust dit ledit Wadier : « Alons savoir audit maistre Regnaut se vous le devez ou non. » Lequel respondi qu'il n'y entreroit jà. Et ledit Wadier eust dit : « Or paiez doncques. » Et se feust efforciez de prendre ledit drap. Et tantost ledit suppliant hastivement et de chaude cole eust bouté ledit Wadier, dont il chey à terre. Auquel débat survint Jehan le Boulenger, nostre sergent, qui ledit suppliant cognoissoit, si comme il dit, qui lui, dist : « Je mez la main à vous de par le Roy. Venez en prison. » Et ledit suppliant comme ignorant et chaudement, eust respondu que non feroit. Et en ce débat où il estoient, le mantel dudit sergent fut un petit dessirez. Et encores féry, ledit Boulengier, nostre dit sergent, sans sanc et plaie. Et finablement fut mené ledit suppliant en prison par nostre dit sergent où il a esté, etc.

Au bois de Vincennes, 16 janvier 1381.

(*Trés. des Ch.* Reg. JJ. 120, pièce 46.)

X

Rôle de la taille répartie dans l'archidiaconé du Pincerais par les gens des trois ordres du diocèse de Chartres, d'après la taxe mise pour un an par le Roi pour le fait de la guerre.

1er mai 1382.

Assiette d'une taille faite par l'auctorité du Roy nostresire en l'arcediaconé de Pinseraiz pour le fait des aides mises sus pour la guerre par l'ordonnance des gens des trois estas du diocèse de Chartres, assise et imposée pour un an començant le premier jour de mars l'an mil ccc III^{xx} I, par moy Guillaume Aupas, bourgoiz de Mante, commis en ladicte arcediaconé pour ce faire, et baillé par moy en ce présent roule séellé de mon séel, à Nicholas de la Heze, receveur ordonné en ladicte arcediaconé sur ledit fait, pour icelle recevoir des habitans de chascune parroisse de ladicte arcediaconé par la manière qui ensuit.

La ville de Mante,	VIII^c c. fr.	Espone,	IIII^{xx}XV fr.
Les faubourgs de Mante,	CXVIII fr.	Villette,	XLVI fr.
Mante la ville,	CII fr. et demi.	Soindre,	XXXV fr.
Jouy,	XXXIII fr.	Flacourt,	VI fr. III quars.
Rony,	CII fr. et demi.	Fontenay Mauvoisin,	VI fr. III q.
Gacicourt,	IX fr. et demi.	Ver,	XXIII fr.
Chaufours,	XXIIII fr.	Gueneville,	CV fr.
Gieffosse,	VIII fr. et demi.	Gonsonville,	IX fr.
Mesgnil Renart,	VII fr.	Jumeauville,	XXXV fr. et demi.
Moisson,	XII fr.	Bouville,	XXVIII fr.
Loumoye,	XX fr. et demi.	Danonville,	XXXVI fr.
Saint-Yllier,	XXVI fr.	Maisieres,	LXXVII fr.
Rouleboise,	XVII fr. et demi.	Aubergenville,	XXVI fr.
La Villeneuve,	XXXVI fr.	Felins,	XXI fr.
Boissy Mauvoisin,	XXIII fr.	Saint-Jaques de Meullent,	XXV fr.
Perdrianville,	XXIIII fr.	Mureaux,	LX fr.
Freneuse,	XXV fr.	Breval,	XX fr.
Bonviler,	XLVII fr.	Boengnes,	LVII fr.

Dampmartin,	XXXVI fr.	Adainville,	XVI fr. III quars.
Givry,	VII fr.	La Haie,	IIII fr.
Gainville,	XXX fr.	Havelu,	III fr. III quars.
Neauphlette,	XVI fr.	Bourdonnay,	XVIII fr.
Gille,	XX fr. et demi.	Gambez,	XXII fr.
Mesgnil Simon,	XX fr. et demi.	Condé,	XXIIII fr.
Mondreville,	VII fr.	Courgens,	II fr. I quart.
. . . .	XXVI fr.	St-Liger en Yveline,	XVIII fr. et d.
Bercheres sur Vesgre,	XV fr.	Coingnères,	VIII fr.
Anet,	XLIII fr. et demi.	Saint-Remuy,	VII fr.
Monchauvet,	LX fr.	Beurières,	XXXI fr.
La Chaucée d'Ivry,	XLIX fr. et I q.	Les Essars le Roy,	XVIII fr.
Rouvres,	XXII fr. III quars.	Perrey,	XXIIII fr.
Marcilly sur Vesgre,	III fr. et demi.	Maurepast,	XXVI fr.
Sorel,	V fr.	Tremblay,	XXVIII fr.
Saussey,	III fr. et demi.	Monceaux,	LIIII fr.
Oulins,	X fr.	Mery soubz Montfort,	LXIX fr.
La ville Levesque,	XXX fr.	Marueil,	XIX fr. et demi.
Ben,	XLVI fr.	Garencières,	XXXV fr. III quars.
Hodent,	LXI fr.	Galuys,	XVI fr.
Saint-Proier,	VII fr.	Flexanville,	XIX fr.
Saint-Lubin de la Haie,	VI fr.	Boissy sans Avoir,	XLVIII fr. et d.
Gonssauville,	XIX fr.	Faveroles,	XIII fr.
Champaignes,	XIII fr.	Gros Rouvre,	X fr. et demi.
Dampnemarie,	XII fr.	Bonhoust,	XII fr.
Saux,	XXVI fr.	Trappes,	IIII^{xx}XII fr.
Basainville,	XXXIII fr.	Neauphle le Chastel,	XXIIII fr.
Maulette,	XVIII fr.	St-Germain de Morainville,	III fr. d.
Boutigny,	XXX fr. et demi.	Baine,	XIX fr.
Septeuille,	XIII fr.	Plaisir,	XLI fr.
Thionville,	VII fr.	Saint-Aubin,	VIII fr.
Mitainville,	XIII fr.	Juerre,	XXXIII fr.
Espintieres,	IX fr.	Hargeville,	II fr. I quart.
La Boisseire,	X fr.	Poissy,	VI^{xx} fr.
Auffergis,	VII fr. et demi.	Garennes,	VII fr. I quart.
Provez,	XLII fr.	Achères,	XIX fr.
La Chermoie,	X fr. et demi.	Vilaines,	XIX fr. et demi.
Montfort,	IIII^{xx}IIII fr.	Maisons sur Saine,	XXXVI fr.
Autrillet,	VII fr.	Herbeville,	IX fr. I quart.
Goupillières,	VII fr. et demi.	Basemont,	XXIX fr. et demi.
Mart,	VIII fr. et demi.	Mesguil le Roy en Laie,	XII fr.
Autueil,	XXV fr.	Saint-Liger en Laie,	XVI fr.
Thoiry,	XIII fr.	Vernueil,	XXII fr.
Les Orgerieux,	XXXVI fr. et demi.	Médant,	XV fr. III quars.
Esleville,	XVI fr. III quars.	Fresnes,	LII fr.
Oumoy,	XV fr.	Lanloys,	XIX fr. et demi.
Prunay,	XVI fr. III quars.	Montainville,	XXVI fr.
Vy,	VII fr. I quart.	Saint-Martin de Bouaße,	XXV fr.
Orvilliers,	XIII fr. I quart.	Mareil sur Maudre,	XIIII fr.
Murcent,	II fr. I quart.	Crespières,	XXX fr.
Marchezes,	VII fr.	Maule sur Maudre,	VI^{xx} fr.
Gressay,	XIX fr. et demi.	Vernoullier,	XXIIII fr.

Feucheroles,	VII fr. III quars.	Bazoches,	XXIX fr
Fourqueux,	XXI fr.	Orgeval,	L fr.
Chambourcy,	XIX fr. et demi.	Montegny,	VI fr.
Aigremont,	III fr. et demi.	Fontenay le Fleury,	III fr. et demi.
Morainvillier,	XXI fr.	Neauphle les Viez,	C fr.
Chaveneil,	XVI fr. III quars.		
Thiverval,	XXXIII fr.	*Autres paroisses modérées par poureté.*	
Saint-Cir,	XIIII fr.		
Elencourt,	XXIIII fr.	Felins lez Tillay,	X s.
Bailly,	XIII fr.	Meulancourt,	XIIII s.
Noisy,	V fr.	Villiers le Mahieu,	néant poureté.
Trianon,	XIII fr.	Saumarches,	néant poureté.
Soisy,	XX fr. et demi.	Somme,	VᴍX fr. I quart.

(Orig. parch. Sceau perdu. — *Arch. de l'Emp.* Carton K. 53, pièce 12.)

XI

Condition des juifs convertis.

Vincennes, 12 mars 1382.

Charles, etc. Savoir faisons à touz présens et avenir. Que comme Jehan Marquade, naguières juif, et paravant qu'il estoit juif se nommoit Symonnet de Saint-Mier, se soit de nouvel fait chrestien et converti en nostre loy, pourquoy touz ses biens meubles debtes à lui deues estans de pur sort[1] maisons, héritages et autres biens quelzconques nous sont acquiz et confisquez. Et sur yceulz biens, depuis ladicte confiscacion à nous advenue, nous aions donné la somme de iiiᶜ frans: c'est assavoir à Désiré de Risque, nostre huissier d'armes, iiᶜ frans, et à Jehan Desqueules, nostre escuier d'onneur, c frans. Nous, aians compassion dudit Jehan Marquade, qui ainsi est desnué de touz sesdiz biens pour venir à nostre loy, et afin qu'il ne soit mendiant et quérant son pain, au dessusdit Jehan Marquade avons donné et donnons par ces

---

1. *De pur sort*, c'est-à-dire en capital.

présentes, de grace espécial, touz les biens meubles, debtes de pur sort, à lui deues, maisons, héritages et autres biens quelzconques qui seront et demourront des biens meubles, debtes de pur sort, maisons, héritages et autres qu'il tenoit et possidoit au temps qu'il estoit juif, paiée ladicte somme de iii^c frans aux dessusdiz; à tenir et possider yceulx biens par ledit Jehan, ses hoirs, successeurs et aians cause, perpetuelment à touzjours, pleinement et paisiblement. Si donnons en mandement par ces présentes à noz amez et feaulz trésoriers à Paris, au prévost d'illec et à touz nos autres justiciers et officiers présens et avenir ou à leurs lieuxtenans et à chascun d'eulx si comme à lui appartendra, que, paié premièrement et avant toute euvre ycelle somme de iii^c frans aux dessusdiz, ilz baillent et délivrent ou facent bailler et délivrer audit Jehan Marquade le demourant desdiz biens. Et d'iceux, lui, ses hoirs et successeurs et aians cause, laissent facent et sueffrent jouir et user paisiblement, sanz y mettre ou souffrir estre mis ores ne ou temps avenir aucun destourbier ou empeschement; mais s'aucuns d'iceulz biens sont priz, arrestez ou empeschez, si les lui mettent ou facent mettre à plaine délivrance. Et pour ce que ce soit ferme chose et estable à touzjours maiz, nous avons fait mettre nostre séel ordené en l'absence du grant à ces présentes, sauf en autres choses nostre droit et l'autruy en toutes. Donné en nostre chastel du bois de Vincennes, le xiie jour de mars, l'an de grace mil ccc iiii^{xx} et un et le second de nostre règne.

Par le conseil ordené.   H. BLANCHET.

(*Trés. des Ch.* Reg. JJ. 120, pièce 124.)

XII

Autres lettres de même forme et de même date.

Charles, etc. Savoir faisons à touz présens et avenir. Que comme Loys de Harecourt, naguaires juif, qui pour lors avoit nom Josep de Vezou, se soit de nouvel fait crestien et converti à nostre loy, pour quoy tous ses biens meubles, maisons, héritages et autres quelzconques nous sont acquiz et confisquiez. Et sur yceux, depuis ladicte confiscacion à nous advenue, ayons donné la somme de xiii^c francs d'or. C'est assavoir à notre amé Colart de Tenque, maistre de nostre Escuierie et escuier de nostre corps, ii^c lxvi. l. xiii. s. iiii. d. t. A Robert d'Ardentun, escuier de nostre Escuierie, ii^c lxvi. l. xiii. s. iiii. d. t. A Pierre de La Haye, escuier et varlet trenchant de nostre très chier et très amé oncle le duc de Bourgongne, iiii^c frans. Et à Hennequin Ricart, mareschal de nostre très chier et très amé oncle le duc de Bourbon, c frans. Nous, ayans pitié et compassion dudit Loys de Harecourt, etc.

(Le Roy lui rend le reste de ses biens.)

Vincennes, 12 mars 1381 (v. s.).

(*Trés. des Ch.* Reg. JJ. 120, pièce 125.)

XIII

Les Godins ou brigands du Nivernais.

Mantes, 19 mars 1382.

Charles, etc. Savoir faisons à touz présens ou avenir. Que comme en l'an mil CCCLXV, ou temps que les ennemis de nous et de nostre royaume tenoient et occupoient plusieurs forteresses ou pays de Nevernois, c'est assavoir Enlisy[1] et Fleury[2], Dyenne[3] et plusieurs autres, et ouquel temps estoient ou pays plusieurs brigans de boys appellez godins. Lesquelz ennemis pilloient et faisoient pluseurs grans maulz et dommages aus bonnes genz du pays, et aussy yceulx brigans et godins pilloient et desroboient ceulz qui aloient par les chemins et commettoient pluseurs cas et malefices, eust esté rapporté et dit à Jehan d'Enlisy, escuier, que un appellé le Lobereau, si comme l'en disoit, et une ribaude en sa compaignie, devoient passer par le boys de Rouy près de La Barre, et que il seroit bon d'aler au devant d'eulz. Avint que pour ceste cause, et aussi qu'il estoit commune renommée que le dit Lobareau estoit un des brigans, icelluy escuier se parti de son hostel apparellé d'un flu[4], acompaignez de trois varlez avec lesquelz il s'en ala au devant du dit brigant en ycellui boys. Auquel, si tost qu'il le apperçurent, il se adrecièrent en lui disant qu'il se rendist. Sur quoy, lui qui estoit armez d'une cote de fer,

---

1. Anlezy (*Nièvre*).— 2. Fleury-sur-Loire, *id.*— 3. Dienne, *id.*
4. *Apparellé d'un flu*, armé d'un fléau ?

d'une espée, d'une taloche¹ et d'une darde ou demi glaive², leur respondi qu'il n'estoit pas encore temps. Si se avança l'un des diz trois varlez et lui donna d'une lance parmi le corps. Dont le dit brigant morut en la place; qui fut ou desplaisir dudit Jehan d'Enlisy, à l'ostel duquel les armeures dudit brigant, qui fut illecques incontinent désarmé, et aussi huit frans qu'il avoit en or et en argent, furent portées et converties au profit dudit d'Enlisy, ou au mains il en ordena à sa volenté.

Pour cause duquel fait, et semblablement pour ce que depuis il dist à un appellé Jehan le Bidaut, demourant en la parroisse de Tostilly : « Pourquoy ne viens tu faire guet en ma maison? Tu y vendras avec moy et t'emmeneray. » Et quant il y fut, il le mist ou fist mettre en grésillons³ pour ce qu'il avoit refusé de venir faire guet en son dit hostel fort, dont il estoit plus près que d'autre forteresse; ycelui d'Enlisy doubte rigueur de justice, etc....

(Suit la rémission, adressée au bailli de Saint-Pierre le Moutiers.)

Donné à Mante sur Seine, le xix° jour de mars l'an de grace mil ccciiii^{xx} et un, et de nostre regne le second.

Par le Roy, à la relacion mons. le duc de Bourgogne.

J$_A$. DU VAL.

(Trés. des Ch. Reg. JJ. 120, pièce 137.)

1. Petit bouclier.
2. *Glaive*, javelot.
3. *Fist mettre en grésillons*. C'était un genre de torture comme celle des chauffeurs de nos jours.

XIV

Rémissions données par droit de joyeux avénement.

Rouen, avril 1382.

Charles, etc. Savoir faisons à touz présens et avenir. Que comme la première foiz que nous sommes venuz ou entrez ès villes et lieux de nostre royaume, ou passons par icelles villes ou lieux après nostre sacre, à nous appartiengne pour raison de nostre joyeux advenuement et du deu de nostre droit royal, à délivrer s'il nous plaist touz prisonniers et prisonnières, détenuz et detenues pour quelzconques crimes, maléfices ou déliz que ce soit, et en quelconques prisons qu'ilz soient èsdictes villes ou lieux, et en quelque juridiccion que ce soit, soit d'esglise ou séculière. Et nous, estans en nostre ville de Rouen, c'est assavoir la première foiz que nous y sommes entrez après nostre dit sacre, ayonz commiz nostre amé et féal conseiller maistre Evrart d'Estramagon, maistre des Requestes de nostre hostel, pour soy transporter en noz prisons et en celles de nostre amé et féal conseiller l'arcevesque de Rouen, afin de savoir et enquérir les faiz et les causes pour lesquelz les délinquens seroient detenuz ès dictes prisons afin de leur faire tèle grace sur ce comme bon leur semblera. Et nostred. conseiller ait trouvé esd. prisons, etc....

Rouen, avril av. Pâques 1381.

(*Trés. des Ch.* Reg. JJ. 120, pièce 225.)

XV

Fortifications de Château-Landon.

Paris, avril 1382.

Charles, etc. Savoir faisons à tous présens et avenir. Nous avoir veue l'umble supplicacion de nos amez et féaux subgez, les habitans de nostre ville de Chasteaulandon, contenant en effect. Que comme par le fait des guerres ycèle ville ait esté arse, destruite et gastée par telle manière que les ouvriers et marchans de drapperie et d'autres ouvrages et marchandises que on y souloit faire n'y pevent bonnement demourer ne habiter. Laquelle ville souloit estre bonne et bien marchande et l'une des dix et sept bonnes villes où on fait drapperie jurée ou royaume, et est de nostre propre demainne d'aucienneté. Et en ycelle ville, en laquelle souloit avoir bel chastel, qui à présent est ruyneux, a belle et grant chastellenie et siège royal notable au quel sont subgiez et ressortissans environ quatre vins dix et sept villes, avecques plusieurs abbayes et esglises et vassaux, noz fievez. Ayons aussi, à cause d'iceulx ville, chastel et chastellenie, moult noble demaine qui nous est de grant valeur et seroit ancores greigneur et à tout le pays d'environ se audit lieu avoit une partie de la ville fortifiée et mise en estat de deffense, par telle manière que justice y peust estre gardée et que noz subgiez dessusdiz y pussent estre retrais et que il y peussent seurement ouvrer, vivres et leur marchandise garder; laquelle chose il ne pourroient faire sanz nostre ayde et licence; de laquelle nous ont humblement fait supplier. Lesquelles choses considérées, etc....

(Suit l'octroi. — Les lett. adressées au bailli de Sens.)

Donné à Paris ou moys d'avril, l'an de grace mil ccc quatre vins et ung et de nostre regne le premier.

Par le Roy, à la relacion de mons. le duc d'Anjou et du conseil ou quel, Vous, les évesques de Laon et de Langres et pluseurs autres estiés.

T. Hocie.

(*Très. des Ch.* Reg. JJ. 118, pièce 453.)

XVI

Combat entre les nobles à Laon.

Beauvais, avril 1382.

Charles, etc. Savoir faisons à touz présens et avenir, que de la partie des amis charnelz Raoulin Poire, escuier, Regnaut d'Anthoing, Odinet Lezrart, Perrinet de la Chaucie et Martin Brassart, nous a esté exposé. Que le Ve jour du mois de février derrenièrement passé, ledit Raoulin s'en ala en l'esglise de Nostre-Dame de Laon où il entendoit à besoignier pour cause de certain traictié d'accort touchant le fait de la mort de feu Willemet Marlet, cousin germain de sa femme, dont on devoit lors parler. Et que pour ce que Robert de Clermont, chevalier, tenoit ledit Raoulin de guerre et estoient les trièves d'entre eulz faillies III jours par avant estoit, Raoulin estoit accompaigniez dudit Regnaut, qui est son neveu, dudit Odinet, son serourge frère de sa femme, et desdiz Perrinet et Martin, avecques un varlet dudit Raoulin. Et estoient ledit

Raoulin et plusieurs des dessus nommez de sa compagnie, pour doubte dudit chevalier et pour occasion de ladicte guerre, armez pour la défense et tuicion de leurs corps tant seulement, sans ce qu'il eussent volenté d'aucun envair ou mesfaire en aucune manière. Lequel Raoulin, acompaigniez comme dit est, en alant son droit chemin trouva ou encontra maistre Jehan d'Ailli, chanoine de ladicte esglise, estant ou cloistre des chanoines d'icelle esglise et passa par delez lui et entra dans ladicte esglise, sans mesfaire aucune chose à icellui chanoine. Mais ledit chanoine qui avoit grant hayne aux diz Raoulin et Perrinet, et avoit dit par plusieurs fois qu'il tueroit ou mehaigneroit l'un d'eulz, s'en ala tantost après ledit Raoulin en ladicte esglise, en laquele icellui Raoulin acompaignié des dessus nommez estoit par avant entrez comme dit est, et moult chaudement, par grant arrogance et desordeńeement commença à parler audit Raoulin en mettant son visage près du visage dudit Raoulin. Par quoy ledit Raoulin par chaleur et pour occasion des paroles, menaces et contenances dudit chanoine fu tèlement esmeu, que de sa main toute nue il féry ledit chanoine, en le boutant arrière de son visage. Et tantost après, pour ce que ledit chanoine sacha sa dague[1] ou y mist la main, dont ledit Raoulin doubta que il ne feust féruz, sacha un badelaire[2] et en féry ledit chanoine un coup du plat, et en lui cuidant tantost après lui donner un autre coup du plat, l'actaint ou bras un petit, dont il chey un petit

---

1. Tira sa dague.
2. *Badelaire*, sabre court ou conteau de chasse.

de sang en ladice (*sic*) esglise; laquèle a pour ce esté tenue pour pollute, et l'a convenu réconcilier. Pour occasion duquel fait, etc....

Beauvais, avril 1382[1].

(*Trés. des Ch.* Reg. JJ. 120, pièce 250.)

XVII

Montre de la garnison du château de Caen.

Caen, 8 mai 1382.

La reveue de noble homme Monseigneur Yon, sire de Garencières, chevalier, chastellain et cappitaine du chastel et ville de Caen, six hommes d'armes et dix arballestriers en sa compaignie et soubz son gouvernement en la garde dudit chastel, receus par nous Michiel Jourdain, lieutenant général du bailli de Caen et commissaire du Roy nostre sire en ceste partie, à Caen, le vııı jour de may, l'an mil ccc ııı^{xx} et deux.

Escuiers.

Richart de Mailloc.	Emery de la Palu.
Robert de Folleville.	Jehan de la Palu.
Guillaume de Bernabo.	Colart le Long.

Arbalestriers.

Gaultier Rabot.	Jehan le Chambellenc.
Guillaume de Moncoq.	Hubert de Paris.
Chardin Homo.	Jehan le Thur.
Jehan Deschalloux.	Jehan de Malaunoy.
Jehan le Bidaut.	Jehan le Sourt.

(Orig. parch. — *Arch. de l'Emp.* Carton K. 53, pièce 13. Sous le même numéro se trouvent trois autres montres, des 8 octobre, 4 novembre et 10 décembre de la même année 1382. Elles sont absolument semblables

1. L'année 1382 avait commencé au 6 avril et fini au 22 mars 1383.

à celle-ci. Seulement, parmi les arbalétriers, le nom de Richart le Portier remplace celui de Jehan de Malaunoy, qui ne paraît qu'à la première des quatre montres.)

XVIII

Emprunt de 80 000 francs d'or fait par Charles VI à la ville de Paris.

Saint-Denis, 17 mai 1382.

Charles, par la grâce de Dieu roy de France. A tous ceulz qui ces lettres verront, salut. Savoir faisons que par l'advis et délibéracion de nostre grant conseil nous avons octroié et octroions de grâce espécial, certaine science et auctorité royal, par ces présentes, à noz bien amez les bourgois et habitans de nostre bonne ville et diocèse de Paris, que l'octroy à nous fait au jour duy par eulx de la somme de quatre vins mille frans d'or, pour une année commençant le premier jour de mars derrenièrement passé, tant pour nostre estat comme pour le fait de la guerre et les affaires de nostre dicte ville, ne porte ou face ou temps avenir aucun préjudice à nostre dicte ville, ne à leurs libertez, privileges et franchises en aucune manière. En tesmoing de ce nous avons fait mectre nostre seel à ces lettres. Donné à Saint-Denys en France, le xviie jour de may, l'an de grâce mil ccc quatre vins et deux, et de nostre règne le second. Soubz nostre seel ordené en l'absence du grant.

Sur le repli : Par le Roy en son grant conseil.

J. TABARI.

(Orig. parch. scellé sur double queue en cire jaune. — *Arch. de l'Emp.* Carton K. 948, pièce 47.)

XIX

Octroi de nouvelles lettres de rémission en remplacement d'autres qui avaient été rongées par des rats.

Saint-Denis, 27 mai 1382.

Charles, etc. Savoir faisons à touz présens et avenir. A nous avoir esté exposé par nostre amé et féal Andrieu, sire de Rambures, chevalier, pour lui, Guillaume Bayne et Jehan de Cambernart dit Havart, escuiers, ses complices en ceste partie. Disant que nostre treschier seigneur et ayeul le roy Jehan, que Dieu absoille, à la requeste et supplicacion de noz amez et féaulz cousins le conte d'Eu et le maistre des arbalestriers de France, dès l'an mil CCCLX ou environ, quicta, remit et pardonna par ses lettres patentes séellées de cire vert et en laz de soye, aux diz sire de Rambures, Guillaume Bayne et Jehan de Cambernast (*sic*) dit Havart, certain homicide par eulz commis et perpétré ès personnes de Frémin Légier et Raoul de Lambercourt. Lesqueles lettres, avecques certaines autres lettres passées et accordées par les amis charnels desdiz Frémin et Raoul sur la paix et accord dudit homicide, ont depuis certain temps ençà telement esté desrompues et mangées de raz ou autre vermine, et par espécial celles de nostredit ayeul, qu'il n'en puet aucunement apparoir, et les autres en aucuns lieux sont mangées et despéciées et y faillent plusieurs moz et paroles. Duquel homicide le fait fu tel, si comme nous a dit ledit sire de Rambures....

Saint-Denis, 27 mai 1382.

(*Trés. des Ch.* Reg. JJ. 120, pièce 262.)

XX

Guerres privées.

Paris, dernier janvier 1383.

Charles, etc. Savoir faisons à tous et avenir. A nous avoir esté exposé, de la partie Robert de Vigne, escuier. Que comme les nobles de l'Empire aient acoustumé de guerroier les uns contre les autres; et le seigneur de Saint-Triver[1], oudit Empire, eust requis ledit Robert, qui est son parent, de tenir son party contre ceulx de Sainte-Croix[2], contre qui il disoit avoir guerre. Si advint que le dit sire de Saint-Triver, à cause de ladicte guerre, entreprinst de prendre Philippe de Sainte-Croix, évesque de Mascon, qui estoit frère Jehan de Sainte-Croix; lequel Philippe estoit lors en un chastel de l'église de Mascon nommé Romenay[3], par delà la rivière de Saônne, ès parties de l'Empire. Et là, de fait, le dit sire de Saint-Triver, à grant assemblée de gens d'armes, où le dit Robert estoit, vint et entra céléément ou dit chastel, et là, prindrent le dit évesque, ensemble ses chevaulx et ses biens qu'il trouvèrent, et le menèrent prisonnier à Saint-Triver, ès prisons du dit seigneur de Saint-Triver, où il le tindrent prisonnier par aucun temps. Aussi prindrent audit lieu de Romenay, Jehannete de Sainte-Croiz, bastarde dudit Philippe, à laquelle bastarde l'un de ceulz qui la prist, autre que le dit Robert, mist un colier de fer fermé au col, et atant le [la]

---

1. Saint-Trivier, en Bresse (*Ain*).
2. Sainte-Croix, en Bresse. — 3. En Bresse.

laissa sans le [la] traire hors du dit chastel; et prindrent plusieurs biens contre la dicte Jehannete : toutesvoies, assez tost après, le dit colier lui fu osté. Sur quoy, nostre bailli de Mascon, disant et maintenant que le dit évesque et son dit chastel de Romenay estoient en nostre sauvegarde, combien que le dit chastel soit situé par delà la rivière de Saônne, ès parties de l'Empire, comme dit est, a fait appeller le dit Robert à noz droiz sur plusieurs poines et multes qu'il a desclairé contre lui, et l'a banny de nostre royaume. Aussi, pour ce que Jehan de Sainte-Croix et Jehan de Vienne, nostre admiral, qui tenoient le party de ceulx de Sainte-Croix, et comme leur parent et amis, et non pas au nom de Nous, estoient venuz contre le dit seigneur de Saint-Triver de nostre royaume et par delà en l'Empire, et avoient prins 1 chastel contre le dit seigneur de Saint-Triver, et boutez les feux et tué gens, le dit seigneur de Saint Triver et sa route de gens d'armes et le dit Robert, poursuirent le dit Jehan de Sainte-Croix, Jehan de Vienne, et les autres de leur compaignie, jusques dedens le Royaume; et, en les poursuiant, eust mort un homme de plat pays; lequel toutesvoies le dit Robert ne tua pas. Et aussi, en faisant ladicte poursuite, logièrent une nuit en nostre royaume et prirent vivres; desrobèrent aucunes gens et firent aucune pillerie et excès, comme gens d'armes ont acoustumé à faire; et de nostre dit royaume s'en retournèrent en l'Empire. Et depuis, les parties principaulx ont fait sur ces choses certain traictié et accordance, et s'est tenuz le dit évesque pour contens, et a consenti à leur absolucion et par communaulté : mesmement que ceulx qui avoient esté chief et principalx en la besongne, et le dit Robert, sont devenuz hommes dudit évesque et de ses successeurs à cause de son église, et lui ont fait amende honnorable en venant à Mascon, où il ont offry chascun une torche en sa main publiquement en signe de bonne paix et repentance; et aussi le dit évesque fu pris en l'Empire. Mais, ce non obstant, nostre dit bailli, disant aussi et maintenant que le dit Jehan de Vienne, nostre admirail, ne faisoit point la dicte guerre en nostre nom, comme dit est; aussi estoit ce que faisoient le dit Robert et ses compaignons en défendant contre nostre dit admiral et ceulx de Sainte Croix qui leur avoient couru sus, a fait appeller autre fois ledit Robert à noz droiz sur plusieurs multes et paines et l'a fait bannir, comme l'en dit, de nostre royaume. Pour quoy, considéré que paix et accort est entre les parties principaulx, et que le dit Robert a servy noz prédécesseurs et nous és guerres par pluseurs fois, et sert de jour en jour, et a grant désir de demourer et converser en nostre royaume et de servir en noz guerres, et ceulx de son lingnage semblablement; et ancores, n'a gaires de temps que le dit Robert a esté prins des Anglois, noz ennemis, et un sien frère aussi, au pays d'Auvergne, en la compaingnie de nostre cousin Jehan de Bouloigne, et ont paié grant raençon, de quoy ilz sont à grant meschief; et mesmement son père fu tellement bléciez en la bataille de Poitiers, qu'il en mourut; considéré aussi que ce ne fut pas pour le fait singulier du dit Robert, maiz pour le fait du dit sire de Saint-Triver, son parent, humblement nous a fait supplier à lui impartir sur ce nostre bénigne grace. Nous, attendu tout ce que dit est, eu aussi regart aux bons services que le dit Robert et les siens ont faiz à noz prédéccesseurs et Nous ès guerres, et ont entencion de faire où temps avenir, à icellui Robert, avons quictié, remis et pardonné, quictons, remectons et pardonnons, de nostre grace espécial, auctorité et puissance royale, par la teneur de ces présentes, ou cas que dit est, touz les faiz dessus diz et chascun d'iceulx, avecques toutes amendes, multes et peines criminelles et civiles, esquelles le dit Robert est encheuz ou pourroit avoir encouru envers nous, par quelconque manière que ce soit, pour les causes dessus dictes. Et le remectons à nostre royaume et à ses biens non confisquiez, se aucuns en a en nostre dit royaume; non contrestant ledit ban, lequel nous mectons du tout au néant par ces présentes, de nostre grace espécial, puissance et auctorité dessusdictes, satisfacion faicte avant toute euvre, civilement, se aucuns en vouloient faire partie ou poursuite. Si donnons en mandement au dit bailli de Mascon et à touz noz autres justiciers, officiers et subgiez, ou à leurs lieuxtenans, présens et avenir, et à chascun d'eulx, que, de nostre présente grace facent et laissent, ou cas dessus dit, joir et user paisiblement le dit Robert, et contre la teneur de ces présentes ne l'empeschent ou molestent en aucune manière. Et afin que ce soit ferme chose et estable à tousjours, nous avons fait mectre à ces lettres nostre séel ordenné en l'absence du grant, sauf en autres choses nostre droit et l'autrui en toutes. Donné à Paris, le derrenier jour de janvier, l'an de grâce mil ccciiii^{xx} et deux, et le tiers de nostre règne.

Par le Roy, à la relacion de messeigneurs les dux de Berry et de Bourgoingne.   J. TABARI.

(Trés. des Ch. Reg. JJ. 122, pièce 63.)

XXI

Rémission pour les attornés de Senlis, qui avaient rappelé leur contingent de l'armée de Flandre.

Paris, février 1383.

Charles, etc. Savoir faisons à tous présens et avenir. Comme nagaires par noz lettres eussons mandé à noz bien amez les habitans de nostre ville de Senliz qu'ilz nous envoiassent dix arbalestriers ou autres gens armez souffisaument, pour venir avec nous au voiage que nous avons nagaires fait en Flandres, lesquels nous envoièrent vi hommes d'armes tant seulement. Et depuiz, Nous estanz oudit pays de Flandres entre noz ennemis, par les attornez d'icelle ville, c'est assavoir Jaque Chabre, Simon de Normendie, Thibaut Jolys et Thomas de Calonue, eust esié rescript aux diz vi hommes d'armes qu'il s'en retornassent le mois de novembre passé s'il ne vouloient chascun vivre du sien, et qu'il ne seroient paiez fort du dit mois tant seulement, en nous desnuant et appetisant à nostre besoin de tèle aide et povoir comme par eulz nous estoit fait, en commettant sur ce crime de lèze-magesté, traïson et désobéissance. Et pour occasion de ce, eussent [eussions] mandé à nostre bailli de Senlis qu'il preist le corps de ceux qui avoient escript les dictes lettres et cassé les dis six hommes d'armes par la manière dessus dicte et tous autres qu'il en trouveroit coulpables, et les biens meubles et héritaiges meist par inventoire en nostre main comme à nous confisquiez, forfaiz et acquis et jusques à ce que autrement nous en eussons ordené, si comme en noz lectres sur ce faictes est plus à plain contenu. Toutevoie, par certaine informacion qui a esté faicte sur sur ce que dit est, nous avons trouvé que des choses dessus dictes ne sont aucuns coulpables, fors seulement les attournez dessus diz, lesquielx nous ont fait supplier que comme quant il escrirent en cassant lesdiz hommes d'armes il ne cuidoient mie tant meffere, aincois cuidoient bien faire et au proufit de nostre ville de Senliz; considéré que nous avons obtenu la victoire[1] contre les Flamens paravant ladicte rescripcion et cassement, nous, sur ce, leur vueillons impartir nostre grace et miséricorde. Nous, ces choses considérées, etc.

Donné à Paris ou mois de février, l'an de grace mil CCC IIII^{xx} et deux, et le tiers de nostre règne.

Par le Roy, à la relacion de mess. les ducs de Berry et de Bourgogne.

J. DE MONTEACUTO.

(*Très. des Ch.* Reg. JJ. 122, pièce 100.)

XXII

Juifs détroussés.

Paris, 6 février 1383.

Charles, etc. Savoir faisons à touz présens et avenir, à nous avoir esté supplié de la partie Nicolas des Portes, clerc, Adam de la Roquete, clerc, Marie et Jaquot Thévenon, demourans à Saint Florentin et aucuns autres leurs complices en ceste partie. Que

---

1. De Rosebeke.

comme le mercredi après la saint Vincent derrenièrement passée, se feussent arrivez ès faux bours de Saint Florentin quatre juifs, l'un appellé Raphael, l'autre Abraham, et des noms des deux autres ne sont pas recors. Les quielx supplians penssans que les diz juifs s'en alassent et en foissent hors de nostre royaume pour aucune cause, prirent aucuns de leurs armeures et alèrent environ l'entrée de la nuit sur les diz juifs en l'ostel où il estoient logiez ès diz faux bourgs, et prirent trois des diz juifs, c'est assavoir ledit Abraham et les deux autres dont il ne sçevent les noms, et les menèrent hors de ladicte ville et leur ostèrent environ iiii livres tournois d'argent, un fermelet d'or, une ferrure d'une courroye d'argent, un annel d'or ou d'argent, un signet d'argent, un chaperon de drap de laine, trois espées et aucunes autres menues choses qu'ilz avoient sur eulx, et les battirent de buffes, sanz férir de couteaulx, bastons ne d'autres choses, fors des mains seulement. Et en tirèrent l'un en la boe, et leur usèrent de menaces, en disant qu'il paieroient douze frans avant qu'il les laissassent aler. Desquielx douze frans les diz juifs ne paièrent onques riens; maiz les laissèrent aler les diz supplians, et leur rendirent partie de leurs diz biens. Et lendemain, à matin, s'en ala l'un des diz supplians, c'est assavoir led. Nicolas, avecques les diz juifs, à Troyes, paisiblement et sanz penser mal ne villenie. Et au soir, quant ilz furent arrivé audit lieu de Troyes, lesdiz juifs firent arrester ledit Nicolas par la justice, et lui fu assigné journée par devant nostre bailli de Troyes au lendemain à matin. Lequel Nicolas, doubtant de la justice, s'en parti de ladicte ville de Troyes, etc.

Donné à Paris le vi° jour de février, l'an de grace mil ccc iiii²¹ et deux.

(*Trés. des Ch.* Reg. JJ. 122, pièce 78.)

XXIII

Juifs de Mantes persécutés.

Paris, mai 1383.

Charles, etc. Savoir faisons à tous présens et avenir. Nous avoir oye l'umble supplicacion de Guillaume Mauvoisin demourant à Mante, contenant : Que jasoit que de la somme de ɪɪ° frans qu'il avoit pieça empruntée à Croissant de Vezou, juif, lors demourant au dit lieu de Mante, ensemble les montes d'icelle somme[1] de laquelle il s'estoit obligiez à luy pardevant le tabellion de Mante, il ait fait libéralment de sa voulenté et sanz aucune contrainte bonne satisfaction audit juif. Néantmoins, pour ce que ledit suppliant, après ce que les juifs demourans en la dicte ville de Mante furent triboulez et molestez par le commancement de ceulx de Paris, ledit suppliant qui ne savoit se les diz juifs seroient du tout mis hors de nostre royaume ne que l'on en feroit, dist à un clerc du dit tabellion qu'il vouldroit bien estre rayé dudit registre et de l'arrest du dit tabellion, se il y estoit pour la dicte somme, afin que l'obligacion ne fust grossée contre luy et qu'il en donrroit voulentiers audit clerc unes chauces, combien que ledit suppliant ne sceust onques ne ne sçet se le dit clerc en fist riens, ne onques puis

1. Les intérêts.

ne luy en parla ne ne lui en paya chauces ne autre chose, maiz en usant de bonne foy envers le dit juif, luy a, depuis icelles paroles et sanz y persévérer, paiée la dicte debte avec les dictes montes, libéralment et sanz contrainte, comme dit est. Le dit juif s'est malicieusement trait par devers luy afin de extorquer aucune chose de sa povre chevance, en disent qu'il dénoncera contre lui les dictes paroles s'il ne luy donne du sien. Et luy a pour ce demandé x frans; lesquelx, pour les grans menaces qu'il luy faisoit de luy pour se [ce] porter damage, il luy a accordez paier, combien que encores ne les luy ait paiez. Et se doubte ledit suppliant que pour ce soit molestez ou poursuys, si comme il dit. En nous humblement suppliant, que comme il n'ait mie persévéré ès dictes paroles, maiz se soit loyaulment aquitez audit juif du principal et des montes, le quel juif ne met mie ces choses avant, fors pour avoir de luy malicieusement et à tort la dicte somme de dix frans, nous sur ce lui vueillons impartir nostre grace. Pour ce est-il que nous, ces choses considerées, etc.

Donné à Paris ou mois de may, l'an de grace mil ccc iiii^{xx} et trois et de nostre règne le tiers.

Par le conseil,

S. DE CARITATE, F. DE METIS.

(Très. des Ch. Reg. JJ. 122, n° 271).

XXIV

Sédition à Orléans.

Au Louvre, juin 1383.

Charles, etc. Savoir faisons à touz présens et avenir. A Nous, de la partie de Gilet Chasteau avoir esté humblement exposé. Que comme pour certains déliz, si comme maintenoient aucunes gens, c'est assavoir pour la commocion derrenièrement faicte contre nous et à la diminucion ou adnullacion des aides ordonnez pour nostre estat et le fait de nostre guerre, et aussi pour que ce jà pieçà les aucuns mistrent la main à la bride du cheval de nostre très cher oncle le duc d'Orléans[1], que Dieu absoille, et portèrent ou temps passé, les aucuns, chaperons de l'aliance du roy de Navarre, les habitans de nostre ville d'Orléans eussent accordé et composé à nous à la somme de xxx mille frans d'or; de laquelle somme nous eussions pour certaines causes et rappors qui lors nous murent, excepté dix personnes du nombre desquelles fu ledit Gilet, etc.

(Suit la rémission.)

Au Louvre, juin 1383.

(*Trés. des Ch.* Reg. JJ. 123, pièce 26.)

1. Philippe, duc d'Orléans, fils de Philippe de Valois et grand oncle de Charles VI.

XXV

Quittance donnée par Louis, duc de Bourbon, d'une somme de 3000 francs, sur la pension de 100 francs par mois que lui fait le Roi.

Paris, 5 novembre 1383.

Nous Loys, duc de Bourbon, conte de Clermont et de Fouroiz[1], per et chambrier de France, confessons avoir eu et receu de Bertaut A la Dent, receveur général des aides ordonnées pour le fait de la guerre, la somme de trois mile frans d'or sur ce qui nous puet estre deu à cause de la somme de mil frans de pension à nous ordonnée pas mons. le Roy, à prendre chascun mois pour l'estat de nous, à commancer le premier jour de mars mil ccc iiii^{xx} et deux derrenier passé, si comme plus à plain puet apparoir par mandement sur ce fait. Delaquelle somme iii^m fr. d'or nous nous tenons pour bien content et paié, et en quittons monditseigneur le Roy, ledit Bertaut et tous autres. Donné à Paris soubz nostre séel, le ve jour de novembre, l'an mil ccc quatrevins et trois.

Par mons. le duc.
DESNIER.

(Orig. parch. — *Arch. de l'Emp.* carton K. 53, pièce 27.)

1. Forez.

XXVI

Rémission pour un orfèvre de Paris impliqué dans l'affaire des Maillotins.

Paris, novembre 1383.

Charles, etc. Savoir faisons à tous présens et avenir. Que de la partie Adam Pélerin, orfèvre, ouvrier d'imagerie d'or et d'argent, naguères demourant à Paris, nous a esté exposé : Que comme il ait servi nostre très-chier seigneur et père, dont Dieux ait l'ame, et fait certains ouvrages d'ymagerie qui bien lui furent plaisans et agréables, et aussi ait tousjours esté bienvueillent de nous et de noz subgiez et en tout obéissant. Et il soit ainsi que ou temps de la commocion qui fu à Paris par aucunes gens du commun, ledit Adam, qui lors n'avoit aucune besoigne de son mestier dont il peust de quoy vivre bonnement, environ la Saint Jehan derrenièrement passée fist et vendi plusieurs maillès de plont, comme faisoient plusieurs autres, pour avoir sa vie et sustentacion, non cuident aucunement offencer contre nous, mesmement que gens notables les achaptoient lors, disans que c'estoit pour obvier et résister à la male voulenté de ceulx qui lesdictes commocions avoit premièrement esmehues. Et que depuis, un jour de feste, après disner, environ la Saint-Remy, il fu alez à Saint-Souplice[1], où il trouva plusieurs compaignons, dont les ungs jouoient aus boules et les autres aus quilles, et s'esbatit avec eulx. Et après ce, les ungs disdrent que la ville de Paris estoit

---

1. Saint-Sulpice (*Oise*), ou Saint-Sulpice (*Seine-et-Marne*).

en grant péril d'estre pillée, et que ilz gardassent l'un l'autre se besoing y sourvenoit, et que chascun y estoit tenuz. Et lors les autres disdrent que se il avenoit que on la voulsist piller, que il seroit bon qu'il assemblassent à Saint Innocent, et que, se aucuns qui avoient parlé contre l'imposicion estoient pris, que les autres pourchassent sa délivrance. Le quel Adam et aucuns autres de sa condicion, respondirent que ilz ne savoient riens de la voulenté de ceulx qui ce disoient, et que se aucuns par orgueil, ignorance ou outrecuidance avoient fait contre les dictes imposicions ou contre nous, il n'en vouloient avoir que faire, et que ce ne les touchoit en riens. Et combien que ledit Adam n'ait autrement offensé contre nous, néantmoins, quant nous venismes en nostre ville de Paris, à nostre retour de Flandres, et il vit si grant quantité de gens prandre et emprisonner, pour doubte de trop riguereuse justice, se absenta. Pour lesquelles choses tous ses biens furent pris en nostre main. Requérant ledit Adam que sur les choses dessus dictes et chacune d'icelles nous plaist lui estre et emploier nostre grace et miséricorde.....

(Suit la rémission, adressée au prévôt de Paris.)

Donné à Paris, l'an de grace mil iiii^{xx} et trois et de nostre règne le quart, ou moys de novembre.

Par le Roy, à la relacion de mess. les dux de Berry et Bourgoigne,

J. LE MASLE.

(*Trés. des Ch.* Reg. JJ. 123, pièce 210.) — Sous le n° 225 se trouve une pièce semblable pour « Jehan de Louvres, povre varlet, orfèvre, » et sous le n° 285 une autre, pour « Jehan la Sueillie, varlet ou enseigneur du mestier d'orfaverie. »

XXVII

Traité d'alliance offensive et défensive entre Jean, duc de Berri, Philippe, duc de Bourgogne, et Jean, duc de Bretagne.

Paris, février 1384.

Nous Jehan, filz de roy de France, duc de Berry et d'Auvergne, conte de Poitou, Philippe, fils de roy de France, duc de Bourgoingne, conte de Flandres, d'Artois et de Bourgongne, et Jehan, duc de Bretaigne, conte de Montfort et de Richemont. Faisons savoir à touz ceulz qui ces présentes lettres verront ou orront, que pour la grant amour que nous et chascun de nous avons trouvé l'un aux autres, afin de continuer et acroistre ladicte amour et d'estre doires en avant mieulx touz un et d'une volenté et consentement, pour mieulx aussi et plus grandement servir nostre très redoubté seigneur, monseigneur le Roy, considérans en ce le grant bien de lui et de son réaume et aussi d'un chascun de nous, avons promis et juré, promettons et jurons chascun de nous par la foy de son corps baillée corporelment ès mains des autres deux, que doires en avant entre nous seront bonne, vraye et loyal amour et aliances perpétuelles, et que nous garderons de touz noz povoirs les bien, honneur, soignories, libertez, droiz, héritaiges et proffiz de nostre dit très redoubté seigneur, et aussi chascun de nous des autres deux, et vceulx bien, honneur, seignouries, libertez, droiz, héritaiges et proffiz, tant de nostre dit très redoubté seigneur, comme chascun de nous des autres deux, pourchacerons et serons tenuz de pourchacier, garder et deffendre et de esviter le dommaige de nostredit très redoubté seigneur, et chascun de nous des autres deux. Et que, ou cas que à nous ou à l'un de nous sera dit ou raporté aucune chose contre l'onneur de nostredit seigneur ou de l'un de nous, cellui à qui aura enfin esté raporté le fera savoir à nostredit et très-redoubté seigneur et aux deux autres de nous. Et devant que enfin l'aura fait, ne ajoustera aucune foy aux diz rapors. Et avec ce, que de noz corps et chevance nous servirons nostredit très redoubté seigneur envers et contre touz ceulz qui lui vouldront porter dommaige et aussi chascun de nous les autres deux, envers et contre touz, excepté nostre dit très redoubté seigneur et nostre très cher et très amé frère le roy de Sécile et de Jhérusalem. Et ne ferons aliances avec quelconques autres sanz la licence, congié et expresse volenté l'un des autres deux. Et les choses dessus dictes et chascune d'icelles promectons tenir, garder et acomplir sans fraude et malengin, chascun par la foy que dessus, touz les jours de nostre vie. En tesmoing de ce, nous avons fait mectre noz seaulx à ces présentes, lesquelles nous voulons estre triplées afin que chascun de nous en ait unes pardevers soy. Donné à Paris le viiie jour de février, l'an de grace mil trois cens quatre vins et troiz.

(Orig. parch. scellé en cire rouge sur double queue. Des trois sceaux que devait avoir la pièce, il n'en reste plus qu'un, celui du duc de Berri. C'est un fragment, et il est armorial. — *Arch. de l'Emp. Tr. des Chartes.* Carton J. 187, pièce 10.)

XXVIII

Bail à ferme fait par le roi à son chancelier Pierre de Giac, d'une partie des anciens murs de Paris situés grande rue Saint-Antoine, près Sainte-Catherine du Val des Écoliers, pour l'agrandissement de l'hôtel d'Hugues Aubriot, occupé par le chancelier.

Paris, février 1384.

Charles, par la grâce de Dieu roy de France. Savoir faisons à tous présens et avenir. Que comme l'année derrenièrement passée, nous, pour certaines causes qui à ce nous meurent, aions fait abatre et arraser la porte, tour et entrée des viex murs de nostre bonne ville de Paris, séans en la grant rue Saint-Anthoine près de l'église Saincte-Katherine ou Val des Escoliers; ouquel temps ordenasmes lesdiz murs avec les tours estans en iceulx, estre baillez à nostre proufit à cens et rente perpétuelment ou aultrement. Et il soit ainsi que nostre amé et féal chancellier Pierre de Giac, chevalier, ait par bon et juste tiltre acquis et soit en entencion d'avoir et acquérir pour lui et les siens, l'ostel et jardin qui furent Hugues Aubriot, chevalier, jà pieçà prévost de Paris, esquelz hostel et jardin qui joignent aux diz murs, nostre dit chancellier demeure à présent; et une partie desdiz murs soit plus convenable et mieulx séant à icellui nostre chancellier que à aucun autre. Nous, aians considéracion et regart à ces choses, et que lesdiz murs ne nous portent aucun proufit, ne font service, et aux bons, notables et agréables services que nous a faiz nostre dit chancellier, fait de jour en jour et espérons que faire doie ou temps avenir, à icelui, pour lui, ses hoirs successeurs et de lui aiens cause, avons baillié à tiltre de bail et de ferme perpétuelle lesdiz murs ainsi qu'ils se comportent, contiennent et durent, dès ladicte rue de Saint-Anthoine en alant vers la rivière de Saine, jusques au bout desdiz hostel et jardin, comprins en ce la tour qui est en iceulx murs joignant audit jardin, en laquelle tour a à présent colombier, et une autre tour qui est au bout dudit hostel et jardin sur la porte de la rue par laquelle l'en va dudit hostel à l'église de Saint-Pol, avec leurs appartenances et appendances quelconques, etc....

Paris, février 1383.

(*Arch. de l'Emp.* — Reg. KK. 896 fol. 312 v°.)

XXIX

Ordonnance de Charles VI portant révocation des réformateurs généraux.

Paris, 9 mars 1384.

Rogier Ravin, lieutenant de Monseigneur Guieffroy de Charny, chevalier, bailli de Caux, au viconte de Monstiervillier ou à son lieutenant, salut. Au jour d'uy avons receues les lettres du Roy nostre sire contenant la fourme qui en suit :

Charles, par la grâce de Dieu roy de France, au bailli de Caux ou à son lieutenant, salut. Savoir vous faisons que nous, enfourmés des griefs et oppressions que nos subgiez ont eus et soustenus par le fait de noz guerres et des gens d'armes et arbalestriers et autres gens de guerre qui sont passés, demourés et retournés par toutes les parties de nostre royaume toutes les fois que mandés les avons pour nous servir en nos dictes guerres, et oyes les plaintes de plusieurs de nos diz subgiez sur les griefs que les refformateurs que nous envoyasmes naguerres ès provinces et ès bailliages de nostre dit royaume leur ont fait en plusieurs cas qui ne touchent pas fait de refformacion. Sur quoy avons aussi oy les relacions de plusieurs de nostre conseil, et désirons relever nos diz subgiez des griefs dessus diz et de tous autres, si qu'il puissent vivre en paix soubz nous, avons ordonné que ladicte refformacion cesse et sursice à présent, et que les refformacions et autres procès qui encores n'ont esté jugiés, demeurent en suspens et estat où il sont à présent, jusques à ce que, veus et considérés les exploiz que les dis refformateurs y ont fais, nous en aions autrement ordenné. Et que tous les prisonniers ou arrestés pour fait de refformacion soient eslargis, s'ilz sont suffisans, par caucion d'eulx mesmes, et se ilz ne sont suffisans, par caucion d'autres. Si vous mandons et commandons expressément que nostre présente ordenance vous faciés crier et publier en tous les lieux accoustumés à faire cris en vostre bailliage et ès ressors d'icellui, par telle manière que nul n'en doie avoir ygnorance, et deffendons aux refformateurs que par avant y avons ordennés, que plus ne s'entremettent d'en tenir court ne congnoissance, et nos subgiez de vostre bailliage, que plus ne leur y obéissent, jusques à ce que autrement en aions ordenné, comme dit est. Et ce faictes ès lectres deues sans aucun délay, par telle manière que deffaut n'y ait. Saichant que se vous en estes deffaillant ou en délay, nous en prendrons très-grant desplaisir. Donné à Paris le IXᵉ jour de mars, l'an mil ccc iiiiˣˣ et trois et le quart de nostre règne, soubz nostre séel ordenné en l'absence du grant. Ainsi signé : Par le Roy, à la relacion de Monseigneur le duc de Berry.

Yvo.

Si vous mandons et commandons expressément de par le Roy nostre dit seigneur, que le contenu ès dictes lectres, ycelles veues, sans aucun délay acomplissez en vostre viconté et ressort, bien et deuement, jouxte leur fourme et teneur, tant en faisant crier et publier le contenu ès dictes lectres ainsi que mandé est par icelles, et en faisant la deffence en icelles lectres contenue, comme en acomplissant en oultre la teneur d'icelles lettres, si qu'il n'y ait aucun deffaut; duquel, s'il y estoit, monseigneur le bailli et son lieutenant s'en excuseroient par vous. Et certifiez monseigneur le bailli ou son lieutenant par le porteur de ces lettres, de la récepcion d'icelles. Donné à Caudebec, le Vᵉ jour du mois d'avril et jour de Pasques les Grans, l'an de grâce mil ccc iiiiˣˣ et quatre. Ravin.

(Orig. parch. *Arch. de l'Emp.* carton K. 53, pièce 19.)

XXX

Persecution des iuifs a Mantes.

Paris, mars 1384.

Charles, etc. Savoir faisons à tous présens et avenir, que nous avons veu l'umble supplicacion des habitans de nostre ville de Mante contenant : Que l'an mil ccc iiii^{xx} derrenièrement passé, lendemain que la commocion fu de plusieurs habitans de nostre ville de Paris sur les juifs demourans en icelle, lesquielx furent pillez et robez par aucuns des habitans d'icelle, plusieurs gens d'armes et autres qui estoient venuz et estoient lors ou païs d'environ la dicte ville de Mante, vindrent et se boutèrent en icelle à heure de portes ouvrir, crians et disans au menu pueple et aux habitans d'icelle qu'ils alassent sur les juifs qui y demouroient et que nous leur en avions donné congié, ce que non, et que ceulz de la ville de Paris estoient pilliez. Pour occasion de laquelle chose plusieurs des habitans de ladicte ville de Mante cuidans de certain qu'il fust ainsi, alèrent et se boutèrent avec les dictes gens d'armes et autres dessus diz ès maisons où demouroient les diz juifs en la dicte ville de Mante, et là prirent et emportèrent plusieurs des biens d'iceulx juifs et autres qu'ilz trouvèrent en leurs maisons, cuidans en vérité qu'ilz fussent abandonnez et que nous eussions donné congié de les prenre, comme dit est. Et néantmoins, par vertu de certain cry fait après ce, de par nous, en la dicte ville, iceus habitans qui avoient ainsi pris et emporté les diz biens comme dit est, ou aucun d'eulx, les restituèrent et raportèrent par devers les commis et députez à ce de par nous, avec plusieurs autres biens qui par les diz juifs leur avoient esté bailliez en garde par avant. Et comme nagaires, par vertu de noz lettres obtenues si comme l'en dit par aucuns des juifs dessus diz demourans lors en la dicte ville de Mante, et de certaines informacions faictes sur ce par nostre prévost de Paris ou aucuns noz commissaires ou sergens députez sur ce, aucuns des diz habitans de la dicte ville de Mante aient esté pris et amenez prisonniers en nostre chastellet de Paris, et aient esté [leurs biens] pris, saisiz, arrestez et mis en nostre main et fait inventaire d'iceulx, de par eulz nous a esté humblement supplié que sur les choses dessus dictes nous leur vueillons estre miséricors et eslargir nostre grâce sur ce. Pourquoy, nous considéré ce que dit est, etc....

(Suit la rémission pour les habitants de Mantes arrêtés, avec clause d'une amende civile seulement pour ceux desdits habitants qui seraient soupçonnés d'avoir pris part au fait).

Ce fu fait et donné à Paris ou mois de mars, l'an de grace mil ccc iiii^{xx} et trois et le tiers de nostre règne.

Par le Roy, à la relacion de Mess. les ducs de Berry et de Bourgogne.

J. DE MONTEACUTO.

(*Trés. des Ch.* Reg. JJ, 122, pièce 192.)

XXXI

Injures proférées contre le roi.

Paris, février 1385.

Charles, etc. Savoir faisons à tous présens et avenir. A nous avoir esté exposé de la partie de Guillaume le juponnier, habitant d'Orléans, povre homme chargé de femme et de quatre enfans. Que le jeudi apres Noël derrenièrement passé ou environ, lui estant en l'ostel de Jehan Castel, où il estoit alez boire avec autres compaignons, après ce qu'il ot assez beu et tant qu'il fu souspris de vin, il dist entre pluseurs paroles qu'il orent ensemble, les paroles qui s'ensuient et autres semblables en effect, si comme les présens ont rapporté, jà soit ce qu'il n'en soit bien mie recort. C'est assavoir : « Quest alez faire le duc « d'Anjou là où il est alez ? il a pillée, robée et em- « portée la finance en Ytalie, conquérir autrui terre ; « il est mort et dampné, et le roy saint Loys aussi, « comme les autres. » Et que nous et les autres seigneurs tenons mauvaisement et faussement ce que nous avons. Et oultre dist : « Estront, estront de Roy « et de Roy ; nous n'avons Roy que Dieu ; cuides tu « qu'ilz aient loyaument ce qu'ilz ont ? ilz me taillent « et retaillent, et leur poise qu'ilz ne povent avoir tout « le nostre ; que a il à faire de moy oster ce que je « gaaigne à mon aguille ? Je ameroie mieux que le « Roy et tous les Roys feussent mors que mon filz « eust mal ou petit doy. » Pour lesquelles paroles il a esté mis en prison et y est encores, etc.

(Suit la rémission, mais avec cette clause : « Parmi ce que ledit Guillaume le japponnier soit signé ou front au saing de la fleur de lis pour exemple que les autres ne osent dire ne profererer (sic) semblables ou autres paroles contre le prince. » — La rémission adressée au gouverneur d'Orléans. Datée de Paris, février 1384).

Par le Roy, à la relacion de Mons. de Berry.

(*Tres. des Ch.* Reg. JJ, 128, pièce 73. — Au n° 163, se trouvent d'autres lett. du mois d'avril 1384, qui contiennent celles-ci et par lesquelles le roi lui fait grâce de la marque, moyennant une amende de 50 l. t.)

XXXII

Ambassade envoyée aux Provençaux.

1385.

Instructions pour le fait de Provence aus séneschal de Beaucaire et messire Anceau de Salins, et maistre Yve Derian.

Combien que autreffoiz le Roy, monseigneur de Bourgoingne et le conseil, oy les messages d'Ais[1] et vues les lectres par eulx apportées, eussent délibéré de actendre le retour d'aucuns des dis messages, qui sont alez au dit païs pour apporter encores certaines autres lectres qu'ilz se dient avoir, et pour autres causes chargées plus à plain à maistre Robert Cordelier, qui est alez devers monseigneur de Berry pour le fait dessus dit et autres, toutesfoiz pour ce que depuis monseigneur de Berry a fait savoir au Roy et à monseigneur de Bourgoingne par le dit séneschal et autres, qu'il est de nécessité pour pluseurs causes que le Roy preigne en sa main le païs de Provence pour les grans inconvéniens qui autrement s'en pourroient ensuir; le Roy, monseigneur de Bourgoingne et le conseil, actendu que monseigneur de Berry qui est sur le païs puet mielx savoir les mérites de la besongne que nul autre, et qu'il a fait savoir par deçà que légièrement le païs sera mis en la main du Roy du consentement des seigneurs et habitants des bonnes villes, sont d'oppinion qui ainsi soit fait par la bonne ordenance

---

1. Aix.

et provision de monseigneur de Berry, auquel le Roy et monseigneur de Bourgoingne s'en rapportent. Toutteffoiz ilz lui font savoir aucunes choses qui sont advisées par deçà par le conseil, pour en prendre, ajouter ou diminuer, selon ce que la matière le requerra et qu'il lui sera expédient. En oultre, pluseurs du conseil sont condescenduz à ceste oppinion pour les nouvelles qui sont survenues du mariage qui est parfait entre monseigneur de Valois et la royne de Hongrie, laquelle, selon l'oppinion de pluseurs, puet avoir grant droit ou pais de Prouvence, combien que encore n'en n'aye pas esté faite grant mencion.

Primo. Quant aus dis messages d'Ays, aucune response ne leur a esté faite précise par deçà, mais leur est donnée bonne espérance de entendre aus requestes par eulz faictes, et que le Roy envoie pour ceste cause, de ses gens par devers monseigneur de Berry, et que aussi les dis messages y voisent, et que là, monseigneur de Berry leur fera la response de par le Roy.

Se monseigneur de Berry voit que la besoingne puisse estre exécutée, si comme il l'a fait savoir par deçà, il fera faire response aus dis messages que le Roy prendra ledit païs en sa main, du consentement des seigneurs et bonnes villes comme dessus est dit, et que ainsi le facent savoir les dis messages à ceux qui les ont envoiez depar le Roy et à tous autres du païs.

Item. Que monseigneur de Bery (*sic*) face savoir de par le Roy, tant par les dis messages, comme par autres, aux gens du païs, comment, de leur consentement, le Roy prendra la garde et gouvernement du païs.

Pour ce que ledit séneschal, lesdis messages et pluseurs autres ont rapporté pardeçà que la plus grant partie des habitans du païs ne vouldroient jamès estre soubz la seigneurie de monseigneur le roy Loys le second, il semble à monseigneur de Bourgoingne et au conseil estre pour ce meilleur de dire, que le Roy mect le païs en sa main pour oster la grant division qui y est, faire cesser la guerre, et à ce que aucuns autres ne s'i boutent et que plus grans inconvéniens ne s'en ensuivent ou royaume et ou païs de Dalphiné, sans dire à présent que ce soit pour déterminer à qui le païs appartendra. Car ceux qui ne vuellent pas la seigneurie dudit roy Loys, pourroient empescher le fait du Roy et du païs.

De ceste matière, le Roy escript à notre saint père, au collége de nosseigneurs les cardinaux et à aucuns d'eulx singuliers, à ma dame la Royne, à monseigneur le roy Loys et à aucuns autres, par lectres de créance qui leur sera exposée par les messages du Roy par l'ordenance de monseigneur de Berry.

Les causes qui meuvent d'en escripre sont : à ce que le pappe, les cardinaux, ne autres qui en seront advisés, n'empeschient le fait du Roy, et que se ilz s'efforcent de faire le contraire, que le Roy leur en soit mainstenus; et aussi à ce que aucuns ne croyent que le Roy vueille entrer ou païs pour en prendre la seigneurie, mais seulement pour le garder et faire gouverner par sa main pour les causes dessus dictes.

Il semble expédient que monseigneur de Berry monstre et face monstrer à ma dame la Royne et à son conseil, qu'elle vueille consentir et désirer que le Roy mecte le païs en sa main. Car, se monseigneur son filz y a droit, il lui sera sauve, et autrement n'en puet avoir la seigneurie que par le moyen du Roy, et plus tost le devroit consentir et requérir sans comparoison que ne font les autres qui le requièrent, et par autres moyens qui seront advisez.

Supposé que ma dame la Royne et son conseil ne le voussissent consentir, si prendra le Roy en sa main le païs par la manière dessus dicte, actendu que monseigneur le roy Loys est jeunes et que le Roy est son chief, et qu'il lui gardera son droit, s'il y chiet, mieulx que nul autre.

Les messages du Roy emportent pluseurs lettres closes de créance du Roy sans superscripcion, pour les adrécer aux prélas, nobles et bonnes villes du païs, et les faire porter et présenter par telz personnes que monseigneur de Berry ordenera, qui leur chargera la créance que ils diront aus gens du païs, selon la matière dessus touchiée, en adjoustant ou diminuant par sa bonne ordenance.

Aucuns touchoient de faire assembler en aucun lieu les gens du païs pour à eulx exposer l'entencion du Roy et oïr leurs responses. Toutelfois il ne semble pas bon d'en faire assemblée, pour les périlz qui se pourroient ensuir de la contradicion d'aucuns; et qu'il vault mieulx le faire particulièrement.

S'il plaist à Dieu que la chose preigne effect, monseigneur de Berry, pour le Roy, ou ceux qu'il y commectra, recevront les seremens des vassaux et des consaulz, sindiz ou procureurs de bonnes villes, d'estre vrais obéissans au Roy, de tenir et garder ses ordenances, et qu'ilz ne recepteront, aideront ne conforteront aucuns qui ne soient bienvueillans du

Roy; et autres poins, telz que monseigneur de Berry avisera.

Les messaiges du païs qui ont esté devers le Roy ont encores rapporté que les gens du païs baudront ostages au Roy pour tenir son ordonnance, et certaines forteresses en la main du Roy, oultre celles du demaine de la conté, pour estre plus asseur du païs. Esquelles, s'il est ainsi, monseigneur de Berry mectra, lorsque le cas escherra, châtelains et officiers qui seront du royaume; desquelx il soit seur.

Se le Roy y mect gouverneur ou séneschal de tout le païs, il se advoera pour le Roy comme ayant la garde et gouvernement du païs du Prouvence.

Les autres juges et officiers seront instituez et nommez, comme il est acoustumé, par les gens des villes, comme l'en dit, et feront serement au Roy, à la personne de celui qui par lui sera commis, tel comme dessus est touché.

S'il advenoit que aucuns du païs, comme ceux qui tiennent la partie de monseigneur le roy Loys, pour cause de la deffense de madame la Royne ou de lui, ou autrement, ne voussissent obéir au Roy, le Roy et nosseigneurs y pourroient assez pourveoir par faire cesser les finances qu'elle prent pardeçà et autrement, par l'advis et délibéracion du Roy, de nosseigneurs et du conseil, se le cas advient.

Supposé que aucuns désobéissent, comme ceux qui tiennent la partie de monseigneur le roy Loys ou autres, il semble que aucune guerre ne leur doit estre faite de présent par les gens du Roy, mais ilz seront sommez et requis de par le Roy, de eulx mectre en sa main. Et leur response, fera savoir monseigneur de

Berry au Roy et à monseigneur de Bourgoingne, avec son avis, pour aviser du remède.

Touteffoiz, se ceux qui ne vodroient obéir, se aucuns en y avoit, faisoient guere à ceux qui seront en la main du Roy ou au royaume, il y convendroit pourveoir par toutes voies pour garder le païs que le Roy auroit pris en sa main par l'ordenence de monseigneur de Berry.

Es articles dessus dis et en pluseurs autres de la matière survendront assez de doubtez, des quelles le Roy et monseigneur de Bourgoingne s'en rapportent à l'ordenance et bonne provision de monseigneur de Berry; lequel envoiera souvent pardevers le Roy pour lui faire savoir l'estat de la besoingne.

Item. Sera escript à Balthaser par manière gracieuse, et seront les lettres portées à monseigneur de Berry, qui les baillera aus messages de Prouvence et leur enchargera leur créance.

Item. Monseigneur de Berry leur dira que il facent apporter les autres lettres et privileges que ils dient avoir; que ils n'ont pas monstrez.

Aucuns ont touché, que se le Roy donne aucunes lettres patentes touchant le païs comme pour instituer sénéschal ou gouverneur, ou de y faire aucunes ordenances, il pourra ainsi escripre : Charles, etc., sans riens muer de son tiltre, et puis dira en narracion : que comme il ait pris en sa main, pour certaines et justes causes, la garde et gouvernement du païs de Prouvence du consentement des gens d'église, nobles et habitans du païs, et il soit ainsi que tèle chose soit neccessaire et proffitable, il, tel chose, ou, il institue et commect tel gouverneur ou tel séneschal, etc.

Et quant le Roy aura le gouvernement du païs et les chasteaux et forteresses, ou ce qu'il en pourra avoir en sa main et en son obéissance, il pourverra aus autres chasteaux et forteresses qui sont occupées par le conte de Savoye, par les Génevoys et par les autres que l'en dit qui en tiennent, au mieulx que il pourra.

Item, Est l'entencion du Roy que quant le pays sera en sa main par la manière que dit est, les gens qui y seront pour le Roy, soit ès establies ou autres officiers, se gouvernent des revenues du domaine. Et semble que le Roy, qui n'en sera que garde, n'y doit pas mectre le sien.

Se monseigneur de Berry n'estoit en Avignon quant les messages du Roy vendront devers lui et qu'il fust à une ou deux journées près, il semble nécessaire qu'il voit en Avignon pour y estre présent quant les lettres de créance seront présentées au pappe, aus cardinaux et autres, et aussi pour parler de la matière à madame la Royne et aus gens de son conseil. Car il fera ce que autres ne pourroient faire.

Il est expédient que les messages du Roy et de monseigneur de Berry qui vendront pardeçà pour ceste matière, apportent bonnes instructions par escrit de tout ce qui aura été fait, et de l'avis de monseigneur de Berry et de son conseil, de ce qui sera à faire au seurplus.

Toutes ces instructions sont faites seulement par manière d'avis, sauf et réservé en toutes choses d'ordonnance, modifications et supplécions de monseigneur de Berry.

Ce fut fait à Paris le x° jour de juillet, l'an mil ccc iiii^{xx} et cinq.

J. DE MONTEACUTO.

(Orig. parch. — *Très. des Ch.* Carton J. 291, pièce 2).

XXXIII

Réponse du sénéchal de Beaucaire.
1385.

Ce sont les mémoires baillées de par monseigneur le séneschal de Beaucaire à Gieffroy Paumier, pour dire et raporter au Roy et à son conseil, sur le fait et estat de Prouvance.

Premièrement. Que ledit pais est en très grans divisions entre les villes, et aussi entre aucuns des nobles du pais. Car les uns veulent bien le roy Loys, et les autres Charles de la Paix. Et sera à paine apaisé sans grant guerre. Et dient aucuns que le peuple prendroit mielx en gré la seignorie du Roy que du roy Loys ne de Charle de la Paix.

Item. Il y a aucuns grans nobles, qui ont gouverné le pais ou temps passé, qui moult tendent à la partie du roy Loys, en actente qu'ilz ont de mielx en valoir qu'ilz ne feroient du Roy, et ce est bien desplaisant comme l'en dit. Et moult de gens du pais qui sont plus enclinez à la partie du Roy, et d'autres à la partie de Charle.

Item. Il est assavoir que le pappe et les cardinaux ne sont pas bien enclinez à la partie du Roy; aucuns d'eulx disans, que se le Roy estoit seigneur du pais, qu'il leur foudroit laisser Avignon. Et dit l'en qu'ilz ont envoié par le pais pour induire celui à la partie du roy Loys, et empeschier tous ceux qui vouldroient estre à la partie du Roy.

Item. Ils ont fait anduire les capitaines des gens d'armes à vuidier le pais et faignant les envoier en la guerre d'Arragon, à fin que les gens d'armes qui seroient sur le pais et demourroient ne fussent pour le Roy, et que son fait n'en fust plus fort. Mais le séneschal y résiste à son povoir et fait garder les pors, et a fait son mandement à pluseurs du royaume pour résister au passage.

Item. Le pape a desnoié sauf-conduit aus gens d'Ais, qui pour eulx et pour les autres qui tiennent la partie de Charle, veullent aler devers le Roy. Et samblablement l'a fait le séneschal de Prouvance. Mais le séneschal de Beaucaire les a envoiez quérir par ses gens, et fera tant, se il peut, qu'il les fera aler devers le Roy.

Item Ledit Gieffroy a fait la meilleur diligence qu'il a peu pour savoir la vérité du testament dont l'en se peut moult aidier pour le Roy, et a repris et recueilli tout ce qu'il a peu trouver du fait du droit du Roy, car autreffoiz en fu ordonné commissaire, et emporte par delà tout ce qu'il en a peu trouver. Sy peut avoir conseil et avis sur tout.

Item. Il semble au séneschal que le Roy en vendra mielx à chief s'il le veult entreprendre, que le roy Loys, ne Charle. Mais ne se pourroit faire sans forte et aspre guerre et hastive, avec le tiltre et le droit qu'il y a, comme il pourra appère par ce que ledit Gieffroy emporte. Et pour ce, ne semble pas bon audit séneschal que les gens d'armes qui sont sur le pais et seront toudiz pour le Roy, s'empartent.

Item. Ledit séneschal a conquesté grant partie du pais et prins, et tient de bonnes forteresses et tendra tant comme il pourra, combien qu'il n'ait pas la finance qui y fust neccessaire. Et entent assez tost aler devers le Roy, et parler plus à plain de toutes ces choses. Et ne lui semble pas que le roy Loys en puisse venir à fin sauz l'aide du Roy, et à toute sa mission.

Ce sont les forteresses conquises par guerre par mons. le séneschal de Beaucaire, et lesquelles se tiennent :

Premièrement, Alamon.
Item, Malemort.
Item, Labardan.
Item, Saint-Canart.
Item, le Puy Ste-Reparade.
Item, Bout.
Item, Roquefoeuill.
Item, la Tour d'Entresains.
Item, Péroles.

A tergo[1]. — S'ensuient les autres forteresses qui n'ont pas esté conquises de ceste guerre, qui tiennent et tendront la partie dudit séneschal :

Premièrement, Bourbon.
Item, les Baux.
Item, Saint-Rommier.
Item, Plissenne.
Item, Aguille.
Item, les Pennes.
Item, Pertus.

Et sont toutes ces forteresses de mons. le viconte de Touraine, et de messire Raymond, son filz, excepté Bourbon, qui est au chastelain de Beaucaire.

Item. Il y a la plus grant partie de tout le pais, tant de ceux qui estoient obéissans à madame la royne de Césille, que Diex absoille, comme des autres, qui se rendirent, pour la paour des gens d'armes du Roy, qui encores sont obéissans au pappe et à ma dicte dame.

1. Ces mots se trouvent au texte, et ce qui suit se trouve effectivement au dos de la pièce.

Intitulé du temps : Le mémoire qui fu trouvé en la male maistre Geoffroy Paumier touchant le pape et les cardinaux, et les noms des vigueries de Provence.

(Orig. parch. *Ibid.*, pièce 3).

XXXIV

Vol du grand sceau royal.

Vendredi 6 avril 1386.

Venredi vi^e jour (d'avril 1385, v. s.) furent au conseil :

    Monseigneur le chancelier.
    Messire Arnaut de Corbie.
    Messire Estienne de la Grange.
    Messire Guillaume de Sens.

L'evesque de Thérouanne.	Me J. de Foleville.
Le Prieur de Chartres.	M^e Ph. Mansart.
Me J. Canart.	Mess. Audoyen Chauveron.
Me P. de Roony.	Me J. de Villaines.
Me J. de Resez.	Me J. de Pacy.
Me P. Blanchet.	Me J. d'Arcyes.
Me J. Hardi.	Me J. Fedeau.
M^e Ar. le Flamang.	Me J. Cornet.
Me G. Martelet.	Me G. Vivian.
Me B. de Thyer.	Me P. Chanteprime.
Me P. Hure.	Me Y. de Loisy.
Me G. d'Aunel.	Me J. de Floury.
Me Est. de Guiry.	Me J. Chauveron.
Me P. Fresnel.	M^e Ja. Boujou.
Me G. Dauneel.	Me Loys Paste.
Me J. Pelegrin.	Me J. Alleuval.
Me J. Pastourel.	Me Foulques Labbé.
M^e Al. d'Orgemont.	Me P. Roussel.
Me J. de Montag.	Me J. Acart.
Me J. Baurau.	Me G. Petit Sayne.
Me J. de Voisines.	Me G. Palmier.
Me J. Crestian.	

Ajourdhui en la présence de tous les seigneurs dessus nommez a esté mis au Conseil à savoir se Jehannin, fils de feu Nicolas Larcher, lequel Jehannin est clerc non marié, emprisonnez pour ce que l'an dit que son père, ledit Jehannin et plusieurs autres, avoient contrefait le grant séel et le contreséel du Roy nostresire, et avoient séellé plusieurs lettres des diz faulx séel et contreséel ainsi contrefects, et s'estoient aidiés desdictes faulses lettres en jugement et autrement. En oultre avoient contrefait le seing manuel de M. Nicole Gaignart, notaire du Roy nostresire. Et lequel Jehannin estoit condampnez par plusieurs du Conseil du Roy nostredit seigneur en amande de mil livres tornois, seroit condampnez à tenir prison en la court de l'Ecglise jusques à plaine satisfaction de ladicte somme. Et finablement il a esté conclus et délibéré que ledit Jehannin tenra prison en la court espirituele de l'évesque, jusques ce qu'il aura payé pour le délit de la faulsceté, en tant que à la juridiction temporèle la congnoissance en puet appartenir, la somme de mil livres tournois. Et à ce a esté condampnez; et oultre sera faicte exécucion sus son temporel de ladicte somme de mil livres tournois.

(*Arch. de l'Emp.* Reg. X. 1473, fol. 207).

XXXV

Quittance donnée par Jean, duc de Berri, au roi, d'une somme de 80000 francs en compensation des comtés de Saintonge et d'Angoumois.

Paris, 7 juillet 1386.

A tous ceuls qui ces lettres verront, Audoin Chauveron, chevalier, conseiller du Roy nostresire et garde de la prévosté de Paris, salut. Savoir faisons que nous, l'an de grâce mil ccc iiii^{xx} et six, le jeudi second jour d'aoust, vesmes unes lettres de monseigneur le duc de Berry, séellées de son séel, contenant ceste forme.

Jehan, filz de Roy de France, duc de Berry et d'Auvergne, conte de Poitou. A tous ceulx qui ces lettres verront, salut. Comme pour et en récompensacion des contés de Xaintonge et d'Engomois, que feu monseigneur le Roy, que Dieux absoille, nous bailla jà pieçà et lesquelles en son vivant il voult que nous lui rendissions, et les reprint en sa main monseigneur le Roy son filz, après le trespassement de mondit seigneur son père, pour certaines causes qui à ce le meurent, nous ait donné pour une fois la somme de quatre vins mille frans, dont il nous a baillé en payement l'ostel de Neelle, assis à Paris près des Augustins, et l'ostel du Val la Royne, qui devant estoit appellé le Val Contesse, à nous et à nos hoirs perpétuelment, pour la somme de vint mille frans. Et par ainsi nous resta à paier soixante mille frans, si comme tout ce puet apparoir plus à plain par lettres de mondit seigneur sur ce faictes, en las de soye et cire vert, données au Bois de Vincennes ou mois de janvier, l'an mil ccc quatre vins. Laquelle somme de soixante mille frans, mondit seigneur nous ait fait paier par Jehan Chanteprime, son receveur général des aides de la guerre, en douze mois, c'est assavoir cinq mille frans pour mois, fénissans en cest mois de juillet. Et icelle somme avons fait recevoir par nostre amé Colin Mengin, nostre trésorier général, qui chascum mois en a baillé, pour et en nostre nom, ses lettres de recongnoissance audit receveur. Savoir faisons que de ladicte somme de quatre vins mille frans, pour les causes dessusdictes et par la manière que dit est, nous nous tenons pour bien paiez et contens, et en quictons mondit seigneur, et aussi desdictes contés, et de tout ce que à cause d'icelles lui en pourrions demander, ores et ou temps avenir, et à ses hoirs, sans ce que jamais, nous ou nos hoirs ou ceulx qui de nous auront cause, lui en puissions aucune chose demander, ou à ses hoirs ou à ceulx qui de lui auront cause, selon la forme et teneur des lettres de mondit seigneur sur ce faictes. Donné à Paris, soubz nostre séel, le septisme jour de juillet, l'an de grace mil ccc iiii ^{xx} et six. Ainsi signé : Par monseigneur le Duc, *l'eauce*.

Et nous en ce transcript avons mis le séel de ladicte prévosté de Paris, l'an et le jour cy dessus premiers diz.

J. MAUGIER.

(Orig. parch. — Tres. des Ch. Carton J. 186, pièce 61.)

XXXVI

Ordre de payement d'une somme de 12 000 *livres tournois, pour le passage de l'armée navale.*

Paris, 9 août 1386.

Charles par la grâce de Dieu roy de France. A nostre amé et féal clerc, conseillier et maistre de noz comptes, maistre Nicolas de Plancy, commis au gouvernement de la recepte général de l'aide ordonnée pour le passage de la mer, salut et dileccion. Nous vous mandons que des deniers dudit aide receuz ou à recevoir, vous faites baillier senz délay par Milet Baillet, commis à faire ladicte recepte, à nostre amé et féal trésorier des guerres, Jehan le Flament, la somme de douze mille livres tournois, pour tourner et convertir ou paiement des genz d'armes et arbalestriers ordonnez pour ledit passage. Et par rapportant ces présentes et recongnoissance dudit trésorier, nous voulons ladicte somme estre allouée ou compte dudit Milet par nos amez et féaulx gens de nos comptes à Paris, sans contredit ou difficulté aucune, non obstant quelzconques ordonnances, mandemens ou défenses à ce contraires. Donné à Paris le ixe jour d'aoust, l'an de grâce M.CCC quatre vins et six, et de nostre règne le sisiesme.

Par le Roy, à la relacion de mess. les ducs de Berry et de Bourgougne, Vous, et le chancellier du Daulphin présens.

P. Manhac.

(Orig. parch. — *Arch. de l'Emp.* Carton K. 53, pièce 48).

XXXVII

Pouvoir donné par Charles VI à Jean, sire de Foleville, et à ses autres envoyés, pour assister au traité qui doit se faire entre le roi de Castille et le duc de Lancastre, leur adversaire commun.

Amiens, 11 septembre 1386.

Charles, par la grâce de Dieu roy de France. A touz ceulx qui ces présentes lettres verront, salut. Savoir faisons que comme nagaires aiens entendu que le duc de Lencastre, adversaire commun de nous et de nostre très chier et très amé frère le roy de Castelle, de Léon et de Portugal, a fait offrir à ycelui nostre frère certains traictiez, esquelx nostredit frère n'a volu entendre senz nostre sçeu et consentement, si comme faire ne le povoit ne devoit, actendues les confédéracions et alliances d'entre nous et nostredit frère. Nous, désirans le bien et proufit d'icelui nostre frère et de son royaume comme de nous mesmes et de nostre royaume, confians à plain du senz, loyauté et diligence de noz amez et féaulx, Jehan, sire de Foleville, chevalier, maistre Robert Cordelier, noz conseillers, et maistre Thibaut Hocie, arcediacre de Dunoys, nostre secretaire, iceulx et les deux d'eulx avons fait, ordonné, commis et establi, et par la teneur de ces présentes faisons, ordenons, establissons et commettons noz procureurs généraulx et espéciaulx messages. Et leur avons donné et octroyé, donnons et octroyons plain povoir, auctorité et mandement espécial de estre et comparoir ès diz traictiez; de faire pour et ou nom de nous par le moyen de nostredit frère, avec ledit duc de Lancastre, toutes manières de confédéracions et alliances, communes à nous et à nostre dit frère, teles comme bon semblera à noz diz messages, et qu'il verront estre à faire pour le bien de paix. Pourveu toutevoies que les traictiez, confédéracions et alliances qui, comme dit est, sont entre nous et nostre dit frère, demeurent tousjours en leur estat, force et vertu, selon leur fourme et teneur, et que par ce ne leur soit ou puist estre fait, porté ou engendré aucun préjudice, ores ne ou temps avenir. Et géneraulment de faire ès choses dessus dictes et en leurs circunstances et dépendances quelconques, pour et ou nom de nous, autant et si avant comme nous mesmes faire pourrions se présens y estions en personne, supposé que ce requist mandement plus espécial. Et nous promectons en bonne foy et en parole de Roy avoir ferme, agréable et estable tout ce qui par noz diz messages ou les deux d'iceulx, sera fait, traictié, promis et accordé pour et ou nom de nous en et sur les choses dessusdictes et chascune d'icelles, sans faire ou venir aucunement au contraire, soubz obligacion de touz noz bien présens et avenir. En tesmoing de ce, nous avons fait mectre nostre séel à ces présentes. Donné à Amiens, le ixe jour de septembre, l'an de grâce mil trois centz quatre vins et six, et le siziesme de nostre règne.

Sur le repli : Par le Roy, monseigneur le duc de Bourgoigne, Vous, et pluseurs du Conseil présens.

P. MANHAC.

(Orig. parch. scellé en cire jaune sur double queue. — *Tres. des Ch.* Carton J. 603, pièce 64.)

XXXVIII

Guillaume de Naillac et Gaucher de Passac, chevaliers, chambellans du roi, s'engagent, moyennant une somme de 100 000 francs, de mener en Castille deux mille hommes d'armes que le roi envoie au secours du roi de Castille, contre le duc de Lancastre.

Paris, 5 février 1387.

A touz ceulx qui ces présentes lettres verront, Guillaume de Naillac et Gauchier de Passac, chevaliers et chambellans du Roy nostresire, salut. Comme le roy de Castelle ait par ses messages et ambaxateurs prié et requis au Roy nostredit seigneur, que pour résister à la male voulenté et entreprise du duc de Lancastre, lequel acompaignié de plusieurs gens d'armes, archers et autres, est descenduz et arrivez oudit pays de Castelle pour lui faire guerre, grever et dommagier à son povoir, lui, ses seignories, terres et subgiez, le voulsist aidier, secourir et conforter de gens d'armes. Et pour ce, le Roy nostre dit seigneur voulans, nonobstans ses grans et évidens affaires, donner à son povoir aide, confors et secours audit roy de Castelle comme à son frère et allié, ait ordenné envoier pardevers lui deux mille hommes d'armes. Et d'iceulx II^m hommes d'armes nous ait fait et ordenné capitaines, et baillié la charge et gouvernement pour les mener ou dit pays de Castelle servir icellui roy de Castelle contre sesdiz ennemis. Savoir faisons, que nous, bien advisez et adcertenez en ceste partie, avons promis et promectons par la foy et seurment de noz corps et sur l'obligacion de nous et de noz biens meubles et immeubles, présens et avenir, aler en noz propres personnes et mener et conduire au plus gracieusement et à moins de dommage que faire se pourra bonnement, lesdiz deux mille hommes d'armes, oudit pays de Castelle, pour, nous et eulx, emploier au mieulx et plus loyaument et diligemment que pourrons ou service dudit roy de Castelle encontre ses diz ennemis et malveillans. Jusques à tant que soient et doient estre desserviz pour les estaz et gaiges de nous et des diz II^m hommes, cent mille frans d'or, que le Roy nostredit seigneur nous doit pour ceste cause faire bailler et délivrer; c'estassavoir, trente mille frans présentement en la ville de Paris, trente mille frans à Lyon sur le Roône, le xxe jour du mois de mars prochainement venant, et quarante mille frans à Cabastaing, au derrenier jour dudit mois de mars. Par ainsi toutevoies, que se ès diz paiemens ou aucun d'eulx, par le Roy nostredit seigneur ou par ses gens et en leur coulpe, avoit défaut aux termes et lieux devant diz, que nous soiens et demouriens quictes et deschargez de la promesse et obligacion devant dicte, et de aler mener les diz deux mille hommes d'armes oudit pays de Castelle, et ne soiens, nous ne les dictes gens d'armes, tenuz de rendre ne restituer ce qui paravant ledit défaut auroit des diz cent mille frans esté baillié à nous ne à eulx, pour la cause dessus dicte. En tesmoing de ce, nous avons mis noz seaulx à ces présentes. Donné à Paris, le v° jour de février, l'an de grâce mil ccc quatre vins et six.

(Orig. parch. scellé sur double queue de deux signets de cire rouge. Le premier, celui de Guillaume de Naillac, porte deux lions léopardés passans. On ne distingue plus rien sur le second. — *Arch. de l'Emp. Tres. des Chartes.* Carton J 426, pièce 23. — Dans le carton J. 603, sous le n° 63, se trouvent des lettres de Charles VI constatant un premier payement de trente mille francs. Elles sont datées de Paris, 12 mars 1386.)

XXXIX

Défi du duc de Gueldre au roi Charles VI.

Neumagen, 12 juillet 1387.

Karole, qui vos dicitis regem Francie. Wilhelmus, primogenitus Juliacensis, dux Gelrie et comes Zutphanie ad futuram rei memoriam. Eloquii sacri scripturâ testante dilucide : Nemo potest duobus dominis servire. cum igitur quidam primogenitorum meorum fidei culminis excellentissimorum principum celebris memorie regum Anglie fuerunt firmiter alligati, ego quoque volens ex sincerâ dilectione predecessorum meorum sequi vestigia, pridie per ambaxiatores meos speciales ad hoc nomine meo deputatos excellentissimo principi et domino meo, domino Richardo, regi Anglie et Francie et domino Hibernie, homagium et fidelitatem, prout moris est, reddere promisi prestito juramento et cum eodem domino meo firmas inivi amicicias atque ligas, vestram nolo diutius latere presentiam quod predicto principi et domino regi Anglie et Francie, tanquam domino meo, contra vos, ejus adversarium et hereditatis sue de facto detentorem, in personâ et rebus quantumcumque potero fideliter adherebo, et vos et vestros tanquam hostes dicti domini mei regis Anglie et Francie atque meos ex hac causâ, deinceps ubicumque locorum diffido penitus per presentes, sigilli mei robore communitas. Datum et actum in castro meo Novimagensi, XII die mensis Julii, anno Domini millesimo trecentesimo octuagesimo septimo.

(Orig. papier scellé d'un large sceau plaqué en cire rouge, dont il ne reste plus qu'un fragment. On lit au dos : « Diffidaciones primogeniti ducis Juliacensis ducisque Guelrie et Zutphanie contra Regem, anno M. CCC III^{xx} VII°, licet esset alligatus cum Rege, et perciperet III^m francos hereditarie super Regem, et deberet esse homo regis, cum ob hoc pater ejus recepit pro eo III^m francos prout habemus per litteras suas; quam summam saltem restituere debuisset[1]. » — *Arch. de l'Emp. Tres. des Ch.* Carton J. 522, pièce 16.)

1. Je crois cette note de la main d'Etienne de Mauregart, garde du trésor des Chartes.

XL

Consentement d'Olivier de Clisson à ce que l'aide pour la guerre soit levée sur les terres du Poitou.

2 août 1387.

A touz ceulz qui ces lettres verront, Olivier, seigneur de Cliçon et de Belleville, connestable de France, salut. Savoir faisons que nous voulons, consentons et octroyons par ces présentes, que les aydes ordenées par le Roy nostresire pour le fait de la guerre, soient mises sus et levées ès terres que nous avons ou pays de Poitou, tant comme elles y auront cours, pareillement comme ès autres terres des barons et seigneurs du dit pays. Promectans à non venir à l'encontre ne l'empescher en aucune manière. En tesmoing de ce, nous avons fait mectre nostre séel à ces présentes. Donné le second jour d'aoust, l'an de grâce mil ccc quatre vins et sept.

(Orig. parch. scellé sur double queue d'un sceau armorial en cire rouge[1]. *Arch. de l'Emp. Trés. des Ch.* Carton J. 180, pièce 69 *bis*).

1. Écu penché chargé d'un lion rampant couronné, timbré d'un heaume couronné de face, cimé d'un vol. Supports deux griffons ailés. Dans ce qui reste du champ, un M gothique.

XLI

Lettres de Pierre, comte d'Alençon et du Perche, permettant la levée dans ses terres d'une imposition mise sur tout le royaume, pour s'opposer à une descente des Anglais, et pour porter secours au roi de Castille.

Argentan, 5 août 1387.

Donné par copie soubz le grant séel aux causes de la viconté de Vernueil, l'an de grâce mil ccc IIII^{xx} et sept, le IIe jour de mars.

Pierre, conte d'Alençon et du Perche. A nostre viconte de Vernueil et de Chasteauneuf ou à son lieutenant, salut. Comme pour ce que monseigneur le Roy a entendu que son adversaire d'Engleterre fait grant assemblée pour descendre en son païs et royaume et icelui et ses subgez grever et dommager à son povair, ait nagaires esté conclut et délibéré ou grant conseil de mondit seigneur, que icelui monseigneur qui désire de tout son cuer garder et deffendre son royaume et ses subgez, et exposer à ce sa propre personne avecques le plus grant effort qu'il pourra, fera mectre sus par plusieurs frontières de sondit royaume, tant en Langue doc que en la Langue doil, très grant nombre de gens d'armes afin de résister à la male volente et entreprise de son dit adversaire; au payement des quielx les deniers des aides ordinaires qui ont cours en son royaume ne pourroient suffire. Et pour ce, affin que mondit seigneur ne son royaume ne puist par sondit adversaire estre opprimé par deffaut de mise, ait esté ordené estre mis sus par tout le pais et royaume de mondit seigneur, un aide montant et équipolent à la valeur des deux pars de l'aide qui darrenièrement fut levé oudit royaume pour le veiage que mondit seigneur a fait faire ou païs d'Espaigne pour le secours de son frère le roy de Castelle, venans ens franchement rabatus et déduis les frais et despens qu'il convendra pour ce faire. Et nous ait, par mondit seigneur, esté escript que ledit aide nous facions asseoir et lever en noz terres, ainsi que fait est ès autres terres de son royaume. Nous, qui en toutes choses, voulons à mondit seigneur et à tous ses mandemens porter obéissance, avons par les gens de nostre conseil fait faire l'assiette dudit aide, au moins de grief qu'il peu estre fait pour noz subgez. Par laquelle assiette voz vicontez ont esté tauxées à neuf cens trèze livres, six soulz, huit deniers tournois. C'est assavoir, Vernueil, à v^c xiii l. vi s. viii d., et Chasteauneuf à iii^c l. tournois. Si vous mandons et très estroitement enjoignons, que des dictes sommes vous faciez par les parroisses et villes de voz dictes vicontez la particulière assiette, le plus égaument que faire se pourra et au moins de grief pour noz subgez. Et l'assiette faicte, mandez incontinent estre levée, et les deniers qui isteront, très hastivement apportez devers nostre bien amé secrétaire Richart Baion, que nous avons ordenné à en faire la recepte, ou devers ses commis. Et gardez, sur quanque vous doubtez nous courroucier, que de ce vous faites si curieuse diligence que par vostre deffaut ledit Richart n'ayt cause de soy excuser, et que le fait de mondit seigneur n'en doie estre retardé. Car, nous vous en ferions si griefment punir que autres y prendroient exemple. Donné à Argenthen, le v° jour d'aoust, l'an de grâce mil ccc iiii^{xx} et sept. Ainsy signé : Par monseigneur le conte. *S. le Conte.*

Collacion faicte par moy,

CAVE.

(Orig. parch. — *Arch. de l'Emp.* Carton K. 53, pièce 71.)

XLII

Lettres de Charles VI, adressées aux receveurs des aides du diocèse de Bayeux, pour la levée d'une nouvelle aide pour s'opposer aux entreprises du duc de Lancastre, arrivé récemment de Portugal à Bordeaux.

Compiègne, 19 décembre 1387.

Charles, par la grâce de Dieu roy de France. Aux esleuz et receveur des aides ordenées pour la guerre ès cité et dyocèse de Bayeux, salut. Nous avons sceu par le rapport de plusieurs que nostre ennemis le duc de Lencastre, à son retour du royaume de Portugal, où il a esté en l'armée passée, et arrivé à Bourdeaux sur Gironde, où il a fait toute la greigneur assemblée de gens d'armes et archiers et de plusieurs abillemens qu'il puet, pour chevaucher sur nostre royaume et yceli et noz bons subgiez grever et dommaigier de tout son povoir. Et pour contrester à son mauvais propos et entreprise, nostre entencion est de hastivement envoyer ou païs de la duchié de Guienne très grant nombre de gens d'armes et arbalestriers au greigneur effect que faire le pourrons, pour renforcir les frontières dudit pays, oultre et par dessus la compaignie de gens d'armes et arbalestriers que nostre mareschal de Sancerre y a continuelment tenue et encores tient à noz gaiges, pour eschever aux grans périls et inconvéniens qui se pourroient ensuir à nous et à noz diz subgiez, se ledit pays de Guienne n'estoit briefment par nous secouru. Les quelles choses nous ne pourrions bonnement fournir ne supporter, des revenues des aides qui à présent ont cours en nostre royaume pour le fait de la guerre, sanz autre aide de noz diz subgiez, considérés les grans [despens] que nous avons chascun jour à supporter pour le fait de nostre dicte guerre ès frontières de nostre dit royaume, tant en Picardie, Flandres, Normandie, Poitou, Lymosin, Auvergne, Xantonge, Pierregort, Agénois et Bigorre, comme ès autres pays de ladicte duchée de Guienne et de la Languedoc. Savoir vous faisons, que par meure délibéracion de noz très chiers et très amez oncles les dux de Berry, de Bourgoigne et de Bourbonnois et autres de nostre sanc, et de plusieurs prélaz, barons, nobles et autres de nostre grant conseil, avons advisié et ordené que une aide, la moins grevable et la plus supportable à noz diz subgiez que nous avons peu adviser, sera tost et hastivement assise, cuillée et levée par tout nostre dit royaume, montant et revenant la valeur de l'aide que en l'année derrenièrement passée fu assise et levée en yceli nostre royaume pour le paiement des gens d'armes et arbalestriers que nagaires envoyasmes en l'aide de nostre très chier et très amé frère et allié le roy d'Espaigne pour résister à l'encontre dudit duc de Lencastre. Laquelle aide vendra ens franchement, oultre et par dessus les despens qui pour ycelle cuillir et lever dependront. Et sera assise par tout nostredit royaume le plus égalment que faire se pourra, par la manière que l'aide dessus dicte fut cuillée et levée, pour l'emploier et convertir ès choses dessus dictes. Et de laquelle aide, sera assise, cuillée et levée ès mectes de ladicte recepte, la somme de cinq mille frans pour le principal, et trois cens frans pour les despens et frais qui en dépendront; pour les deniers en apporter à Paris par devers Jehan Chanteprime, receveur général desdictes aides de la guerre dedens le derrain jour du mois de janvier prouchainement venant pour touz délaiz. Lequel en fera la despense. Si vous mandons et estroictement enjoingnons et commectons, se mestiers est, que tantost et sanz délay ces lettres veues, ladicte somme de cinq mille frans et trois cens frans, tant pour le principal comme pour les diz fraiz, comme dit est, vous asséez et imposez hastivement sur tous les habitans des mectes de ladicte recepte de Bayeux, le plus égalment que vous pourrez, sanz trop chargier le foible, ne depporter le fort. Et l'assiette qui par vous esleuz en sera faicte, baillez et délivrez audit receveur soubz voz seaulx pour en faire la recepte, pour les deniers en bailler et délivrer audit Jehan Chanteprime, commis et ordené à faire la recepte général de ladicte aide. De ce faire et acomplir vous avons donné et donnons povoir, auctorité et mandement espécial par toutes les mectes de ladicte recepte. Mandons et commandons à touz noz justiciers, officiers et subgez, que à vous et à voz commis et députez obéissent et entendent diligemment, prestent et baillent à vous et à voz diz commis et députez conseil, confort et aide, se mestiers est et requis en sont. Donné à Compiègne, le xixᵉ jour de décembre, l'an de grâce mil ccc iiiiˣˣ et sept, et de nostre règne le huitiesme.

Par le Roy, en son grant conseil,

GEHE.

On lit au dos : Receues le viᵉ de janvier ccc iiiiˣˣ et sept.

(Orig. parch. — Des lettres absolument semblables furent adressées au receveur des aides du diocèse de Séez, avec cette note au dos : « Receues le samedi vᵉ jour de janvier mil ccc iiiiˣˣ et sept, par Pierre Briet, messager du roy notre sire. » — *Arch. de l'Emp.* Carton K. 53, pièces 73 et 73 *bis.*)

XLIII

Mention de la prise de Saint-Venant sur la Lis par les Gantois.

Paris, décembre 1387.

Charles, etc. Nous avoir receue, etc., de Jehan de Baclerot, escuier, demourant ou païs de la Leaue. Que comme ou temps que la ville et l'église de Saint Venant sur le Liz furent prinses par les Gantois lors noz ennemis, et que icelle il tenoient et y faisoient leur refuge, ledit Jehan avec plusieurs autres fust alé à certain mandement que fist lors feu Bohors de Saint Venant, chevalier, lequel estoit gouverneur dudit païs de la Leaue, en entencion de assaillir icelle ville, laquelle ilz n'assaillirent point pour certaines causes et s'en retournèrent en leur païs, et venirent boire, etc.

(La rémission adressée au gouverneur du balliage d'Amiens et au prévôt de Beauquesne.)

Paris, décembre 1387.

(*Trés. des Ch.* Reg. JJ. 132, pièce 49.)

XLIV

Rémission pour un homme de métier, complice des Maillotins.

Paris, janvier 1388.

Charles, etc. Savoir faisons à touz présens et avenir. De la partie de Jehan Neque, homme de mestier, à nous avoir esté exposé. Que comme pour le temps que la commocion fu en nostre ville de Paris, il feust demourant en ladicte ville. Lequel, véant aler les autres par la ville, ala par ycelle après ou avecques eulz, où il porta un baston ou maillet tant seulement, non pas en entencion de mal faire, mais pour soy garder et évader à la fureur des autres, et sanz ce qu'il en feist oncques autre mal, fors que il ala par la ville en assemblée avecques les autres, comme dit est. Pour occasion duquel fait, il, véant la grant justice que l'en fist pour lors et après à Paris, doubtant rigueur d'icelle justice, se absenta de Paris, et par le général ban fu banniz de nostre royaume, etc.

Paris, janvier 1387.

(*Trés. des Ch.* Reg. JJ. 132, pièce 24.)

XLV

Rémission pour Jean Braque, chevalier.

Paris, janvier 1388.

Charles, etc. Savoir faisons à touz présens et avenir. Nous avoir reçeu l'umble supplicacion de nostre amé et féal Jehan Braque, chevalier, contenant. Que comme lui et Bertaut d'Aureville, chevalier, feussent naguères ensemble en une taverne à l'enseigne de la Couppe, devant la court l'official, à Rouen, en laquelle taverne ilz avoient fait grant compaignie de boire. Et là survint Jaquet Ridel, nostre sergent d'armes, et Colin Douz-Amis, sergent et familier de nostre amé et féal conseillier l'arcevesque de Rouen, et par foles paroles dites de l'un à l'autre et par chaleur, ledit Jehan Braque féry nostredit sergent d'armes de son coustel ou baudelaire jusques à effusion de sanc, et aussy féry ledit Douz-Amis dehors ledit hostel. Et combien que ès dictes bléceures n'ait mort, mehaing ne mutilacion aucune, et soient à accort et bons amis ensemble, néantmains, ledit suppliant doubtant que pour ledit fait, etc.

Paris, janvier 1387.

(*Trés. des Ch.* Reg. JJ. 132, pièce 33.)

XLVI

Lettres de noblesse pour Jean Sper, roi-d'armes d'Artois.

Paris, janvier 1388.

Karolus, Dei gracia Francorum rex. Notum facimus universis tam presentibus quam futuris. Quod cum majestatis regie plenitudo, inter ceteras sue excellencie potestates hoc proprium jus obtineat, ut nobilitatem generis, quam origo natalium non produxit, regalis magnificencia largiatur. Nos igitur, considerantes grata et acceptabilia servicia que Johannes Sper, rex heraldorum comitatus Arthesie, ab olim suum officium in guerris nostris et alibi excercendo multipliciter impedit, et de die in diem solerti diligencia impendere dinoscitur; volentes preterea ipsum sufficiencia laudabili et aliis virtutum meritis apud nos commandatum, prerogativâ favoris regii prosequi, que sibi sueque posteritati ad incrementum honoris et conmodi in futurum cedere dinoscatur, licet ex neutro parentum suorum nobilis existat, eumdem cum posteritate et prole sua nata et imposterum nascitura nobilitamus per presentes, ac nobilitatis plenarie beneficio decoramus. Concedentes insuper ut tam ipse quam ejus tota posteritas nobilitatis integre juribus, privilegiis et libertatibus in actibus judiciorum secularibus et aliis pociantur, et ab omnibus tamquam nobiles, re et nomine habeantur, feudaque et res feudales et non feudales quascumque et juridictiones et dominia acquirere et acquisita jam et etiam acquirenda, tanquam nobiles tenere et libere de cetero possidere, ac si essent ex utroque latere de nobilibus procreati. Que premissa omnia et singula volumus et tenore presencium eis concedimus, de certâ scientiâ specialique graciâ et nostre regie potestatis plenitudine, mediante tamen moderatâ financiâ quam prefatus Johannes pro se et dicta posteritate sua pro premissis semel tantum modo solvere teneantur. Quocirca, dilectis et fidelibus gentibus compotorum nostrorum Parisius, baillivis nostris Veromandensi et Ambianensi, ceterisque justiciariis et officiariis regni nostri aut eorum locatenentibus ac ipsorum cuilibet presentibus et futuris, damus tenore presencium in mandatis, quatinus prefatum Johannem et ejus posteritatem nostrâ presenti graciâ uti et gaudere pacifice faciant et permittant, ac contra tenorem presencium nichil innovent, faciant vel attemptant, seu innovari, fieri vel attemptari patiantur quomodolibet in futurum. Quod ut firmum et stabile permaneat in futurum, presentes litteras sigilli nostri munimine fecimus roborari. Datum Parisius, mense januarii, anno Domini millesimo trecentesimo octogesimo septimo, regnique nostri octavo.

Per Regem, ad relacionem domini ducis Burgundie.
R. D'ANGEUL.

(*Trés. des Ch*. Reg. JJ, 132, pièce 58.)

XLVII

Propos politiques tenus par un berger.

Paris, mars 1388.

Charles, etc. Savoir faisons à touz présens et avenir. A nous avoir esté humblement exposé de par les amis charnelz de Marcial de Verit, du Bois-Gribaut en Limosin, poure bergier, fol et insensible. Que comme à un certain jour qu'il gardoit ses brebiz, aucuns autres disoient entreulz que bonnes nouvelles estoient venues de la paix d'entre nous et le roy d'Angleterre, si comme un bourgois de Limoges qui nouvellement estoit venuz de Paris, l'avoit dit à aucuns. Car nos seigneurs les Royaulz devoient dedens brief temps assembler sur ce ceulz d'Angleterre. Et adont ledit Marcial qui avoit ce oy, et qui estoit issu n'avoit gaire de la prison des Anglois où il avoit longuement esté à grant misère et poureté, et par ce estoit et est encores plus insensible que devant, leur dist ces paroles ou semblables : « Certes ne croyez pas qu'il y ait jà paix.

Car vous ne le verriez jà. Et quant est de moy, je ne croy pas. Car le Roy est alez destruire et piller le pais de Flandres et ainsi fera il à Paris. Et feist plus, se ne feust le seigneur de Coucy qui lui apporte la besche et le fessour, en lui disant : « que quant il aura destruit son pais, il convendra qu'il use de ce. » Pour occasion desquelles paroles et par l'ennortement de Barthelemi de Masadet, bergier, hayneux dudit Marcial, ycellui Marcial a esté poursuivi par nostre procureur en la senéchaucie de Limosin et est détenu en noz prisons à Limoges....

Paris, mars 1387.

On lit à la marge : *Nichil solvit pro sigillo et Rege et ideo est radiata*[1].

(*Très. des Ch.* Reg. JJ. 132, pièce 186 *bis*, fol. 87ᵛᵒ.)

XLVIII

Titre du registre XIII du criminel[2].

1388.

In nomine sancte et individue Trinitatis, Patris, et Filii et Spiritus Sancti, amen. Sequitur registrum manuale causarum criminalium litigatarum et agitatarum in regio Parisiensi Parlamento, quod incepit die jovis crastinâ festi Circuncisionis Domini, anno Domini millesimo ccc^{mo} octogesimo septimo, illustrissimo principe domino Karolo, Dei gracia Francorum rege, regnante, anno octavo sui regni; factum et re-

1. Effectivement, la pièce est rayée de deux traits de plume.
2. Coté X, 8845, au fol. 1. Cette pièce peut servir de type pour tout le règne.

gistratum par me Johannem de Cesseriis, ejusdem domini Regis clericum, notarium, ac Parlamenti sui registratorem seu grefferium criminalem.

Annus regni dicti domini regis
Renovatur die XVIe septembris

Notandum est quod propter mortalitatem que viguit Parisius et locis circumvicinis, Parlamentum, quod in crastino festi beati Martini hyemalis incipere more solito sperabatur, prorogatum fuit per dominum nostrum Regem usque ad crastinum festi Circumcisionis Domini.

Assignaciones dierum ordinariorum dicti Parlamenti.

Le Parlement commencera le jeudi, landemain de la Circoncision Nostreseigneur, l'an de grace mil ccc quatre vins et sept, et se continuera selon les assignacions qui s'ensuivent.

Les baillies de Vermendois et de Tournay,	ledit jeudi, landemain de la Circoncision N. S., IIe jour de janvier.
Les baillies d'Amiens, de Lisle, de Douay, de Tournesis, et la sén' de Pontieu,	le mardi après la Chandeleur IIIIe jour de février.
Les baillies de Senlis, de Valois, de Gisors et de Mante,	le mardi après Oculi, IIIe jour de mars.
La prévosté de Paris, le mercredi après Judica, XVIIIe jour de mars.	
La baillie de Sens et le conté de Champaigne,	le mercredi XVIIe jour d'avril.
Les séneschaucies de Poitou, de Limoges et de la Marche, la baillie des ressors et exempcions de Touraine, d'Anjou et du Maine, et les séneschaucies desdiz lieux de Touraine, d'Anjou et du Maine,	le jeudi ap. Penthecouste, XXIe jour de may.
La duchié de Normendie, le vendredi XII jour de juing.	
La baillie de Mascon et la séneschaucie de Lyon,	le landemain de la Saint-Jehan-Baptiste.
Les baillies d'Auvergne, des Montaignes d'Auvergne, de Bourges, d'Orléans, de Chartres et de Saint-Père le Moustier,	le mercredi VIIIe jour de juillet.

Les séneschaucies de Toulouse, de Car- } le lundi XX⁰ jour de juil-
cassonne, de Beaucaire et de Rouergue, } let.

Les séneschaucies de Pierregort, de Quer- }
cin, de Xanctonge, d'Agénois, de Bigorre, } le premier jour d'aoust.
et la duchié d'Acquitaine, }

Anno Domini millesimo ccc^{mo} octogesimo octavo a primà die januarii usque ad festum sancti Mathie, xxv^a die februarii, littera dominicalis erit C, et a dicto festo usque ad finem anni, littera dominicalis erit D, propter bissextum.

Aureus numerus	II.
Dies Septuagasime	XXVI^a die januarii.
Dies Brandonum	XVI^a die februarii.
Dies Pasche	XXIX^a die marcii.
Dies Ascensionis	VII^a die maii.
Dies Penthecostes	XVII^a die maii.
Dies Trinitatis	XXIIII^a die maii.
Dies Eucaristie	XXVIII^a die maii.

(Liste alphabétique, d'après cette pièce, des pays, bailliages et sénéchaussées ressortissant au Parlement de Paris.)

Agénois (sénéchaussée d').
Amiens (bailliage d').
Anjou. *Voy.* Touraine.
Aquitaine (duché d').
Auvergne (bailliage d').
Auvergne (bailliage des Montagnes d').
Beaucaire (sénéchaussée de).
Bigorre (sénéchaussée de).
Bourges (bailliage de).
Carcassonne (sénéchaussée de).
Champagne (comté de).
Chartres (bailliage de).
Douai bailliage de.
Limoges (sénéchaussée de).
Lille (bailliage de).
Lyon (sénéchaussée de).
Mâcon (bailliage de).
Maine (le) *Voy.* Touraine.
Mantes (bailliage de).
La Marche (sénéchaussée de).
Normandie (duché de).
Orléans (bailliage de).
Paris (prévôté de).
Périgord (sénéchaussée de).
Ponthieu (sénéchaussée de).
Poitou (sénéchaussée de).
Quercy (sénéchaussée de).
Rouergue (sénéchaussée de).
Saint-Pierre le Moutier (bailliage de).
Saintonge (sénéchaussée de).
Senlis (bailliage de).
Sens (bailliage de).
Toulouse (sénéchaussée de).
Touraine (bailliage des ressorts et exemptions d'Anjou et du Maine).
Tournai (bailliage de).
Tournésis (bailliage de).
Valois (bailliage de).
Vermandois (bailliage de).

RESSORTS DU PARLEMENT DE PARIS.

Deux duchés.

Aquitaine. Normandie.

Un comté.

Champagne.

Dix-huit bailliages.

Amiens. Orléans.
Auvergne. Saint-Pierre le Moutier.
Auvergne (Montagnes d'). Senlis.
Bourges. Sens.
Chartres. Touraine.
Douai. Tournai.
Lille. Tournésis.
Mâcon. Valois.
Mantes. Vermandois.

Quinze sénéchaussées.

Agénois. Périgord.
Beaucaire. Ponthieu.
Bigorre. Poitou.
Carcassonne. Quercy.
Limoges. Rouergue.
Lyon. Saintonge.
Maine (du). Toulouse.
Marche (de la).

Une prévôté.

Paris.

XLIX

Instructions à Jean Blondel et Pertuis, sur ce qu'ils auront à dire au Pape, à Raimond de Turenne et à l'amiral, touchant le mariage du maréchal Bouciquaut avec la fille dudit Raimond de Turenne.

Abbeville, 25 juin 1388.

Instruccion de par le Roy et nosseigneurs de Berry, de Bourgoigne et d'Orléans, pour Jehan Blondel et Pertuis, sur ce qu'ilz auront à dire au Pappe[1], à mes-

1. Clément VII.

sire Remon de Turenne, et à monseigneur l'admirail[1], touchant le fait de monseigneur le mareschal Bouciquaut, pour le mariage de lui et de la fille dudit messire Remon.

Premièrement. Quant à icellui messire Remon, lui diront que le Roy et noz diz seigneurs ont oy la relacion de messire Elyon de Neilhac du rapport qu'il leur a fait de la response dudit messire Remon quant au mariage dessus dit, et ont bien agréable ce qui en a esté traictié, et remercieront de par le Roy et noz diz seigneurs messire Remon de la response qu'il a faicte audit messire Elyon. Et lui diront que le Roy et noz diz seigneurs acompliront ce que par ledit messire Elyon a esté parlé. Et quant au douaire, duquel il s'est soubmis à la voulenté du Roy et de nosseigneurs, il en feront plus que se le dit messire Remon y eust procédé par autres manière.

Item. Que le Roy et noz diz seigneurs escrivent à messire Othe de Villars, qu'il se traie en France pardevers eulx pour traictier et accorder des débas qui sont et pevent estre les diz messire Remon et messire Othe, à cause de sa femme, au plus brief que faire se pourra, et qu'il apporte toutes les lettres et munimens servans aux matières des diz débas, tant en demandant comme en défendant. Et aussi que le Roy et noz diz seigneurs escrivent à monseigneur le conte de Savoye qu'il vueille donner congié audit messire Othe de venir en France pour ceste cause.

Item. Que à cel jour qui sera advisé, ledit messire

---

1. Jean de Vienne.

Remon envoye devers le Roy et noz diz seigneurs personne notable aiant povoir souffisant de par lui pour traictier et accorder et tenir ce que fait sera de tous les débas qui sont ou pevent estre, tant en demandant comme en deffendant, entre lui et ledit messire Othe, à cause de sa femme ou autrement. Et que cellui qui y vendra, soit plainement instruit de toutes les matières. Et qu'il apporte toutes les lettres servans à icelles, pour y mectre bon accord; et que le Roy et noz diz seigneurs ordonneront de leurs gens pour traictier entre les parties.

Item. Lui diront que le Roy et noz diz seigneurs envoient par devers monseigneur le conte de Beaufort, messire Regnault de Roye, pour avoir son consentement sur ledit mariage.

Item. Quant au Pappe, le dit Blondel rapportera les causes qu'ilz lui ont esté dictes par ledit messire Elyon, pour lesquelles le Roy et noz diz seigneurs ont esté meuz de faire traictier dudit mariage. Car ilz ont nourry ledit mareschal et sont certains qu'il ne fera fors ce qu'ilz vouldront, et que ledit mariage acompli, ledit mareschal mectra paine de retraire ledit messire Remon d'aucunes entreprinses qu'il pourroit faire au dommage du Pappe et de l'Eglise, ou de madame la royne de Cécille et de monseigneur le Roy son fils. Et s'il advenoit que la fille dudit messire Remon feust mariée autre part, et qu'elle espousast un homme qui ne feust pas obéissant au Roy, comme est ledit mareschal, et que les chasteaulx, villes et forteresses dudit messire Remon venissent en estranges mains, plusieurs dommages et inconvéniens s'en pourroient ensuir, tant à l'Eglise comme au Roy et à ladicte madame la Royne et à messeigneurs ses enfans. Tous lesquelx inconvéniens, au plaisir de Dieu, cesseront par le dit mariage.

Item. Se nostre Saint Père ou autres disoient que l'en traictast ou eust traictié du mariage du frère dudit roy de Cecille avecques ladicte fille, soit respondu que ledit messire Remon a dit audit messire Elyon et à pluseurs autres, que pour riens n'y entendroit et qu'il ameroit mieulx que sa fille fust morte que ce qu'elle feust mariée au frère dudit Roy. Car il est trop grand seigneur. Et la veult marier à homme de qui il puist estre servi et qu'il s'en tiengne estre honoré, et non pas à seigneur devant qui lui fausist agenouillier.

Item. Dira ledit Blondel de par le Roy et noz diz seigneurs audit admirail, que eulx lui mandent que sans délay il s'en retourne en France pardevers eulx, tant pour le service de la personne du Roy, comme pour ce que le Roy a bien a faire dudit admiral ou de ses autres officiers principaux. Et [a bien mestier d'estre acertenés] de certain quelle conclusion prendra le traictié d'entre lui et son adversaire d'Angleterre.

Item. Que pour plus seurement acomplir ce qu'ilz ont à faire avecques le dit messire Remon, ou cas que ledit admirail ou autre subgiet du Roy auroit mis le siége devant Les Baux, qu'il leur facent commandement que ilz les y laissent aler et venir seurement pour faire les choses qui par le Roy et nosseigneurs leur sont chargiées.

Ce fu à Abbeville, le xxv⁵ jour de juin, l'an de grâce mil ccc iiiɪˣˣ et viii.

Par le Roy, à la relacion de messeigneurs les ducs de Berry, de Bourgoingne et d'Orléans.

DERIAN.

(Orig. parch. avec trace sceau plaqué en cire rouge. — *Arch. de l'Emp.* Carton K. 53, pièce 88.)

L

Don fait par le roi à son frère, Louis, duc de Touraine, de l'hôtel de Behaigne, rue de Nesle.

Saint-Ouen, juin 1388.

Charles, par la grâce de Dieu roy de France. Savoir faisons à tous présens et avenir. Que nous, aians désir et affection que nostre très chier et très amé frère le duc de Touraine, conte de Valois et de Beaumont sur Oise, soit pourveuz de bonne maison pour la demourance de lui et ses gens en nostre ville de Paris, qui soit en bon lieu et près de nostre chastel du Louvre, où nous nous tenons le plus souvent quant nous sommes en nostre dicte ville de Paris, afin que promptement et aiséement il puisse venir devers nous et retourner en son hostel toutesfois qu'il lui venra à plaisir, considérans que la maison de Behaigne[1] assise en ladicte ville, en la rue vulgalment nommée la rue de Neelle, laquelle nous avons nouvellement acquise de nostre très chiere et très amée tante, la royne, et de nostre très chier et très amé cousin, le roy de Jérusalem et de Secille, son filz, etc....

Saint-Ouen, juin 1388.

(*Arch. de l'Emp.* Reg. KK, 806, fol. 302 v°.)

1. C'est l'hôtel de Bohême ou de Nesle, où est aujourd'hui la Halle au ble, et qu'il ne faut pas confondre avec un autre hôtel de Nesle, où est aujourd'hui la Bibliothèque Mazarine.

LI

Propos tenus contre la mémoire de Charles V.

Paris, juillet 1389.

Charles, etc. Savoir faisons à tous présens et avenir. Nous avoir reçeu l'umble supplication des amis charnelz de Raoulet Mathei, de la ville de Chierlieu ou bailliage de Mascon, chargé de femme et de six enfans. Contenant que l'an mil ccc iiii^{xx} et ii, ou mois de juing ou environ, après le trespassement de nostre très chier seigneur et père, le roy Charles, cui Dieu pardoint, ainsi que icellui Raoulet, Pierre Can, Robert de Beaumont, Estienne de Saint-Bonot, et Nicolas de Montaudri, de ladicte ville de Chierlieu, venoient à Paris au Lendit, après ce qu'ilz orent disné et beu et se fussent prins à parler et jaugler ensamble de guerres, impositions, gabelles, subsides et autres charges de nostre royaume, disant que nostre royaume avoit esté et estoit en grant tribulacion, et mesmement les marchans dicellui, et avoient esté et estoient moult grévez et oppressez. Et entre les autres y ot l'un d'iceulx qui dist, que nostredit seigneur et père, tant qu'il avoit vescu, avoit esté moult avoir (avare) et assambleur de monnoye et convoitoit moult or et argent, et que après son trespas moult de charges, aides et subsides, avoient esté remises et pardonnées. Et en parlant et jauglant ainsi ensamble, ledit suppliant, lequel estoit moult fort abeuivre, non considérant à ce quil disoit, dist ces paroles ou semblables en substance : « Dyablement y ait part, quant il a vescu si longuement ; car ilz nous feust mieulx mort, s'il feust, passé a x ans. » Et adonc icellui Robert de Beaumont, hayneux dudit Raoulet, appella les autres à tesmoings et dist quil disoit mal contre la magesté royal, et quil le nous amenderoit. Et les autres assistens distrent audit Robert qu'il ne feist point mencion de ces paroles, car les choses qu'il disoient ilz disoient après boire en jauglant ensamble. Et desquèles paroles ledit Raoulet se repenti si tost qu'il les ot dictes. Pour occasion desquelles choses il pourroit recevoir griesve punicion se par nous ne lui estoit sur ce impartie nostre grace. Si nous a humblement supplié, etc....

Donné à Paris, ou mois de juillet, l'an de grâce mil ccc iiii^{xx} et ix et de nostre règne le ixe.

Par le Roy, à la relacion du Conseil.

P. DU PERIER.

(*Tres. des Ch.* Reg. JJ. 136, pièce 27.)

LII

Vente de l'hôtel de Sicile au roi, par Pierre, comte d'Alençon.

Argentan, 16 mai 1390.

« Pierre, conte d'Alençon et du Perche, seigneur de Fougères et viconte de Beaumont. — Comme nagaires pour ce que nostre très redoubté segneur mons. le Roy avoit affeccion et volenté de avoir en la ville de Paris un hostel ouquel il se peust privéement ordener pour les joustes que faire se pourroient en la clousture Sainte-Katherine, qui est la plus convenable place de Paris au plaisir de mondit seigneur pour jouster et fair tèles festes, icelui mons. nous eust rescript et prié par ses lectres closes que nous lui voulsissons donner nostre hostel estant à Paris nommé l'ostel de Sicile, affin que par la closture d'icelui, qui est des anciens murs de Paris, il peust, lui et ceulx que il vouldroit estre avecques lui, entrer sur les rans quant joustes se feroient à ladicte clousture.... » — Le comte consent et donne ses lettres en conséquence, datées d'Argentan, 16 mai 1390. Ce sont les secondes. Il y en a de premières datées de Verneuil, pénultième mars 1389. — Ces secondes lettres sont faites pour bien spécifier que le Roi n'est pas tenu à compensation, comme les premières le marquoient.

On y lit : — « Comme à nous et de nostre héritage soit et appartiengne l'ostel estant à Paris assez près de Sainte-Katherine du Val des Escolliers appellé l'ostel de Sécille, avec les jardins, noblesces et toutes autres choses à celui appartenans. »

(*Trés. des Ch.* Carton J. 151, pièce 95.)

LIII

Procès criminel intenté à Jean de Brezé, chevalier.

1er juillet 1390.

Vendredi premier jour de juillet, mil ccc iiii^{xx} et dix. Sens et Boschet.

Entre maistre Philippe Juèze et le procureur du Roy, demandeurs d'une part, et messire Jehan de Brézé, chevalier, Henry des Rosiers et messire Giles Poitevin, prieur de Saint Michiel, défendeurs, d'autre. Dient les demandeurs que feu maistre Hélye du Clos fut un très-bons et sages homs, de grant estat et puissant, conseiller du Roy, et fut depuis doyen de Gascongne, et est un très-notable bénéfice, et y a plusieurs collacions, et est de tel privilege que il est premier conseiller de l'abbéesse de Frontevrault, et ne puet icelle abbéesse faire aucune consultacion touchant son abbaye que il ne soit le premier au conseil appellé. Et dit que le doyenné lui fut donné à la requeste de mons. de Berry, combien que l'abbéesse n'en fut pas bien d'assentiment ou cuer. Et dit qu'il y avoit plusieurs manoirs appartenans au doyenné, et en espécial un manoir appellé Beauregart, que tenoit par sa force et contre raison messire Jehan de Brezé, et lui fut dit plusieurs fois que il faisoit mal de tenir icelluy hostel qui appartenoit à l'église. Et pour ce, l'abbéesse consçeut encores plus grant hayne à l'endroit dudit Hélye. Et quant il venoit pour parler à l'abbéesse des besongnes de l'église et il disoit : « Madame, Dieux vous doint bon jour ! » Elle lui respondoit : « Sire, vous soiez le mal venuz. » Et ne pot par grant temps avoir ne joir des droiz de son bénéfice, pour l'amour de messire Jehan de Brezé, qui a espousé la niepce de l'abbéesse. Et dit que elle manda messire Jehan et plusieurs autres pour venir parler à elle. Et y vint messire Jehan, acompaigné de plusieurs gens ; et conspirèrent la manière comment il pourroient faire murtrir ledit Hélye. Et tant que plusieurs gens et familiers dudit de Brézé, avecques eulz Giles Poitevin, Henry des Rosiers et plusieurs autres armez de diverses armes, lesquels alèrent en l'église de Frontevrault, où ilz trouvèrent frère Hélye, et le prindrent et montèrent ou clochier de l'église, et là, le tindrent un jour et une nuit senz mangier ne senz boire. Et endroit minuit le prindrent et le menèrent à un molin nommé Turquain, où il fut geté en la rivière. Et pour ce qu'il ne naioit pas, bien tost le retirèrent et lui donnèrent parmy le corps d'un cousteau et le getèrent de rechief en la rivière, et fut nayé. Et après ce, furent touz ses biens prins, et distribuez, et furent aus manoirs de la Chomelle (ou Thonielle) et de la Viguerie, appartenans audit deffunct, où ilz prindrent touz les biens qui dedens estoient, et les ont actribuez à eulx. Et avec ce, messire Jehan de Brézé ot deux roncins qui estoient audit deffunct, avec un manteau et une houpelande fourrez de gris, dont la femme dudit messire Jehan est fourrée. Et n'ose demourer au pays, et l'ont cuidé plusieurs foiz faire tuer; et fut féru à l'assise de Tours par aucuns aliez des diz complices. Si dit que ces choses ont esté faictes par les dessus nommez en commectant infraction de sauve-garde, port d'armes, enfrainct l'imunité de l'église et aguet appensé. Si conclut contre Brézé et Henry en amendes honorables, senz chaperon, senz sainture, en la court de céans, et au lieu. Et que les dessus nommez et Poitevin soient condempnez à la fondation d'une chapelle de cinquante livrées de rente et adournée, etc. et prouffitable, Brézé envers maistre Philippe, en x^m livres. Et que des biens qui ont esté prins à la Viguerie et à la Thonielle par messire Jehan et ses complices, que maistre Philippe en soit creuz par son serement. Et Henry et Poitevin envers Philippe, chascun en mil livres et condampnacion de despens, etc. Offre à prouver, etc.

Défent messire Jehan de Brézé, Henri et Poitevin. Et dient qu'ilz ne sçavent comment Philippe est fondé en la court de céans, car il est religieux, et par ce n'est habile à poursuivre senz auctorité, etc. Et pour ce, dit que messire Jehan de Brézé est homme noble et de bonne lignée, qui a espousé la nièpce de l'abbéesse qui lors vivoit, et avoit deux de ses filles nonnains en l'abbaye. Et pour l'amour de sa tante et de ses enfans fréquantoit souvent à l'abbaye, mais il ne se melloit en riens de conseillier l'abbéesse de la punicion de ses religieuses. Et dient que frère Hélye estoit gentilhomme religieux de l'abbaye, et estoit de moult deshonneste vie, car il estoit homme d'armes, et batoit et roboit plusieurs gens sens cause et esforçoit femmes. Et depuis ce, frère Philippe et son oncle Hélye consçeurent grant hayne ensemble, et tant que Philippe bailla articles à l'abbéesse contre son oncle afin de le faire desmuer de son bénéfice et faire mourir. Hélye en sçeut les nouveles de ce, et pour ce dist à Philippe son nepveu : « Tu as trop parlé, il t'en mesvendra. » Et tant que à certain jour après, Hélye, acompaigné de plusieurs genz vindrent la nuit en l'ostel de Philippe, et rompirent l'uis et entrèrent ens. Et Philippe cuida ystre par derrière, mais il fut pris, et lui fut coppé par Hélye, son oncle, la langue, et crevé un des yeulx. Et depuis ces choses, Philippe escript de sa main une cédule dont l'en a offert à faire foy, par laquèle il disoit les cas dessus diz estre commis par son oncle, frère Hélye. Et tant que l'abbéesse, qui apparceut Philippe qui estoit ainsi villené, commanda que Hélye feust pris, ce que fut fait. Et depuis ce, les cas lui furent déclairez, ausquelz il ne vouloit respondre, fors à grans et haultes paroles. Et cuida moult de foiz, messire Jehan de Brézé faire délivrer et eslargir Hélye, et pria l'abbéesse de lui faire le plus de biens que elle pourroit. Et ne sçet messire Jehan de quèle mort ne comment il morut, fors qu'il a oy dire que l'abbéesse, après informacion faite de ce, et qu'il estoit trouvé coulpable, le cuida envoier à Angiers devers son nepveu, qui est évesque, et le fist mectre en un bateau. Et quant il furent sur la rivière, Hélye print l'un de ceulz qui le menoient en disant : « Comment villains ! me manres vous ainsi? » et tant qu'il cheurent ensemble en la rivière. Et a oy dire que Hélye se noya, et l'autre homme fut réchapé. Et ne sçet se il en ala ainsi, mais il a oy dire, et n'en sçet, ne n'y fut. Messire Jehan, et aussi Henry, estoit couchié celle nuit en son lit, et ne sçet comment il en ala, car il ne fut pas présent quant l'en prist et emmena Hélye. Et aussi pareillement Giles Poitevin, qui a esté convenu en court de Romme à la requeste de Philippe, et depuis l'a fait convenir céans, et a délaissié le plait de court de Romme par ce qu'il n'en a peu riens prouver.

Et respont Brézé à l'ostel de Beaurepaire, et dist qu'il le tient de la volenté des religieuses par bèle et bonne rente qu'il leur en fait chascun an, et ne trouveroient qui tant leur en donnast. Quant au fait de Bethzu que l'en dit que l'abbéesse avoit volenté qu'il eust le bénéfice de Hélye et par ce machina à la mort de Hélye, il n'est pas vraisemblable, car puisque elle l'avoit donné par leur propos à la requeste de mons. de Berry, elle ne l'eust jamais hosté. Et dit que ses bénéfices ne furent pas donnés jusques à ce qu'il fut mort. Quant aus chevaux, dit que l'abbéesse avoit deux chevaux que elle donna à messire Jehan quatre ou cinq jours après la mort de Hélye, et ne valoient pas chascun plus de dix frans. Quant aus robes, l'abbéesse donna deux houpellandes qui lui compétoient à la femme de messire Jehan qui est sa niepce, et les reffusa plusieurs fois messire Jehan. Quant aus biens de la Viguerie et de la Thorelle, il n'en fut riens prins par les défendeurs. Et concluent, primo que Philippe qui est religieux, n'est pas habile à proposer ces choses sens licence de l'abbéesse et tant à fin de non recevoir. Dit, en tant que touche Poitevin l'abbéesse en doit avoir la cognoissance, car il est son religieux, et n'y a point de sauvegarde en France, car il n'en appert point ne de port d'armes, et l'abbéesse en requiert le renvoy. Dient messire Jehan et Henry que les demandeurs ne font à recevoir et se à recevoir faisoient, qu'il n'ont cause, veu qu'il ne dient et ne sçevent point que il feust féru ne batu à Tours. Si requièrent estre absolz, et despens, offre, etc.

Répliquent les demandeurs et dient à ce qu'il ont dit que Philippe n'est pas habile à estre en jugement senz auctorité. Réplique et dit qu'il est prieur du prioré conventual nommé Pontratier, et aussi ne oseroit aler devers l'abbéesse car elle conseille, conforte et ayde ses adversaires. Et dit que en tel matière, posé qu'il feust cloistrier, si pourroit il faire poursuite. Et ne fait pas conclusions singulières à lui, aincois à fondacion de chapelle, et pour ce, fait bien à recevoir. Et avec ce a requis congié, mais il lui a esté refusé. Quant à Poitevin qui requiert estre renvoiez, il a baptise, sauvegarde enfrainte, pors d'armes, aguet appensé. Quant au plait de cour de Romme, il a esté meu pour cause de certain bénéfice dont Philippe a eu sentence par lui, et se aucunement il l'avoit fait convenir pour ceste cause en court de Romme, il ne l'a peu ne osé poursuir, pour la doubte de ses adversaires. Et dit que touz ses biens furent pris un po après la mort de son oncle, et lui convint partir du pays pour doubte de ses adversaires. Et respont à la cédule dont il ne bailla point pour grever son feu oncle, et se Brezé est à demie lieue de Fontevrant, il allegue l'arrest de Pontoise du murtre fait à Petit Pont. Dit que s'il pria l'abbéesse pour Hélye, ce fut faintement et afin que l'en ne cuidast qu'il feust coulpable du fait.

Le Procureur du Roy a requis que le droit du Roy y soit gardé.

Appointié est que la court aura advis se maistre Philippe fait à recevoir, considéré qu'il est religieux. Et ou cas qu'il feroit à recevoir, les parties sont contraires. Et affermeront les défendeurs leurs articles en personne et respondront en personne aus articles des demandeurs. Et aura la court advis sur le renvoy requis par l'abbéesse, de Giles Poitevin. Et seront les parties receues par procureur. *Quousque*, etc.

(*Arch. de l'Emp*, Reg. XIII du crim., fol. 102.)

LIV

Prix de l'acquisition du comté de Longueville par le duc de Touraine.

2 janvier 1391.

Le IIe jour de janvier mil ccc IIII^{xx} et x, par l'ordonnance et commandement de monsieur de Tourainne, Jehan Poulain, garde de ses finances, a pris en ce coffre les sacs de finance qui ensuivent. Premièrement un sac de xvi^m flourins. *Item* un autre sac de

IX^m florins. *Item* un autre sac de VII^m escuz. *Item* un autre sac de VII^m c escuz. *Item* un autre sac de VII^m II^c escuz. *Item* encore un autre sac de XVIII^c L escuz, pour mectre et convertir en l'achat de la conté de Longueville, présens à ce par l'expresse commandement d'icelui seigneur, messire Jehan Prunelle, chambellan dudit seigneur, et Thierry de Neufviile, son secretaire. Tesmoing noz saings manuelz mis à ceste cédulle, le jour et l'an dessusdiz.

J. PRUNELE.   THIERRY.

(Orig. parch. — *Arch. de l'Emp.* Carton K. 535. V. 8.)

LV

Ordre de Louis, duc de Touraine, au garde de ses chartes, de rendre au sire de Coucy une obligation de 10 000 *florins ducats que le duc lui avait prêtés pour son expédition d'Afrique.*

Paris, 20 décembre 1391.

Loys, fils de roy de France, duc de Touraine, conte de Valois et de Beaumont. A nostre amé et féal secrétaire, maistre Huges de Guingant, garde noz chartres et priviléges, salut et dilection. Nous voulons et vous mandons, que à notre très cher et amé cousin le sire de Coucy, vous rendez, baillez et délivrez, tantost et sans délay, certaine obligacion que vous avez de nostredit cousin, de la somme de dix mille florins ducaz, que pieça lui avons prestez pour le voyage de Barbarie, et dont autreffoiz lui avons donné et quicté cinq mille florins, et en a noz lettres pardevers luy, et les autres cinq mille florins avons donné et quitté, donnons et quictons par ces présentes, à nostredit cousin, de nostre certaine science et grâce espécial, pour considéracion de pluseurs grans et notables services que faiz nous a. Donné à Paris le xxᵉ jour de décembre, l'an de grâce mil trois cens quatre vins et onze. Ainsi signée par monseigneur le Duc.

BOUTIER.

(Arch. de l'Emp. Reg. KK. 896, fol. 366.)

LVI

Ordre de Louis, duc de Touraine, au garde de ses chartes, de rendre à Philippe de Florigny, son premier chambellan, une obligation de 500 ducats d'or, que celui-ci avait souscrite au seigneur de Milan lors de son ambassade en Lombardie.

Paris, 21 février 1392.

Loys, fils de roy de France, duc de Touraine, conte de Valois et de Beaumont. A nostre amé et féal secretaire, maistre Hugue de Guingant, garde de noz chartres priviléges et autres lettres et escrips, salut et dilection. Nous voulons et vous mandons, que certaine lettre d'obligacion faicte dès le ɪxᵉ jour de juing, l'an mil trois cens quatre vins et neuf, par nostre amé et féal chevalier et premier chambellan, messire Philippe de Florigny, lui estant de par nous ès parties de Lombardie, à nostre très chier et très amé père, le conte de Vertuz, seigneur de Milan, de la somme de cinq cens ducaz d'or, laquelle somme nous avons donnée à nostredit chambellan pour certaines causes et consideracion qui à ce nous ont meu, et icelle somme avons fait détruire et rabatre à nostredit père sur le premier paiement de ce qu'il nous est tenuz à cause et pour raison de nostre mariage, vous rendez, baillez et délivrez tantost et sans délay à nostredit chambellan ou à son certain mandement, sans aucune difficulté ou contredit. Donné à Paris le xxi° jour de février, l'an de grâce mil trois cens quatre vins et onze. Ainsi signé : pour monseigneur le duc.

THIERRY.

(Arch. de l'Emp. Reg. KK. 896, fol. 365ro.)

LVII

Don fait par le Roi à la reine de Sicile, duchesse d'Anjou, et a son fils, des aides pour la guerre qui se lèveront dans leur duché d'Anjou, leur comté du Maine, et leurs autres terres.

Paris, 15 mars 1392.

Charles, par la grâce de Dieu roy de France. A noz amez et féaulx les généraulx conseillers à Paris sur le fait des aides ordenées pour la guerre, salut et dilection. Savoir vous faisons que Nous, par la délibéracion de nostre conseil, avons donné et octroyé, donnons et octroyons de nostre certaine science et grâce espécial par ces présentes, à nostre très chière et très amée tante, la Royne de Jhérusalem et de Sicile, et à nostre très chier et très amé cousin, le Roy de Jhérusalem et de Sicile, son fil, pour aidier à supporter les grans fraiz et despenses que noz diz tante et cousin dessus diz soutiennent pour le fait de la conqueste dudit royaume de Sicile, la moitié de tous les aides, tant de gabelles du sel comme autres, qui ont et auront cours pour ledit fait de la guerre pour ceste présente année, qui commença le premier jour de février derrain passé et fenira le derrain jour de janvier prouchain venant, comme és autres parties de notre royaume, en leur duché d'Anjou, en leur conté du Maine et en leurs terres de Guise, de Lodun, de Mirebeau, de Chailli, de Lonejumel et de Bonneville-la-Louet, et généralment en toutes les terres, lieux et pais où ilz ont acoustumé prendre ou temps passé les diz aides ou partie d'icelles par nostre octroy, à prendre, avoir, lever et recevoir ladicte moitié desdiz aides par noz diz tante et cousin et leurs gens et députez à ce en leur duché, contez et terres dessus dictes, ainsi et par la forme et manière que ilz le ont prinse l'an derrain passé. Si vous mandons et enjoignons estroitement, que noz tante et cousin dessus diz faites, souffrez et laissez joir et user paisiblement de noz présentes grace, don et octroy. Et par rapportent ces présentes ou vidimus d'icelles soubz séel autentique, avec vérificacion de vous et quictance de nostre dicte tante ou de son receveur général, nous voulons et mandons, tant ce que par les receveurs des aides des duché, conte, et terres dessus dictes aura esté baillié, paié et délivré à noz diz tante et cousin ou à leurs gens pour eulx, estre alloué en leurs comptes et rabatu de leur recepte par noz amez et féaulx gens de noz comptes à Paris, sans contredit ou difficulté, non obstant quelconques autres donz par nous autrestois faiz à nos diz tante et cousin, et quelconques ordenances, mandemens ou deffences contraires. Donné à Paris en nostre hostel lez Saint-Pol, le xve jour de mars, l'an de grâce mil ccc iiii^{xx} et onze et le xiie de nostre règne. Ainsi signé : par le Roy en son conseil.

J. DE MOSTEROLIO.

(Dans un vidimus original du prévôt de Paris du 25 avril 1392.)

(*Arch. de l'Em.* Carton K. 54, pièce 11.)

LVIII

Instructions des ambassadeurs français envoyés vers le Pape pour la création d'un royaume d'Italie pour Louis, duc d'Orléans.

24 janvier 1393.

Instruction baillée par le Roy à l'évesque de Noyon[1] et au sire de Coucy, cousin et conseillers du Roy, et à maistre Jehan de Sains, secrétaire dudit seigneur, envoiez de par icelli seigneur devers nostre S. Père le pape[2] et le college des cardinaulx, des choses que ils auront à faire devers nostre dit Saint Père et ledit college.

Premièrement. Après la recommendacion et présentacion de leurs lectres, qui contendront créance, diront à nostredit S. Père que les roys de France, depuis qu'ils sont chrestians, ont eu grant dévocion, amour et alliance à l'Église, et aussi l'Église a eu en grant amour les roys de France; et par le grant amour et alliance que les roys ont eu à l'Église, l'Église en a esté plus doubtée, honnorée et essauciée.

Item, que les roys de France, pour la grant amour et dévocion qu'ils ont eu tousjours à l'Eglise et au saint siege de Romme, ont par plusieurs foiz remis le pape en son siege, dont il estoit debouté par sçisme ou autrement, indeuement, et ont apaisié plusieurs sçismes et miz l'Eglise en paix et en union, pour quoy l'Eglise s'est tousjours plus tenue obligiée aux roys de France que à nulz autres princes du monde.

1. Philippe de Moulins. — 2. Clément VII.

Item, que le Roy a très grant affection et désir de faire cesser le cisme qui à présent est en l'Église et qui longuement a duré, et mectre l'Église en union par toutes les voies et manières qu'il pourra bonnement. Et diront comment naguères il entreprinst de mener nostre S. Père à Rome, et l'eust fait s'il n'eust esté empeschié pour le fait de la paix et aucunes autres besoignes.

Item, que naguères nostre S. Père escrip au Roy que une ligue devoit estre faicte ès partie d'Ytalie ou préjudice de l'Église, et que il sentoit que le conte de Vertuz[1] estoit requis que il se voulsist mectre en ladicte ligue. Si requéroit qu'il pleust au Roy qu'il voulsist escrire au dit conte que il ne se meist point en ladicte ligue, car ce pourroit estre trop grant préjudice en l'Église.

Item, que tantost le Roy envoia pardevers ledit conte et lui escript et fist prier qu'il ne se meist point en ladicte ligue, mais icelle empeschast à son povoir en tant qu'elle seroit ou préjudice de l'Église.

Item, que ledit conte, pour amour et contemplacion du Roy, ne se voult pas mectre en ladicte ligue.

Item, que nouvellement ledit conte de Vertuz a envoié par devers le Roy messire Nicole de Naples et autres ambassadeurs, à tout lectres de créance.

Item, que lesdiz ambassadeurs en disant leur créance entre les autres choses ont dit de par ledit conte, que le antipape lui a fait assavoir que lui et tous les Ytaliens et le roy d'Angleterre entendent à faire une ligue à laquèle il cuide induire le roy des Rommains, la quèle

---

1. Jean Galéas Visconti.

sera faicte pour garder l'onneur de l'antipape de l'Église et de l'Empire, requérant audit conte que il se voulsist mectre en ladicte ligue. A quoy ledit conte, pour l'onneur du Roy et pour l'amour et affection qu'il a à lui, ne y a voulu entendre.

Item, ont dit lesdiz ambassadeurs de par ledit conte que desjà la plus grant partie de ceulx d'Ytalie ont fait une ligue et se sont alliez ensemble, par espécial les voisins de ses terres, et pour ce que il ne se vuelt allier avec eulx, il demeure tout seul, qui est et pourroit estre ou grant préjudice de lui et de son estat. Si requiert que le Roy le vueille prendre en sa protection et sauvegarde, et vuelle faire alliance avec lui.

Item, que nostre S. Père, qui de ce a oy nouvelles, a envoié messire Raymon Bernart devers le Roy, pour lui prier qu'il vueille entendre aux dictes alliances, car ce sera grant bien et proffit de l'Église.

Item, que le Roy, pour amour et contemplacion de l'Église et de nostre S. Père, a fait parler ses gens aux diz ambassadeurs dudit conte de Vertuz sur la forme et manière desdictes alliances. Et après ce qu'ilz orent parlé des dictes alliances, les dictes gens du Roy parlèrent du fait de l'Église afin de savoir se le conte de Vertuz se déclareroit et feroit déclairer son pays pour nostre S. Père.

Item, que les diz ambassadeurs respondirent que ledit conte de Vertuz tenoit nostredit S. Père pour vray pape, comme le Roy de France, mais les choses estant en l'estat qu'elles sont, il ne s'oseroit déclarer, pour doubte de ses voisins et de ses subgez, qui tenoient le contraire.

Item, que les diz ambassadeurs dirent de par ledit

conte que se nostredit S. Père et l'Eglise vouloient transporter au roy de France ou à aucuns de nosseigneurs de son sang la conté de Boulogne et les autres terres qu'ilz ont ès parties d'Ytalie et ès marches, les quèles seront déclairées, qui sont occupées par tirans ou se gouvernent par commun et ne obéissent point à l'Église, et les quèles quant à présent pourroient estre légièrement conquestées mesmement car les citez, villes et pays dessus diz, vouldroient avoir un seigneur à qui ilz peussent avoir recours et qui les gardast et gouvernast en justice, se le Roy, ou celui à qui elles seroient transportées, aloit pardelà avec compétent nombre de gens d'armes, il leur aideroit de tout son povoir à les conquerre et sitost comme ilz seroient pardelà, il se déclaireroit et feroit déclairer son païs pour nostre S. Père. Et ne voit pas que autrement il se peust déclairer, sans grant péril de son estat.

Item, le Roy pour plusieurs causes qui à ce le meuvent ne puet ne ne vuelt entreprendre ceste conqueste, mais après grant avis et délibéracion il lui a semblé que le homme de son sang mieulx taillé à le faire est son frère monseigneur le duc d'Orléans, car il est joennes et puet bien travaillier. Et aussi ledit conte de Vertuz, qui a grant puissance en ce, lui fera plus volentiers aide et secours que à nul autre, pour ce que il a espousé sa fille.

Item, que pour ce que le Roy, qui a affection et volenté à l'Église et de faire cesser ledit cisme, et aussi a ledit mons. d'Orléans, qui en ce emploieroit volentiers son corps et ses biens, envoient pardelà afin que par nostre S. Père et le colleige les dictes terres lui soient transportées parmy ce que il les tendra en foy et hommage de l'Église et en fera redevance, tèle comme elle sera ordonnée, si comme autrefoiz fut fait du royaume de Sicile.

Item, sera monstré comment ledit transport sera profitable audit S. Père et à l'Eglise. Car parmy ce cessera ledit cisme et sera l'Église en paix et union. Et aussi les dictes terres ne sont pas obéissans à l'Église, mais sont occupées par autres, et à bien considérer, tout le temps passé, elles ont plus cousté à l'Église que valu, avec plusieurs autres raisons que ceulx qui parleront à nostre S. Père sauront bien aviser et dire, car par ce le fait du roy Loys s'en portera mieulx et en sera soustenu et avancié et par conséquent le fait de l'Église.

Item, que autrefoiz ladicte Église a voulu faire ledit transport desdictes terres ou de partie d'icelles à aucuns autres seigneurs. Et considéré l'estat de l'Église et le temps présent, ledit transport seroit plus profitable pour l'Église que il ne feust oncques, mais par les raisons dessusdictes et autres que on pourroit bien dire. Et pourront dire que naguères elles ont esté inféudées par nostredit S. Père à feu le roy de Sicile [1] aincois qu'il eust l'inféudacion dudit royaume de Sicile. Pour quoy ilz requerront nostredit S. Père que ainsi le vueille faire pour mons. d'Orléans.

Item, après ce que les diz messaiges auront dit les choses dessusdictes à nostredit S. Père, ilz les diront à tous les cardinaulx ensamble ou en particulier, par l'avis et délibéracion de nostredit S. Père, et les induiront par toutes les voyes qu'ilz pourront à eulx con-

---

1. Louis Ier d'Anjou.

sentir audit transport, en leur monstrant que ce sera le profit de l'Église et que par ce elle puet venir à union.

Donné à Paris le xxiiii⁵ jour de janvier, l'an de grâce mil cccIIII^{xx} et douze.

CHARLES. (Signature autographe.)

(Orig. parch. scellé du sceau secret, emplaqué de cire rouge. — *Trés. des Ch.* Carton J. 495, pièce 1.)

LIX

Délivrance de Bureau, sire de la Rivière, et de Jean le Mercier, seigneur de Nouviant.

Saint-Germain en Laye, dernier janvier 1394.

Charles, par la grâce de Dieu roy de France. A tous ceulx qui ces présentes lettres verront, salut. Savoir faisons, que comme Nous, pour certaines causes et raisons qui à ce nous meuvent, dès le mois de septembre l'an mil trois cens quatrevins et douze derrenièrement passé, eussions fait prendre et emprisonner Bureau, sire de la Rivière, et Jehan le Mercier, seigneur de Nouviant, et leurs biens meubles et immeubles mettre en nostre main, lesquelz soient demourez en tel estat jusques à ores. Nous, aujourd'huy, pour certaines causes et raisons qui à ce nous ont meu et meuvent, et par le consentement de nos très chers et très amez oncles et frère et autres de nostre conseil, lesdiz seigneur de la Rivière et Jehan le Mercier, avecques tous leurs biens meubles et immeubles, avons mis et mectons à plain au délivre, par certaine fourme et manière plus à plain déclairée et exprimée en certaine cédulle dont la teneur suit :

C'est l'appoinctement fait à Saint Germain en Laye par le Roy et nosseigneurs ses oncles et frère sur la délivrance du seigneur de la Rivière et messire Jehan le Mercier, sire de Nouviant, le pénultieme jour de janvier, l'an mil trois cens IIII^{xx} XIII, et prononcié le derrenier dudit mois l'an dessusdit.

Premièrement. Il plait au Roy et à noz diz seigneurs que les personnes des dessusdiz de la Rivière et le Mercier soient mis à plaine délivrance et généralment touz leurs biens meubles et immeubles, et que d'iceulx ils puissent joir comme ils faisoient paravant l'empeschement et arrest mis en iceulx, parmi toutes voies la condicion et par la manière qui s'ensuit. C'est assavoir que les dessusdis de la Rivière et le Mercier dedans la micaresme prouchainement venant vuideront et iront demourer hors du royaume de France sans y retourner se ce n'est par le consentement, voulenté et ordenance du Roy et de nozdiz seigneurs ses oncles et frère. Item, en tant qu'il touche toutes informacions et procès commenciez et faiz contre les dessusdis de la Rivière et le Mercier par le Roy et sa cour, le Roy en ordonnera à son bon plaisir. Item, les dessusdis de la Rivière et le Mercier jureront et prometteront qu'ilz ne pourchasseront ou feront pourchassier aucune chose contre ceste présente ordonnance ou appoinctement. Pour laquelle délivrance faire des personnes des dessusdis seigneurs de la Rivière et Jehan le Mercier et les mettre hors de nostre chastel de la porte Saint-Anthoine hors Paris où ils estoient detenuz prisonniers, Nous, par noz autres lettres avons commis nostre très cher et féal cousin et conseiller le vicomte de Meleun. Si donnons en mandement à noz amez et féaulx conseillers les gens tenans nostre Parlement et noz géneraulx réformateurs, et à tous noz autres justiciers et officiers ou à leurs lieuxtenans et à chascun d'eulx, que lesdis seigneur de la Rivière et Jehan le Mercier ilz n'empeschent, ne seuffrent estre empeschiez en corps ne en biens, contre la teneur de nostre présente ordenance et l'exécucion d'icelle; mais d'icelles les facent et seuffrent paisiblement joir et user. En tesmoin de ce, nous avons fait mettre nostre séel à ces présentes. Donné à Saint Germain en Laye, le dernier jour de janvier, l'an de grâce mil ccc iiii^{xx} et xiii et de nostre règne le xiiiie [1].

(*Arch. de l'Emp.* Reg. XIII du Crim. fol. 204·°.)

LX

Consentement de Charles de Fiesque à ce que la ville de Gênes se donne à Charles VI.

Février 1394.

Ut civitas Janue, que jam diu et nunc in pessimo statu permanet et in pejori iterato permanebit in futurum, nixi (*sic*) Creator omnipotens manus porrigat adjutrices in melius reformetur. Ego Karolus de Flisco, palatinus, Alavan. comes, dico, volo et consencio, quod serenissimus et illustrissimus princeps et dominus, Dominus Karolus, rex Francorum, et sui successores Francie reges, sint de cetero imperpetuum domini naturales ville sive civitatis et territorii Januensis. Et ad hec exequi et adimplenda per me et omnes de genere meo et quoscumque alios amicos et benevolos

1. Enregistrées au Parlement le 18 février 1393.

meos pro posse meo, obligo me et omnia bona mea presencia et futura et heredum meorum. In quorum testimonium presentes litteras manu propria scripsi, et sigillo meo consueto sigillavi, anno Domini M° CCC° nonagesimo tercio, mense februario.

(*Trés. des Ch.* Reg. JJ coté O, fol. 29, n° 12.)

LXI

Attaques d'Enguerran de Monstrelet contre monseigneur de Fieffes.

11 mai 1394.

Lundi XI° jour de may mil ccc IIII^{xx} XIIII. *Sens.*

Entre le procureur du Roy et mons. de Fieffes demandeurs d'une part, et Thomas de Rosières dit Froissart, escuier, défendeur d'autre part : Dient les demandeurs, que environ le moys de septembre derrenièrement passé, ledit de Fieffes chevauchoit sur les champs, lui et son page seulement, et lors Enguerran de Monstrelet, acompaignié de plusieurs ses complices, sans aucunes desfiances précédans, couru sus audit de Fieffes; mais icellui de Fieffes s'en fouy et ne eust lors point de villenie. Et peut estre que la cause de ceste hayne est telle. C'estassavoir que deux ans a ou environ, ledit de Fieffes avoit plusieurs belles et notables robes et vestemens, dont il perdi une grant partie qui lui furent emblez. Et par souspeçon, aucuns des varlès et serviteurs dudit Enguerran furent prins et confesserent avoir prins lesdictes robes. Et en hayne de ce, ledit Enguerran a juré qu'il destruira ledit de Fieffes. Et a fait ledit Enguerran plusieurs armées et chevauchiées. Et derrenièrement, environ le Noel derrenierement passé, ledit Enguerran, acompaignié dudit Froissart et de pluseurs varlès et autres ses complices, trouva ledit de Fieffes sur les champs qui chevauchoit à un sien hostel pour veoir ses héritages, et incontinent que ledit Enguerran l'apperceut, il et sesdiz complices, assaillirent ledit de Fieffes, lequel, pour ce qu'il n'estoit mie assez fort pour se défendre contre eulx, s'en fouy et se bouta en un hostel enmi les champs. Et tantost lesdiz complices assaillirent ledit hostel, et pour ce qu'ilz ne porent entrer dedans ledit hostel pour injurier ledit de Fieffes, ilz boutèrent le feu en icellui hostel au bout de leurs lances que ilz avoient. Et en après, trouvèrent des chevaulx dudit de Fieffes, lesquelz ilz tuèrent de leurs espées, ledit Froissart aidant et confortant. Dit que le bailli d'Amians, en qui juridiction les crimes et maléfices ont esté perpétrez et commis, n'en a fait aucune punicion, et pour ce, par impétracion royal, informacion a esté faicte et la cause venue en la court de céans. Si conclut à l'encontre desdiz Enguerrand de Monstrelet et Froissart, que ilz soient condempnez en corps et en biens, ou en autres telles amendes que la court advisera. Et en amendes honorables, à genoulz et en chemise, cy, et au lieu; et en amendes profitables envers le Roy, chascun en mil livres, et envers ledit de Fieffes, chascun en deux mil livres, et chascun pour le tout, et prison, et rendre au dit de Fieffes ses chevaulx, ou pris IIII^c frans.

Respont Froissart en personne et propose son alibi, en disant après serement fait de dire vérité, que le jour que sa partie adverse propose le fait avoir esté perpétré, ledit Froissart estoit alez avecques un escuier du pays pour estre présent à faire un certain marchié de héritages. Et dit et afferme que il ne fu onques en lieu ou l'en feist anuy ne desplaisir en quelconque manière au seigneur de Fieffes. Ne onques ne fu aidant ne confortant de luy faire anuy ne desplaisir. Et oultre propose la déclinatoire en disant qu'il est clerc en habit et tonsuré.

Apoinctié est que les parties sont contraintes; si feront leurs faiz par préfixion à landemain de la Saint Jehan prochainement venant. Et ledit Froissart respondra en personne aux articles de partie adverse. Et cependant ledit Froissart est receu par procureur, parmy ce qu'il comparra en personne en la court de céans à la récepcion de l'enqueste.

(*Arch. de l'Emp.* — Reg. XIII du Crim., fol. 209.)

LXII

Le trésor du roi à la tour du Louvre.

7 septembre 1394.

Au fol. 19 d'un petit cahier de 20 feuillets de parchemin, qui contient un état des deniers comptants du roi, on lit :

LA TOUR DU LOUVRE.

Lundi vii° jour de sept. iiii^{xx} xiiii, furent mis de commandement du Roy nostresire en la tour du Louvre par ledit Chanteprime, présens Jehan de Montagu et moy J. Creté, en x sas de cuir, cinquante mile frans, en un coffre estant ou moyen estage de ladicte tour, et fu portée la clef dudit coffre avec les clefs des huis du dit estage au Roy par ledit Montagu, scellées en un sac du séel de moy Creté en la présence du chastellain et de plusieurs autres. De laquelle somme de L^m frans ledit Chanteprime a descharge, donnée le xe jour de sept. IIII^{xx} XIIII, contenant XL^m fr., tant pour mons. le conestable dont mencion est faicte cy dessus, comme pour x^m fr. de monsieur de Bourbon, dont cy après sera faicte mencion; pour ce L^m fr.

(*Arch. de l'Emp.* — Reg. P. 1189.)

LXIII

Mention de l'affaire de Bureau de la Rivière et de Jean le Mercier.

Vendredi 29 janvier 1395.

Maistre Thomas Rebechen, queux de l'arcevesque de Rouen, lequel estoit tenuz de comparoir en personne en la court de céans a certain jour passé, auquel il est deuement comparu prest d'ester à droit, sur ce que on lui imposoit estre coulpable du fait pour lequel furent pieça emprisonnez messire Bureau de la Riviere et sire Jehan le Mercier, par ordenance de la court, tout consideré, est eslargy partout *in statu quousque*, etc., *et sub penis*, etc. Domicile en l'ostel à la Serainne en la parcheminerie près de la rue de La Harpe.

Id. pour Perrin Pelizot.

(*Arch. de l'Emp.* Reg. XIII de Crim., fol. 238ro.)

LXIV

*Gages de bataille. — Mention de l'expédition
du duc d'Anjou.*

Jeudi onze mars 1395.

Entre Jehan Bouquin, demandeur en cas de gaige de bataille d'une part, et Jehan de la Touche, défendeur, d'autre part. Dit le demandeur, que mons. d'Anjou, en la conqueste qu'il fist ou pays d'Ytalie, conquesta le chastel d'Argence, et illecques laissa plusieurs robes et autres joyaux, et laissa Jehan de la Touche pour la garde dudit chastel. Et tantost que mons. d'Anjou fu parti dudit chastel, ledit de la Touche envoia lettres par devers messire Charles de la Paix, qui estoit anemi dudit mons. d'Anjou. Et vindrent les anemis, et prindrent le chastel et tuèrent pluseurs bons chevaliers et escuiers qui gardoient ledit chastel, et qui rienz ne savoient de cette traison. Pour laquelle faire ledit de la Touche ot mil frans à sa part. Et après ce que mons. d'Anjou fu retourné, et il sceust ceste traison, il fist copper la teste au frère dudit de la Touche, et ledit Jehan de la Touche s'en fouy. Dit pour ce, que ledit Bouquin, qui est bon et vaillant escuier, a parlé au pays de ceste traison, ledit de la Touche a mis peinne de le mettre à mort, et assambla pieça sept gros varles armez, en un bois, pour espier ledit Bouquin, qui estoit à une ville près d'illecques appellée Liez. Et depuis ot débat sur ce entre lesdictes parties pardevant le séneschal de Mortaigne, et getterent leurs gaiges de bataille par pluseurs fois l'un contre l'autre. . . . .

Defend Jehan de la Touche et dit, qu'il est nobles homs, mais ledit Bouquin n'est pas gentilhomme, car son père fu munier. Dit qu'il a servi le roy Loys, duc d'Anjou, et ala avecques lui ou pays d'Italie et lui aida à conquerre le chastel d'Argence et le bailla en garde à un capitaine appellé messire Jehan Chapperon, qui est encores en vie, et avec lui pluseurs chevaliers et escuiers. Dit que mons. d'Anjou se parti dudit chastel pour faire sa conqueste et ala oultre ou pays d'Italie et ledit de la Touche en sa compaignie, ne oncques puis ledit de la Touche ne entra oudit chastel. Et dit que quant ledit chastel fu prins, ledit de la Touche estoit prisonnier des anemis mons. d'Anjou. . . . . .

Réplique le demandeur et dit, qu'il fu noble et son père noble, lequel moru ès guerres du Roy à Mortaigne. Dit que il charge sa partie adverse d'avoir demouré au chastel d'Argence pour la garde d'icellui, et en sa compaignie son frère, et d'avoir escript lettres aux adversaires de mons. d'Anjou, et par leur mauvaise traison avoir fait prendre ledit chastel. Et quelque chose que dye partie adverse au contraire, il le nye. Et s'il dit qu'il se parti d'Argence quant le roy Loys se parti, dit qu'il se parti malicieusement pour couvrir le fait. . . . .

(*Arch. de l'Emp.* — Reg. XIII du Crim., fol. 243vo.)

LXV

Batterie dans Paris entre des Bretons et des bouchers.

27 juillet 1395.

Lundi xxvie jour de juillet, mil ccc iiii^{xx} xv, après disner.

En la Tournelle criminelle du Palays furent assamblez messeigneurs : monseigneur le chancellier, messire Guichard Dauphin, messire Philippe des Essars, chevaliers, messire Pierre Boschet, maistre Henry de Marle, messire Ymbert de Boissy, messire Jehan de Blasy, chevalier, le prévost de Paris, maistre Jaques de Rully, maistre Jehan du Drac, maistre Robert Cordelier, maistre Jehan Darcies, maistre Jaques Boqué?, maistre Gaillart Petit-Cesne, maistre Pierre de Lesclat, maistre Regnault du Mont-S. Eloy, maistre Robert Maug, maistre Symon de Nampterre, maistre Nicole de Biencourt, maistre Pierre Buffière, maistre Guillaume de Celsoy, maistre Martin Double, maistre Guillaume Drouart, maistre Jehan Truquain, maistre Andry le Preux, maistre Jehan de Tuillieres, maistre Robert Petit Clerc, maistre Robert de Pacy, maistre Hutin de Rive, maistre Gérart de la Haye, maistre Jehan de Fontenay, maistre Nicolas Chaon, conseillers du Roy nostresire. Et illec fu par mondit seigneur le chancellier racontée la manière de la guerre et du débat d'entre maistre Alain du Molin, breton, et pluseurs autres d'une part, et Thomas Le Goix, boucher, et pluseurs autres bouchers de Saincte-Genevesfe d'autre part. Et en après fu levée en la présence des dessusnommez une requeste adréçant au Roy nostresire au nom desdiz bouchers. *Item*, une autre requeste adreçant au Roy nostredit seigneur pour et ou nom des maistres escoliers estudians à Paris et bourgoys de la nacion de Bretaigne, habitans à Paris. Et ce fait, fu par mondit seigneur le chancellier demandé par oppinions aux dessusdis quelle provision est bonne à mectre en ceste matière. Et finablement fu délivré que certaines lettres royaulx soient faites par moi Jehan de Cessières adréçans au prévost de Paris ou à son lieutenant, par lesquelles soit mandé à faire certains emprisonnemens et autres exploiz déclariez èsdictes lettres ausquelles je me rapporte. Et fu enchargié à maistre Jehan Truquain, lieutenant dudit prévost, qu'il exécutast lesdictes lectres, lequel se excusoit pour les périlz qui pourroient advenir des sergens et aydes qu'il lui convendra avoir en procédant contre aucuns qui se dient estre de l'Université de Paris. Et aussi pour les périlz et dommages qu'il pourroit avoir s'il en estoit mis en procès. Auquel fu respondu et commandé par la bouche dudit monseigneur le chancellier, qu'il procédast seurement et que le Roy et son conseil le garderoient tellement que aucune poursuite.... le chancellier.... qu'il feust enregistré....

(*Arch. de l'Emp.* Reg. XIII du Crim., fol. 264 v°.)

LXVI

Mention de l'affaire de Bureau de la Rivière.

Du jeudi 26 août 1395.

Jehan le Neveu dit Preudomme, prisonnier long temps en la Conciergerie du Palais de par nosseigneurs de Parlement et les réformateurs généraux nagaires estans à Paris, pour la fausse déposicion qu'il avoit faicte touchant crime de lèze-majesté à l'encontre de messire Bureau, seigneur de la Rivière, chevalier, et pour aucuns autres cas, pour lesquelx il fu prins par les justiciers du conte d'Alençon, dont les procès sont tous pardevers Jehan Duboys, notaire du Roy et registrent (*sic*) desdis réformateurs, est banny du royaume à tousjours, et partant est délivré de prison.

(*Arch. de l'Emp.* Reg. XIII du Crim., fol. 269.)

LXVII

Sauvegarde pour six mois, accordée par le roi à Pierre de Craon et vingt hommes de sa suite.

26 janvier 1396.

Charles, etc. A touz noz justiciers et officiers ou à leurs lieuxtenans, salut. Nous avons receue l'umble supplicacion de Pierre de Craon, chevalier, contenant : que comme pour traittier et accorder de plusieurs dissencions et débaz dès pieçà meuz entre nostre amé et féal cousin le sire de Cliçon et lui, nous eussions donné et octroyé à icellui Pierre congié et licence d'estre et de demourer en nostre royaume par l'espace de quatre moys. Pendant lequel temps n'aient encores peu estre trouvez aucuns bons accors ou appointemens entre eulx, si comme il dit. Requérant que, actendu qu'il n'a de quoy vivre ne avoir ne tenir son estat se ce n'estoient ses parens et amis, nous lui veuillions sur ce pourveoir de gracieux remèdes. Nous, ces choses considérées, voulans paix et amour estre tousjours nourrie entre noz subgez et, afin que aucun traictié et accort puisse estre trouvé entre les dessusdiz sire de Cliçon et Pierre de Craon, et pour certaines autres causes et consideracions nous mouvans à ce, à icellui Pierre de Craon et vint hommes en sa compaignie, avons donné et octroyé, donnons et octroyons de grace espécial par ces présentes, congié et licence d'aler, venir, demourer et séjourner seurement et sauvement par nostre royaume chiez ses diz parens et amis et ailleurs, jusques à six mois prochainement venans à compter de la date de ces présentes, sans ce que par vous ou aucun de vous, il et ses dictes gens ou aucuns d'iceulx, soient pour cause et occasion de l'offence par lui pieçà faicte envers nous ou autrement, aucunement empeschiez ou molestez en corps ne en biens, pourveu toutesvoies que pendant les six mois dessusdiz il ne ira, vendra ou se transportera aucunement ou pays de Bretaigne, ne à deux lieues près du lieu où nous serons. Si vous mandons, etc. Donné à Paris le xxvi° jour de janvier, l'an de grâce mil ccc iiii^{xx} et quinze et de nostre règne le xvi°. Par le Roy, à la relacion de son grant conseil ouquel mess. les ducs de Berry, de Bourgougne, d'Orléans et de Bourbonnois, Vous, le mareschal Boussicaut, le sire de

Giac, le patriarche d'Alexandrie, le sire de la Trémoille et plusieurs autres estoient.

J. Daunoy.

(*Arch. de l'Emp.* — Reg. XIV du Crim., fol. 99ro.)

LXVIII

Cortége de la reine Isabelle, pour son passage en Angleterre.

29 juillet 1396.

Le xxixe jour de juillet, l'an 1111xx xvi, le Roy à Senlis, en son conseil, présens messeigneurs les ducs de Bourgogne et d'Orléans, monseigneur le chancellier, les évesques de Noion et d'Arras, messire Guillaume des Bordes, messire Hervé le Coch, messires Amaury d'Orgemont et Montagu, fu ordené sur le fait de l'alée de la royne d'Angleterre, ce qui s'ensieut :

Premièrement, que le Roy fera livrée aux grans seigneurs, c'est assavoir : monseigneur de Berry, monseigneur de Bourgogne et les autres, de veluiaux veloux cramoisis, et aux autres chevaliers, de veluiaux en graine, et pareillement à madame de Bourgoigne et aux autres grans dames, de veluiaux cramoisis, et aux autres dames, de veluiaux en graine, et les escuiers et les damoiselles, de satanin en graine ; et seront brodées entour le colet et sur les manches d'un chapelet de l'orde du Roy à genestes.

Mgr de Berry aura pour estat. . dix mil francs.
Mgr de Bourgoigne pour semblable. dix mil francs.
Mme de Bourgoigne pour semblable. viii mil francs.
Monseigneur de Harecourt, monseigneur de Lebret,

monseigneur le viconte de Meleun, auront les gages qu'ilz ont acoustumé prendre quant le Roy les envoie dehors.

Monseigneur Domont, monseigneur de Garencières, messire Regnault de Trie, messire Jehan de Trie, Le Galois d'Aunoy, messire Charles de Chambly, monseigneur de Saint-Cler, monseigneur de Boissay, messire Taupin de Chantemelle.

Chascun banneret avec gages pour xiiii chevaux qui se prennent en la Chambre aux Deniers, et mangera à court, lui, son chevalier et ses escuiers. Et le chevalier bachelier aura gages pour six chevaux paiez comme dessus, et mengera à court lui et son escuier.

Chascun des bannerès, qui sont iiii bannerès, aura v^e francs.

Chascun des chevaliers bachelliers, qui sont v, aura iiie francs.

Chascun des escuiers iie francs.

Chascun des escuiers aura aussi xl francs par mois et mangeront à court.

Les autres officiers de l'ostel seront délivrez selon ce qu'ilz ont accoustumé de l'estre quant le Roy va en un long voiage, et auront livrée.

Madame de Préaux, qui est ordenée pour estre aveques la royne d'Engleterre, prendra gages comme dessus, pour elle, deux dames et vi damoiselles, au feur de xl chevaux, et mengera à court, elle, ses dames et ses damoiselles.

Et oultre aura madame de Préaux pour soy abiller, mil francs.

Madame de Saumont et madame de Lactainville

seront délivrées pour xl chevaux, et mengeront à court elles et leurs damoiselles.

Et oultre auront chascune pour soy abiller, v^c francs.

Madame de Coursy et sa fille auront mil francs; sur quoy seront rebatuz v^c francs que elle a receu.

(Minute originale sur papier. — *Arch. de l'Em. Trés. des Ch.* Carton J. 643, pièce 14.)

C'est l'ordenance avisée par le Roy en son conseil sur le fait de l'alée de la royne d'Engleterre à Calais.

Premièrement. Pour la conduire jusques à Calais.— Monseigneur de Berry, monseigneur de Bourgoigne, madame de Bourgoigne.

Avecques monseigneur de Bourgoigne. — Monseigneur de Harecourt, monseigneur de Lebret, le visconte de Meleun.

Avecques madame de Bourgoigne. — Madame de Préaux et une dame avecques elle. Les dames qui seront avecques madicte dame de Bourgoigne. Six autres dames, tèles que madicte dame de Bourgoigne ordenera. Et y seront les femmes messire Regnault et messire Jehan de Trie.

Chevaliers banerès pour servir la royne d'Engleterre. — Monseigneur Domont, monseigneur de Garencières.

Chevaliers bachelliers. — Messire Regnault de Trie, messire Jehan de Trie, Le Galois d'Aunoy, messire Charles de Chambly, le sire de Saint-Cler.

Maistres d'ostel. — Messire Robert de Boissay, messire Taupin de Chantemelle.

Escuiers. — Montagu, Regnaut d'Angennes, Nantoillet, Jehannin d'Estouteville, Thibaut de Chantemelle.

Panetiers. — Pierre des Roues, Thibaut de Megenez, Regnaut de Jaigny.

Eschançons. — Ancellet de Lille, Jaquelin Trousseau, Boital, Grevelle.

Huissiers d'armes. — Havart de Campbernart, Jehan de Lisac, Fumechon.

Sergens d'armes. — Jehan d'Arras, Jaquet de Beaumarchès, Rivière, Gringues.

Escuiers d'escuirerie. — Estiennot de Noz Mesons, Le Galois de Giry.

Queux. — Menjart.

Pour la Chambre aux Deniers. — Maistre Raymon Raguier, Hamonnet.

Pour porter les joueux. — L'Argentier.

Escuiers de cuisine.

Fruiterie.

Espicerie.

Fourrière.

(Minute originale de la main du secrétaire du roi, J. de Sanctis ou de Sains. — *Arch. de l'Emp. Trés. des Ch.* Carton J. 643, n° 14 *bis.*)

Advis de la finance qu'il faut pour conduire la royne d'Engleterre de Paris à Calais.

Et premièrement. Pour la livrée qui a esté advisée par le Roy pour les seigneurs, chevaliers et escuiers, dames et damoiselles xvi^m fr.

Item pour la despense de ladicte royne d'Engleterre, comprins ens les gages des chevaliers et escuiers que le Roy lui baille de creue xv^m fr.

Item, pour le maistre des garnisons	III^m fr.
Pour l'estat de monseigneur de Berry	X^m fr.
Pour l'estat de monseigneur de Bourgoigne	X^m fr.
Pour l'estat de madame de Bourgoigne	VIII^m fr.
Pour dons ordenez estre fais à aucuns des chevaliers et escuiers, dames et damoiselles pour eulx ordener et abiller	XII^m fr.
Item, pour ceulx qui iront avecques elle oultre Calais	XII^m fr.
Item, sur la somme de XX^m donnée à mons. de Renty? (ou Roucy) pour soy abiller	X^m fr.
Item, pour aucuns serviteurs qui ont servi et servent la royne d'Engleterre, pour eulx abillier	IIII^m fr.[1]

(Minute originale sur papier. — *Arch. de l'Emp. Trés. des Ch.* Carton J. 643, n° 14 *ter.*)

LXIX

Don fait par Charles VI à Louis, duc d'Orléans, d'une somme de 300000 francs d'or, en dédommagement des villes de Gênes et de Savone.

Paris, 12 décembre 1396.

Charles, par la grâce de Dieu roy de France. A tous ceulx qui ces présentes lectres verront, salut. Comme de puis que nostre très chier et très amé frère le duc d'Orléans, eut, pour les causes et considéra-

---

1. En marge de ces articles on lit le nom de *Michel du Sablon*, sauf les trois articles des ducs de Berri et de Bourgogne, où on lit : *La Taille*.

cions qui le meurent, entrepris d'avoir la seigneurie des cité, pays et territoire de Gennes, et tant fait que pour venir à son intencion de et sur ce, il ot et a pardelà, en sa main ou de par lui, la ville et le chastel de Saonne[1] avec certains autres chasteaulx villes et lieux, le duc et les gouverneurs desdites cité, pays et territoire ou la greigneur et plus saine partie d'iceulx, aient plusieurs foiz envoyé devers nous et requis que nous voulsissions prandre ou accepter ladicte seigneurie. A quoy, pour certaines consideracions et causes, avons incliné et y sommes condescenduz. Savoir faisons, que pour contenter et deffraier nostredit frère des très grans fraiz, missions et despens par lui en plusieurs manières faiz et soustenuz, en et pour ce fait et à cause et occasion d'icelui, montant à très grans sommes de deniers, nous avons avec nostredit frère, traictié et accordé sur, de, et pour ces choses et leurs dépendances, à la somme de trois cens mille frans d'or pour une foiz. Laquelle somme avons promis en bonne foy et promettons, par la teneur de ces présentes, à nostredit frère ou à son certain mandement, paier ou faire paier, bailler et délivrer par égal porcion en trois ans prochains et continuelment ensuivans, aprez ce que nous, ou autres pour et ou non de nous, aurons eu la possession et saisine desdites cité, pays et territoire de Gennes et des diz ville et chastel de Saonne et autres chasteaulx, villes et lieux qui sont en la main de nostredit frère, ou de par lui tenuz comme dessus est dit, et d'icelle somme le agréer ou

---

[1]. Savone, port de mer, sur la rivière du Ponent, dans la république de Gênes.

faire contenter ainsi que dit est, senz refuz, contredit et délay. Et à ce avons obligié, et par ces mesmes lettres obligons, nous et noz biens meubles et immeubles, présens et avenir. En tesmoing de ce nous avons fait mettre nostre séel à ces présentes. Données à Paris, le xiie jour de décembre, l'an de grâce mil ccc iiii^{xx} et seze et de nostre règne le xviie. Ainsi signé : Par le Roy en son conseil, où mess. les ducs de Berry et de Bourguoingne, le sire de Lebret, Vous, et le viconte de Meleun estiez.

P. Manhac.

(Dans un vidimus du bailli de Blois du 13 janvier 1460.)

(*Arch. de l'Emp.* — Carton K. 54, pièce 11.)

LXX

Lettres de Richard II, roi d'Angleterre, sur son entrevue avec Charles VI.

Calais, 24 octobre 1397.

Richard, par la grâce de Dieu roy d'Engleterre et de France et seignur d'Irlande. A touz ceux qui ces lettres verront ou orront, saluz. Comme pour le bien qui en pourra avenir, ait esté assentu par entre nostre très chier et très amé pière de France et nous, que à certain jour et lieu nous assemblerons pour entreveoir et parler, à certain nombre de gentz, et par manière comme il a esté pourparlé et accordé ains ces heures, et sur ce ait esté accordé que serement se fera de l'une partie et de l'autre. Nous, pour acomplir le dit accort pour nostre partie, jurons en bonne foy et par la foy de nostre corps asseurée en la main de nostre très chier et amé oncle le duc de Berry et en parole du Roy et sur la vraie croix et sur les saintes Euvangiles de Dieu, pour nous, nos subgiz, amis, alliez et bienveullans, que nous ne ferons ne souffrerons estre fait par nous ne aucuns des dessuz diz, mal, dommage, empeschement, grief, arrest ne destourbance en nulle manière pour le temps de la dite assemblée et pour huit jours mesmes devant l'assemblée, et pour huit jours après, à nostredit pière ne à nul de ses subgiz, amis, alliez ne bienvuellans, durant le temps dessuz dit. Et les poins et seremens des trièves prinses par lui et nous demourans en leur force et vertu. Et se par aucun cas, riote ou débat sourdist par aucun de noz dessuz diz, que Dieu ne vueille, nous promettons en parole de roy et par le dit serement que nous le ferons duement reformer, redrécer et réparer senz nul délay, et en faire punicion promptement sur la place et aussi raison et justice en icelle mesme place telle comme au cas appartendra, de ceulz de nostre partie. Et jurons en outre sur le dit serement, que se aucun ou aucuns de quelque estat ou condicion qu'ils soient voudroit ou voudroient venir au contraire de nostre dit serement, nous serons en aide de nostre dit pière à nostre povoir pour résister la malice des malfaiseurs dessuz diz, et garder nostre dit pière et les siens par manière comme nous ferons nous et les nostres. Et à ce tenir du tout et parfournir et faire garder et tenir l'ordennance sur ce faite senz fraude ou mal engin, nous jurons et promettons comme dessus, et avons fait jurer en nostre présence toutes les choses dessuz dictes, noz très chiers et très amez uncles les ducs de Lencastre et de Gloucestre, et noz très chiers et foiaux cousins les contes de Derby, Ruteland, Huntyndon, nostre frère, Mareschall et de Northumbre. En tesmoing de ce nous avons fait mettre nostre privé séal à ces présentes. Donné à Calais, le xxiiii° jour d'octobre, l'an de nostre règne vyntisme (24 octobre 1397).

Sur le repli : Par le Roy en son consail, présens messeigneurs les ducs de Lencastre et de Gloucestre.

F.

(Orig. parch. scellé en cire rouge sur double queue. — *Trés. des Ch.* Carton J. 655, pièce 23 *bis.*)

LXXI

Acquisition de l'hôtel de Giac par le duc d'Orléans.

16 décembre 1397.

Vente faite à Louis, duc d'Orléans, par Pierre seigneur de Giac, chevalier, conseiller du Roy, de « Un hostel, court, jardin, louages, édifices, drois, etc. séant à Paris en la rue de Jouy et dont la maistre entrée d'icelui hostel est en ladicte rue de Jouy, et aiant issue en la rue St Anthoine, tenant d'une part tout au long à la rue Percée et d'autre part aux murs anciens de la ville, aboutissant par derrières aux maisons et héritages de Guillaume d'Orgemont des hoirs feu Pierre de Montigny, jadis notaire du Roy nostre sire oudit Chastellet de Paris, et à l'ostel de la Nef qui est en ladicte rue St Anthoine et qui en icelle rue fait le coing de ladicte rue Percée, ès censives des religieux de Thiron et de S. Eloy de Paris, » pour 8,000 écus d'or à la couronne et pour deux maisons du duc « Séans à Paris en la grant rue S. Anthoine à l'opposite de l'ostel de la conciergerie de l'ostel du Roy nostresire lez Saint-Pol, tenans d'une part à une alée qui va de ladicte rue Saint-Anthoine en la cousture Saincte-Katherine laquelle alée l'en dit estre aux religieux de Saincte-Katherine, et d'autre part à la maison Jehan Paien, escuier, avecques les jardins, pressoir, colombier et vigne derrière icelles deux maisons, tout entretenans tenant d'une part aux jardins de révérend père en Dieu monseigneur l'évesque de Paris, et d'autre part à ladicte cousture Ste Katherine. »

Acte passé en Châtelet, 16 décembre 1397.

(*Arch. de l'Emp.* — Reg. KK. 896, fol. 311 v°.)

LXXII

Rémission pour un écuyer qui avait, contre les défenses, passé au service de Raimond de Turenne.

Paris, janvier 1398.

Charles, etc. Savoir faisons à tous présens et avenir. Nous avoir receu l'umble supplicacion de Philippe du Martouret, escuier, contenant;

Que comme oultre et depuis la défense par nous et nos officiers faicte, deuement signiffiée et publiée ès pays d'Auvergne et de Bourbonnois et ailleurs, par laquelle estoit défendu que aucun des subgiez de nostre royaume ne passast ès pais de Prouvence de Valentinois ne ailleurs, oultre le Rosne, en la compagnie ne au secours ou aide de Remond de Turenne, chevalier, pour faire guerre à nostre très chière et très amée tante la royne de Jhérusalem et de Sicile, contesse de Prouvence à noz cousins le roy desdiz royaumes et le prince de Tarante, ses enfans, ne à leur païs et subgiez, sur toute la peine qu'ilz se pouvoient meffaire envers nous, de bannissement de nostre royaume, confiscation de leurs biens et sur les autres peines contenues en ladicte défense. Ledit suppliant, ignorant la dicte défense, a esté en la compaignie ou service et aide dudit de Turenne contre nosdiz tante et cousins; mais si tost comme elle vint à sa cognoissance, il s'en est departis et revenus en nostre royaume. Mais doubtant que pour la transgression de nostre dicte défense, etc...

(Suit la rémission, portant cette clause :)

Parmi ce qu'il fera serement solennel ès mains du bailli de Saint-Père le Moustier que doresenavant, contre noz diz tante et cousins ne autres de nostre sang et lignage et aliez, il ne se armera ne fera guerre.

Paris, janvier 1397.

(*Trés. des Ch.* Reg. JJ. 153, pièce 44.)

LXXIII

Lettres d'alliance de Wenceslas, roi de Bohême, avec Louis, duc d'Orléans, et projet de mariage de Charles d'Orléans, fils ainé du duc, avec Élisabeth, fille de feu Jean, duc de Gueldre.

Reims, 31 mars 1398.

Wenceslaus, Dei gracia Romanorum rex semper Augustus, et Boemie rex. Notum facimus tenore presencium universis. Quod sicut pridem ob sinceri amoris zelum quem ad personam illustris Lodovici, ducis Aurelianensis, consanguinei nostri carissimi, habere dinoscimur, inter illustres infantes, videlicet Elyzabeth, natam quondam illustris Johannis ducis Gorlicensis, germani nostri carissimi, et Karolum primogenitum predicti consanguinei nostri ducis Aurelianensis, matrimonium sive parantelam duximus contrahendum. Ita et nunc, ad firmandum inter nos utrumque recentis amicicie soliditatem, nullo prorsus tempore quovis ingenio dissolvendam, cum eodem consanguineo nostro duce Aurelianensi ad ligam, federa et promissiones devenimus in hunc modum.

Et primo quidem, personam, statum et honorem prefati ducis suorumque liberorum, natorum et nascendorum, adversus et contra omnes, custodiemus, defendemus et sustinebimus; dedecus autem, detrimentum et dampnum dictorum ducis et liberorum suorum odio habebimus, fugabimus atque possetenùs repellere curabimus et vitare. Item, gencium nostrarum consiliique presidio, quotiès par dictum ducem aut ejus liberos requisiti fuerimus, ipsis suffragabimus juxta possibilitatem eorum possetenùs ex amicabili voluntate. Et in casum quo aliquis princeps aut alius, cujuscumque dignitatis, status, gradus et condicionis existat, prefato consanguineo nostro duci Aurelianensi, honori statuique suo et liberorum suorum adversarius, rebellis aut nocivus existeret, ita quod consilio favore et auxilio nostro indigerent, extunc, postquam per eumdem ducem requisiti fuerimus, ipsum et liberos suos favore et auxilio nostris juvabimus et animo benivolo prosequemur contra et adversus omnes. serenissimo principe Karolo Dei gracia Francorum rege consanguineo, et illustri Procopio marchione Moravie, principe et patruo nostris carissimis, dumtaxat exceptis. Et predicta quidem omnia et singula promittimus et pollicemur in verbo regio facere, operari et implere puro animo et recto corde, bonaque et honesta intencione et mente juxta omnimodum posse nostrum debitum et honestum, presencium sub regie nostre majestatis sigillo testimonio litterarum. Datum Remis, anno Domini millesimo trecentesimo nonagesimo octavo, die ultima marcii.

Sur le repli : Ad mandatum domini Regis Wlachnico de Weytenmule.

(Orig. parch. — *Arch. de l'Emp.* Carton K. 54, pièce 59.)

LXXIV

Opinions des princes de sang sur la question de soustraction du royaume à l'obédience de Benoit XIII.

1398.

Copie des opinions de messeigneurs les ducs de Berry, de Bourgogne, d'Orléans et de Bourbon, par eulx dites de bouche ou conseil, de la substraction, selon qu'elles pourent estre enregistrées tant comme ilz parloient.

Monseigneur le duc de Bourbon juré et interrogué, dist et approuve la voye de cession comme la meilleur. Et quant à la soustraction n'a mie grant cognoissance et en doubte moult, pour ce que aucuns mesmes touchent les sentences que le pape pourroit fulminer et les maudicions qu'il pourroit faire. Sur quoy mons. le chancelier fist aucunes responses. Après lesquelles, ledit monseigneur de Bourbon dist qu'il estoit d'acort que par la dicte substraction ou par autre voye l'en face que le pape condescende à ladicte voye de cession.

Monseigneur d'Orléans juré et interrogué dist, que c'est la greigneur besoigne dont l'en puisse parler, et ne touche mie un ou deux pays, mais toute chrestianté; s'excuse qu'il n'a pas la preudomie, le sens et la clergie qui seroient requises à en parler, mais il en dira selon sa conscience, sans faveur et hayne, quelque chose que l'en puisse dire. Et dist et approuve la voye de cession, et ne lui samble que par autre l'en puisse avoir union en l'Église, se Dieu ne le faisoit. Et quant à l'exécucion, s'il savoit que par la substraction faite de présent l'en eust union, il en seroit d'acort. Et considéré les raisons qu'il a oyes d'une partie et d'autre, fort lui est de bien eslire. Toutes voies, finablement il descent avec ceulx qui tiennent que le pape doie de rechef estre sommez et que l'en lui monstre l'estat et le péril en quoy il met toute chrestianté, et la conclusion de ce présent conseil, c'est assavoir de faire toute substracion, et se il refuse, lors que l'en luy face non mie seulement substraction des choses temporelles, mais que l'en face feit contre sa personne. Et oultre, touche que par ce l'en saura au vray l'opinion des cardinaulx, dont l'en parle diversement, et par eulx se tint l'en à la voye de cession. Touche aussi les sentences et malédicions qui se pourroient faire, aux quelles l'en pourra pourveoir mieulx. Et supposé que aucuns pourroient dire que l'en ne les deust doubter puis qu'elles seroient contre raison, toutesvoies chascun ne le cognoist mie. Et lui samble que l'en doit avoir ses remèdes et provisions tous prestes en faisant la substraction, et y doit l'en bien penser. Et ce pendant pourra l'en envoier faire ladicte sommacion. Touche en oultre l'estat du Roy, et se senz lui et sa présence l'en peut ou doit si avant procéder en si haulte matière. Et quant au fait des aides, dont aucuns doubtent, ne lui samble mie que l'en doye mesler ledit fait des aides avec telles et si haultes matières, esquelles l'en doit avoir Dieu seulement devant les yeulx et parler et procéder selon sa conscience. Avec ce adjouste qu'il sent que tous les prélaz yci présens ne sont mie d'accord d'octrier les diz aides au Roy. Et qui sommera le pape encores une fois, l'en pourra tant faire avec lui qu'il octroiera les dis aides. Et ou cas que ceste opinion auroit lieu, lui samble que avant que les prélaz se départent, l'en devroit faire que nous feussions tous uns en tout, afin que entre nous n'eust aucune division.

Monseigneur de Bourgogne juré et interrogué dist, que après monseigneur d'Orléans pourra peu dire, et qu'il a bien soy excuser des trois choses touchées par ledit mons. d'Orléans. Toutesvoies il en dira loyalment et selon sa conscience. Touche premièrement l'affection et le désir que le pappe avoit à l'union de l'Eglise et à la voye de cession qu'il mesme ouvry à mondit seigneur avant qu'il fust pape, lui estant à Paris, et que aucuns des cardinaulx estoient de ladicte opinion. Touche que il tient et est à présumer que le serement qui fu fait à l'entrée du conclave fu à celle entencion que celui qui seroit esleu fust lié et obligié, et ne se peust aucunement excuser de céder quant il en seroit requis et que les autres cardinaulx en seroient d'acort. Lesquelx en furent tous, excepté un, d'opinion, quant messeigneurs furent à Avignon de par le Roy et le conseillèrent au pape, et sembla à tous, que les voyes qu'il ouvroit ne souffisoient point. Et pour ce qu'il ne voult condescendre, fu le pape sommez, non mie hastivement mais à très grant humilité, révérence, instance et très meurement, et finablement ne voult riens changier en son advis, comment ceste sommacion a esté signifiée à plusieurs princes chrestiens, lesquelx n'ont ouvert aucunes autres voyes. Ains depuis ont esté faictes sommacions de par le Roy et les roys d'Engleterre et de Castille et que parlé fu deslors que, se dedens certein temps lors advenir le pape ne condescendoit, l'en feroit substracion. Et le roy de Castille, par les raisons que l'en lui fist savoir, est du tout déterminé à ladicte substraction faire. Touche après comment le pape sçet et ne peut ignorer que plusieurs princes, non mie seulement de son obéissance mais de l'autre, approuvent la voye de cession, au moins n'en ouvrent point d'autre. Et dit que aucuns dient que par l'évesque de Cambray en plain consistoire a esté sommé et requis de par le roy des Rommains de la voye de cession, et que il a plainement refusé et persévéré en sa rigour. Par quoy samble que qui le sommeroit de rechief, il pourroit dire que ce seroit une impression et se aideroit des protestacions par lui faictes au contraire, etc. *Item*, samble que ceulx qui conseillent le pape non accepter la cession sont meuz de convoitise et d'ambition, et ceulx qui lui conseillent et requièrent qu'il accepte ladicte voye de cession, sont meuz de bonne charité et pour le bien universal des ames des chrestiens, que l'en voit qui sont en voye de perdicion et dampnacion, dont il est cause pour ce qu'il les a eu gouvernement. Et lui samble que les sommacions faictes au pape et les refus par lui faiz le privent et rendent indigne de tel estat, et que délaier encore pour faire une sommation est en préjudice des ames des chrestiens qui chascun jour trespassent de ce siècle. Respont par ce que dit est, que les sentences et malédictions du pape, que aucuns doubtent, ne font en riens à doubter, car le pape n'a point de povoir de les faire. Et mesmement se l'en fait présentement la substraction totale, et que l'en face les remèdes et provisions que l'en a advisiez et advisera, mais qui délaiera, et que l'en envoye devers lui gens à lui agréables, il sentira ces choses et se avancera de faire les dictes sentences, qui en ce cas feroient encores plus à doubter. Et avec ce pourroit corrompre par dons et promocions à actraire à lui plusieurs. *Item*, touche que par le délay pourra estre le roy de Castelle, qui est concluz à la substraction par noz raisons et à nostre requeste en partie, mal content et en pourroit sourdre aucune division. *Item*, touche le péril des aides qui sont en voye de faillir et qu'il n'est pas vray samblable que le pappe les octroye puis qu'il les a reffusez, et aussi les prélaz ne l'oseront faire s'ilz sont subgès au pape et que la substraction ne soit faicte. Et se les dis aides failloient, l'en ne pourroit faire les grans faiz de ce royaume, dont le Roy auroit cause d'estre mal content de ceulx qui le gouvernent. Car il vouldra que l'on seigne le conseil de la greigneur partie des prélaz qu'il a pour ce mandez et ne vauldra point avoir d'opinion singulière. Après, touche le grant bien que ce sera et le grant honneur pour le Roy que à son temps il remette l'Église de son royaume à ses franchises et libertez anciennes, laquelle chose se fait par ladicte substraction, et finablement ne lui samble que l'en doye délaier tant soit peu de temps de faire ladicte substraction, et qu'il ne convient plus sommer le pape, ains est et sera assez sommez par la condicion que l'en met en faisant ladicte substraction. Car par icelle il se pourra avisier se bon lui samble. Et tenroit qu'il pécheroit mortellement de donner autre conseil, et ne cuide pas que Dieu lui pardonnast legièrement.

Monseigneur de Berry juré et interrogué, s'excuse comme les précédens et dist, que onques en ce royaume matière ne fu plus grandement ouverte ne débatue, et que veu ce que autrefois a esté conseillié au Roy, les sommacions faictes au pape, le reffuz fait par lui et son obstinacion, le péril en quoy l'Église est et les inconvéniens qui sont disposez tant en l'espirituel comme au temporel, et que les voyes ouvertes par le pape sont trouvées inutiles, et lui a esté monstré souffisamment, il lui samble, que chose perdue seroit lui plus sommer, et ne devroit l'en adjouster foy à chose qu'il en deist ou promist, considéré qu'il est parjure et infàme, et mesmement que le roy de Castelle par la poursuite et induction du Roy a prins et accepté ceste voye, et se le Roy ne la prenoit ce pourroit estre occasion de débat ou division entre le Roy et ledit de Castelle Touche, que, par le délay de sommer, les aides sont en voye d'estre abatues et s'elles chéent une fois elles sont en voye de jamais estre remises sus, qui seroit une moult dure chose pour ce royaume, considéré comment les Englois se gouvernent, considéré aussi l'opinion de l'Université, qui procède de bonne entencion, et pour ce n'oseroit conseillier ne estre en lieu ou l'en conscillast au Roy plus de délay. Et lui samble que l'en doit faire au pape totale substraction, et s'il avoit un sien filz pape, ainsi le conseilleroit. Et touche de rechief que se les aides estoient failliz, ce pourroit estre la destruction de ce royaume, et avec ce le Roy n'auroit de quoy poursuir le fait de l'Eglise, qui par ainsi demourroit tousjours en scisme. Et cuideroit pécher mortellement de autrement conseillier le Roy en ceste matière.

Par le commandement et ordonnance de messeigneurs les ducs de Berry et de Bourgogne, je, Jehan Hue, secrétaire du Roy nostresire, ay baillé par copie extrait du papier escript de ma main les quatre opinions de mess. les ducs cy dessus, contenues par la manière que je les pos recueillir et enregistrer quand ilz les deirent de bouche pardevant Jehan Chanteprime, garde des chartres, pour les mettre avec les autres opinions qui sont pieçà pardevers luy; et en signe de ce, ay ce soubscript de ma main et mis mon seing duquel je use en lettres closes.

HUET.

LXXV

Lettre missive du comte d'Alençon[1] *à l'évêque de Chartres sur le même sujet.*

Reverent père en Dieu, et très cher et très bon ami. Vous m'avez escript que je envoye aucuns de mes gens à Paris afin d'estre à l'assemblée des prélaz pour savoir mon oppinion sur le fait de la substraccion à l'obédience de nostre Saint Père. Si vueillez savoir que, sanz ce qu'il me soit mandé ou escript, je n'y vueil point envoier. Mais autreffoiz vous en ay dit de bouche et escript mon advis, qui est que pour le bien

---

1. Pierre II.

de l'Union ladicte substraccion me semble voie très bien advisée. Car je tien que entre nostre Saint Père et l'intrus n'est pas débat seulement de nom papal, et que s'il n'y avoit autre proffit que le nom, le débat seroit brief. Par quoy par ladicte substraccion se puet à mon advis trouver union plus tost que par autre voie, et ce vous ay autreffoiz dit et escript, et encore escris afin de le dire et monstrer où bon vous semblera. Révérent Père en Dieu, très cher et très bon ami, le Saint Esperit vous ait en sa saincte garde. Escript à Argenthen[1] le xxviie jour de may.

Le conte d'Alençon seigneur de Fougières et viconte de Beaumont.   PIERRES.

Suscription. A révérent père en Dieu, mon très cher et très bon ami l'évesque de Chartres.

Lettres closes de mons. d'Alençon.

(Orig. pap. *Arch. de l'Emp.* J. 516, pièce 38.)

LXXVI

État de l'hôtel de Jean, duc de Berri, en 1398.

(D'un compte de son hôtel coté KK. 253, au fol. 88 v°.)

Chambellans.

Messire Pierre de Semur.
Jehan de Mortemer.
Le vicomte d'Annoy.
Messire Jaques Loup.
Messire le Begue de Pacy.
Messire Jehan de Torssay.
Messire Claudin.
Messire Estienne Davantoys.
Jehan de Beaumont.

Le sire d'Alegre.
Messire Fauconnet.
Messire Pierre d'Arquenay.
Messire Aubert d'Auxais.
Le sire de Cordebeuf.
Jehan de Lantas.
Monin du Puy.
Montboissier.

1. Argentan (Orne).

Maistres d'ostel.

Messire Jaques Trousseaul.
Mons. de Moncauquier.

Robinet le Maistre.
Mace Bastart.

Phisiciens.

Maistre Regnault de Chasteaulx. Maistre Symon Aligret.

Secrétaires.

Maistre Michiel le Beuf.
Maistre Jehan Foulon.
Philippon de Veauce ou Beauce.
Maistre Jehan Bouchier.
Maistre Loys Bouchier.

Montygny.
Maistre Jaques Mengin.
Maistre Azart Moriset.
Maistre Jehan de Candé.

Pannetiers.

Fillo.
Pierre de Beaumont.
Gouzillon.
Jaquet Chaumerier.
Montjournant.

Barbete.
Pierre Mortier.
Lamoignon.
Jehan Dize.

Eschançons.

Le grant Robin.
Galaffre de Montigny.
Guillaume de Chastel Montaigne.
Lancelot de Semur.
Jehan Dosme.
Guillaume de Lamote.
Le fils messire Philippe des Essars.

Le petit Lentaz.
Robert de Torsay.
Berangon Remon.
Herhn de Longue Avene.
Godefroy Fouchier.
Blanchet de Beaumont.

Varlez trenchans.

Huguet Dize, escuier tranchant.
Aymé de Bleterens.
Jehan de Mosles.
Lardon.

Le Lendoys.
Guillaume Foucher.
Chasteluz.
Jehannin Herpin.

Escuiers de cuisine.

Pierre Fornier.
Jehan Rogier.
Lorens Vernon.

Le Lyevre.
Jaudon, queux.
Michelet, queux.

Fruictiers, fourriers et sergens d'armes,

André Gaillonnet, fourrier.
Guionnet, fourrier.
Jardin, fourrier.

Guillaume Barbier, fourrier.
Pierre Charretier, fruictier.
Jehannin, le portier.

Quillet, fruictier.
Gilet de la Chalemaigne, fruictier.
Maistre Henry, mareschal de Monseigneur.
Larbalestrier, huissier de sale.

Enffens huissiers de sale et clers d'offices.

Pringuelin, huissier de sale.
Nohe, huissier d'armes.
Porous, enffent de sale.
Ginhellet, enffent de sale.
Bonenfant, enffent de sale.
Le pasticier, enffent de sale.
Le neveu Thibaut, enffent de sale.
Nandin Grimbonal, enffent de sale.
Durant Tison, enffent de sale.
Heuiret, enffent de sale.
Beraugon Cornet, enffent de sale.
Regnaudin, enffent de sale.
Culon, clerc des offices.
André, clerc de cuisine.

Varlés de chambre.

Jehan Dortegue.
Pierre de Montespedon.
Jehannin de Bar.
Gervaise du Brueilh.
Thevenin de Roddes.
Pincon.
Jaquet de Troys.
Hennequin le Tressie.
Drouet.
Thevenin et son frère, barbiers.
Georget.
Jehan du Pré.
Perrin Bulteau.
Bouse.
Tholiot.
Pastoufflet.
Binet, menestrel, et son compagnon.
La trompette.
Perrinet, l'armurier.
Chotart.
Jehan Seguin.
Henrriet Boire.
Hoste.
Perrinet Liegart, maistre des déduiz.
Tiercelet.
Jehan Nau, boucher.
Jehan Bienfait, poullaillier.

Sommeliers et varlés d'offices de panneterie.

Robinet le Brun.
Le Borgne, de la panneterie.
Estienne, sommelier.
Jaquet Joffroy, obloier.
Le lavendier.
Caillet, sommelier.
Jehannin Menaut, pasticier.
Bourbon, sommelier de panneterie.
Jaquet Soudry, varlet de Jehannin Menaut.
Perrin Vint-Sols, obloier de Monseigneur.
Pringi, sommelier de panneterie.
Jehan, de la panneterie.

Sommeliers et varlés d'offices d'eschançonnerie.

Jehan Sacherat, sommelier de l'eschançonnerie.
Guillemin Crespelin, id.
Jehan de Vaxi, garde huche de l'eschançonnerie.
Estienne Gomier.
Quincy.
Casin, barillier de l'eschançonnerie.
Pierre le Foringal, aide de l'eschançonnerie.
Maistre Jehan, porte-barils.
Le Camus.
Tourbon.
Petrus.

Potagiers, souffleurs et autres gens de cuisine.

Fillo, potagier.
Colin Grenade, potagier.
Christain, potagier.
Voisin, souffleur.
Beau Jehan, de la cuisine.
Perrin le Breton, de la chaudière.
Coq, hasteur.
Le Grant Guillaume, hasteur.
Louet, souffleur.
Dominique, id.
Lestringal, de la cuisine.
Huguet le saucier.
Michiel le saulcier.
Guillon, de la cuisine.
Philippot, de la cuisine.
Berthomier, id.
Brethon, id.
Hennequin, id.
Robinet, id.
Trois Coillons, id.
Thinet, enffant de cuisine.
Deux petits galoppins de la cuisine.
Heliot Pelicon, de la saucerie.
Heart, huchier.
Deux porteurs d'eau.
Le Bourgne, de la saucerie.
Chotart, aide de cuisine.
Jehan du Pressouer, de la saucerie.
Richart, de la saucerie.

Sommeliers et varlés de fruicterie.

Olivier Alart, sommelier de la fruicterie.
Thomassin Quagnon, varlet de fruit.
Jehan d'Auvergue, de la fruicterie.
Jehan du Grant, id.
Malenoe, id.
Raoulet, chauffecire.
Guiot, de la fruicterie.
Petit Bon, id.
Combau, id.
Symon Garnier, id.
Perrinet le Camus, id.

Clers de l'escuierie, varlés de sommiers et pages de Monseigneur.

Morfondu, varlet de sommiers.
Tost-Venant, id.
Robin, id.
Marchegay, id.
Colin, id.
Thevenin, id.
Brethon, id.
Darion, id.
Bourbon, id.
Boiteux, id.
Guillemin le Soyer, id.
Mathieu, id.
Robequin, id.
Symonnet, page de Monseigneur.
Cendre, id.
Le Turc, varlet de chevaux.
Cadeau, id.
Dimanche, portier de Monseigneur.
Guillemin de la Chapelle, id.
Michelet, le portier.
Lorencin, de la garde-robe.
Jehan du Bois, id.
Jehan de la Nicque, id.
Chevrier, id.
Pierre d'Espaigne, id.
Jehannin Larchier, id.
Loys le Bourgne, varlet des grans chevaux.
Jehannico d'Espaigne, id.
Guillemin, lescuier.
Jehan de Medines, varlet de pié.
Guillaume Demi-Pont, escuier de messire Pierre de la Pierre.

Varlés et aides de fourrère.

Gilet le Riche, varlet de forrière.
Hennequin, le charretier.
Bermont, charretier.
Troptost Marie, charretier.

Merigot, charretier.
Pheliaot, charretier.
Heliot Pelicon, qui gouverne le grant levrier.
Garnot, sert-de-l'eaue.
Perrin Bonnet, charretier.
Mahiet, varlet des chiens.
Jolivet, maistre Jehannet le fol.
Jehan Richart, clerc de l'escuerie.
Rolent, aide de forrière.
Milet le fol et son varlet.
Le Roy des Ribaux.
Perrin Lalement, prévost des Ribaux.

Le grant Jehannin, messagier à pié.
Lienart, *id.*
Pierre, varlet d'aumosne.
Jehannin Vincent, batellier.
Le Brethon, sert-de-l'eaue.
Denis, aide de forrère.
Estienne, *id.*
Le petit Jehannin, chevaucheur.
Jehan Niques, *id.*
Perrinet Picard, *id.*
Christain, messager à cheval.
Symonnet, le chevaucheur.
Gilet Paterat, chevaucheur.
Le Prieur, chevaucheur.

Chevaucheurs.

Girard de Frondières.
Jehan d'Auvergne.

Le Besgue.

LXXVII

Injures proférées contre le roi.

(On lit dans des lettres de rémission de l'an 1398 :) « .... Et parlèrent ensemble de beaucop de choses entre lesquelles ycellui de Baigneux dist audit de Chartres par cèle manière : « Nous sommes bien tailliez « d'avoir assez à faire et souffrir; le Roy n'est pas en « son bon sens et est folz, et mons. le duc d'Orléans « est jeunes, et jeue voulentiers aux dez et ayme les « putains. » Après lesq. parolles ils s'en départirent.

(*Trés. des Ch.* Rég. JJ. 153, pièce 430).

LXXVIII

Montre passée à Boulogne-sur-Mer.

1er avril 1399 (V. S.)[1].

La montre de Jehan de Lessaine, cappitaine de vint et cinq arbalestiers armés, à pié, de sa compagnie, ordonnés et establis en la ville de Boulogne pour la garde et deffense d'icelle, revueus audit lieu, le premier jour d'avril, l'an m. ccc. iiii^{xx} et dix noeuf.

Ledit Jehan, capitaine.	Pierre Coulombel.
Jehan de Castel.	Jehannin de Saumer.
Ysnarde d'Ast.	Robinet Louvet.
Michiel Batiffeulle.	Jehan Dachengne.
Oudin de Montalier.	Gillet de Rubempré.
Jehan le Barbier.	Pierre de Saint-Ander.
Nicolas de Face.	Colin Burel.
Gingembre de Robende.	Jehan de Sauty.
Jehan Gascoing.	Jehan Leclerc.
Polin de Danemarche.	Jacques de Cours.
Pierre de la Coste.	Jehan le Mareschal.
Ancelme Denisse.	Huet Saillant.
Thomas Lartilleur.	Robin Buissart.

(Orig. parch. — *Arch. de l'Emp.* Carton K. 55, pièce 1.)

LXXIX

Rémission pour une bourgeoise de Périgueux qui avait épousé un écuyer anglais. — Habitants de Périgueux surpris et faits prisonniers par un parti d'anglais, dans leur église, le jour de la Pentecôte.

Paris, mai 1399.

Charles, etc. Savoir faisons à touz présens et avenir. De la partie des amis charnelz de Jehannete de Chau-

---

1. L'année 1399, ayant commencé le 30 mars et fini le 18 avril, a eu deux 1er avril, l'un au commencement, l'autre à la fin de cette année.

mont, fille de feu Bernart de Chaumont, jadis bourgeois de nostre ville de Pierregueux, à nous avoir esté exposé.

Comment le jour de la feste de Penthecouste qui fu l'an mil ccc iiii^{xx} et huit ou environ, ledit feu Bernart de Chaumont, père d'icelle Jehannette s'en ala par dévocion oïr la messe en l'église des Frères Prescheurs, hors et devant nostredicte ville de Pierregueux. En laquelle église ledit feu Bernart et plusieurs autres hommes et femmes, habitans de nostre dicte ville, furent pris et aprisonnez par les Anglois lors demourans à Montégrier[1] et en aucunes autres garnisons ou païs de Pierregort. Lesquielx Anglois se furent mis et embuschiez par nuit la veille d'icelle feste de Pentecouste, dedens les jardins et fourbours de nostre dicte ville, et y firent le jour d'icelle feste grant prise de gens et plusieurs autres grans maulx et dommaiges. Et après ilz emmenèrent ledit feu Bernart prisonnier oudit lieu de Montégrier, et illec le firent finer et raençonner très grant et excessive finance et raençon, qui montoit, tant en or et argent, comme en vivres et autres choses, la somme de huit cens frans, laquelle il faillu que ledit feu Bernart paiast entièrement ausdis Anglois avant qu'il peust estre délivré de leur prison. Et pour pourchacier et assembler ladicte raençon il faillu audit feu Bernart qu'il empruntast de ses amis plusieurs sommes d'or et d'argent, et avec ce qu'il vendist et engaigast pluseurs de ses rentes, possessions et héritages et autres biens meubles et immeubles, et en oultre vendist et imposast certaines rentes

---

1. Montagrier (Dordogne).

sur soy et sur ses hoirs et successeurs. Dont icelui feu Bernart fu tèlement apovry qu'il n'avoit bonnement de quoy vivre ne tenir son estat, ne nourrir sa femme et enfans, ne marier ladicte Jehanecte et sa suer, qui alors estoient filles à marier, de l'aage de quinze à vint ans ou environ. Et comme ledit feu Bernart ot ainsi par aucun temps vescu et demouré en si grant charge de rentes et de debtes qu'il devoit, et ne sceust trouver aucun remède pour son (soy) acquitier ne deschargier, mesmement que par avant ladicte prinse il avoit perdu pour le fait et occasion de noz guerres la greigneur partie de ses biens, rentes et chevance, advint que après certain temps ensuiant plusieurs amis d'icelle Jehannette et de son dit feu père traictèrent et accordèrent quelle épousast et preist par mariage un escuier anglois, d'Angleterre, nommé Henry Champaingne, parmi ce qu'il bailleroit à ladicte Jehannette et à son dit feu père certaine somme d'argent, etc.

(Le mariage se fit et la fille obtint sa lettre de rémission, qui est adressée au sénéchal de Périgord.)

Donné à Paris ou mois de may, l'an de grace mil ccc iiii et xiv et le xix° de nostre regne.
Par le Roy, à la relacion du conseil.

JEHAN DE CRESPY.

(*Trés. des Ch.* JJ. 154, pièce 398).

LXXX

Traité d'alliance entre Henri, duc de Lancastre, et Louis, duc d'Orléans.

Paris, 17 juin 1399.

Henricus, dux Lancastrie et Herfordie, comes Derbie, Lincoln, Leycestrie et Northampton, dominus Breken et senescallus Anglie. Universis presentes litteras inspecturis, salutem et sincere dileccionis affectum. Notum facimus per presentes, quod quamvis inter illustrem magnificumque principem, Ludovicum, Regis quondam Francorum filium, ducem Aurelianensem, comitemque Valesii, Blesensis et Bellimontis, consanguineum nostrum carissimum, et Nos, sincere dileccionis et benivolencie liber et bonus foveatur affectus, tamen nos ambo, honesto firmioris et arctioris amicicie et confederacionis desiderio ducti, quâ rebus in humanis vix quicquam melius jocundius aut comodius reperitur, in nomine Cunctipotentis et Sanctissime Trinitatis, que perfecte caritatis et amicicie pulcherrimum exemplar ac solidum et stabile proculdubio esse dignoscitur fundamentum, sine cujus gracie et favoris brachio, nec rite, nec feliciter aliquid maturatur, ad ligam, confederacionem et allianciam, tali scilicet formâ et modo, ut justa, laudabilis et honesta hec inter nos amicia censeatur invicem devenire, curavimus et devenimus in hunc modum : Primo quidem uterque nostrum equum censet et apprime probat, ut in hac ligá et confederacione excipiantur omnes illi qui utrique parti honestatis respectu decere excipi videantur, itaque, ex parte nostrâ, excipiendos duximus qui sequuntur.

In primis, serenissimum ac illustrissimum principem dominum meum regem Anglie, cum omnibus suis causis et querelis, reginam Anglie, nec non ipsius regis heredes, serenissimum ac illustrissimum principem Karolum, Francorum regem, consanguineum nostrum, ducem Eboracensem, patruum nostrum, serenissimos principes et consanguineos nostros carissimos, regem Romanorum et Bohemie, et regem Hongarie, fratrem nostrum, regem Portugalie, fratrem nostrum, ducem Gelrie, consanguineum nostrum, et reliquos omnes confederatos et colligatos prefati domini regis Anglie quibuscum ipso domino meo rege Anglie nos oportet et expedit adherere, illustrissimum principem regem Castelle, fratrem nostrum, cujus affinitatis confederacione decet et movemur illius comodo et honori favere, illustrissimum principem regem Ciprie, cui ab antiquo vinculo sacramenti sumus collegati et confederati. Item, prolem nostram, tam susceptam quam suscipiendam, omnesque nostros consanguineos propriores, necnon et ceteros ex prosapie nostre sanguine genitos et gignendos sexus pariter utriusque, et reliquos nostros vassallos ac nobis neccessitudine sacramenti seu fidelitatis obnoxios, quos ab injuriis et jacturis arbitramur esse tuendos; denique omnes nobis confederacionis vinculo colligatos, quibus decet tenere et conservare et servare jam invicem constituta. Item, inter ipsum Aurelianensem ducem et nos sincerus vere dilectionis et puri amoris affectus sine intermissione mutuo permanebit, qualis inter veros et honestos permanere debet amicos. Item, alter alterius amicorum et benivolorum semper et ubique erit benivolus et amicus, inimicorum autem pariter inimicus quemadmodum utriusque laudi conveniet et honori. Item, quibuslibet et temporibus et locis et casibus et negociis et rebus, alter alterius salutem, comodum, honorem et statum amabit et cupiet, curabit, tuebitur et custodiet, tam verbis quam factis, diligenter et summopere, quoad laudabiliter fieri poterit et honeste. Item, tempore et casu discordie, contencionis et belli, quibuscumque poterimus et sciemus remediis, viis, ingeniis, consiliis, viribus, auxiliis, copiis, exercitibus, et ceteris adminiculis contra et adversus quemlibet principem dominum et magnatem, ac contra quamcumque singularem personam, comune collegium et universitatem, cujuscumque principatus, dignitatis, auctoritatis, status, gradus et condicionis existat, ex fervido desiderio, purà voluntate et efficaci atque perfectà operà nos invicem adjuvabimus, muniemus et defendemus, et alter contra alterius adversarios, hostes et inimicos quoscumque, insurget, adversabitur et pugnabit, atque omnimodà cogitacione, consilio et operà, honestis tamen et licitis, molietur, supernominatis, uti predictum est, semper exceptis. Item, premissa utrumque fient, tenebuntur, servabuntur et perdurabunt quamdiu et presens treugua nostra [inter] prelibatum dominum meum regem Anglie et prefatum regem Francorum stabilita, et pax melior, si successerit inter ipsos, inviolabiliter perdurabit. In quorum testimonium et robur, presentes fieri fecimus et nostri sigilli appensione muniri. Datum Parisius, die decima septima mensis junii, anno Domini millesimo trecentesimo nonagesimo nono.

(Orig. parch. scellé sur double queue d'un sceau armorial en cire rouge. — *Arch. de l'Emp.* Carton K. 55, pièce 2.)

LXXXI

Rémission pour le comptable et les gardes de la monnaie de Sainte-Menehould.

Rouen, 13 novembre 1399.

Charles, etc. Savoir faisons à tous présens et avenir. A nous avoir esté exposé de la partie des amis charnelz de Perrinet de Maucroix, tenant le compte de nostre monnoie de Ste Manehot, Jehan Goulart et Pierre de Ravenel, gardes de ladicte monnoie, jeunes hommes de xxvi ans ou environ :

Que comme depuis le moys de juing derrenièrement passé lesdictes gardes aient fait et délivré audit Perrinet deux délivrances des deniers d'or qui de présent se font en noz dictes monnoies, l'une montant de xvii à xviii mars d'or, et l'autre montant de x à xii mars, desquelles délivrances les deniers n'estoient de tel poiz ne de tel loy qu'ilz devoient estre, mais estoient eschars de loy trois quars de quarac[1] pour marc ou environ, dont nous devons avoir eu ou aurons le proffit se jà ne l'avons eu. Duquel loy les dessusdiz supplians ne povoient avoir point la vraye cognoissance pour ce que c'est chose moult soubtile et que on ne puet jugier fors que à veue d'ueil, se ce n'est à la touche, où ilz n'ont point de cognoissance.

1. Trois quarts de karat.

Et aussi estoient les diz deniers foibles de pois III quars de denier pour marc, qui se monte XVI s. t. pour marc ou environ. Lequel flebage ilz n'ont mie escript ne mis en leurs pappiers comme ilz devoient. Et en oultre a esté ouvré en nostredicte monnoie par lesdiz supplians depuis ledit temps, environ XXXII mars d'or, dont ilz n'ont mis en boiste que de XVIII à XX mars, et le surplus du proffit desdiz XXXII mars d'or que nous devions avoir avecques le proffit du pois dessusdit qu'ilz n'escrivoient point en leurs pappiers, comme dit est, qui tout se puet monter XL escus ou environ. Et avoient accordé entre eulz donner ycellui proffit aus marchans de Lorraine et d'Alemaigne à eulz marchissans et d'ailleurs, en leur donnant pour marc d'or plus d'avantage qu'ilz n'avoient acoustumé de leur donner, pour ce qu'ilz délaissoient de venir en ladicte monnoie, et aussi pour plusieurs voiages et chevauchées que lesdiz supplians avoient faiz ès diz pays. Et par ainsi, le proffit qui nous devoit appartenir, ilz ont consenti le bailler alleurs aus diz marchans et autrement, comme dit est, pour les actraire à ladite monnoie et pour mieulz faire ouvrer en icelle, pour actraire l'or desdiz pays voisins, non cuidans si grandement mesprendre envers nous. Et aussi, que depuis un moys ou environ, une grant partie ou la plus grant des diz deniers ont esté recouvrez et assemblez, par quoy le peuple ne sera en rien fraudez ne deceuz, et seront fonduz et affinez et refaiz, dont nous arons le proffit. En nous humblement supplians....

(Suit la rémission, adressée aux gens des comptes, aux trésoriers à Paris, et aux généraux maitres des monnaies.)

Donné à Rouen, le xiii° jour de novembre, l'an de grâce m ccc iii^{xx} et xix et de nostre règne le xxme.

Par le Roy, à la relacion de son grant conseil, ouquel Mess. les ducs de Berry et de Bourbonnois, Vous et plusieurs autres estiez.

GONTIER.

(*Trés. des Ch.* Reg. JJ. 154, n° 497.)

LXXXII

Composition de l'échiquier de Rouen, de pâques 1400 (18 avril).

Gentes ordinate pro Scacario Pasche Rothomagi, anno mil quatre cens.

Dominus Imbertus de Boisy, miles, presidens.

Clerici.

Magister Nicolaus de Ordeomonte.
O. de Tagny.
J. de Chanteprime.
Ch. de Boscogiroult.
Guill. Lirois.
J. Garitel.
Germain Paillart.
Isambert Martel.

Laici.

Gui Cristiani.
Jacques Boujon.
Jean de Longueil.
Jean de Quatremares.
Nicolas de Biencourt.
Simon de Nanterre.
Jean d'Ailly.

(*Arch. de l'Emp.* Mém. F., reg. coté P. 2297, fol. 255).

Semblable pour l'échiquier de la Saint-Michel 1401.

Nomina gentium ordinatarum pro Scacario Rothomagi termino S. Michaelis iiii^c i.

Dominus Imbertus de Boissy, miles, presidens.

Magistri clerici.

N. de Ordeomonte.
J. de Chanteprime.
Philippus de Boscogiroudi.
Issembertus Martelli.

J. Garitel.
M. Camu.
Germanus Paillardus.

Magistri laici.

Guido Christiani, thesaurarius Francie.
Ja. Boujou.
Jo. de Longueil.

Jo. d'Ailly.
N. de Biencourt.
Jo. de Quatremares.
B. Quentin.

(*Ibid.* fol. 345).

LXXXIII

Livraison de houpelandes du 1ᵉʳ mai aux seigneurs de la cour, pour l'an 1400.

Ce sont les noms des seigneurs, chevaliers escuyers et autres officiers du Roy nostresire, auxquelz ont esté délivrez par ledit seigneur houppellandes pour eulx vestir de la livrée que ycellui seigneur a faicte *le premier jour de may lan mil* cccc, jusques au nombre de III^c L houppellandes. Desquelz les noms et seurnoms s'ensuient, ainsy et si comme il est plus à plain contenu en un roulle signé de la main du Roy nostredit seigneur.

Chevaliers. Et premièrement :

Le Roy.
Monseigneur le Daulphin.
Monseigneur Loys de France.
Monseigneur de Berry.
Monseigneur de Bourgogne.
Monseigneur d'Orléans.
Le Roy de Cécille.
Le Prince de Tarente.
Monseigneur de Bourbon.
Messire Pierre de Navarre.
Monseigneur de Nevers.
Monseigneur de Labret.
Le conte de Harrecourt.

Messire Charles de Labret.
Messire Jaques de Bourbon.
Le conte de Dampmartin.
Le conte de la Marche.
Le conte de Tancarville.
Le sire de Chastillon.
Monseigneur d'Aumont.
Le connestable de France.
Monseigneur d'Ivery.
Messire Guillaume Martel.
Monseigneur de Garencières.
Messire Hervé le Coich.
Monseigneur de la Roche-Guyon.

Monseigneur de Hangest.
Monseigneur de Cousant.
Monseigneur le Besgue de Villaines.
Le maistre des arbalestriers.
L'amirail de France.
Monseigneur de la Rivière.
Messire Charles de Savoisy.
Bouciquault le jeune.
Le conte de Saint-Pol.
Monseigneur le mareschal de Rieux.
Messire Edouart de Bar.
Le mareschal Bouciquaut (sic).
Monseigneur le vidasme de Laonaioz.
Monseigneur de Saint-Cler.
Messire Jehan d'Ivery.
Messire Jehan Martel.
Messire Morise de Torsiquedi.
Messire Jehan de Hangest.
Messire Jehan des Bordes.
Monseigneur de Bellauges.
Messire Robert de Boessay.
Messire Jehan, son filz.
Messire Guillaume de la Trémoulle.
Monseigneur de Montmorency.
Messire Becars.
Messire Taupin de Chantemerle.
Messire Thibault, son filz.
Monseigneur de Gamaches.
Messire Lyonnet de Chaiemont.
Messire Hagant de Haguenonville.
Messire Raoul de Flandres.
Le Borgne de la Queue.
Messire Adam de Gaillonnel.
Messire Philippe des Essars.
Messire Gilles Mallet.
Messire Philippe de Florigny.
Messire Jehan de Trie.
Messire Jehan de Roussay.
Messire Witace de Bours.
Messire Gaucher de Chastillon.
Monseigneur de Herbigny.
Chambrignac.
Messire Raoul de Channevières.
Messire Jaques de Chastillon.
Messire Hue Brunel.
Messire Regnault de Foleville.
Monseigneur le Galois d'Aunoy.
Monseigneur de Gaucourt.
Monseigneur de Revel.
Messire David de Rambures.
Messire Jehan de Bueil.

Messire Jaques de Loury.
Messire Robert d'Esneval.
Messire Symon de Dreux.
Messire Guillaume de la Pierre.
Messire François d'Aubiscourt.
Messire Gaucher de Passac.
Le conte de Nocembert.
Messire Guillaume le Bouteiller.
Messire Nicole Pesnel.
Messire Pierre de Craon.
Monseigneur de Mouy.
Messire Regnault d'Angennes.
Messire Arnoul de Pnisieux.
Messire Jaques de Trie.
Le sire de Semihier.
Messire Pierre d'Assegny.
Messire Brunet le Brun.
Messire Guillaume de Tignonville.
Messire Loys Dalphin.
Le conte de Joingny.
Messire Regnault le Hurel.
Messire Guillaume de Neillac.
Monseigneur de Lieques.
Messire Regnier Pot.
Monseigneur le Galois de Saulcebernart.
Messire Jehan de Torsay.
Harpedanne.
Le Brun de Meleun.
Messire Jehan Bracque.
Messire Bourdin de Salligny.
Messire Olivier de Mangny.
Monseigneur de Ligne.
Messire Guychart Dalphin.
Messire Patroullart de Trie.
Messire Robert de Chastillon.
Monseigneur de Chastcaubarart.
Messire Jaques de Harrecourt.
Le Borgne de la Heuze.
Monseigneur de Monsenay.
Monseigneur de Doncquerre.
Messire Pelletot.
Monseigneur de Courcy.
Messire Bertran de Mauny.
Monseigneur de Cliçon.
Monseigneur de Beaumanoir.
Monseigneur de Torcy.
Messire Loys de Guistelle.
Messire Jehan de Dreux.
Monseigneur de Miraumont.
Le Besgue de Favel.
Monseigneur de Landevy.

RÈGNE DE CHARLES VI.

Monseigneur d'Yvoy.
Monseigneur de la Roche-Foucaut.
Messire Christofle.
Le viconte de Rodes.
Messire Ponxe Périlleux.
Monseigneur de Nantoullet.
Monseigneur de Croy.
Messire Jehan de Cramault.
Monseigneur de Vensault.
Messire Pierre de Villaines.
Messire Anthoine de Craon.
Monseigneur de Hely.
Messire Morelet Saveuse.
Messire Mansart du Bos.
Le séneschal de Berry.
Le viconte de Coymen.
Messire Colart de Calleville.
Monseigneur de Pons.
Monseigneur de la Ferté-Fresnel.
Le prévost de Paris.
Monseigneur Petit Mareschal.
Messire Gaucher Aubin.
Monseigneur de Colleville.
Messire Jehan de Lygnières.
Messire Robert de Nully.
Monseigneur de Jumont.
Messire Pannet de Prie.
Messire Jehan d'Orgeey.
Messire Robert de Chalus.
Messire Rogier de Haraville.
Messire Guillaume de Laire.
Messire Estor de Chartres.
Messire Guillaume Cassinel, l'aisné.
Messire Guillaume Cassinel, son filz.
Messire Raoul Cassinel, son filz.
Monseigneur Destemont.
Messire Julien des Essars.
Messire Villebault de Chaily.
Monseigneur Date.
Messire Bruquet de Braquemont.
Le sire de Saint-Saurelieu.
Monseigneur de Fontaines.
Messire Gaucher de Savoisy.
Messire Bonnebault.
Messire Sauvaige de Villers.
Messire Loys de Villers.
Messire Jehan de Noe.
Messire Ancel de Mauny.
Messire Tristran de Trouville.
Summa VIII^{xx} XIX milit.

Escuyers. Et premièrement :

Trois filz monseigneur d'Orléans.
Deux filz monseigneur de Bourgogne.
Le filz monseigneur de Nevers.
Deux filz monseigneur de Bourbon.
Les deux enfans de la Marche.
Loys de Labrest.
Le fis messire Jaques de Bourbon.
Le duc de Bretaigne.
Le conte de Penthèvre.
Pierre de la Trémolle.
Jehannel d'Estouteville, l'aisné.
Cordeillier de Giresmes.
Guillaume Champmorant.
Compaignon de Jaucourt.
Estienne de Leurs Maisons.
Raoul d'Auquetonville.
Picquet.
Sauvaige de Jaucourt.
Thibaut de Maiseray.
Ancel de l'Isle.
Robinet le Tirant.
Le conte de Braines.
Barbery.
Le Galois Guiry.
Bloteau.
Chevenon.
Dobit.
Contat.
Oudart de Ranty.
Denisot d'Aunoy.
Gasse de Bouconvillier.
Regnault de Gaillonnel.
Pierre de Boves.
Viney.
Denisot de May.
Regnault de Jugny.
Perrecon Faignon.
Gravelle.
Charlot Boetel.
Jaquelin Trousseau.
Charles de la Rivière.
Jaques de la Rivière.
Jehan Boetel.
Tassin de Gaucourt.
Jehannin d'Estouteville, le jeune.
Nantoillet.
Philippot de Juilly.

Gauvain de Dreux.
Hauvart de Cambernart.
Guillaume Riou.
Girart d'Athies.
Blondel.
Sorvillier.
Rabache de Hangest.
Montaigu.
Jehan d'Aucquetonville.
Jehan du Mor.
Raoulin de Fescamp.
Jehan de Beaumont.
Anthoine de Montboissier.
Jehan de Domens.
Perrinet de Bouconvillier.
Anthoine des Essars.
Jehan de Craon.
Jehan de Femechon.
Hermanville.
Le filz messire Jaques de Harrecourt.
Pierre d'Orgemont.
Bardouin.
Robinet de Franconville.
Jaquet d'Orléans.
Hutin d'Aumont.
Guillaume Foucault.
Guillaume Sanglier.
Guyot de la Roche.
Jehan d'Angennes.
Le fils Etienne de Leurs Maisons.
Le fils Ancel de l'Isle.
Morelet chauffecire.
Jehan Budes.
Jehan de Rieux.
Henryet de Boisy.
Amé Lalemant.
George.
Le petit Galois de Guyvry.
Valée.
Jehan de Lizac.
Jehan Sanglier.
Raoulin de Venastre.
Orengoiz.
Tetine.
Jehannequin d'Estaquillon.
Ogier de Nantouillet.
Champaigne.
Gillet Gosselin.
Morinot.
Taisin.
Guillaume d'Orgemont.

Henryet de Lizac.
Arnaul Boucher.
Robert de Ponteaudemer.
Symon de Manny.
Henry Lalemant.
Perrinet de Chauvigny.
Le Breton.
Rassequin de Merlis.
Perrin le Moieniet.
Le Castellain.
Richebaust.
Jaques du Peschin.
Buchailles.
Huguelin de Cousant.
Troullart de Maucreux.
Regnault de Basincourt.
Oudinet de Roissy.
Jobin.
Guillaume Sachet.
Baudequin.
Jehan de Maisencontre.
Jehan Boudart.
Climent de Villepereur.
Guillaume de Baveux.
Denisot Boudart.
Essart de Saulcebernart.
Mengeart.
Loys des Barres.
Guyot Gourle.
Clisquet de Brehant.
Tristran de Gaucourt.
Loyer de Chantemerle.
Jhesus.
Martin de Rouvray.
Cassamus.
Jaquet de la Roche.
Jaquet le Brun.
Bernart de Méricourt.
Guyot de Butons.
Jehan Foucault.
Guillaume des Prez.
Jehan d'Aulicrial.
Le petit Besgue de Fayel.
Croniet.
Guillaume d'Estonteville.
Les Besgue de Boymennant.
Mauregart.
Le Bercot.
Nouhlaru.
François Chanteprime.
Symon de Leurya.
Charlot de Giresme.

Cinq.
Bureau de Dicy.
Miquelin.
Bonneval.
Pierre de Préaulx.
Jehan de Préaulx.
P. de Noiers.
Thomas Piedoire.
Mahie Bourdart.

Guillaume de Courgy.
Le Prévosteau de Laon.
Jehan de Remilly.
Guillaume Oudart.
Robinet de Verselles.
Frère Jehan Cholet.

S. VIII^{xx}XIII scutif.

Summa milit, et scutifer. III^cLII.

(Extrait du XIVe compte de l'*Extraordinaire de l'argenterie* de Charles Poupart. Orig. parch. *Arch. de l'Emp.* Reg. KK. 27, fol. 123.)

LXXXIV

Pleins pouvoirs des ambassadeurs d'Angleterre.

Westminster, 18 mai 1400.

Henricus, Dei gracia rex Anglie et Francie, et dominus Hibernie. Omnibus Christi fidelibus ad quos presentes littere pervenerint, salutem. Ad laudem et honorem omnipotentis Dei, cunctorum Christi fidelium tranquillitatem et pacem, regie majestatis officium nobis incumbens feliciter regere, corporumque et animarum periculis, que bellorum continuacione persepe oriuntur. intensis desideriis occurrere cupientes, venerabilem patrem Walterum, episcopum Dunelmensem [1], carissimum consanguineum nostrum, Thomam, comitem Wygorum [2], dilectos et fideles nostros Willelmum Heron, militem, dominum de Say, et magistrum Ricardum Holin, canonicum Eboracensem [3], ambassiatores nostros nuper destinavimus ad partes Francie, ad treugas, inter Ricardum, recolende memorie, nuper regem Anglie, predecessorem nostrum,

1. Évêque de Durham. — 2. Comte de Wigton.
3. Chanoine d'York.

et consanguineum nostrum Francie initas affirmandum, quod nonnulli propter mutaciones noviter contingentes putabant expediens, novasque treugas, si oporteret, contrahendum, pluresque alios articulos utilitatem et quietem regnorum nostrorum concernentes tractandum et expediendum. Iidemque ambassiatores nostri cum ambassiatoribus prefati consanguinei nostri Francie in partibus Picardie, apud Leulyngham, ad exequenda premissa diversis diebus convenientes, finaliter concluserunt. Quod die lune pentecostes proxime, iidem vel alii ambassiatores pro utràque parte in loco predicto convenirent, et quod quilibet eorum faceret legaliter suum posse deferendi, loco et die supradictis, potestatem sufficientem procedendi super premissis, prout in nostris inde confectis litteris et appunctamentis inter eosdem ambassiatores poterunt concordatis, plenius continetur. Nos vero in premissorum execucione sincero corde procedere intendentes, memoratos Walterum episcopum, Thomam comitem, Willelmum dominum de Say, et Ricardum, de quorum prudenti diligencià et circumspeccione fideli specialiter confidimus, quatuor et tres eorum, quorum alterum ipsorum episcopi et comitis unum esse volumus, nostros ambassiatores, commissarios, procuratores et nuncios speciales tenore presencium assignamus et deputamus ad tractandum, et tractandum cum prefato nostro consanguineo seu ipsius ambassiatoribus, procuratoribus, nunciis vel deputatis potestatem ad infrascripta sufficientem habentibus, super confirmacione, ratificatione et corroboracione predictarum treugarum, verbaque obscura et clausulas ambiguas in eisdem comprehensas declarandum et interpretandum, clausulasque alias optimas eisdem addendum, ipsasque treugas debite proclamari faciendum, novas insuper ligas, confederaciones et amicicias temporales vel perpetuas inter prefatum nostrum consanguineum, subditos suos, regna et dominia sua quecumque ex unà, et nos, subditos nostros ac regna et dominia nostra quecumque ex parte alterà, si indiguerit, ineundum. Ac eciam de modo, formà et quantitate et qualitate auxilii, subvencionis seu subsidii hinc inde tempore necessitatis mutuo ministrandi, et communicacionibus inter subditos hinc inde in mercimoniis et aliis licitis secure faciendum. Necnon affinitates et parentelas, que pacis et concordie unitati robur et firmitatem adiciunt, inter nostros et prefati consanguinei nostri ac patruorum, fratris et avunculorum suorum, liberos utriusque sexus per sponsalium et matrimonii federa legitime contrahendum quo modo et quando dicti liberi nostri et ipsorum consanguinei nostri patruorum, fratris et avunculorum per parentes et amicos suos honorifice transmitti et per quos in domum regiam hinc inde traduci debeant, ordinandum et disponendum de dote et donatione propter nupcias aliisque donis et arris sponsaliciis concordandum. Requisicionibus factis super restitucione carissime consanguinee nostre Isabelle, regine Anglie, facienda debite respondendum et super eisdem tractandum. Attemptate quecumque, infra ducatum nostrum Aquitanie vel alibi, in terrà sive in mari, contra formam et effectum treugarum predictarum per quoscumque partis adverse, reformari petendum et obtinendum, consimilemque reformacionem pro parte nostrà faciendum et ordinandum super moderacione pactorum seu pacticiorum infra ducatum predictum, si que fuerit excessiva, ex unâ parte vel aliâ secundum formam et effectum treugarum ipsarum disponendum et ordinandum ordinarive faciendum. Peccuniarum summas quascumque pro redempcione recolende memorie Johannis quondam Francorum regis, adhuc debitas exigendum, et super solucione eorumdem oportunas et solempnes requisiciones faciendum. Ea insuper que sic contracta, conventa, acta et concordata fuerint super confirmacione, ratificacione et corroboracione dictarum treugarum aut super novis legis, sponsalibus seu matrimoniis, requisicionibus, reformacionibus, moderacionibus, peccuniarum exaccionibus et solucionum requesti spredictis, omni securitate honestâ et debitâ nomine nostro firmandi, consimilemque securitatem pro nobis et nomine nostro petendi, stimulandi et recipiendi; jurandique in animam nostram quod tractata, conventa, acta et concordata ibidem rata habebimus et grata, nec aliquid procurabimus vel faciemus per quod tractata et concordata hujusmodi effectu debito frustrari poterunt, seu quomodolibet impediri; juramentum simile ex parte alterâ nobis prestari, petendi et exigendi. Ceteraque omnia et singula faciendi, exercendi et expediendi que in premissis et circa ea necessaria fuerint seu quomodolibet oportuna, ac que qualitas et natura negociorum hujusmodi exigunt et requirunt, et que nos faceremus aut facere possemus, si personaliter ibidem presentes essemus, eciam si talia sint que mandatum exigant quantumcumque speciale. Promittentes in verbo regio, nos ratum et gratum perpetuo habituros quicquid per procuratores nostros predictos, quatuor et tres eorum, quorum alterum predictorum episcopi et comitis unum esse volumus, actum, gestum, seu procuratum fuerit in premissis et singulis premissorum. Datum in palacio nostro Westmonasterii, sub magni sigilli nostri testimonio, decimo octavo die maii, anno Domini millesimo quadringentesimo et regni nostri primo.

Per ipsum regem

STANLEY.

Au dos : Povoir des Anglès 18 may 1400.

(Copie du temps sur papier. *Très. des Ch.* Carton J. 645, pièce 4.— Une version française de cette pièce se trouve dans le même carton sous le n° 4 *bis.*)

LXXXV

Pouvoirs des ambassadeurs de France, pour réclamer la reine Isabelle, et pour traiter des trèves.

Paris, dernier mai 1400.

Charles, par la grâce de Dieu roy de France. A tous ceulx qui ces lettres verront, salut. Savoir faisons que nous confians à plein des sens, loyauté, discrécion et diligence de noz amez et féaulx, Jehan, évesque de Chartres, Jehan, sire de Heugueville, nostre chevalier et chambellan, maistre Pierre Blanchet, maistre des requestes de nostre hostel, noz conseillers, et maistre Gontier Col, nostre secrétaire, à iceulx avons donné et donnons povoir, auctorité et mandement espécial de assembler pour nous et en nostre nom ès marches de nostre pais de Picardie où il sera avisé, avecques les messages du royaume et pais d'Engleterre ; de leur requérir et demander la response sur la requeste autrefois à eulx faicte par noz diz messages sur le fait du retour et restitucion de nostre très chière et très amée fille la royne d'Engleterre; de encores requérir que nostre dicte fille nous soit rendue et restituée franche et desliée de tous liens et empeschemens de mariage et d'autres obligacions quelconques, avecques tous ses joiaux, meubles et bien ainsi comme se doit faire selon la teneur des lettres faictes sur le traictié de mariage fait entre feu Richart, lors roy d'Engleterre et nostre dicte fille; de parler, traictier et accorder des choses touchant les trèves derrainement prinses entre nous, pour nous, noz successeurs roys de France, nostre royaume, noz terres, seignouries et subgiez, et pour noz alliez, leurs royaumes, terres, seignouries et subgiez par mer et par terre deçà et delà la mer d'une part, et ledit feu roy Richart, lors roy d'Engleterre, pour lui, ses successeurs roys d'Engleterre, ses royaume, terres, seignouries et subgiez et pour ses alliez, leurs royaumes, terres, seignouries et subgiez d'autre part, à durer jusques à vint huit ans lors ensuivans et l'observance, entérinement, les circonstances et dépendances d'icelles; de requérir que les attemptas fais de la partie d'Engleterre contre la teneur des dictes trèves, soient réparez; de faire réparer ceulx qui ont esté fais de nostre partie, se aucuns en y a; de bailler sur les choses par eulx traictiées et acordées leurs lettres soubz leurs seaulx, lesqueles nous confermerons par les nostres quant nous en seront requis, et généralment de faire ès choses dessusdictes et leurs circonstances et dépendences, tout ce qui y sera nécessaire et expédient et que nous y ferions et faire pourrions se nous y estions en nostre personne, jà soit ce que les choses dessusdictes requissent mandement plus spécial. Et promettons en bonne foy et en parole de roy avoir et tenir ferme et aggréable tout ce que par noz diz messages sera fait, traictié et accordé sur les choses dessusdictes et chascune d'icelles, sans venir encontre en quelque manière que ce soit. En tesmoing de ce, nous avons fait mettre à ces lettres nostre séel. Donné à Paris, le darrain jour de may, l'an de grâce mil cccc et le xve de nostre regne.

Sur le repli : Par le Roy en son conseil,

J. DE SANCTIS.

Au dos : De requérir aux messages du pays et royaume d'Angleterre la délivrance de la royne, etc. Et de parler, traictier et accorder sur le fait des trièves, etc. Dernier may.

(Orig. parch. scellé du grand sceau de cire jaune sur double queue.— *Trés. des Ch.* Carton J. 643, pièce 6).

LXXXVI

Engagement de Louis II, duc de Bourbon, portant que son duché de Bourbonnais et son comté de Clermont en Beauvoisis feront retour à la couronne, à faute d'héritiers mâles.

Paris, mai 1400

Loys, duc de Bourbonnoys, conte de Clermont et de Forez, per et chamberier de France. Savoir faisons à touz présens et avenir. Que entre les affections et plaisirs qui survenir nous pevent, sommes principalment meuz à ce que l'estat de la couronne de France, dont noz prédécesseurs ducs de Bourbonnoys et contes de Clermont et nous, sommes issuz et descenduz, preigne accroissement en tout bien, désirans aussi noz subgiez esdictes duchié de Bourbonnoys et conté de Clermont, qui de tout temps ont esté bons, vraiz et obéissans envers nosdiz prédécesseurs et nous, estre, et leurs successeurs ou temps avenir, paisiblement traictiez et gouvernez. Considérans que s'il advenoit que nous et noz enfans masles alessions de vie à trespassement senz hoir ou hoirs masles descendans de nous et d'eulx par loial mariage, par quoy il convenist que la droicte ou directe ligne descendant de hoirs masles cessast et faillist, que mieulz en paix et en transquilité pourroient nosdiz subgiez vivre et estre nourriz, maintenuz et gardez soubz la couronne de France, où la fontaine de toute grâce, miséricorde et débonnaireté temporelle afflue et habonde, que en autre gouvernement pourroient ilz devenir. Aians aussi à la mémoire les grans biens, faveurs et amistiez que madame la royne Jehanne de Bourbon darrainement trespassée, de la quéle estions frère germain, trouva et eut par long temps en la compaignie de monseigneur le roy Charles darrain trespassé, duquel elle estoit compaigne et espouse, et dont Dieux par sa grâce vueille avoir les âmes. Et en surquetout, que mesdiz seigneur et dame est issuz et procréez monseigneur le Roy qui à présent règne, par le moien et soustenement duquel, de sa libéralité, grâce et courtoisie avons eu et de jour en jour avons tant de bienffaiz, soustenemens et depors proffitables et plaisans, que nous ne lui pourrions à nul temps desservir, et mesmement de sa libéralité royal a voulu, consenti et octroié en faveur, accroissement et pour contemplacion du mariage traictié et accordé entre nostre très cher et très amé filz ainsné Jehan de Bourbon et belle cousine

Marie de Berri, contesse de Eu, fille de monseigneur le duc de Berri, et lequel mariage au plaisir de Dieu se parfera en face de saincte église, que mondit seigneur de Berri puist et lui loise donner, céder et délaissier et transporter plainement et absoluement dès maintenant ou quant bon lui semblera, à nosdiz filz et cousine, pour eulz et leur hoir ou hoirs masles, la duchié d'Auvergne et la conté de Montpansier avec leurs appartenences et appendences quiexconques et qui en certains cas devoient retourner à mondit seigneur le Roy, soubz les manière et condicions plus à plain exprimées en certaines lettres sur ce faictes. Ces choses et autres plusieurs par nous prises en considéracion, de nostre propre mouvement, certaine science et libérale voulenté, avons ordonné et ordonnons par la teneur de ces présentes, et nous plaist et voulons que s'il advenoit, nous, nostre dit filz et noz autres enfans masles, nez et à naistre en loial mariage, aler de vie à trespas senz hoir ou hoirs masles descendans de nous et d'eulz, ou iceulz hoir ou hoirs masles décéder senz laissier hoir ou hoirs masles d'eulz procréez par loial mariage par ainsi que la droicte ou directe ligne de hoir ou hoirs masles de nous et de nosdiz enfans masles cessast et faillist, nosdictes duchié de Bourbonnoys et conté de Clermont ensemble leurs appartenances et appendences, villes, chasteaux et autres forteresses, bours, villes et villaiges, maisons, manoirs et habitations, fours, molins, rivières, estangs, viviers et autres eaues, forestz, boys, garennes, aulnoiz et pasturaiges, terres, vignes, prez, saulçoiz, cens, cencives, dismes, paages, travers et coustumes, fiefz, rerefiefz, hommes, hommaiges, vassaulz, vassellaiges, hommes et femmes de serve condicion taillables à voulenté et autrement comment que ce soit, juridictions et justices haultes, moyennes et basses, gardes, patronages, présentacions, collacions de bénéfices et autres haultèces, nobléces et seigneuries, drois, rentes, proffiz, emolumens, et autres choses quiexconques appartenans à nosdictes duchié de Bourbonnoys et conté de Clermont pour quelconque cause et manière que ce soit, soient et demeurent propre heritaige et demaine de mondit seigneur, de ses diz successeurs roys et de la couronne de France. Et à mondit seigneur et à iceulz ses successeurs roys et à la couronne de France, viengnent et appartiengnent dès lors en avant perpétuelment et à tous jours. Ouquel cas mondit seigneur et ses diz successeurs roys de France seroit et seroient tenuz marier les filles qui de nous et de noz enfans masles ou leur hoir ou hoirs masles seroient descenduz par loial mariage, se aucunes en y avoit, bien et convenablement selon leur estat, sauf aussi et réservé que de et sur nosdictes duchié de Bourbonnoys et conté de Clermont nous puissons et nous loise prendre ensamble ou par parties jusques à la valeur, somme et estimacion de douze cens livres parisiz de rente, oultre et pardessus l'octroy à nous fait par mondit seigneur le Roy de l'admortissement de trois cens livres de rente, soit en fief, justice ou autrement, toutes et quantesfois que bon nous semblera et où il nous plaira, pour icelles xii^c L. par. de rente donner, céder, délaissier et transporter en fondacions de euvres charitables pour le salut et remède des âmes de noz diz prédécesseurs, de madicte dame la royne, de nous et de nostre très chière et très amée compaigne la duchesse, et de noz enfans. Et les quèles xii⁴ L. de rente, mons. le Roy et ses diz successeurs roys de France sera et seront tenuz admortir franchement et quictement toutes et quantes que fois requis en seront, et icelles feront et souffreront estre tenues pour admorties perpétuelment et à tous jours à celui ou ceulz en qui elles seront cédées, délaissiées ou transportées. Parmi aussi que s'il advenoit que par les causes dessus exprimées nosdictes duchié de Bourbonnoys et conté de Clermont advenissent à mondit seigneur, à ses diz successeurs roys et à la couronne de France, les exécuteurs de nous et de noz enfans masles, nez et à naistre, et des hoir ou hoirs masles descendans de nous et d'eulz par loial mariage, pourront et leur loira prendre et recevoir touz les proffiz, issues et revenues quelzconques de nosdictes duchié de Bourbonnoys et conté de Clermont, pour les deux premières années qui escherroient après ledit cas advenu, pour les tourner et convertir en l'acomplissement et ou paiement des testamens, aumosnes, laiz et debtes quiexconques de nous et de nosdiz enfans masles, nez et à naistre, et des hoir ou hoirs masles descendans de nous et d'eulz par loial mariage, comme dit est, senz ce que empeschement ou contredit aucun y puisse ne doie estre mis par mondit seigneur, par sesdiz successeurs roys de France, ne par leurs gens ou officiers ne aulcun d'eulz en aucune manière. Et jucques à ce que les choses dessusdictes et chascune d'icelles soient entérinées et acomplies de point en point et par la forme et manière que cy dessus est devisé, ne pourra mondit seigneur, ne ses diz successeurs roys de France, leurs gens ne officiers ne autres de par eulx, lever ne faire lever, cueillir, recevoir, demander, exploitier, tourner ne convertir à leur prouffit aucunement les issues et revenues de nosdictes duchié de Bourbonnoys et conté de Clermont ne d'aucunes d'icelles, ne en jouir en aucune manière, en tout ne en partie. Toutes lesquèles choses et chascune d'icelles, soubz les condicions, réservacions, provisions, et ès cas et par la manière que cy-dessus est exprimé, nous voulons prendre et sortir effect, et estre fermes et estables à tousjours senz rappel. Et pour ce, avons fait mectre nostre séel à ces présentes, sauf en autres choses nostre droit et l'autrui en toutes. Donné à Paris, ou moys de may, l'an de grâce mil quatre cens.

Sur le repli : Par monseigneur le duc, le Roy et messeigneurs les ducs de Bourgogne et d'Orléans présens.

RIGAUT.

(Orig. parch. scellé sur lacs de soie rouge et verte du grand sceau pédestre au pavillon, du duc de Bourbon, en cire verte. — *Trés. des Ch.* Carton J. 378, pièce 2.)

LXXXVII

Autorisation donnée par Louis II, duc de Bourbon, à son fils Jean de Bourbon, comte de Clermont, de laisser faire retour après lui à la couronne, du duché d'Auvergne et du comté de Montpensier, qu'il tenait de sa femme, Marie de Berri, au cas où ils mourraient sans héritiers mâles.

Paris, 18 juillet 1406.

Loys duc de Bourbonnoys conte de Clermont et de Forez, per et chamberier de France. A tous ceulz qui ces présentes lettres verront, salut. Comme monseigneur le Roy de sa grâce et libéralité, pour contemplacion de monseigneur le duc de Berry et de nous, et aussi en faveur et pour acroissement du mariage qui nagaires s'est fait et solennizé en saincte église de nostre très chier et très amé filz Jehan de Bourbon, conte de Clermont, et de nostre très chière et très amée fille Marie de Berry, contesse d'Eu, ait, par ses lettres en laz de soye et cire vert données ou mois de may darrainement passé, volu, consenti et octroyé que mondit seigneur de Berry peust et lui loisist donner, céder, transporter et délaissier plainement et absolument lors ou quant bon lui sambleroit, à noz diz filz et fille, pour eulz et le seurvivant d'eulz et pour leur hoir ou hoirs masles, la duché d'Auvergne et la conté de Montpensier avecques leurs appartenances et appendances quelxconques et qui en certains cas devoyent retourner à mondit seigneur le Roy et à la couronne de France, soubz les manière et condicions plus à plain contenues et déclarées ès lettres sur ce faictes : entre lesquelles condicions estoit et est expressément contenu, exprimé et déclairé, que mondit seigneur le Roy en cellui cas seroit tenuz payer comptent pour une foiz à nostre dicte fille Marie de Berry la somme de soixante mille frans. De laquelle somme, par le moyen de l'octroy dessusdit fait par mondit seigneur le Roy à mondit seigneur de Berry qu'il puist et lui loise faire des dictes duchié et conté d'Auvergne et de Montpensier ainsi que dit est, ycellui monseigneur le Roy et ses successeurs doyvent demorer quictes et deschargiez à tousjours, ainsi que plus à plain est contenu, exprimé et déclairé ès lettres de mondit seigneur de Berry sur ce faictes. Savoir faisons que pour faire octroyer et donner par noz diz filz et fille à mondit seigneur le Roy pour lui et ses successeurs leurs lettres par lesquelles ilz acceptent agréablement la grâce et octroy sur ce faiz par mondit seigneur le Roy en la manière et soubz les condicions plus à plain contenues et déclairées en ses dictes lettres, et promettent, ou cas qu'ils yroyent de vie à trespassement senz laissier hoir ou hoirs masles de leurs corps nez dudit mariage ou les hoir ou hoirs masles qui de leur hoir ou hoirs masles descendroient senz hoirs masles nez ou procréez en royal mariage, si que la droite et directe ligne masculine défaillist, que leurs autres hoirs, successeurs ou ayans cause seront tenuz dez maintenant pour lors, délaisser et délaisseront plainement et entièrement à mondit seigneur le Roy ou à ses successeurs roys pour retourner vers eulx et à la couronne de France, lesdictes duchié et conté d'Auvergne et de Montpensier, et que mondit seigneur le Roy et ses diz successeurs en cellui cas les reprendront et auniront et les pourront reprendre et aunir à ladicte couronne de France tantost et incontinent que le cas seroit advenu. Et aussi voulons et nous plaist, que noz diz filz et fille facent à mondit seigneur le Roy, pour lui et ses successeurs, telles lettres de quittance de ladicte somme de LX mille frans comme bon semblera à mondit seigneur le Roy et aux gens de son conseil. Nous avons autorisé et auctorisons par ces présentes noz filz et fille, en tant que besoing et mestier en est, et voulons et nous plaist que ainsi le facent en et par la meilleur et plus seure forme et manière que faire se pourra pour mondit seigneur le Roy et sesdiz successeurs. Et en oultre voulons et nous plaist que nostre dit ainsné filz face et donne ses lettres en laz de soye et cire vert à mondit seigneur le Roy pour lui et ses diz successeurs roys, autèles et semblables que faictes et donnëes lui avons de nostre certaine science et propre mouvement, pour les causes et consideracions contenues et declarées en ycelles noz lettres. C'est assavoir que s'il advenoit nous, nostre dit filz et noz autres enffens masles nez et à naistre en loyal mariage, aler de vie à trespas sanz hoir ou hoirs masles descendans de nous et de eulz, ou iceulx hoir ou hoirs masles déceder sanz laissier hoir ou hoirs masles d'eulx procréez en loyal mariage par ainsi que la droicte et directe ligne de hoir ou hoirs masles de nous ou de noz diz enffans masles cessast et deffaillist, noz dictes duchié de Bourbonnoys et conté de Clermont, ensemble leurs appartenances et appendances quelxconques, soyent et demeurent à tous jours mès propre héritaige et demayne de mondit seigneur, de ses successeurs roys et de la couronne de France, soubz certaine manière et condicions plus à plain contenues et déclarées en noz dictes autres lettres. Et pour ce faire, avons auctorisé et auctorisons par ces présentes nostre dit aisné filz. En tesmoing de ce, nous avons fait mettre nostre séel à ces présentes. Donné à Paris, le xviiie jour de juillet, l'an de grâce mil quatre cens.

Sur le repli : Par Monseigneur le duc.

RIGAUT.

(Orig. parch. scellé en cire rouge sur double queue d'un fragment du grand sceau pédestre du duc de Bourbon. — *Tres. des Ch.* Carton J. 378, pièce 3).

LXXXVIII

Avis du conseil sur les demandes des plénipotentiaires anglais.

22 juillet 1400.

C'est ce qui a esté advisé par le grant conseil du Roy, où estoient messeigneurs les ducs de Bourgongne et d'Orléans, les contes de Nevers et de Saint-Pol, les conestable, et chancellier de France, le sire de Giac, le patriarche d'Alexandrie, l'archevesque d'Aux, les évesques de Noyon, de Meaulx, d'Arras et de Saint-Flour, le mareschal Boussicaut, le sire de Bueil, le vidame de Laonnois, Pierre de La Trémoille, et Jehan Chanteprime, le joedi xxiie jour de juillet, sur une cédule apportée par messire Jehan de Hangest, sire de Hougueville, message du Roy, envoié avecques l'évesque de Chartres et maistre Pierre Blanchet, conseillers, avecques lesquelz est maistre Gontier Col, secretaire dudit seigneur, pour assembler avecques les messages d'Engleterre, ès marches entre Bouloigne et Calais. Laquelle cédule a esté baillée par lesdiz messages d'Engleterre aux diz messages du Roy.

Premièrement. Au premier point dont ladicte cédule fait mencion, contenant la response que les diz messages d'Engleterre ont fait sur la restitucion de la Royne d'Engleterre, laquèle ilz dient que leur seigneur restituera réalment et de fait, le jour de la Chandeleur prochainement venant, au Roy ou à ceulx qu'il y commectra, entre Calais et Bouloigne, franche et desliée de tous liens de mariage et autres obligacions, selon la fourme du traictié et convenences sur ce faictes, etc., a esté conclut que l'en responde aux diz messages, que, puis que le Roy Richart d'Engleterre est alé de vie à trespassement, l'obligacion faicte sur la restitucion de ladicte dame avecques ses meubles, joyaux et autres biens et franche et desliée de toutes obligacions de mariage et autres, est pure et absolute. Et pour ce, puis que le Roy le a fait requérir, elle doit estre incontinent restituée, avecques ses meubles, joyaux et autres biens dessusdiz, ainsi comme elle le doit estre selon ladicte obligacion, en laquelle mesme cellui qui se dit Roy d'Engleterre est obligié en son propre nom, et le a juré et promis. Et semble que ladicte restitucion se pourra bien faire par tout le mois de septembre et dedens la fin du dit mois au plus tart, et ne donneront, à leur povoir, plus grant dilacion. Et toutes voies, se l'en la vuelt restituer dedens le xve d'octobre, ilz se tendront le plus qu'ilz pourront audit terme de la fin de septembre, mais finablement ils consentiront audit xve d'octobre, et au fort, jusques à la Toussains, à tout le plus tart.

Item. Quant au second point, faisant mencion que les messages du Roy aient povoir de faire déclaracion des biens appartenans à ladicte Royne d'Engleterre, diront que les meubles, joiaux et autres biens de ladicte dame furent bailliez par inventoire à Calais, et le doivent avoir, et encores leur pourront monstrer le vidimus de la lettre du Roy Richart, faicte sur la récepcion d'iceulx, ou l'original, se il est besoing. Et aussi demanderont la somme de deux cens mille frans, qui clèrement doit estre restituée par ledit traictié. Mais très instamment ilz insisteront que ladicte dame soit, incontinent et avant toutes choses, restituée au moins au terme dont en la cédule dessus escripte est faicte mencion.

Item. Quant au tiers point contenu en ladicte cédule, ouquel les diz messages d'Engleterre requièrent avoir pleine response sur la demande qu'ils ont faicte de xvie mille frans pour la raençon du roy Jehan, que Dieux absoille, responderont que quant il en fu parlé de leur partie à messire Arnaut de Corbie, chancellier de France à présent, et à l'évesque de Baieux, l'évesque de Duresme, qui y estoit pour la partie d'Engleterre, sçet bien que lui fu respondu; et ne entent le Roy faire sur ce autre response.

Item. Quant au quart point de ladicte cédule, faisant mencion de la proclamacion des trèves, fu conclut qu'ilz respondent que le Roy a tenu et fera tenir de sa part ce qu'il a juré et promis touchant lesdictes trèves, et les a fait proclamer et publier par son royaume, et semble qu'il doit souffire ce qui en a esté fait de sa part, avecques la lettre que les messages ont baillié sur ce aux diz messages d'Engleterre. Et se ilz les veulent faire proclamer de leur partie, ilz le pevent faire, afin que de leur dicte partie elles soient mieux tenues que elles n'ont esté jusques à ores.

Au dos de la pièce :

L'avis de Messeigneurs du conseil sur la cédule apportée par messire de Heugueville, à lui baillée par les messages d'Engleterre. Lequel avis fu prins le xxiie jour de juillet l'an m cccc.

N^a. Ces mots sont de la main d'un secrétaire du roy nommé J. de Sains, ou *de Sanctis* en latin.

(Minute orig. sur pap. — *Supp. du Trés. des Ch.* Carton J. 922.)

LXXXIX

Minutes de pièces diplomatiques concernant la restitution de la reine Isabelle, et l'ambassade envoyée en Écosse.

Août 1400.

Charles, etc. A tous ceulx qui ces lettres verront, salut. Comme par noz messages que par plusieurs fois avons envoyé ès marches de entre Bouloigne et Calais pour assembler avec les messages de nostre cousin d'Engleterre, aient esté faictes plusieurs requestes aux diz messages de nostre dit cousin sur la restitucion de nostre très chière et très amée fille, Ysabel, royne d'Engleterre. Et derrainement leur aient requis que elle fust restituée dedens la feste de Tous Sains prochainement venant au plustard, et plustost se bonnement se povoit faire, laquèle selon la forme du traictié du mariage fait entre feu Richart jadiz roy d'Engleterre et nostre dicte fille, et des obligacions sur ce faictes, tant par le dit roy Richart, comme par nostre dit cousin et plusieurs autres grans seigneurs du dit royaume d'Engleterre, que se le dit feu roy Richart trespassoit de ce siècle avant la consummacion du dit mariage, doit estre rendue et restituée avecques tous ses joyaux, meubles et biens, franche et desliée de tous liens et empeschemens de mariage et autres obligacions quelconques, à nous ou à noz hoirs et successeurs qui pour le temps seroient. Aux quèles requestes ait esté respondu par les diz messages d'Engleterre que ilz raporteroient à nostre dit cousin ce que noz diz messages leur avoient dit. Comme aussi nous aions très grant désir, comme raison est, que nostre dicte fille, consideré son joenne aage et que le dit feu roy Richart est alé de vie à trespassement avant ce que le dit mariage ait esté consummé, nous soit tost restituée ainsi comme elle le doit estre. Savoir faisons que nous, confians bien pleinement des sens, loyauté et diligence de noz amez et féaulz, Jehan de Hangest, sire de Heugueville, nostre chevalier et chambellan, et de maistre Pierre Blanchet, maistre des requestes de nostre hostel, noz conseillers, iceulx et chascun d'eulx, avons ordené envoier et envoions noz messages devers nostre dit cousin d'Engleterre, pour le requérir et sommer, et aussi les autres seigneurs de pardelà qui sont tenuz et obligez à ladicte restitucion de nostre dicte fille, les quelz nous requérons, se mestier est, par ces présentes, que ilz nous rendent et restituent ou facent rendre et restituer nostre dicte fille dedens la dicte feste de Tous Sains prochainement venant au plus tart ou plus tost se faire se peut, franche et desliée de tous liens et empeschemens de mariage et de toutes autres obligacions, et ainsi comme elle le doit estre selon la forme des traictié et obligacions dessusdictes. Auxquelz noz conseillers et chascun d'eulx nous avons donné et donnons povoir, auctorité et mandement espécial de faire à nostre cousin d'Engleterre et autres dessusdiz les dictes requestes, de poursuir l'effect d'icelles, de accepter quant à la restitucion de nostre dicte fille le dit terme de la feste de Tous Sains, ou autre endedens icellui, dont ilz pourront estre d'acort avec les dessusdiz, et généralement de faire en ces choses et en leurs circonstances et dépendances tout ce qu'ilz verront estre expédient et nécessaire et que faire pourrions, se présens y estions en nostre personne, supposé que les choses fussent tèles que elles requeissent mandement plus espécial. Et promettons, en bonne foy et en parole de roy, avoir ferme et aggréable tout ce que par noz diz conseillers et chascun d'eulx sera fait ès choses dessus dictes et chascune d'icelles. En tesmoing de ce, etc. Donné à Paris le   jour.

Lettres de Charles VI à sa fille Isabelle.

Très chière et très amée fille. Pour le grant désir que nous avons, tant de savoir l'estat de vostre personne, comme de avancier vostre retour pardeçà, nous envions présentement devers vous noz amez et féaulz Jehan de Hangest, sire de Heugueville, nostre chevalier et chambellan, et maistre Pierre Blanchet, maistre des requestes de nostre hostel, noz conseillers, auxquelz nous avons chargié vous dire certaines choses sur les queles les vueillez ouir et adjouxter pleine foy à ce qu'ilz vous diront de par nous. Et nous faites savoir de vostre dit estat et de voz autres nouvelles le plus souvent que vous pourrez. Donné.

Instruccion baillée de par le Roy au sir de Heugueville et à maistre Pierre Blanchet envoiez de par lui en Angleterre.

(Ce sont les instructions du 6 septembre 1400, qui se trouvent au numéro suivant LXXXX.

Instruccion pour ceulx qui seront envoiez de par le Roy en Escoce.

Premièrement après ce qu'ilz auront présenté audit roy d'Escoce les lettres du Roy, le salueront de par lui, et lui diront que le Roy est très désirant de savoir son bon estat et le prieront que souvent l'en vuille certifier, et lui diront cellui du Roy et de nosseigneurs de pardeçà.

Item. Lui diront que pohr ce que depuis le cas qui avint au roy Richart d'Engleterre il ne a peu bonnement avoir oportunité de envoier devers lui, combien que très volentiers le eust fait, tant pour parler à lui de ce qui estoit à parler et à aviser entre eulx sur celle nouvelleté, comme des choses qui touchent les amistiez et alliances qui sont entreulx, il lui a escript par maistre Jehan Forestier, né de son royaume et son conseiller, et lui a fait sentir sur ce aucunes choses de son entencion, et lui prie que de ce vuille estre content. Car depuis le dit cas il n'eust peu bonnement envoier ses messages par le royaume d'Engleterre, et aussi les Anglois ont tousjours tenu sur la mer vaisseaulx d'armée pour garder que aucun ne peust aler pardelà, ainsi comme le Roy tient que ledit roy d'Escoce a peu savoir, et aussi tient que par le dit maistre Jehan il a esté informé des choses dessusdictes.

Item. Que assez tost après le dit cas avenu du dit roy Richart, le dit duc de Lencastre, qui se dit roy d'Engleterre, fist savoir au Roy qu'il envoieroit ses messages devers lui pour lui parler d'aucunes choses. Mais le Roy ne voult lors point recevoir ses lettres ès quèles il se nommoit roy d'Engleterre, ne depuis n'en a voulu aucune recevoir, ne aussi ne voult que ses diz messages venissent devers lui afin que aucun ne peust ymaginer que il approuvast taisiblement ou appertement le title du dit duc qui se appelle roy, et de la seignourie qu'il a ainsi usurpée.

Item. Que considéré que par le traictié du mariage

d'entre le dit feu roy Richart d'Engleterre et madame Ysabel royne d'Engleterre, sa femme et fille du Roy, estoit convenu que ou cas que icellui roy Richart iroit de vie à trespassement aucois que ledit mariage feust consummé, ladicte royne devoit estre rendue et restituée au Roy, franche et desliée de tous liens et empeschemens et de toutes obligacions de mariage et autres, il fu conseillé au Roy par les seigneurs de son sang et les gens de son conseil qu'il ordenast ses messages pour aler assembler avecques les diz messages d'Engleterre pour requérir la restitucion de la dicte royne sa fille, la quèle chose fu faicte, et ne y eust point envoié ses diz messages se ne fust la cause dessusdicte.

Item. Que les diz messages du Roy assemblez avecques les diz messages d'Engleterre à Leulinghen, qui est lieu en marche entre Bouloigne et Calais ouquel autrefois les messages d'une partie et d'autres ont esté assemblez pour les traictiez, les diz messages d'Engleterre disrent que leur seigneur leur avoit enchargié sentir l'entencion du Roy se il vouldroit tenir les trèves prinses entre le Roy et le dit feu roy Richart pour eulx, leurs alliez, leurs royaumes, terres, seignouries et subgiez, disans que ainsi se devoit faire, car les dictes trèves sont réeles et ne regardent mie seulement les personnes des roys, mais regardent généralment leurs alliez, royaumes, terres, seignouries et subgiez.

Item. Que ceste chose fu rapportée au Roy par ses diz messages, le quel ot sur ce avis et déliberacion en son conseil. Et après ce que ceste besoigne ot esté bien discutée, fu conseillé au Roy que bonnement il ne povoit venir contre les dictes trèves, consideré que elles sont réeles, comme dit est, et ne touchent mie seulement lui, mais ses alliez, leurs royaumes, terres seignouries et subgiez, et que ès dictes trèves est expressément contenu que pour quelque cas qui peust avenir les dictes trèves, leur temps durant, ne seroient rompues, mais demourroient en leur vertu. Et pour ce ont esté faictes de l'une partie et de l'autre certaines lettres dont l'en lui envoie la copie.

Item. Que par deux ou trois fois depuis ont rassemblé ensemble les diz messages pour parler et traictier du fait de ladicte restitution de ladicte royne d'Engleterre. La quèle restitucion il y a espérance que au plaisir de Dieu se fera briefment, et comme l'en espère au terme de la feste de Tous Sains prochainement venant, ou plus tost se faire se peut.

Item. Que en parlant de ces matières a esté cause entre lesdiz messages que il est expédient que aucun de la partie du Roy aille en Engleterre pour savoir l'estat de ladicte royne, requérir ledit duc qui se dit roy, à sa personne, qu'il la restitue, et aussi pour appoinctier de son retour. A la quèle chose faire le Roy a consenti, tant pour la grant affection qu'il a du dit retour de sa dicte fille, comme aussi en espécial pour avoir saufconduit pour envoier seurement ses messages devers le dit roi d'Escoce pour lui notifier les choses dessus dictes.

Item. Diront audit roy d'Escoce que le Roy signifie ces choses ainsi pleinement à lui comme à son cousin et allié afin qu'il soit informé de la vérité. Car le Roy a entendu que de la partie des Anglois et mesmement dudit duc de Lencastre, ont esté données à entendre audit roy d'Escoce plusieurs choses en entencion de povoir faire rompre les ligues et amistiés qui ont esté de long temps et encores sont, tenues et gardées fermement entre les roys de France et d'Escoce.

Et pour ce, le Roy lui prie et requiert trèsacertes qu'il ne vuille croire aucunement que le Roy se veuille comment que ce soit, départir des dictes alliances, ne sur ce donner aucune foy aux paroles des diz Anglois. Car il n'en a eu ne a aucune volenté, ancois les a voulu et veult tenir fermes et estables sans enfraindre. Et de ce vuille tenir certain. Et aussi lui prie et requiert que il les vuille tenir fermement de sa partie ainsi comme il tient pour certain que si fera il. [Et aussi il lui vuille faire savoir à plain de ses nouvelles et se le dit duc de Lancastre lui a fait parler d'aucuns envoiez, et de quelz. Car le Roy a entendu que le dit duc de Lancastre lui en fait parler. Pour quoy le Roy en vouldroit bien estre acertené, et lui prie que ainsi le face][1].

Item. Diront que en parlant entre lesdiz messages d'une part et d'autre des dictes trèves a este aussi parlé de la partie de ceulx d'Engleterre de aucunes correccions, modéracions et addicions sur le fait d'icelles, sur quoy le Roy n'a voulu que ses messages aient tenu aucunes paroles jusques à ce que ledit roy d'Escoce soit avisié des choses dessusdictes, afin que sur ce il rescrive son plaisir.

Item. Parleront semblablement de ces matières au duc de...[2] conte de Harric, ainsné filz du dit roy d'Es-

---

1. Ce qui est entre crochets est une addition, d'une petite écriture très-fine, qui est celle d'un notaire et secrétaire du roi, nommé Jean de Sains, lequel paraît avoir été très-employé dans les affaires du temps.

2. Le nom en blanc.

coce, et aussi au conte de Fiff, au conte de Durglas, à son aisné filz, au conte de La Marche d'Escoce, et aux autres seigneurs de pardelà, aux quelz le Roy escript, et aux autres où ilz verront qu'il sera à faire.

[Et se le dit roy d'Escoce parloit aucunement de la guerre que lui fait, comme l'en dit, le dit duc de Lancastre, et que le Roy lui deust estre tenu aidier, diront que le Roy n'a point sçeu de certain que le dit duc lui face guerre, car d'Engleterre lui viennent peu de nouvelles, et du dit roy d'Escoce n'en a eu aucunes. Pour quoy il n'en a peu aucune chose sçavoir, et par ce le doit avoir de ce pour excusé][1].

Serenissimo principi Roberto, Dei gracia regi Scotorum, consanguineo nostro carissimo. Karolus, eadem gracia Francorum rex, salutem et sincere dileccionis mutuum incrementum. Serenissime princeps, consanguinee carissime, pro certis negociis mutuas amicicias, confederaciones et ligas inter nos et vos et domus nostram et vestram initas hactenus et per longa temporum intervalla firmiter observatas tangentibus, de quibus serenitatem vestram volumus ad plenum informari, dilectos et fideles...[2] apud ejusdem serenitatis presenciam destinamus de presenti, quam quesimus dictis ipsorum ambaxiatorum nostrorum fidem velit adhibere creditivam, et nobis fiducialiter intimare si que pro ipsà voluerit, nos facturos votis libentibus impleturis. Datum...[3]

Serenissime principi..., Dei gracià regine Scotie.

1. Addition de la main de Jean de Sains, comme plus haut.
2. Les noms sont restés en blanc. — 3. Le reste en blanc.

consanguinee nostre carissime. Karolus, eadem gracia Francorum rex, salutem et dilectionem fraternam[1].

Au dos : Forma potestatum et instrumentorum traditorum nunciis missis per Regem in Anglia et in Scotia, anno quadringentesimo, mense augusti.

(Minute orig. sur pap. formant un cahier de quatre feuillets. — *Trés. des Ch.* Carton J. 645, pièce 12.)

LXXXX

Instructions des ambassadeurs de France.

6 septembre 1400.

Instruction baillée de par le Roy au sire de Heugueville et à maistre Pierre Blanchet, envoiez de par lui en Angleterre.

Premièrement. Quant ilz seront pardelà, diront à cellui qui se dit roy d'Engleterre ou aux gens de son conseil auxquelz ilz se pourront adrécier, que le Roy les envoie pardelà pour veoir et visiter la Royne d'Engleterre sa fille[2], et savoir son estat, dont il désire moult estre acertené, car long temps a qu'il n'en oy à plein certaines nouvelles; et les requerront que ilz les vuillent faire avoir accès à ladicte Royne pour faire ce que le Roy leur a enchargié.

Item. Quant ils parleront à ladicte Royne, lui diront l'estat du Roy, de la Royne et de nosseigneurs et dames leurs enfans, de nosseigneurs les oncles et

---

1. La pièce s'arrête brusquement là.
2. Isabelle de France, veuve de Richard II, roi d'Angleterre.

frère du Roy; et sauront son estat, ainsi comme il leur a esté enchargié.

Item. Se ilz pevent parler à elle à part, lui diront que le Roy et la Royne la désirent moult veoir, et que elle mette la diligence que elle pourra à ce que tost puist retourner devers eulx.

Item. Lui diront que se elle peut parler à cellui qui se dit roy d'Engleterre[1], elle le requière bien diligemment que il la rende et restitue au Roy, ainsi comme faire se doit par le traictié du mariage fait de elle et de feu le roy Richart, et comme il y est obligiez; et aussi que elle lui die que elle a très grant désir de veoir le Roy et la Royne, et de retourner devers eulx.

Item. Lui diront que le Roy et la Royne lui mandent et le requièrent, sur tant comme elle les aime et les doubte à courroucier, et sur toute l'obéissance en quoy elle leur est tenue comme à père et mère, que elle ne die, ne face aucune chose par quoy elle soit obligée par parole, ne par fait, par mariage, ne autrement à quelque personne que ce soit, par quoy elle ne puist et doie retourner devers eulx, franche et desliée de tous liens et obligacions de mariage et autres quelconques. Et que le Roy pourchace son retour le plus diligemment que faire se peut, et a entencion que dedens la feste de Tous Sains elle soit rendue et restituée en France, ainsi comme faire se doit. Et que se elle faisoit chose par quoy son retour fust aucunement empeschié, elle ne pourroit plus grandement courroucier le Roy et la Royne.

Item. Et se ilz ne pevent avoir tel accès devers la-

1. Henri IV.

dicte Royne qu'ilz lui puissent dire ces choses secrètement, ilz les diront, se faire se peut, à aucuns de ses gens féables qui sont devers elle, afin qu'ilz les lui dient et le introduisent que ainsi le face.

Item. Qu'ilz enquièrent et sentent par toutes les manières qu'ilz pourront, tant de la Royne et de ceulx qui sont environ elle comme autrement, se l'on le a point induicte ou voulu induire à consentir que elle soit mariée par delà; et de toutes autres choses dont l'en le a requis.

Item. Ou cas que les gens du conseil dudit duc de Lencastre auroient puissance de restituer ladicte Royne au dit terme de Tous Sains, ou plus tost, les diz messages du Roy ne passeront point oultre pour aler devers le dit duc de Lencastre pour lui requérir ladicte restitucion, mais entendront aux choses qui seront nécessaires et expédiens pour son retour. Et ou cas que ledit duc de Lencastre ne auroit donné aux dictes gens de son conseil puissance de restituer ladicte Royne, ilz iront devers lui en quelque lieu qu'il soit et lui réciteront les requestes faictes par les messages du Roy aux siens sur ladicte restitucion de ladicte dame, et lui diront que le Roy a moult grant désir de oyr nouvelles de elle et aussi de la veoir. Et le requerront très instamment que il la rende et restitue, ainsi comme faire le doit et comme à ce est obligié; et que ce soit dedens la dicte feste de Tous Sains. Et sentiront se il la voudroit plus tost restituer que audit terme de Tous Sains. Et se plus tost ne se peut faire, que lors elle soit restituée sans aucune faute.

Item. Et supposé que ladicte royne d'Engleterre doie estre restituée à ladicte feste de Tous Sains, ou plus tost, et que les gens du Roy en soient asseurez, et les gens du dit duc de Lencastre parlent que la journée emprinse entre les diz messages d'une part et d'autre, au xve jour d'octobre, pour procéder sur les autres besoignes dont il a esté parlé entreulx, soit tenue; diront les diz messages du Roy, que, mais que ladicte restitucion soit faicte premièrement, le Roy veult bien que ladicte journée soit continuée à une autre pour procéder ès matières dont il a esté parlé, pour ce que pour certaines causes que ilz diront, elle ne pourroit estre tenue à ladicte xvme d'octobre.

Item. Se il leur semble bon, diront que quant les diz messages d'une part et d'autre, ont parlé ensemble de ladicte restitucion de ladicte dame, après ce qu'il fu requis que elle fust restituée à la feste de Tous Sains, ceulx d'Engleterre distrent après aucunes paroles qu'il estoit expédient pour le bien de la besoigne qu'ilz retournassent en Engleterre, et que aussi le Roy, se il lui plaisoit, y envoiast aucuns des siens pour celle cause, et que la besoigne en porroit assez mieulx valoir.

Item. Sommeront et requerront de ladicte restitucion de ladicte dame, le duc d'York, le duc d'Exestre, conte de Rutheiland et les autres, qui à ce sont obligiez.

Item. Parleront du lieu où elle sera restituée et s'en accorderont avec eulx.

     Charles. (*Signature autographe*).

Veue par le grant conseil du Roy, où messeigneurs les ducs de Bourgogne et d'Orléans, les contes de Nevers et de Clermont, le connestable, le chancellier de France, l'archevesque d'Aux, les évesques de Noion,

de Meaux et d'autres (ou Damiens) l'admiral de
France, messire Guillaume Marcel, le vidame de Laonnois et plusieurs autres estoient, le vi° jour de septembre, l'an de grâce mil cccc.

J. DE SANCTIS.

(Orig. parch. scellé, en plaque, du contre-sceau royal. — *Trés. des Ch.*
Carton J. 645, pièce 11.)

LXXXXI

*Présents faits par Charles VI à l'empereur de
Constantinople, Manuel Paléologue.*

(Extrait du 14° Compte de l'extraordinaire de l'Argenterie de Charles
Poupart, pour l'année 1400.)

A Regnault Pisdoë, changeur, demourant à Paris,
pour un hennap et une aiguière d'or, poinçonnez à
divers ouvraiges, pesans ensemble vii^m i° xvi° d'or,
acheté de lui le xxv° jour de may, l'an mil quatre
cens[1], et délivrez devers le Roy nostre sire qui la
donné, fait baillier et présenter de par lui à l'empereur de Contentinoble, si comme par ses lectres données le xiiii° jour de juing, l'an mil quatre cens ensuivant, cy rendue à cour, puet apparoir. Pour lesquelz
hénaps et aiguières paier, le Roy nostre dit seigneur,
par ses autres lectres ordonna et manda la somme de
iiii° lxvi frans xvii s. vi d. p. estre paiée audit argentier par Alexandre le Bourcier, receveur général des
aides ordonnées pour la guerre. De laquelle somme
ledit argentier fera recepte en la recepte du xv° compte
extraordinaire ensuivant. Pour ce, au pris de lx. l.

---

1. Manuel Paléologue fit son entrée dans Paris le 3 juin 1400.

p. le marc, valent iii^c lxxiii l. x. s. p. Paiez audit Regnault Pisdoë par vertu des dictes lectres, et quictance de lui, donnée le xviie jour de septembre, l'an mil cccc.

Pour ce . . . . iii^c lxxiii l. x s. p.

(*Arch. de l'Emp.* Reg. KK. 27, fol. 106 v°.)

A Mathe Cruxthésalo, trésorier de l'empereur de Constantinoble, pour deniers à lui baillez comptans par ledit argentier par vertu des lettres du Roy nostre sire dont cy dessus est faicte mencion, pour et ou nom dudit empereur, en déducion et rabat de plus grant somme que le Roy nostredit seigneur avoit ordonné estre baillez audit empereur. Pour ce, par vertu des dictes lectres et lectre de recongnoissance dudit Empereur, donnée le xiiie jour d'aoust l'an mil quatre cens, cy rendue à court; laquelle quictance fut veue et leue en la chambre des comptes le xxiie jour de septembre ensuivant ou dit an, et escripte au dos soubz le saing manuel maistre Jaques Ducy quelle tendra lieu audit argentier en la despense de ses comptes, ii$^\text{m}$ frans valent . . . . . . xvi^c l. p.

(*Ibid.*, fol. 149.)

LXXXXII

Don de la conciergerie de l'hôtel royal de Chantelou, fait par le roi Charles VI à Jean de Montaigu.

Paris, mai 1401.

Charles, etc. Savoir faisons à tous présens et avenir. Que nous, considérans les grans, loyaulx et notables services que nostre amé et féal chevalier, chambellan et conseillier, Jehan, seigneur de Montagu et de Marcoussis et vidame de Laonnoiz, nous a faiz ou temps passé en plusieurs et diverses manières, fait chascun jour et espérons que encores face ou temps avenir, et pour certaines grandes justes causes à ce nous mouvans, à ycellui, du gré, consentement et voulenté de nostre très cher et très amé oncle le duc de Berry, qui de ce nous a requis, avons donné et octroyé, donnons et octroions par ces présentes, de nostre certaine science, grâce espécial, plaine puissance et auctorité royal, la garde et conciergerie de nostre hostel de Chantelou près de Montlehéry; ensemble les prouffiz, revenues et émolumens quelzconques appartenans à ycelle conciergerie; et ainsy et par la manière que nostre amé et féal couseiller et maistre de nostre Chambre des Comptes à Paris, Jehan Chanteprime, naguères concierge de nostredit hostel, les avoit et prenoit. Pour en joyr par nostredit conseiller, ses hoirs, successeurs et ayans cause, perpétuelment et héréditablement. En oultre, de nostre plus ample grâce, avons voulu et octroyé, voulons et octroions à ycellui nostre conseiller, que nostre dicte conciergerie soit tenue de nous en foy et hommaige par cellui, ou ceulz qui de lui auront cause, et soit adjointe avec le fié de la chatellenie de Marcoussis, laquelle nous, de nostre dicte grâce, y adjoingnons par ces mesmes lettres. Si donnons en mandement à noz amez et féaulx gens de noz comptes et trésoriers à Paris, etc. (Suit la formule ordinaire de ces sortes de lettres.)

Donné à Paris, ou moys de may, l'an de grâce mil cccc et un, et le xxie de nostre règne.

Par le Roy en son conseil, monseigneur le duc de

Berry, le sire de Préaux, l'évesque de Noyon et autres présens.

Sigillata de expresso mandato regis.

DERIAN.

(*Trés. des Ch. Reg. JJ.* 156, pièce 99.)

LXXXXIII

Poursuites de la reine contre Raoul de Hauquetonville

Samedi 4 juin 1401.

A conseiller l'arrest d'entre la Royne, demanderesse d'une part, et Raoulet de Hauquetonville et Guillaume Barbery, défendeurs, d'autre part, sur le plaidoyé fait le premier jour de juing mil cccc et ung et tout veu et consideré.

Il sera dit que la Court condempne Raoulet à rendre et restituer à la Royne v^m fr. et Barbery iiii^m, et en ses despens faiz en la porsuite de ceste cause. Et oultre condempne les dessusdiz Raoul en amende envers le Roy, c'est assavoir Raoul en la somme de v^m fr. et Barbery en la somme de iiii^m, et à tenir prison jusques à pleine satisfaction des choses dessusdictes. Et avecques ce la Court prive et a privé les dessusd. R. et Barbery de tous offices royaulx, obtenus et à obtenir.

(*Arch. de l'Emp.* Reg. XII du conseil, X. 1478, fol. 19^m.)

LXXXXIV

Arrêt contre Raoul d'Hauquetonville.

7 juin 1401.

Comparentibus in nostrâ Parlamenti curiâ magistro Radulpho Drobille, carissime consortis nostre Regine procuratore, pro ipsà actore, ex unà parte, et Radulpho de Auctonvilla et Guillelmo Barbery ex altera parte, defensoribus; pro parte dicti nostre consortis propositum extitit, quod anno Domini millesimo ccc° nonagesimo octavo vel circiter, prefati de Auctonvilla, protunc generalis consiliarius super facto subsidiorum regni nostri, et Barbery, custos coffrorum parsimonie nostre, inter cetera, eidem consorti nostre dixerant, quod secundum quod percipiebant ac inveniebant, regni nostri subsidia supradicta pluris erant et ad valorem majorem ascendebant quam Generales qui precesserant dixissent seu asseruissent, quodque circa illud tempus, sub occasione cujusdam domus quam de novo dicta nostra consors construi faciebat ac meneagii sui a nobis obtinuerant mandamentum quo nos eidem nostre consorti summam viginti milium francorum super premissis subsidiis levandam et capiendam concesseramus ac donaveramus, et ipsum mandamentum predicte consorti nostre actulerant et obtulerant, eidemque supplicaverant, quod cum nonnulle ipsis de Auctonvilla ac Barbery supervenissent necessitates, eisdem prefata nostra consors suam quictanciam de decem mille francis super predicta viginti mille francorum summa per modum mutui concedere vellet; et in hoc casu, predictus de Auctonvilla, predicta decem millia, virtute dicte quictancie mutuata, se restiturum ac in fine anni soluturum, necnon facturum quod reliqua decem milia antedicte consorti nostre solverentur, constituebat ac promictebat, constituerat et promiserat. Dicebat insuper predicte nostre consortis procurator, quod ipsa nostra consors predictam quictanciam de decem mille francis quâ recognosce-

bat se a receptore generali dictorum subsidiorum dictam decem mille francorum summam recepisse, eisdem de Auctonvilla et Barbery tradiderat ; virtute cujus, prefatus de Auctonvilla quinque milia receperat et ea recepisse recognoverat ac eidem consorti nostre restituere, per arrestum xviii^e die maii anno presenti prolatum, condempnatus fuerat, etc. . . . . .
. . . .

Curia nostra prefata, arrestum suum contra dictum Radulphum de Auctonvilla xviii^e die maii anni presentis prolatum consolidando ac confirmando, dictum de Auctonvilla ad restituendum et reddendum predicte nostre consorti quinque mille francos, et Guillelmum Barbery quatuor mille francos, necnon predictum de Auctonvilla erga nos in emenda quinque milium francorum, ac dictum Barbery in emenda quatuor milium francorum et ad subeundum et tenendum prisionem seu carceres usque ad plenam de diversis satisfaccionem, ipsos eciam de Auctonvilla et Barbery, in expensis dicte consortis nostre, per suum arrestum condempnavit et condempnat earumdem taxacione dicte curie nostre reformate. Et per idem arrestum memorata nostra curia, premissos de Auctonvilla et Barbery officiis regiis quibuscumque obtentis et obtinendis privavit atque privat.

Pronunciatum vi^a junii cccc primo.

(*Arch. de l'Emp.* — Reg. XLVII des arrêts et jugés, coté X 48. fol. 197.)

LXXXXV

Guillaume de Tignonville reçu prévôt de Paris.

Lundi 6 juin 1401.

Ce jour, noble homme mons. Guillaume de Tignonville, chevalier, conseiller, chambellan du Roy nostre sire, fu institué prévost de Paris et mis en son siége par noble homme et sage mons. Jehan de Poupincourt, seigneur de Lyencourt et de Sercelles[1], premier président en son parlement, accompaignié de nobles et puissans seigneurs mons. Charles de Lebret, mons. Guillaume de Meleun, parens du Roy, et très grant quantité de autres nobles chevaliers, barons et escuiers.

(D'un reg. des *Sentences, jugements et appointements civils de la prévôté de Paris. Arch. de l'Emp.* X. 5220.)

LXXXXVI

Lettres de Charles VI qui confient la garde du pape Benoît XIII à Louis, duc d'Orléans.

Paris, 1er août 1401.

Karolus, Dei graciâ Francorum rex, universis presentes litteras inspecturis, salutem. Veritatis fidem firmiter attestantes, ad omnium noticiam deducimus et deduci volumus per presentes, quod **nunquam Benedictum**, ultimo in papam electum[2], ordinavimus

---

1. Liancourt et Sarcelles
2. Benoît XIII (Pierre de Luna), élu le 28 septembre 1394.

neque mandavimus in carcere quocumque retrudi, includi, nec aliquali stricta custodia coarctari, neque contra ipsum guerram fieri, nec insultus bellicos aliquales. Quinymo, ipsum ad tuicionem persone sue familiarumque et bonorum suorum suscepimus, et posuimus in nostra salva gardia speciali, et pro majori suà securitate, sibi in gardiatorem deputavimus carissimum germanum nostrum, Ludovicum, ducem Aurelianensem, sicut per nostras patentes litteras super hoc sibi concessas, clare patet. In quorum testimonium, nostrum presentibus litteris fecimus apponi sigillum. Datum Parisius, primà die augusti, anno Domini millesimo cccc^{mo} primo, et regni nostri vicesimo primo.

Sur le repli : Per Regem, ad requestam domini ducis Aurelianensis et ipso presente.

J. DE SANCTIS.

(Orig. parch. *Arch. de l'Emp.* Carton K. 55, pièce 14.)

LXXXXVII

Instructions des ambassadeurs français envoyés vers le duc de Milan.

Août 1401.

Instruction pour le mareschal Boussicaut, le gouverneur de Dalphiné et messire Guillaume de Tignonville, prévost de Paris, envoiez de par le Roy devers le duc de Milan, des choses qu'ilz auront à faire pardelà.

Premièrement, après la présentacion des lettres du Roy et salutacion, diront que après ce que de par ledit duc de Milan[1] a esté pieçà requis au Roy qu'il voulsist octroyer le mariage de l'une de noz dames ses filles avecques l'ainsné filz dudit duc, le Roy a esté depuis occupé de moult grans besoignes pour quoy il n'a peu sitost délibérer sur ce, toutesvoies il y a eu son advis, lequel ilz diront audit duc ainsi comme il s'ensuit :

Premièrement que ledit duc vuelle et accorde que de bonne foy il condescendera à faire toutes les choses d'acort et de traictié amiable dont il sera requis sur les choses que les parens et amis de la Royne lui vouldront requérir et demander, qui sembleront à gens de raison estre faisables et raisonnables.

Item, que ou fait de Janne[2], dont ledit mareschal lui parlera, il face tous jours ce qu'il sçet et pourra savoir qui sera au profit du Roy et de sa seignourie de Janne. Et de ce qui de présent y est à faire, l'informera ledit mareschal.

Et se ledit duc veult ainsi faire, le Roy, pour le bien qui au plésir de Dieu se peut ensuir dudit mariage tant à son royaume et à l'union de l'Église comme autrement en moult de manières, et pour l'affection qu'il a audit duc, entendra volentiers au mariage dessusdit. Et pourra icellui duc envoier se il lui plest devers le Roy ses messages avecques povoir suffisant de traictier des choses convenables pour ledit mariage et y conclurre.

Et aussi par ces moiens la Royne et nosseigneurs les ducs, oncles et frère du Roy se emploieront volentiers et de bonne foy que icellui mariage se face et parface.

---

1. Jean Galéas. — 2. Gênes.

Après ces choses parleront aussi audit duc du fait de l'Église, en reprenant ce que autrefois en parlèrent l'abbé du mont S. Michiel, ledit messire Guillaume de Tignonville et maistre Gille des Champs, qui derrainement furent envoiez de par le Roy devers ledit duc. Et porteront la copie des articles que autrefois y portèrent lez diz abbé, messire Guillaume et maistre Gille et des responses dudit duc, afin que ilz soient plus avisez de ce qu'ilz auront à faire et à parler en ceste matère.

Item, prieront et requerront de par le Roy ledit duc que il vuille poursuir le fait de l'union de ladicte Église en ensuiant envers cellui de Rome les voies que le Roy a tenues envers Bénédic[1], et que en mectant à effect les choses contenues en ses dictes responses il vuelle labourer à ce que les anticardinaux de Boniface[2] et les Rommains et autres qu'il sçet qui en ce pevent aucunement profiter, se disposent au fait de ladicte union et y facent disposer ledit Boniface, tèlement qu'il accepte la voie de cession ainsi comme a fait ledit Bénédic. Et que après la conclusion de l'assemblée des princes et prélas des deux obéissances qui au plésir de Dieu se fera, dont en sesdictes responses est faicte mencion, ledit Boniface ne puisse faire aucun trouble ne empeschement à la paix et union de l'Église.

Item, lui diront que le Roy laboure à son povoir devers les princes et seigneurs de l'Empire et autres, afin que à ladicte assemblée général desdictes deux obéissances ilz veullent consentir et y estre en leurs

---

1. Benoît XIII. — 2. Boniface IX.

personnes et y envoyer leurs procureurs souffisaument fondez. Et sur ce que le Roy a ordené envoier ses messages à Metz à cest premier jour de septembre pour parler de ceste matère à aucuns desdiz seigneurs de l'Empire, qui lors y doivent estre.

Item, feront leur povoir de savoir sur ledit fait de l'Église l'entencion final dudit duc le plus avant qu'ilz pourront, et le requerront de ce qu'il en a acordé et acordera il veulle affermer et asseurer le Roy par ses lettres ou autrement telement qu'il apperçoeve par effect la bonne affection que icellui duc a à ceste matère; et ce qu'ilz en pourront avoir et sentir.

Item, en la fin parleront audit duc par bonne manière, qu'il veulle dénier l'obéissance à cellui de Romme, en lui disant et monstrant que tant comme il aura obéissance il aura tant d'amis qu'il empeschera la conclusion de ladicte assemblée général. Toutesvoies se ilz voient que ledit duc ne preigne mie plésir en ces paroles, ilz ne se y tendront mie longuement et ne lesseront point pour ce à procéder aux autres besoignes dessusdictes, selon ce que ès articles dessus escriz est contenu.

Donné à Paris, le xiiie jour de aoust, l'an de grâce mil cccc et un.   CHARLES. (Signature autographe.)

Veue par Mess. les ducs de Berry, d'Orléans et de Bourbon, et paravant avisée par leur commaudement par les gens du grant conseil où monseigneur le chancellier, le patriarche d'Alexandrie, l'archevesque d'Aux, l'évesque de Meaulx, le conte de Tancarville et autres estoient.   J. DE SANCTIS.

(Orig. parch. scellé, en plaqué, du C. S. du sceau royal en cire rouge. *Trés. des Ch.* Carton J. 504, pièce 4*quater*).

LXXXXVIII

Trois lettres de Charles III, roi de Navarre, au roi de Castille touchant les querelles des maisons de Bourgogne et d'Orléans.

18 septembre 1401.

Rey, muy caro et muy amado hermano. Nos, el rey de Navarra, vos imbiamos mucho asaludar, como a aqueill pora quien nos querriamos que disse Dios mucho honrra et buena aventura. Recibiemos vuestras letras por micer Venturin, portador de las presentes, et tanto por eill, como por el contenido en aqueillas, nos avemos sopido vuestro estado et salut ser bueno, loado el nombre de Dios! En loquoal nuestro coraçon a ovido especial plazer et consolacion, et Nuestroseynnor Dios por su gracia nos en de siempre oir tales nuevas como vuestro coraçon desea, et nos querrianos pora nos mesmo. Et, a lo que vos plaze saber de l'estado de pardaça, sepades que quoando las presentas fueron escriptas, el rey de Francia, nuestro muy caro et muy amado primo, nuestros thios et cosins, los ducques de Berry, Borgoingna, Orlians et Borbon, et nos, heramos en buena prosperidat et salut de nuestras personas, Dios merce! qui por su gracia quiera que assi sea de vos. Otrossi Rey, muy caro et muy amado hermano, sobre las cosas que el dicho micer Venturin nos ha dicho de vuestra part, nos y avemos travaillado et fecho nuestro poder segunt all vos dira mas largament, et en aqueillo et en todas otras cosas que cumpliessen a vuestra honrra et provecho, feablement nos podedes escrivir. Car nos nos y emplegaremos et travaillaremos de buen coraçon et con tant gran diligencia como nos querriamos que fiziessedes en semblable caso por nos. Rey, muy caro et muy amado hermano, el Sant Esprit sea siempre vuestra goarda. Escripta en Paris, xviii° dia de septembre.

CHARLES. (Signature autographe.)

Suscription. Al rey de Casteilla et de Leon, nuestro muy caro et muy amado hermando.

Et plus bas en apostille } Del rey Charles de Francia[1].

(Lettre orig. pap. cachetée.— *Arch. de l'Emp.* K. Carton liasse B 1²⁰.)

7 octobre.

Rey, muy caro y muy amado hermano. Nos, el rey de Navarra, vos imbiamos mucho asaludar como aqueill porra quien nos querramos que de Dios mucha honrra y buena aventura. Rey, muy caro y muy amado hermano, por el grant deseo y singular affeccion que nos avemos de oir y saber continuadament en bien de vuestro noble estado y salut, vos escrivimos a present, rogando vos carament que el mas amenudo que podiertes por vuestras letteras y otrament, nos en querades certifficar a nuestra consolacion. Nuestroseñor por su gracia nos en dexe oir talles y si buenas nuevas como vuestro coraçon desea. Et si del nuestro vos plaze, quando las presentes fueron escriptas, nos heramos sano y en buena disposicion de

---

1. C'est la ressemblance des signatures qui aura motivé cette erreur. En effet, à cette pièce surtout, le mot *Charles* est tout à fait semblable aux signatures les mieux constatées de *Charles VI*.

nuestra persona, gracias a Nuestroseñor Dios! qui esto por su merce vos quiera octoigar. Rey muy caro y muy amado hermano, sobre cierto movimento et bollicio qui es apresent en estas partidas entre nuestros muy caros y muy amados cohermanos los ducques d'Orlians y de Bourgoynna, non vos escrivimos agora ninguna cosa, por que Dios queriendo bien brevment esperamos que entre eillas aura buena paz y acuerdo, y en lora vos escrivremos et faremos saber todo este negocio y la manera con es passada, con todas las otras nuevas de pardaça, bien largament. Rey muy caro et muy amado hermano, si cosa alguna vos cumple que per honrra vuestra fazer podamos pardaça fazet nos lo saber et nos lo faremos de buona voluntat. Fecha en Paris, el vii° dia de ottobre.

CHARLES.

Au dos : Al Rey de Castieilla et de Leon, nuestro muy caro et muy amado hermano.

(Lettre orig. sur papier, cachetée. — *Ibid*. B. 1²³.)

Dernier octobre.

Rey, muy caro et muy amado hermano. Nos, el rey de Navarra, vos imbiamos mucho asaludar como a aqueill pora quien nos querriamos que diesse Dios tanta honrra buena vida et salut quoanta vuestro coraçon desea et nos querriamos para nos mesmo. Muy caro et muy amado hermano, por el grant deseo et singular affeccion que nos avemos de oyr de vuestro buen estado et salut, vos rogamos tan carament como podemos, que por letras et por messages que acaestran venir pardaçà, nos en querades escrivir et fazer saber assi avant como en plazer vos sera. Car maior consolacion et plazer non podriamos en este mundo aver, que den oir en bien, et Nuestroseñor por su gracia lo quiera conservar et fazer tal como nos querriamos el nuestro mesmo. Et muy caro et muy amado hermano, por que somos cierto que semblement avredes plazer a oir del nuestro que assi sea de vos. Otrossi muy caro et muy amado hermano, dos meses ha passados que nos estavamos sobre nuestro partimiento daqui para yr en nuestro regno, et por cierta contienda et movimento qui fue entre nuestros muy caros cohermanos los duques d'Orlians et de Bourgonna, nuestro viage fue por lora dilatado, et en pacifficar et acordar el dicho movimiento avemos seido ata aqui occupado, el quo al gracias a Dios es ya sossegado et pacifficado, segunt vuestras gentes portadores de las presentes vos podran contar mas largement. Et pues este fecho es en buen estado, nos nos entendamos en breu partir daqui et continuar nuestro camino. Et aqui et en todos logares do nos seremos, muy caro et muy amado hermano, feablement vos nos podedes escrivir et fazer saber todas cosas que por honrra vuestra fazer podamos, por las complir et fazer de buen coraçon a todo nuestro poder, como por aqueill que nos amamos et de todo nuestro coraçon deseamos fazer amor et plazer. Fecha en Paris, el ultimo dia dottobre.

CHARLES.

Suscription. Al rey de Casteilla et de Leon, nuestro muy caro y muy amado hermano.

(Lettre orig. pap. cacheté. — *Ibid.* B. 1ᵗᵉ.)

LXXXXIX

Lettre du duc de Bourgogne au parlement, et la réponse.
1401.

Du samedi 29 octobre 1401.

Item, ce jour furent leues en la chambre certeines lectres envoyées de par monseigneur le duc de Bourgogne[1] contenant la teneur qui s'ensuit.

« Le duc de Bourgogne, conte de Flandres, d'Artoiz et de Bourgogne. Très chers et espécialz amiz. Nous tenons estre bien venu à vostre cognoissance, monseigneur le Roy nous avoir mandé par maintesfois et commendé venir pardevers lui. Et combien que en noz payz de Flandres et d'Artoiz nous eussions grandement à besoigner de plusieurs grosses besoignes, tant du mariage de Anthoine nostre filz[2], du partage de noz enfans et autres touchans grandement nous nostre seigneurie et noblèce, néantmoins, pour obéir à son commandement comme droiz est, et aussi que tousjours avons volu et voudrons faire à nostre povoir, avions et avons volu toutes autres choses laisser, en entencion d'aler pardevers lui, ainsi que mandé nous avoit. Et avons esté, comme vous avez peu savoir, jusques à Senliz. Si ne vous merveillez point, très chiers et espécialz amiz, se nous avons esté plus avant. Car jà soit ce que ès besoignes de mondit seigneur nous nous voulissions tousdis emploier de-

---

1. Philippe le Hardi, quatrième fils du roi Jean.
2. Antoine, comte de Rhétel, puis duc de Brabant.

vant toutes autres choses ainsy que tenus y sommes, toutevoie nous semble-il que quant à présent, actendu l'estat de mondit seigneur tel qu'il est, nous y eussions bien peu prouffité; et aussi pour ce que les nosces de Anthoine, nostre filz, et les partages de nosdiz enfans, ne sont encores faiz, nous, tant pour les faire, en actendant la bonne santé de mondit seigneur, que Nostre Seigneur par sa grace doint estre briefment telle qu'il sçet que mestiers est à lui et à son royaume, comme pour entendre en nos autres besoignes et afères en nosdiz payz, et vous recommendons tant acertes et de cuer comme plus povons les besongnes de mondit seigneur. Et pour Dieu advisez et metez peine que sa chevance et son demainne ne soient gouvernez ainsy que ilz sont de présent. Car en vérité, c'est grant pitié et douleur de oyr ce que j'en ay oy dire, et ne cuidasse pas les choses estre en l'estat que on dit qu'elles sont. Sy y veilliez faire tout le bien que vous pourrez, et pour certain vous ferez bien et vostre devoir. Et quant est de nous, nous nous y employerons très volentiers et de bon cuer de toute nostre puissance. Très chers et espéciaulz amiz Nostre Seigneur vous ait en sa garde. Escript à Ressons, le xxvie jour d'octobre. Ainsi estoit la supscripcion : A noz très chers et espéciaulz amiz les gens du parlement de monseigneur le Roy estans à Paris. »

Les dictes lectres leues et considérées par les dessusdiz conseillers, me fut enjoint[1] que je feisse unes lectres de par les dessusdiz qui contendroient ce que s'ensuit, en un demi foillet icy ataché; et lesquelles

---

1. *Me fut enjoint*, etc. C'est le greffier du Parlement qui parle.

je monstray à messire de Poupaincourt, premier président, lequel dist quelles [estoient] bien, et pour ce furent envoiées par un vallet ordonné par Blondeau, chambellan dudit duc.

« Très redoubté seigneur. Jà soit ce que la court de parlement vacant de présent ne siée point, néantmoins, touz quanques avons peu estre trouvez à Paris, avons esté le xxviiie jour d'octobre, assemblez en la chambre dudit parlement. Auquel jour avons reçeu à grant révérence, comme il appartient, et diligemment leu voz lectres escriptes le xxvie dudit moiz, à nous de vostre grace envoiées par Blondeau vostre chambellant. Dont nous tous vous remercions tant comme nous povons plus. Lesquelles voz lectres, très redoubté seigneur, contenoient ii poins principaulz: cest assavoir, l'empeschement du Roy nostre sire, pour lequel avez esté retrait de venir à Paris et estes retournez en vos paiz de pardelà pour la neccesité des besongnes de vous et de nosseigneurs vos enfans, en actendant la bonne santé du Roy nostresire, que Dieu par sa sainte grace veille donner telle que tous désirer le devons. Outre, nous recommandez les besongnes, la chevance et le demainne de nostre devantdit sire le Roy, laquelle recommendacion nous avons et devons avoir pour commandement, comme il appartient.

Si vous plaise savoir, très redoubté seigneur, que en toutes les besongnes, chevance et demainne dessusdiz, qui nous toucheront ou appartiendront, tant au regart de nostre office touchant le fait de justice comme autrement, où nous serons présens et appellez, nous sommes tousjours prests de déliberer, conseiller, faire et labourer de tous nos povoirs au plus loiaument et au plus diligemment que faire nous pourrons, comme faire le devons, au plaisir de Dieu, à l'onneur et prouffit de mon dessusdit seigneur le Roy et de son royaume, et à la grace de vous, très redoubté seigneur. Lequel nous supplions humblement y vous plaise de vostre grace avoir ladicte court de parlement, tant en général que en espécial, nous et les personnes singulières d'icelle, avoir en vostre grace et tousjours pour recommandées, en nous offrant, tant en général que en espécial, humblement à faire tousjours vos commandemens, services et plaisirs comme faire le devons et y sommes tenus.

Très redoubté seigneur, le Saint Esperit vous ait en sa saincte garde, que vous doint bonne vie et longue et à la fin sa gloire. Escript à Paris le xxixe dudit mois. Ainsy suscriptes.

Vos serviteurs les présidens et plusieurs autres conseillers de la Chambre de parlement. »

(*Arch. de l'Emp.* — Reg. XII du Conseil, fol. 36.)

C

Instructions des ambassadeurs français.

29 novembre 1401.

Instruction pour l'évesque de Chartres[1], l'amiral[2], le premier président, le sire de Heugueville chevalier et chambellan, conseillers, et Jehan de Sains, secrétaire du Roy, envoyez de par lui pour assembler ès marches

---

1. Jean de Montaigu. — 2. Jean de Vienne.

d'entre Bouloigne et Calais avecques les messages d'Engleterre pour parler des choses qui s'ensuivent.

Premièrement. Requerront les diz messages d'Angleterre que de leur part facent réparer les attemptas fais de leur partie contre la teneur des trèves derrainement prises avecques le roy Richart d'Engleterre jusques à xxviii ans, et diront que mesmes depuis leur derrain départenient de Leulinghen avecques les messages d'Engleterre pour lors envoiez, en ont esté fais plusieurs de leur dicte partie en la mer. Car de leur dicte partie ont esté prinses plusieurs nefs et barges et autres vaisseaux chargiez de gens, de denrées et marchandises; qui est contre la teneur des dictes trèves, et mesmement contre la forme du dit derrain appoinctement prins à Leulinghen. Et déclareront les actemptas dont ilz auront mémoire. Et sauront se aucuns en sont fais par terre. Et en parleront et entendront diligemment à faire réparer les diz actemptas, et feront aussi à leur povoir réparer ceulx qui ont esté fais de la partie de France.

Item. Parleront de la modéracion des patiz[1] qui selon la forme des dictes trèves doit estre faicte ou pays de Guienne d'une part et d'autre. Et diront que combien de la partie de France soient alez par delà depuis que lesdictes trèves furent prinses plusieurs commissaires, notables seigneurs et personnes, pour ladicte modéracion, toutes voies aucune chose n'en a esté faicte, et a tenu tousjours à la partie d'Engleterre, comme par les procès sur ce fais puet apparoir. Et encores pour ce envoie le Roy ses messages oudit pays

---

1. Compositions pour les contributions de guerre.

de Guienne pour assembler avecques ceulx d'Engleterre et entendre à ladicte modéracion selon la forme dudit derrain appointement. Et pour ce que ceste chose a jà longuement duré sans y avoir esté remédié, et que les subgiez du Roy oudit païs sont très excessivement grevez par les diz patiz, il a ordené à ses diz messages qu'ilz en parlent aux diz messages d'Engleterre et requièrent qu'il y soit pourveu tèlement comme faire se doibt selon la forme desdictes trèves.

Item. Quant à l'article contenu en l'endenture faicte sur le derrain appointement faisant mencion que l'en face crier de l'une part et de l'autre en tous les ports et bonnes villes de tous les deux royaumes, et en toutes les seignouries de l'obéissance de chascun, que tous marchans et autres bonnes gens d'iceulx royaumes puissent doresenavant aler et passer seurement et sauvement mener leurs marchandises et autrement par mer et par terre par l'un et l'autre royaume et seignouries selon la teneur des trèves sans avoir nouvel saufconduit.

Responderont qu'il plest au Roy que les trèves prinses et accordées derrainement entre lui et le roy Richart d'Engleterre soient tenues sans enfraindre selon la forme et teneur des lettres sur ce faictes d'une part et d'autre, et n'ont point esté enfrainctes de sa part. Et par les trèves se peut faire ce que oudit article est contenu. Et lesdictes trèves a fait le Roy crier et publier solennelment par tout son royaume. Et encores, se il est besoing veult il que elles y soient publiées, mais que ainsi se face de l'autre part. Et requerront que telz actemptas ne soient plus fais par ladicte autre partie, comme ils ont esté fais jusques à ores.

A l'autre article contenuen ladicte endenture, contenant que tous les biens et vaisseaux qui ont esté prins ou arrestez en mer et en terre durant ces trèves d'une part et d'autre qui seront trouvez en nature de chose, seront renduz et restituez réalment et de fait; et ceulx qui ne pourront estre trouvez, seront à la bonne ordenance et arbitrage de ceulx qui à ce seront commiz ; c'estassavoir, ceulx de la mer, des amiraulx, et ceulx de la terre, des conservateurs ou commiz à ce, en gardant la forme de droit.

Responderont que le Roy veult que ainsi soit fait de sa part, mais que ainsi soit fait de l'autre partie, et que par ladicte autre partie soit mise tèle provision que plus ne soient fais telz actemptas par les subgiez d'icelle, comme ilz ont esté fais jusques à ores.

A l'autre article de ladicte endenture contenant que toutes lettres de marque et de reprisailles octroyées d'une part et d'autre soient revoquées et mises à néant, et les biens qui par icelles ont esté prins d'une part et d'autre restituez et renduz à ceulx à qui ilz estoient, et doresenavant ne s'en donnera aucunes lettres par nul des diz seigneurs jusques à ce qu'il aura esté premierement sommé deuement.

Responderont que les actemptas fais jusques à ores réparez comme raison est et bonne ordenance mise que doresenavant ne s'en face aucuns contre la teneur desdictes trèves de la partie d'Angleterre, ainsi comme l'en a fait jusques à ores, il plest bien au Roy que ledit article soit gardé.

A l'autre article de ladicte endenture contenant que durant le temps des trèves aucun chastel, ville ou forteresce ne pourra estre prins, receu, soubstraict ou acquis de l'une partie sur l'autre par force d'armes, par eschielemens, donacion, permutacion, engaigemens, vendicion ou par autre quelconque contract, titre ou couleur, comme esdictes trèves est contenu.

Responderont que èsdictes trèves est ladicte clause expressément contenue, les queles trèves le Roy veult estre tenues, comme dessus est dit.

Au derrain article de ladicte endenture, contenant que chascune personne des diz deux royaumes pourront aler seurement et sauvement ès lieux où ilz sauront leurs biens, les requérir et pourchacier sans ce qu'ilz aient mestier de sauf conduit ne que aucun dommage leur soit fait en aucune manière ; et seront tenuz les conservateurs et séneschaux ès pays, de leur faire rendre sans contredit.

Responderont que il plest bien au Roy que de sa part soit ainsi fait, et que l'autre le face ainsi.

Item. Demanderont les diz messages à ceulz d'Angleterre la response de leur seigneur sur la demande qui par eulx fu faicte aux diz messages d'Engleterre qui derrainement furent à Leulinghen, tant sur la restitucion de la somme de iie mille frans qui doit estre restituée à la royne d'Engleterre, selon la forme du traictié du mariage, etc., comme des joyaux et autres biens qui furent donnez à ladicte royne en Angleterre, et des terres que lui donna le roy Richart.

Item. Ou cas que l'amiral ne y pourra aler, les autres le excuseront le mieulx qu'ilz pourront, et besongneront à leur povoir sur les choses dessusdictes.

Item. Mecteront peine de reprendre une autre journée la plus longue que faire se pourra, pour entendre aux choses dessusdictes, ou cas que de présent ne pourront sur tout conclure. Toutesvoies ilz feront la meilleur diligence qu'ilz pourront que les actemptas soient réparez le plus brief que faire se pourra.

Item. Se ceulx de la partie d'Angleterre parlent des xvi⁰ mille francs pour la rédempcion du roy Jehan, responderont que autrefois leur a esté sur ce respondu et que de présent ilz n'en ont aucune charge.

Et semblablement, se ilz parlent de ce que le Roy a fait duc de Guienne son ainsné filz, et du fait du conte de Foix et du sire de Le Bret, responderont comme dessus.

Par le Roy en son conseil, messeigneurs les ducs de Berry, d'Orléans et de Bourbonnois, et plusieurs autres du grant conseil présens.

NEAUVILLE.

Au dos : Instruccion pour les messages du Roy pour assembler avecques ceulx d'Angleterre bailliée le xxix⁰ jour de novembre l'an cccc et un.

(Orig. parch. avec trace de sceau plaqué. — *Arch. de l'Emp. Trés. des Ch.* Carton J. 645, pièce 22.)

CI

Traité de Paris entre les ducs d'Orléans et de Bourgogne, moyenné par la reine, les ducs d'Anjou, de Berri et de Bourbon.

Paris, 14 janvier 1402.

Ysabel, par la grâce de Dieu royne de France, Loys, par celle mesme grâce Roy de Jérusalem et de Sicile, duc d'Anjou et conte du Maine, Jehan, duc de Berry et d'Auvergne, conte de Poitou de Bouloigne et d'Auvergne, et Loys, duc de Bourbonnois. A tous ceulx qui ces lectres verront, salut. Comme pour bien de paix et pour nourrir amour et union entre nostre très cher et très amé oncle, frère et cousin, le duc de Bourgoigne d'une part, et notre très cher et très amé frère, neveu et cousin, le duc d'Orléans, d'autre part, entre lesquelz, pour ocasion d'aucuns rapors fais à ceulx comme l'en dit, par aucunes personnes, tant ès temps passez comme naguères, aucuns mouvemens de desplesirs et de divisions estoient meuz ou espérez à mouvoir, dont plusieurs grans et inréparables maulx et dommages se peussent estre ensuis se tost ne y eust esté pourveu, nous nous soions entremiz de les appaisier. Et tant ait sur ce esté procédé, que moiennant la grâce de Dieu et l'exhortacion et admonestement d'aucunes bonnes personnes qui à ce ont labouré, lesdiz deux seigneurs, en ensuiant la grant bonté, prudence et noble voulenté d'eulx et de leurs prédécesseurs de la noble maison de France dont ilz sont descenduz et dont ilz sont notables membres; considérans les grans biens qui de leur bonne paix, amour et union pevent venir à tout le royaume, et les grans maulx, inconvéniens et dommages qui se pourroient ensuir se aucun descort ou dissencion estoit entreulx, que Dieu ne vuille! Et pour obvier à iceulx maulx et inconvéniens ancois que ilz aviegnent, se sont soubmiz de leurs bons grez et bons plesirs, du tout en tout, de tous les desplesirs, descors et dissencions quelconques qui estoient, sont et pourroient avoir esté et estre entr'eulx par tout le temps passé jusques à ores, en quelconque manière et pour quelconque cause que ce soit ou puist estre, ou dit et ordenance de nous. Et ont voulu et consenti que nous en ordenons, appoinctons, déter-

minons et décidons ainsi comme il nous semblera
pour le meilleur, et quérions, trouvions et avisions
toutes bonnes seurtez, voies et manières par les quèles
nous les pourrons mectre et tenir doresenavant à
tous jours à bon acort. Et ont juré aux Sainctes Euvangiles de Dieu, et promis par leur foy et en parole
de filz de roy, et chascun d'eulx pour tant que il lui
touche, tenir, garder, entériner et acomplir fermement tout ce que par nous sera sur ce dit, déterminé,
appoinctié et ordené, sans jamès faire ne venir encontre. Si comme ces choses et autres sont plus à
plein contenues ès lectres de chascun d'eulx sur ce
faictes et séellées de leurs seaulx; les queles nous
avons devers nous. Savoir faisons, que pour mectre
ceste besoigne à bonne conclusion, à l'onneur de
Dieu et de la couronne de France, dont lesdiz seigneurs sont si prochains comme chascun sçet, et au
bien de tout ledit royaume, et afin que doresenavant,
bonne paix, amour et union y soient nourries entr'eulx;
et cessent et soient sopies du tout tous mouvemens,
desplésances, divisions, descors et dissencions qu'ilz
ont et ont peu et povoient avoir l'un contre l'autre,
se aucunes en avoient. Après ce que nous avons parlé
et fait parler à chascun d'eulx, et entendu diligemment au bien de ce fait, et que ilz ont juré en noz
présences aux Sainctes Euvangiles de Dieu et sur la
vraye Croix et sur la ramembrance de la Passion de
Nostre Seigneur Jhésus Crist par eulx touchées de leurs
mains dextres, tenir et avoir ferme et aggréable ce
que sur ce ordenerons; et eue par nous grant et meure
délibéracion en ces fais. Nous, par vertu de ladicte
submission faicte en nous et en nostredit et orde-

nance par lesdiz deux seigneurs et chascun d'eulx, comme dit est, disons, ordonnons, prononcions, appoinctons et déterminons ce qui s'ensieut : Premièrement, que iceulx deux seigneurs qui sont si prochains et se attiennent si prez de lignage, comme chascun sçet, soient doresenavant bons, entiers, vrays et loyaulx amis ensemble, comme estre le doivent selon raison et comme droit de nature les y astraint, et soient et demeurent entièrement appaisiez entr'eulx, et ostent de leurs cuers et pensées tous mouvemens de desplesirs, descors, divisions et dissencions qu'ilz ont ou pevent avoir eu et avoir l'un envers l'autre, se aucuns en ont euz en tous les temps passez jusques au jour d'uy. Et les remectent et délessent et s'en départent et déportent du tout. Afin que eulx ainsi appaisiez par la grâce de Dieu, puissent plus libéralment et diligemment vaquer et entendre en bonne amour et union à conseiller monseigneur le Roy au bien de sa personne et de son royaume. En oultre disons, appoinctons, ordenons et déterminons comme dessus, que se il avient que aucuns rapors soient fait doresenavant auxdiz deux seigneurs ou à aucun d'eulx pour ocasion desquelz aucuns desplesirs se peussent mouvoir entr'eulx, que Dieu ne vuille! cellui d'eulx à qui lesdiz rapors seront fais les face savoir tantost à monseigneur le Roy et à nous ou à cellui ou ceulx de nous qui sera ou seront pardeçà. Afin que ilz soient signifiez et déclairez à cellui contre qui lesdiz rapors seront fais. Et mondit seigneur le Roy et nous, ferons diligence de savoir la vérité de la besoigne et de les appaisier, se faire se peut en aucune manière. Et que, ou cas que par celle manière ne pourroient estre appaisiez, ils ne facent pour ce aucuns mouvemens de fait l'un contre l'autre, que premièrement cellui qui les vouldra faire ne le signifie à l'autre. Et que après ladicte significacion faicte, il se demeure sans mouvoir pour ce aucune voie de fait contre l'autre jusques à deux mois ensuians, afin que ce pendant, moiennant la grâce de Dieu, par l'ordenance de monseigneur le Roy ou par le moien de nous et des autres de son sang, aucun bon appoinctement y puist estre trouvé. Et supposé qu'ilz voulsissent faire aucun mouvement de fait l'un contre l'autre et faire pour ce aucuns mandemens ou assemblées de gens d'armes, toutesvoies ilz ne les facent point ès villes ne ès terres du Roy. Et ou cas que il avendroit, que Dieu ne vuille! que l'un desdiz deux seigneurs feist ou temps avenir aucune chose contre nostredicte ordenance ou qu'il ne la voulsist tenir, nous nous sommes déterminez et déclairez, déterminons et déclairons par ces présentes, que à cellui qui la tendra nous donnerons tout l'aide, faveur et confort que bonnement pourrons. Et cellui qui la contredira, nous ne aiderons, conseillerons, conforterons, ne ne lui donnerons faveur en aucune manière. Mais conseillerons monseigneur le Roy que il contraigne la partie contredisant à tenir ceste nostre ordenance, prononciacion et appoinctement, par toutes voies et manières à ce appartenans. Et pour ce aussi que, comme l'en dit, aucunes personnes ont dit aucunes paroles touchans l'estat et honneur desdiz deux seigneurs ou d'aucun d'eulx, et se sont esforciez de faire plusieurs assemblées et monopoles contre l'onneur d'iceulx seigneurs ou d'aucuns d'eulx, pour ocasion des quèles choses lesdiz mouvemens sont venuz entr'eulx, comme aucuns supposent, et s'en pourroient ensuir ou temps avenir plusieurs escandes se remède ne y estoit miz; Nous, afin que telz rapors et tèles choses cessent doresenavant, avons ordené et ordenons que les gens de monseigneur le Roy se informent diligemment desdiz rapports et de ceulx qui les ont fais, et que ceulx qu'ilz en trouveront coulpables, qui toutesvoies ne seront mie serviteurs ou familiers desdiz deux seigneurs ou de l'un d'eulx, ilz punissent, sans toutesvoies mort de personne ou perte ou mutilacion de membres. Tèlement que leur punicion soit exemple à tous autres de non se oser enhardir de entreprendre tèles foles outrecuidances. Et se aucune interprétacion ou déclaracion chéoit à faire ès choses dessusdictes ou aucunes d'icelles, nous réservons à nous pleine puissance de les interprèter et déclairer ainsi comme nous verrons qu'il sera à faire pour le meilleur, toutes et quantes fois qu'il sera besoing ou que le cas y echerra. Après noz quèles ordenance, prononciacion, appointement et déterminacion par nous ainsi faictes comme dessus est contenu, et que nous les eusmes fait lire publiquement et entendiblement, présens à ce avecques nous lesdiz deux seigneurs et grant nombre de personnes, tant des principaulx officiers et conseillers de monseigneur le Roy comme autres, Nous Royne, appellasmes prez de nous noz oncle de Bourgoigne et frère d'Orléans dessusdiz, et leur demandasmes en la présence de nostredit cousin le roy de Jhérusalem et de Sicile, de nozdiz oncles de Berry et de Bourbon et de grant nombre des principaulx officiers et conseillers de monseigneur, et de autres notables personnes, se ilz avoient aggréables l'ordenance, prononciacion, appoinctement et déterminacion de nous et de nostredit cousin et de noz dix oncles dont dessus est faicte mencion. Les quelz respondirent l'un après l'autre, qu'ilz les avoient aggréables, et promistrent par la foy de leurs corps pour ce baillée ès mains de nous Royne, et aussi l'un à l'autre par leurs mains dextres, les avoir et tenir fermes et estables chascun de sa partie, sans jamès aler ne faire aucunement encontre. En tesmoing de ce nous avons fait mettre à ces lettres noz seaulx. Donné à Paris, le XIIIe jour de janvier, l'an de grâce mil cccc et un.

Sur le repli : Par l'ordenance et commandement de la Royne, du Roy de Jhérusalem et de Sicile, et de nosseigneurs les ducs de Berry et de Bourbon, leurs ordenance, prononciacion, appoinctement et déterminacion contenues en ces présentes ont esté leues publiquement en leur présence et de nosseigneurs les ducs de Bourgogne et d'Orléans, qui les ont eu aggréables et les ont promis à tenir comme en icelles est contenu; présent à ce, le connestable et le chancellier de France, le patriarche d'Alexandrie, l'archevesque d'Aux, les évesque de Noyon et de Chartres, messire Jaques de Bourbon, le conte de Tancarville, le mareschal de Rieux, l'admiral, le grant maistre d'ostel, les seigneurs d'Ivry, de Heugueville, de Basqueville, Dosnon et plusieurs autres. Par moy.

J. DE SANCTIS.

(Orig. parch. Des quatre sceaux dont il était scellé, il ne reste que le sceau armorial de la reine Isabelle, mi-parti de France et de Bavière, — très-bien conservé, et un fragment de celui du duc de Berri. — *Arch. de l'Emp.* Carton K. 55, pièce 16.)

CII

Pouvoirs donnés par le roi à la reine pour appaiser la brouille survenue entre le duc d'Orléans et de Berri, au sujet de la garde du pape dans Avignon.

Paris, 16 mars 1402.

Charles, par la grâce de Dieu roy de France. Le souverain seigneur et créateur de toutes choses nostre Seigneur Jhésuxpist, quant il daigna se humilier de prendre forme humaine pour venir visiter et racheter sa créature par lui faicte et créé à sa semblance, admonnesta, introduit et enseigna principalment tous ses disciples avoir et garder paix entreulx, en intruisant par ce tous ceulz qui le veulent ensuir, amer et quérir paix, qui est souverain bien en ceste mortèle habitacion. Car, si comme en tout royaume où paix et concorde ont vigueur, fructifient et y accroissent toutes vertuz, ainsi par le contraire, qui est discorde, se y descroissent et diminuent et subséqutivement déclinent et deviennent, telz royaumes, à finale destruction. Et se nous, qui moiennant la grâce et disposicion divine sommes establiz en haultesse et dignité royal, voulons et désirons de toute nostre puissance en ensuiant ladicte introduction de nostredit souverain seigneur, gouverner et garder tous noz subgiez en paix et transquilité, par plus forte raison sommes nous tenuz et astrains tenir, norrir et conserver en paix, amour et union, ceulx de nostre sang et lignage, et oster d'entreux, à nostre povoir, toutes matères de divisions et discordes; mesmement que par eulx principalment, nous nous avons à conseillier en tous noz faiz. Laquelle chose ne se pourroit bonnement faire, se entreux ne regnoit et demouroit le bien de paix. Et pour ce que aucunefois ou temps passé, par l'instigacion de cellui qui tousjours stimule et esmeut les créatures contre ce bien et fait toute sa puissance de semer et mectre entre elles toutes discordes et divisions, ont esté meuz, comme nous avons sçeu, aucuns desplaisirs, descords et dissencions, entre aucunes grans personnes de nostre lignage et moult prochains de nostre sang. Et encores nagaires, en nostre présence, pour le fait touchant les gardes de Bénédic, desrainement esleu en pape du college des cardinaulx et de la ville d'Avignon et des habitans d'icelle, lesquelles gardes pour la seurté des parties nous avons commises; c'est assavoir, premièrement celle dudit Bénédic, à nostre très cher et très amé frère le duc d'Orléans, et celle dudit college des cardinaulx de ladicte ville d'Avignon et des habitans d'icelle, à notre très chier et très amé oncle le duc de Berry, se soit meu aucun débat de paroles entre nostredit oncle de Berry et nostre très cher et très amé oncle le duc de Bourgongne d'une part, et nostredit frère le duc d'Orléans d'autre part, pour occasion desquelles choses plusieurs grans maulx ont esté en voie de venir oudit temps passé, et s'en pourroient ensuir ou temps avenir, que Dieu ne veulle, plusieurs très grans inconvéniens à nous et à tout nostre royaume, se par nous n'estoit à ce pourveu de brief remède, Nous, qui avons et devons avoir toute seignourie sur tous ceulx de noz diz sang et lignage demourans en nostre royaume, et les amons tous naturelment comme nature nous ensaigne, et espécialment tant plus les dessus nommez comme de plus près nous appartiennent, et qui sur toutes choses voulons et désirons la paix, amour et union d'entr'eulx, et ne pourrions avoir plus grant desplaisir que de les veoir en division. Faisons savoir à tous présens et avenir, que afin que tous les diz mouvemens, descords et dissencions cessent, et que tous ceulx de nostredit sang et lignage soient et demeurent doresneavant tous en bonne concorde ensemble, qui sera chose agréable à Dieu, et à nous très parfait plaisir, et le très grant bien de nous et de tout nostredit royaume. avons ordonné en nostre conseil estre faite une certaine cédule ou escripture contenant nostre entencion et voulenté sur les choses dessusdictes, contenant la forme qui s'ensuit.

Pour ce que aucunefois ou temps passé par l'instigacion de l'ennemi, ont esté meuz aucuns desplaisirs, descords et dissencions entre aucuns grans seigneurs du lignaige du Roy et prouchains de son sang. Et encores nagaires pour le fait touchant les gardes de Bénédic derrenièrement esleu en pape du college des cardinaulx et de la ville d'Avignon. se soit meue aucune dissension entre aucuns d'eulx donc pluiseurs grans inconvéniens ont esté en voie de venir oudit temps passé et encores sont de présent et s'en pourroient en suir, que Dieux ne vueille, ou temps avenir plusieurs grans maulx, se par le Roy n'y estoit pourveu, il, qui aime naturelment les diz seigneurs de son sang, mesmement que par eulx il a principaulment à soy conseillier en tous ses grans faiz, et pour ce veult et désire de tout son cuer la paix, amour et union d'entreulx, et ne pourroit avoir plus grant desplaisir que de les veoir en division, et affin que ils soient et demeurent doresenavant tous en bonne concorde ensemble au plaisir de Dieu et au bien de lui et de sondit royaume, il veult et ordenne ce qui s'ensuit :

Premièrement. Que doresenavant tous les prouchains de son sang et lignage soient et demeurent bons, entiers, vraiz et loyaulx amis ensemble comme estre le doivent selon raison et comme droit de nature les y astraint ; et entendent de bonne et entière foy et en bonne et union de tous leurs povoirs au bien du Roy et de son royaume, et à l'exaltacion de l'onneur et des droiz de la couronne de France, comme tenuz y sont. Et se aucuns mouvemens de débas, descors, dissensions ou divisions ont esté ou sont entreulx, que ilz les ostent de leurs cuers et les remectent et délessent et s'en départent et déportent du tout, affin que eulx ainsi estans en bonne paix ensemble par la grâce de Nostre Seigneur, ilz puissent plus liberement et diligemment vacquer et entendre en bonne amour et union à conseiller le Roy en tous ses faiz, ainsi comme il en a en eulx ferme confience, et de ce les requiert sur la foy en quoy ilz lui sont tenuz et sur l'amour qu'ilz ont à lui, et le leur commande sur tout le plaisir que faire lui pevent. Et pour ce que l'occasion de ladicte dissencion meue derrenièrement en la présence du Roy entre nosseigneurs de Berry et de Bourgongne d'une part et monseigneur le duc d'Orléans d'autre, a esté pour cause desdictes gardes, lesquelles ont esté commises par le Roy, c'est assavoir premièrement celle dudit Bénédic, à monseigneur le duc d'Orléans, et après celle dudit college des cardinaulx et deladicte ville d'Avignon et des habitans d'icelle, à monseigneur le duc de Berry, le Roy, afin que les débas appaisiez et lesdiz seigneurs estans en bon accort puist miex et au plus tost entendre au bien de l'union de l'Église, par l'advis d'eulx et des autres de son sang et aussi des autres sages personnes de son conseil, a ordené et ordene que il envoiera en Avignon deux chevaliers notables, non favorables ne suspects à l'une partie ne à l'autre, qui ledit Bénédic et ses gens et famillicrs estans avecques lui et en sa compaignie, et pareillement ledit college des cardinaulx et ladicte ville d'Avignon et les habitans d'icelle, tendront de par lui en bonne seurté, et de fait garderont de toutes violences et oppressions, et feront administer audit Bénédic et à sesdictes gens et famillicrs estans avecques lui, vivres et leurs autres nécessitez, à leurs despens, en tel habundance qu'il appartient. Auxquelz deux chevaliers, pour faire ce que dit est, seront baillées réalment et de fait, comme en la main du Roy, les clefz des chanceaux qui ont esté faiz de par ledit college et ladicte ville environ le palais d'Avignon par lesquelz l'en entre de présent oudit palais. Et pour ce que lesdictes gardes ont esté commises de par le Roy à nosdiz deux seigneurs comme dit est, chascun d'eulx pourra ordener et envoier de par delà se il lui plaist dix hommes tant seulement pour sa partie, dont les quatre de chascune part, se ilz veulent, seront gentilz hommes, et les autres six seront pour les servir. C'est assavoir ledit Mons. de Berry pour sadicte partie devers ledit college des cardinaulx et ladicte ville d'Avignon, et ledit monseigneur d'Orléans pour la sienne devers ledit Bénédic. Lesquelz hommes qui seront envoiés de par ledit monseigneur d'Orléans, pourront demourer oudit palais ou en ladicte ville d'Avignon, ou quel qu'il leur plaira. Et pourront tous les hommes dessusdiz d'une part et d'autre, se il leur plest, entrer et yssir dedans ledit palais à heure convenable et compétent, par l'ordonnance desdiz deux chevaliers et non autrement. Et se aucun des hommes dessusdiz, envoiez d'une part et d'autre, aloit de vie à trespassement ou estoit mandé de par aucun desdiz deux seigneurs, chascun d'eulx y en pourra envoier autant en leurs lieux. Et en oultre, les hommes dessusdiz qui de la partie dudit monseigneur de Berry seront envoiez devers ledit college des cardinaulx et de ladicte ville d'Avignon, feront serement ausdiz deux chevaliers que se ilz sentent par quelque manière que ce soit que lesdiz cardinaulx et les habitans de ladicte ville ou aucuns d'eulx voulsissent faire ou entreprendre aucune chose ou préjudice dudit Bénédic et des gens de sa compaignie, ilz feront leur povoir de le empescher, et se faire ne le pevent, ilz le signifieront tantost aux deux chevaliers dessusdiz. Et pareillement feront semblable serement ceulx que ledit monseigneur d'Orléans envoiera pardelà, que s'ilz sentent comment que ce soit que ledit Bénédic ou ceulx de sa compaignie voulsissent faire aucune chose contre ledit college des cardinaulx et de ladicte ville d'Avignon et les habitans d'icelle ne en leur préjudice, ils feront tout leur povoir de le empescher, et se faire ne le pevent, ilz le signifieront semblablement aus diz deux chevaliers. Et se aucun débat se meut en ladicte ville, les gens qui seront de par ledit monseigneur de Berry et ceulx aussi qui y seront de par ledit monseigneur d'Orléans, seront avecques lesdiz deux chevaliers et leur aideront et obéiront tous à eulx en tout ce qu'ilz leur ordeneront de par le Roy touchant les choses dessusdictes. Et ne pourront entrer aucunes personnes de quelque estat ou auctorité qu'ilz soient, dedans ledit palais, se n'est du commun consentement desdiz cardinaulx et des deux chevaliers dessusdiz. Et aussi sera deffendu à yceulx deux chevaliers qu'ilz ne facent ne seuffrent estre faite aucune autre nouvelleté ou fait dudit Bénédic, oultre ce que dessus est dit. Et se aucune interprétacion ou déclaracion est à faire ès choses dessusdictes touchans lesdictes gardes, le Roy les réserve à soy à les faire ainsi comme il appartendra en la présence et par le conseil et advis de nosseigneurs dessusdiz et de son conseil. Et ces choses ainsi faictes le Roy a entencion, au plaisir de Dieu, de entendre au fait de ladicte union de l'Église le plus hastivement et le plus diligemment que faire se pourra, par le conseil et advis de noz dis seigneurs, ses oncles et frère. Et pour ce que en parlant nagaires de la matère touchant les dictes gardes en la présence du Roy, se meurent lesdictes paroles entre noz seigneurs de Berry et de Bourgongne, d'une part, et ledit monseigneur d'Orléans d'autre part comme dessus est dit, le Roy veult, ordene et leur commande sur quanque ilz le doubtent courroucer, que toutes les dictes paroles et tous les mouvemens et desplaisirs qui s'en sont ensuiz soient remis, quictiez et délessiez du tout, d'une part et d'autre. Et en oultre veult et commande comme dessus, que se aucunes assemblées ou mandemens de gens ont esté faites de par lesdiz seigneurs pour occasion desdictes gardes et desdiz mouvemens, ilz les facent départir et cesser incontinent et sans plus avant procéder en quelque manière que ce soit. *Item*, que doresenavant pour quelconques mouvemens qui puissent venir entre nosdiz seigneurs ne autres du sang du Roy, eulx ne aucuns d'eulx ne procèdent à aucunes grosses ne desplaisans paroles les uns contre les autres. *Item*, s'il advenoit, que Dieu ne veulle, que aucuns telz mouvemens de desplaisirs sourdissent entreulx ou temps advenir, qui seroit au Roy si très grant desplaisir que plus grant ne le pourroit avoir, il leur défent et à chascun d'eulz sur quanque ilz se pevent mesfaire envers lui, que ilz ne procèdent ne se efforcent de procéder aucunement l'un contre l'autre par voie de fait, mais veul, ordène et commande si expressément comme il peut, à cellui ou ceulz de sondit sang et lignage qui aura ou prendra, ou auront et prendront lesdiz mouvemens contre l'autre ou les autres, que incontinent et avant toutes choses il viengne ou viengnent devers le Roy et lui dient et exposent les causes de leurs diz desplaisirs et, au plaisir de Dieu, il les appaisera par voie amiable se faire se peut, et se non il leur administrera si bonne justice que ilz en devront estre contens. Et ou cas que pour l'absence du Roy ou pour aucuns autres empeschemens il ne pourroit à ce si briefment remédier comme le besoing pourroit estre, le Roy veult et ordène dès maintenant que en ce cas, cellui ou ceulx qui aura ou auront lesdiz desplaisirs viengne ou viengnent, incontinent et avant toutes choses, devers la Royne, laquelle appellera devers elle des autres seigneurs du sang du Roy qui ne ament mie lesdiz mouvemens, et des gens du conseil du Roy et en tel nombre comme elle vouldra, par le conseil et advis desquiex il veut que elle s'entremecte de appaisier lesdiz débas par voie amiable se faire se peut, et face cesser lesdiz mouvemens et les divisions qui s'en ensuivroient, leur administre justice et face sur ce durans l'absence ou les diz autres empeschemens du Roy comme il pourroit faire se il y estoit en sa personne. Et de ce faire donne dès maintenant pour lors, à la Royne, plain povoir et auctorité. Et voult que desores soient faictes lectres de sa puissance, et mande à touz ses subgiez de quelque auctorité que ilz soient que en ce lui obéissent. Et ou cas que cellui qui prendroit ledit desplaisir ne vendroit incontinent devers le Roy ou devers la Royne, ou cas que le Roy y pourroit entendre, pour les choses dessusdictes, en présumant faire aucune chose en quelque manière que ce soit contre ceste défense, le Roy y pourvera et l'en corrigera ainsi comme il appartendra. *Item*, s'il advenoit, que Dieu ne veulle, qu'ilz eussent telz mouvemens l'un contre l'autre ou les uns contre les autres que pour y estre remédié ne venissent mie devers le Roy, et ou cas dessusdit, devers la Royne, mais se vouldroient efforcier de procéder à voie de fait, qui seroit directement venir contre ladicte défense et au Roy si très grant desplaisir que plus ne pourroit, il leur commande sur la foy et loyauté en quoy ilz lui sont tenuz et leur défent sur quanque ilz se pevent mesfaire envers lui, que pour ce ne fassent aucunes assemblées de gens en son royaume ne dehors, ne ne facent venir en sondit royaume pour ce aucuns estrangiers. Et ou cas que aucun des diz seigneurs de son sang iroient aucunement contre l'ordenance et les défenses que le Roy fait et fera sur ces choses, il se déclaire et détermine dès maintenant qu'il ne donnera à cellui qui ainsi le feroit, ne ne veult, mais défent lui estré donné par les autres de son sang ne par ses justiciers, officiers et subgiez, de quelque auctorité qu'ilz usent, aucun aide, conseil, confort ou faveur. Et affin que ces choses aient force de plus grant et soient tenues et gardées sanz enfraindre, le Roy veult que ceste son ordonnance ait force et vigueur de loy en tant comme touche nosdiz seigneurs de son sang et ses autres subgiez, et que lectres s'en facent les meilleures que faire se pourra par son conseil. Et que dès maintenant tous ceulz de son sang qui sont devers lui la jurent à tenir. Laquelle cédule ou escripture par nous ainsi ordenée estre faicte, nous avons veu et fait veoir et visiter à grant diligence et par plusieurs fois en nostredit conseil. Et après ce que elle a esté ainsi veue et visitée par nous et nostre conseil dessusdit, nous aujourd'hui icelle cédule ou escripture, laquelle et toutes les choses contenues et escriptes en icelle nous avons fermes et agréables, et les paroles dedans escriptes, qui sont de par nous escriptes en tierce personne, voulons estre de tèle efficace, force et vigueur en tous leurs poins et articles dessus escripz comme se elles estoient dictes et prononcées de mot à mot en nostre singulière personne et par nous, et par nostre bouche, nous avons fait lire en la présence de nos diz oncles et frère, présens à ce plusieurs notables personnes de nostredit conseil. Laquelle ainsi leue et bien plainement entendue par noz oncles et frère dessusdiz, nous leur avons commandé et enjoint que ilz tiengnent et gardent fermement et entièrement en tant comme en eulx est, noz ordenance, voulenté, loy, commandemens et défenses contenues en icelles, en tous leurs diz poins et articles, et encores le leur commandons et enjoingnons par ces présentes en la forme et manière que dessus est exprimé en la cédule dessus transcripte et sur les paines déclarées en icelle. Et pour ce que les choses dessusdictes soient mieulx et plus fermement tenues par eulx à tous jours, leur avons commandé les jurer. Lesquelz en obéissant à nostre commandement comme faire le doivent, nous ont respondu que ilz ont agréables nos dessusdictes ordenance, voulenté, loy, commandemens et défenses, et en nostre présence les ont promiz chascun d'eulx par la foy de leurs corps pour ce baillée de leurs mains destres en la nostre et juré aux saintes Évangiles et sur la remembrance de la Passion de Nostreseigneur Jhésucrist par eulx touchées, tenir et garder à tousjours en tous leurs diz poins et articles sanz venir encontre en quelque manière que ce soit. Et avec ce, en signe de paix, les avons fait touchier leursdictes mains les uns aux autres. Et après ces choses, pour ce que nosdictes ordenance, voulenté, loy, commandemens et défenses touchent et compètent tous les autres de nostre sang et lignage, nous avons commandé à nostre treschier et trésamé oncle le duc de Bourbonnois, et à noz treschiers et amez cousins les contes de Nevers et de Mortaing, Anthoine de Bourgoigne, le conte de Clermont, Edouart de Bar, marquis du Pont, Jacques de Bourbon, sire de Préaux, et Loys de Bourbon dit de La Marche, lesquelz estoient lors devers nous, qui les promissent et jurassent. Tous lesquelz ont promis et juré comme noz oncles et frère dessusdiz, les tenir et garder chascun en droit soy, sanz faire ne venir encontre en aucune manière. Et ou cas que aucuns mouvemens se mouveroient ou temps avenir entre aucuns de nostredit sang, auquel appaisier, par nostre absence ou pour aucuns autres empeschemens, nous ne pourrions si tost entendre comme besoing seroit, nous mandons et commettons dès maintenant pour lors, à nostre treschière et trèsamée compaigne la Royne, que elle y pourvoye en la forme et manière que en ladicte cédule dessus transcripte est contenu. Et ou cas que aucun de nostre sang iroit aucunement contre ceste nostre ordonnance et noz commandemens, loy et défenses dessus exprimez, nous nous déterminons et déclairons desmaintenant pour lors que nous ne donnerons à cellui qui ainsi le feroit aucun aide, confort ou faveur. Et défendons à tous les autres de nostre sang dessusdit et à touz noz justiciers, officiers et subgiez de quelque auctorité qu'ilz usent sur quanque ilz se pevent mesfaire envers nous, que cellui ou ceulx qui ainsi vendroient contre noz ordenance, loy, commandemens et défenses dessusdictes ne aident, conseillent, confortent ne leur donnent faveur en quelque manière que ce soit. Et affin que ces choses aient force de perpetuelle fermeté, nous avons fait mectre à ces lectres nostre scel. Donné à Paris le xvie jour de mars, l'an de grâce mil cccc et un et le xxiie de nostre règne.

Sur le repli : Par le Roy en son conseil.

J. DE SANCTIS.

Doubles pour mectre ou trésor du Roy, et est faicte collacion à la cédule dessus transcripte. *Visa*.

On lit au dos : La puissance de la Royne sur les

débaz et descors qui pevent survenir entre Nosseigneurs les ducs et ceulx du sanc royal. Données en mars, l'an cccc et ung ; avec les seremens de plusieurs, lesquelz jurèrent en la présence du Roy tenir ladicte ordonnance.

(Orig. parch. scellé du grand sceau en cire verte sur lacs de soie rouge et verte. — *Trés. des Ch.* Carton J. 408, pièce 11.)

CIII

Prêt de 200 francs, fait par l'abbé de Saint-Germain des Prés.

23 avril 1402.

Le Roy est tenus à révérend père en Dieu mons. l'abbé de Saint-Germain des Prez, en la somme de deux cens frans, pour cause de prêt présentement fait par ledit mons. l'abbé au Roy nostredit seigneur, et par l'ordonnance d'icellui seigneur, par moy Guillaume Fouquaut, escuier, son varlet de chambre, reçeu comptant. Tesmoing mon saing manuel avec cellui du contrerolleur mis à ceste cédulle. Donné à Paris, le xxiie jour d'avril, l'an mil quatre cens et deux, après Pasques.

G. FOUQUAULT.

(Cédulle orig. en parch. — *Arch. de l'Emp.* Carton K. 55, pièce 21.)

CIV

Pleins pouvoirs donnés à la Reine pour traiter avec les partis d'Orléans et de Bourgogne, et pour le gouvernement des finances.
Paris, 1er juillet 1402.

Charles, par la grâce de Dieu roy de France. A tous ceulx qui ces présentes lettres verront, salut. Comme aucunefoiz, pour nostre absence ou pour pluseurs occupacions que nous avons, nous ne puissions bonnement entendre en nostre personne à l'expédicion de pluseurs grans faiz qui souvent nous surviennent, le délay de l'expédition desquelx, ou de pourveoir à iceulx, pourroit tourner à grant dommage et préjudice de nous, de nostre royaume et de noz subgiez, se nous n'y pourvéons de remède; et encores de nouvel soient meuz et espérez à mouvoir aucuns mouvemens de desplaisirs entre nostre trèscher et trèsamé oncle, le duc de Bourgoingne, d'une part, et nostre trèscher et trèsamé frère, le duc d'Orléans, d'autre part, pour raison du gouvernement de toutes noz finances venues et à venir du fait des aides ordonnez pour la guerre, lequel gouvernement nous avons commis à noz diz oncle et frère, c'est assavoir premièrement à nostredit frère, et après, à nostredit oncle; à l'apaisement desquelx, et aussi au gouvernement desdiz aides, nous voulons et est besoing que tost soit pourveu afin que aucun inconvénient ne s'en ensuive, savoir faisons, que nous, qui avons toute confiance de nostre trèschière et trèsamée compaigne la Royne, à laquelle desjà par noz autres lettres nous avons donné povoir, auctorité et mandement espécial de pourveoir à l'apaisement de tous les débas, descors, dissencions et divisions qui se mouveroient ou pourroient mouvoir de lors en avant en quelque manière et pour quelque cause que ce feust, entre noz trèschèrs et trèsamez oncles et frère et quelxconques autres de noz sang et lignage, par voie amiable, se faire se peut, ou se non, par leur administrer justice sur les débas qu'ils auroient ensemble, appellez avecques elle de ceulx de nostredit sang qui ne aimeront mie les diz mouvemens, et des gens de nostre conseil, telz et en tel nombre comme il lui plaira, ou cas que pour nostre absence ou pour aucuns autres occupacions ou empeschemens ne pourrions à ce entendre ; et qui espérons en nostre seigneur, que durant nostre dicte absence ou les dictes autres occupacions, ou empeschemens qui nous pourroient survenir, nostre dicte compaigne, par le conseil et adviz de noz très chers et très amez oncles, les ducs de Berry et de Bourbon, des autres de nostre sang et de nostre conseil qu'elle vouldra pour ce appeller devers elle, elle pourverra bien, tant à l'apaisement de noz diz oncle de Bourgoingne et frère d'Orléans, comme au gouvernement de noz dictes finances et aux autres grans besoingnes de nostredit royaume, jusques à ce que nous y pourrons entendre en nostre personne. A icelle nostre compaigne avons donné et donnons povoir, auctorité, commission et mandement espécial par ces présentes, de appeller avecques elle toutes et quantes fois qu'il lui plaira, noz diz oncles de Berry et de Bourbon et des autres de nostredit sang et de nostre conseil, telx et en tel nombre qu'il lui plaira, pour traictier par leur advis et conseil, de l'apaisement de noz diz oncle et frère dessusdis; de advisier voies et manières par lesquelles ils puissent et doient condescendre audit apaisement; de leur dire, enjoindre et commander de par nous qu'ilz condescendent aux voies qui par elle et les autres dessusdiz seront advisiées sur ce, et de pourveoir au gouvernement des diz aides pendant le temps du débat de noz diz oncle et frère et de nostre absence ou de noz dictes autres occupacions et empeschemens. Et se aucuns grans faiz et besongnes surviennent touchans nous et nostre royaume, de y pourveoir par le conseil et advis de noz diz oncle et frère et des autres de nostre sang et des gens de nostre conseil qu'elle vouldra à ce appeller durans noz absence ou autres occupacions et empeschemens dessusdiz. Et généralment de faire par la manière dessus dicte, durans nostredicte absence ou les dictes autres occupacions, en toutes ces choses et leurs circonstances et dépendences, tout ce que nous y pourrions faire se nous y estions en nostre propre personne, supposé que les besongnes feussent tèles que elles requeissent mandement plus espécial. Et aussi nous commandons et enjoingnons très expressement à tous noz diz oncles et frère et autres de nostredit sang, à toutes les gens de nostredit conseil et à tous noz justiciers, officiers et subgiez, que à nostredicte compaigne et à toutes les ordonnances et appoinctemens que elle fera par la manière dessus exprimée ès choses dessus déclairiées et leurs dictes circonstances et dépendences, ils obéissent et entendent dilligemment et les acomplissent comme se nous les faisions en nostre personne. En tesmoing de ce, nous avons fait mectre à ces présentes lettres nostre séel. Donné à Paris, le premier jour de juillet, l'an de grâce mil cccc et deux et le xxii° de nostre règne.

Sur le repli : Par le Roy, messeigneurs les ducs de Berry et de Bourgoingue présens,

DERIAN.

(Orig. parch. scellé en cire jaune. — *Trés. des Ch.* Carton J. 403 pièce 16.)

CV

Don par Charles VI au duc de Berri des aides levées pour la guerre pendant un an sur toutes les terres du duc.

Paris, 2 octobre 1402.

Charles, par la grâce de Dieu, roy de France, A nostre très cher et amé cousin, le sire de Lebret, et à noz amez et féaulx conseillers sur le fait des aides ordonnées pour la guerre, l'arcevesque de Sens, Thibaut de Meseray, Jehan Piquet, Gontier Col et Jehan Tapperel, salut et dilection. Savoir vous faisons, que nous, considérans les bons et notables services que nostre trèscher et trèsamé oncle le duc de Berry et d'Auvergne, conte de Poitou, d'Estampes, de Boulongne et d'Auvergne, nous a faiz ou temps passé, fait ancores chascun an continuelment en plusieurs manières, et en récompensacion d'iceulx, et aussi pour lui aidier à supporter les grans fraiz, missions et despens qu'il lui convient faire et soustenir, tant pour le fait de sa personne, et de nostre trèschière et trèsamée tante, la duchesse de Berry, sa compaigne, comme pour la garde et réparacion de ses chasteaulx, villes et forteresses, et des grans charges qu'il a à supporter pour le bien, estat, honneur, utilité et bon gouvernement de nostre royaume. Nous, à ycellui nostre oncle, de nostre certaine science et grace espécial, par ces présentes avons donné et donnons toutes les aides qui auront cours pour ledit fait de la guerre esdiz pays et diocèses de Berry, Poitou et d'Auvergne, et ès pais, contés d'Estampes et de Gien, ville de chastallenie de Dourdan, ressors et appartenances d'iceulx, avec le prouffit des gabelles de sel et toutes amendes, exploiz et fortraictures (*sic*) qui pourront revenir à cause des diz aides et gabelles en ceste présente année, commençant le premier jour de ce présent mois d'octobre et fenissant le derrenier jour de septembre prouchainement venant; pareillement que par nostre don et octroy il les a eues et priuses les années passées. Si vous mandons que par les receveurs, grenetiers et autres noz officiers qu'il appartendra, vous faites baillier et délivrer à nostredit oncle ou à son trésorier général, tous les deniers, prouffiz et émolumens des diz aides, gabelles de sel, exploiz, amendes et forfaictures dont dessus est faicte mencion. Et par rapportant ces présentes vériffiées de vous cinq, quatre ou trois de vous, de laquelle vériffication faire vous donnons plein povoir, auctorité et mandement espécial par ces mesmes présentes ou vidimus d'icelles fait soubz séel royal pour une foiz tant seulement avec quictance sur ce souffisant, nous voulons et mandons que tout ce qui paié et baillié lui aura esté pour les causes dessusdictes et par la manière que dit est, estre alloué ès comptes desdiz receveurs et grenetiers et de chascun d'eulx, par noz amez et féaulx gens de noz comptes à Paris, sans aucun contredit. Non obstans autres dons, gaiges ou pensions par nous à lui autresfoiz faiz et ordonnez, soit pour l'estat de sa personne ou autrement, et que en ces présentes ne soient exprimez ou déclairez, et ordonnances, mandemens ou deffenses à ce contraires. Donné à Paris, le secont jour d'octobre, l'an de grâce mil quatre cens et deux, et le xxiiie de nostre règne.

Par le Roy, mons. le duc de Bourbonnois, Vous[1], le grant maistre d'ostel, et plusieurs autres présens,

J. DE MONSTEROLIO.

(Orig. parch. — *Arch. de l'Emp.* Carton K. 55, pièce 18.)

CVI

Exécution de la veuve du procureur Le Charron.

Mercredi 20 décembre 1402.

Merquedi xxe jour de décembre MCCCCII.

Veuz les informacions et procès fais par le prévost de Paris contre Jehan Dubos, procureur au parlement et Ysabelet sa femme, prisonniers ou Chastellet de Paris pour souspecon de la mort et empoisonnement de feu maistre Jehan le Charron, jadis procureur oudit parlement et premier mari de ladicte Ysabelet ; appellans lesdis prisonniers dudit prévost et oiz iceulx prisonniers en leurs personnes sur la cause d'appel et tout considéré. Il a esté dit par arrêt qu'il fut bien procédé et ordonné par ledit prévost et mal appellé par lesdiz appellans, et l'amenderont d'une amende de soixante livres, et ont esté renvoiez audit prévost pour mettre à exécucion ce dont il fu appellé. Mais

---

1. *Vous*, c'est-à-dire le chancelier.

pour ce faire a esté ordonné que nosseigneurs les lais de parlement seroient présens à ce avec ledit prévost.

Prononcé par messire Jehan de Poupaincourt, président, ou Chastellet, sur les carreaux, présens le prévost, le procureur du Roy et lesdis prisonniers.

Et ce meismes jour fut tant procédé par ledit prévost contre lesdis prisonniers que ilz furent condempnez par le jugement dudit prévost, c'est assavoir ledit Jehan Dubos à estre trainez et penduz, et ladicte Ysabellet à estre arse. Et ainsi fut fait et exécuté icelui jour.

(Arch. de l'Emp. — Reg. XV du Crim., fol. 96 v°.)

CVII

Engagement du comté de Dreux fait au connétable d'Albret.

Paris, 5 juin 1403.

A tous ceuls qui ces lettres verront. Guillaume, seigneur de Tignonville, chevalier, conseiller, chambellan du Roy nostresire et garde de la prévosté de Paris, salut. Savoir faisons, nous, l'an de grâce mil quatre cens et trois, le venredi xxii jours du mois de février veismes unes lettres du Roy nostresire séellées de son grant séel, contenant ceste forme.

Charles, par la grâce de Dieu roy de France. A noz amez et féaulx trésoriers à Paris, salut et dileccion. Comme feu nostre treschier seigneur et père dont Dieux ait l'âme, par ses lettres séellées de son grant séel en laz de soye et cire vert, données au mois de juing, l'an mil ccc lxviii, au traittié du mariage de feu nostre très chier et amé oncle, Arnault Amenieu, sire de Lebret, et de nostre trèschière et amée tante Marguerite de Bourbon, père et mère de nostre trèschier et féal cousin et connestable Charles, sire de Lebret, eust donné et ottroyé à nostredit feu oncle pour tout le mariage de nostre dicte tante la somme de trente mille livres tournois pour une foiz, et quatre mille livres tournois de rente à héritaige pour lui, ses successeurs et aians cause seigneurs de Lebret, sur nostre trésor à Paris, jusques à ce que assiette desdictes iiii^m livres tournois lui eust esté souffisamment faicte, si comme par lesdictes lettres nous est souffisamment apparu. Et depuis lors, eussions baillé, assis et asseuré, cedé et transporté à tousjours perpétuelment à nostredit oncle, pour lui, ses hoirs, successeurs et aians cause seigneurs de Lebret, la conté de Dreux avecques toutes les appartenances parmi le pris et somme que elle pooit valoir, en assiete, en rabat et déduction desdictes iii^m livres tournois de rente, comme par noz lettres séellées de nostre grant séel en laz de soye et cire vert, données le xiiie jour de janvier l'an mil cccciii^{xx} et un, puet plus à plain apparoir. De laquelle conté et des appartenances d'icelle nostredit oncle ait joy et usé depuis ledit temps jusques à son trespassement. Depuis le trespas duquel, nostredit cousin n'a peu joir ne exploitter de ladicte conté ne de ses appartenances, pour cause de certains empeschemens qui y sont seurvenuz, ne aussy n'a aucunement esté paié desdictes iiii^m livres tournois de rente. Pour quoy, nous voulans lesdictes lettres avoir et sortir leur plein effet et nostredit cousin et connestable estre doresenavant paié de ladicte rente de m^m livres tournois de rente par an et des arrérages qui lui en sont deubz comme raison est, vous mandons et enjoingnons expressément que de cy en avant vous, par le changeur de nostre trésor, présent et avenir, faictes paier à ycelui nostre cousin et connestable ou à son certain commandement, des deniers de nostredit trésor lesdictes m^m livres tournois de rente, ensemble les arrérages qui lui en sont deubz, ou l'en assigner en tel et si convenable lieu qu'il en soit content et qu'il n'ait cause d'en retourner plaintif pardevers nous, jusques à ce qu'il joisse à plain de ladicte conté et des appartenances selon la teneur de nosdictes lettres, ouquel cas, nous et nostredit trésor demourront quictes et deschargés d'autant et de telle somme que ladicte conté et appartenances pourroit valoir ou que l'assiete desdictes m^m livres tournois de rente lui en soit deuement faicte autre part. Et nous voulons que par rapportant, pour une foiz, vidimus desdictes lettres dont dessus est faicte mencion avec ces présentes et quictance sur ce tout ce que baillié lui aura esté, tant à cause de ladicte rente comme desdiz ariéraiges, soit alloué ès comptes et rabatu de la recepte dudit changeur ou d'autres qui paié l'aura ou auront, par noz amez et feaulx gens de noz comptes à Paris, auxquels par ces mesmes présentes nous mandons que ainsi le facent sans aucun contredit. Car ainsi nous plaist il et voulons estre fait, et à nostredit cousin et connestable l'avons octroyé et octroyons de nostre certaine science et grace espécial par ces présentes, non obstans quelconques ordonnances, mandemens ou deffenses à ce contraires. Donné à Paris le ve jour de juing, l'an de grâce mil quatre cens et trois et de nostre regne le xxive. Ainsi signé : Par le Roy, messeigneurs les ducs de Berry et de Bourgongne, les contes de Nevers et de Mortaing, le grant maistre d'ostel et autres présens.

P. FERRON.

Et nous, à ce présent transcript avons mis à ces lettres le séel de la prévosté de Paris, l'an et jour premiers diz.

(Orig. parch.—*Arch. de l'Emp. Trés. des Ch.* Carton J. 477, pièce 9.)

CVIII

Lettres de Philippe le Hardi, duc de Bourgogne, pour la protection à accorder au commerce des Flandres, dans l'éventualité d'une guerre entre la France et l'Angleterre.

Melun, 29 août 1403.

Phelippe, filz de roy de France, duc de Bourgoingne, conte de Flandres, d'Artois et de Bourgoingne Palatin, seigneur de Salins et de Malines. A tous ceulx qui ces présentes lectres verront, salut. Comme à la supplicacion des gens d'église, bourgois et habitans de nostre dicte conté et païs de Flandres, monseigneur le Roy, par grant et meure delibéracion de conseil, pour plusieurs causes et considéracions qui à ce l'ont meu, nous ait donné povoir et licence de traictier ou accorder par nous ou noz commis telz qu'il nous plaira, avec les messaiges, commis ou députez de la partie d'Angleterre ayans povoir à ce souffisant, des manières, seurtés et provisions par lesquelles pourroit avoir cours et estre exercé seurement le fait de la marchandise entre les marchans, leurs faiseurs, familliers et serviteurs de nostre pais de Flandres et les marchans du pais d'Angleterre et leurs aliez, gens et famille, ou cas que la guerre soit ouverte et renouvellée entre mondit seigneur, son royaume et ses subgiez et aliez d'une part, et son adversaire le royaume d'Angleterre, subgiez et alliez d'icellui, d'autre. Et que des traictiez et accors qui seroient faiz par nous ou noz commis avec les commis de la partie d'Angleterre sur ce que dit est, nous et noz commis puissons bailler nos lectres telles qu'il appartendra, en prenant aussi lectres de ceulx qui seroient commis ou députez de la partie d'Angleterre, si comme ès lectres de mondit seigneur ces choses et autres sont plus à plain contenues; et pour procéder oudit traictié mondit seigneur nous ait fait baillier certaines instructions, lesquelles il nous a commandé garder et faire garder par noz dis commis, esquelles instructions est contenu un article duquel la teneur s'ensuit : « *Item.* Afin que la marchandise ait mieulx cours en Flandres, pour le commun proufit d'icelle marchandise et du pays, le Roy, de sa grace se soufferra de mener ou faire mener sa guerre en ycellui pais de Flandres et de chargier ne presser les gens du commun de Flandres d'eulx armer pour sa guerre, ycelle durant, fors à la défense du pais et conté de Flandres et pour contrester les ennemis du Roy et du royaume s'ilz le vouloient guerroier en passant par ladicte conté et pays de Flandres, ou se ce n'estoit de leur volenté et sauf le service que le conte de Flandres doit faire au Roy, et ce que les nobles et autres fiefvez doivent faire au Roy et au conte, et aussi sauf en toutes autres choses les paix de Flandres et de la souveraineté et auctorité royal. »

Ouquel article aucuns pourroient faire doubte comment il devroit estre entendu. Savoir faisons, que nostre entencion a tousjours esté et est, et ainsi l'avons déclairé et déclairons par ces présentes, que ou cas que mondit seigneur le Roy ou ses successeurs, pour l'utilité du royaume vouldroient ordonner et mectre sus aucunes armées oudit païs de Flandres, en aucuns des pors d'icellui, pour faire passage à puissance de gens et de navire en Angleterre, en Escoce, ou en autre païs, mondit seigneur ou ses successeurs, ou leurs gens de par eulx, le pourroient faire licitement et raisonnablement, non obstant l'article dessusdit, supposé qu'il feust passé et accordé par nous ou noz commis pour et ou nom de mondit seigneur avec les commis de la partie d'Angleterre, et que mondit seigneur par ses lectres l'eust ratifié et accordé. En tesmoing de ce, nous avons fait mectre nostre séel à ces présentes. Donné à Melun, le XXIX° jour d'aoust, l'an de grâce mil quatre cens et trois.

Sur le repli. Par monseigneur le Duc.

ISABERT.

(Orig. parch. scellé sur double queue. — *Trés. des Ch.* Carton J. 573, pièce 1.)

Les instructions dont il est ici question sont datées de Paris 24 mai 1404, et se trouvent dans des lettres de *Marguerite duchesse de Bourgoingne, contesse de Flandres, d'Artois et de Bourgogne Palatine, dame de Salins et de Malines, et Jehan duc de Bourgogne, conte de Nevers et baron de Donzy son fils ainsné.* Elles finissent par ces mots : *Donné, quant à nous duchesse, en nostre ville d'Arras le XIX° jour de juing, l'an de grâce mil CCCC et quatre. Et quant à nous duc....* La phrase s'arrête là. (*Ibid.*, pièce 2.)

On trouve dans ces instructions le passage suivant, qui est à remarquer. C'est en parlant des Anglais : « Car ils ont plus de marchans frequentans le pays de Flandres, que il n'y a de marchans de Flandres fréquentans le pays d'Angleterre. »

CIX

Serment de fidélité au Roy prêté par Louis II, duc d'Anjou.

Paris, 29 décembre 1403.

Nous Loys, par la grâce de Dieu roy de Jhérusalem et de Sicile, duc d'Anjou, conte du Maine et de Roucy. Faisons savoir à tous, que au jour d'uy, après ce que nous avons oy lire en nostre présence la teneur de certaines lettres de monseigneur le Roy de France, de laquèle le contenu s'ensieut : Charles par la grâce de Dieu roy de France, etc.[1].... Nous, comme duc d'Anjou et conte du Maine et de Roucy et per de France et subgiet de mondit seigneur le Roy, à cause des duchié et contez dessusdiz et des autres terres que nous tenons en France, avons juré et promiz, jurons et promettons aux sainctes euvangiles de Dieu et sur la ramembrance de la vraye croix par nous touchée en la présence de madame la Royne de France, de noz très chers et très amez oncles les ducs de Berry et de Bourgongne, des connestable et chancellier de France et de plusieurs autres du conseil de mon dit seigneur, garder, tenir et acomplir le contenu ès dictes lettres sans venir encontre en quelque manière que ce soit. En tesmoing de ce nous avons fait mettre à ces lettres nostre séel secret en l'absence de nostre grant. Donné

---

[1]. Ce sont les lettres du 26 avril 1403, qui prescrivent le serment. Elles se trouvent en original au Trésor des Chartes (carton J, 355, pièce 1), et sont imprimées dans le *Recueil des ordonnances*, etc., t. VIII, p. 579.

à Paris le xxixᵉ jour de décembre, l'an de grâce mil cccc et trois.

Sur le repli : Par le roy de Jhérusalem et de Sicile, duc d'Anjou, conte du Maine et de Roucy.

J. DE SANCTIS.

Au dos : Juramentum fidelitatis factum per regem Jherusalem et Sicilie domino nostro Regi, de fideliter serviendo sibi quamdiu vixerit in humanis contra omnes qui possunt vivere et mori, et post decessum, de fideliter serviendo domino Dalphino, quicumque fuerit, tanquam Regi et domino suo naturali; michi traditum ad reponendum in Thesauro.

(Orig. parch, scellé sur double queue d'un sceau armorial en cire vermeille. — *Trés. des Ch.* Carton J. 375, pièce 7.)

CX

Lettre de la ville de Florence à Charles VI, contre le parti Gibelin.

Florence, 24 avril 1404[1].

Serenissime et christianissime principum, metuendissime Domine et hujus regii populi spes unica et presidium singulare. Quoniam nulla tam sublimis sapientia fuit unquam quam ignorantia facti sepe facileque non fallat, oportet devotionem vestram de condicionibus Italie pauca premittere, que si diligenti

1. L'année 1404 a commencé le 30 mars 1404 et fini le 19 avril 1405.

ponderentur examine, dabitur ea scientibus sine dubio non errare. Est igitur in hac orbis parte et antiquitus diu fuit detestabilis factio que dicitur Gebellina. Hec quondam Ecclesie romane persecutoribus imperatoribus et aliis semper favit. Est et alia, quam Guelfam vocant, que summis pontificibus semper adherens contra persecutores hujusmodi se objecit, hujus sancte catholiceque sortis hic devotissimus majestatis vestre populus se caput et pugilem semper gessit. Restituta quidem hec civitas, quam Totila, Dei flagellum, crudeli prodicione deleverat, restituta quidem dicimus a gloriose memorie Karolo Magno progenitore vestro cum eodem auctore suo per Dei gratiam sic incepit Ecclesie romane favere, quod capto depositoque rege Desiderio virtute principis ante dicti favores Ecclesie tunc inceptos nullis temporibus dereliquit. Que res causa fuit ut illius diabolice factionis principes semper habuerit noster populus inimicos. Unde factum est ut in Tuscia jugiter contenderimus cum Pisanis et infaustissimam progeniem Vicecomitum in Lombardia, postquam turpi sevaque tyrannide Mediolanum patriam suam exemplo turpissimo subegerunt, ad nonaginta et amplius annos semper oppositam habuerimus et infestam. Cum his antiquis et naturalibus, ut ita loquamur, hostibus infinita bella gessimus, et a quindecim annis citra, dum ligas et federa rumpunt, paces violant, nostramque querunt opprimere libertatem, auctore detestabilis memorie comite Virtutum, eodemque Mediolani duce, jam ter bello publico compulsi sumus in defensionem nostram arma movere. Nunc autem hoc ultimo bello, quod ejus heredes contra nos infestis animis prosequebantur, per Dei gratiam abstulimus eis plurimas civitates, Senas videlicet, Perusium et Assisium in Tuscia. In Emilia vero, quam Lombardiam vulgo dicimus, tyrannidem istam depulimus ex inclita civitate Bononie, quam ipsorum pater infideliter occupaverat, et in eadem provincia potentissimam urbem Parmensem atque Placentiam et oppida infinita citra flumen Padi fecimus contra dictam tyrannidem rebellari. Transpadum autem in regione Liguria exemimus ab illius servitutis jugo. Cremonam et Laudem oppidumque, quod Cremma dicitur, et finaliter urbem munitissimam Veronensem. Omittemus Pergamum, Brixiam, Alexandriam atque Cumum, et castra quorum infinitus est numerus, que, vel attentatis et rebellionibus pene destructa sunt, vel in statum libertatis se completis inceptis militer redegerunt. Nec hec tam magna, supra potentiam quidem humanam sunt, nobis arroganter ascribimus, sed sicut decet a divina solum clementia reputamus. Accedunt felicitati nostre motus incredibiles Mediolani. Populus quidem ille in tumultum multocies concitatus magna gessit, plures tyranni officiales atque satellites interfecit, stipendiariorum et mercenariam manum urbe depulit, custodiam portarum assumpsit, et tandem presidium, quod Citadella dicebatur, gentium armorum tutum hospitium et receptum, solo, violentis manibus diruentes, equarunt. Omnia post minam inceptam titubant atque nutant, et denique summa tyrannidis hujus dies et irreparabile fatum venit impetu tam precipiti tamque proclivi, quod nisi Deus deserit causam suam, mox nichil supererit ad vincendum. Huic tante securitati ac glorie nostre sola restat in Tuscia urbs Pisana, quam perfidus ille tyrannus de manu tyrannunculi, quem ibidem foverat, tamquam justissimus esset dominus, pretio non modico fuit mercatus. Nec eum latebit tali venditore se prorsus non posse dominium aliquod adipisci. Sed voluit, cum illa civitas portus noster sit unde solet pene quicquid mercantiarum et rerum percepimus advehi et alimentum nostro populo ministrari, sitque permixtis oppidis conjunctissima finibus nostris, nos tam opportuna comoditate privare, et velut obsessos in suam nos compellere voluntatem. Dicitur autem hanc urbem testamento singulariter, proh nefas! filio suo spurio reliquisse. Quequidem abominatio tanta est quantam vix possunt homines sustinere. Quid enim est videre miseram illam antiquissimam civitatem oppressam tyrannide vix adolescentuli spurii, ducisque mortui adultere concubine! Quequidem omnia prefatum esse voluimus, ut, quantum epistolaris brevitas patitur, videre possit regia celsitudo statum rerum et condicionem Italie, meliusque de ceteris que scribere nos oportet et convenientius judicare. Cum hoc itaque, proh pudor! adultero filio matreque sua turpissimo ducis scorto, certi venenosas viperas Tuscia pellere, bellum continuum gerebamus. Nec dubium est quin necessarium foret ipsos vi vel federe dimittere Pisas, liberare tanta peste tantoque dedecore Tusciam, et secum venenosum anguem suum in Liguriam reportare. Inter hec autem, quod nunquam potuit nostra devotio cogitare, illustris et magnificus dominus, dominus Johannes Bouciquaut, regius civitatis Janue gubernator, ad nos suum destinat oratorem, per quem aperte denuntiat se vice vestre celsitudinis illum spurium civitatis Pisane tyrannum et adulterum tyranni filium in protectionem et clientelam cum omnibus que possidet recepisse, monens quod ob reverentiam regiam a bello debeamus et offensionibus abstinere. Et quod putat vestri culminis altitudo turbationis fuisse in hoc, toto nostro populo, videntibus cunctis, hostem antiquum cum quo, pro libertate quam nobis tradidit auctor vester inclite memorie Karolus Magus, (*sic*) Francorum rex, nonaginta jam annis, dimicavimus, nomine vestro protegi, cumque ruiturus esset paratis omnibus et exercitu valido quibus cum aggredi volebamus, solumin nostrum exitium preservari. Quid autem gravius in nos committi potuit etiam ab inimicis, quam hujus stirpis germen in libertatis nostre periculum, cum in ruina pergeret, juvari, foveri, defendi? Parcat Deus hanc talem nostram injuriam Bouciquauto. Parcat siquidem sibi Deus, quoniam in puritate maxima, non in offensionem nostram, hoc credimus eum fecisse. Sed non parcat illis qui cogitaverunt manu regia nos confundere, et hoc periculosum nostre libertatis objectum diaboliceque factionis Gebelline fontem et fomitem conservare, cogitaveruntque inter nostre devotionis habitum et benevolencie vestre clemenciam, que profecto nec hinc nec inde comminui possunt, aliquod generare dissidium, vel malivolentiam excitare. Sed ad principale propositum redeamus. Certi sumus hec omnia, non solum preter, sed contra vestre serenitatis vestrique gloriosi consilii conscientiam processisse. Quis enim sane mentis putare debet quod tanta majestas fedissimam tyrannidem tyrannosque spurcissimos, quos prosequi et extinguere debeat, contra suos devotissimos filios protegeat vel defendat. Ergo temporibus nostris videbimus conspicuum et gloriosum regni Francie diadema tam abominabilis operis infamia maculari, quod per orbem terrarum defensor et clipeus turpis et seve tyrannidis appelletur. Regale quidem officium est scelera prosequi, nefanda corrigere, sed tyrannos super omnia conculcare. Regium opus esse dignoscitur oppressis succurrere et de libertate laborantibus, ne perire valeant, subsidium ministrare; ut, quotiens contrarium cernitur, nullo modo, facto vel consilio, regium opus apud eos qui recte sentiant, judicetur. Dolemus ergo, clementissime princeps, victoriam, que in manibus nostris erat contra perfidum inimicum, hoc nescimus quo federe de manibus nostris auferri, et pretestu vilissimi census et tanquam regis honor sit, non dedecus et infamia, tyrannidem alteirus in protectionem suscipere, vestris et nostris hostibus nos post poni. Semper enim detestabilis Vicecomitum ista progenies, cunctique quos habet Italia Gebellini tam Ecclesie romane quam pugilum ejus inclite videlicet et christianissime domus Francie fuerunt, quicquid plerumque blandiantur et quanquam simulent vel dissimulent, inimici semper sunt et fuerunt, et vestri. Non enim diligere possunt filios, qui patres et auctores nostros semper odiosissimos habuerunt. Sciunt enim quam ipsos dilectione prosequi non possemus. Quamobrem sublimitatis vestre benignitati soliteque clemencie supplicamus, quatenus hec omnia que contra nos facta sunt dignemini revocare, si forte per errorem recepta sunt, vel si recipiendi mittantur, sicuti sperat nostra devotio, reprobare, gubernatorique vestro precipere, quod ab inceptis resiliat et in pristinum statum cuncta reponens, hec que facta sunt nullatenus prosequatur, et nos, sicut devotos et filios majestatis vestre, debeat in omnibus confovere, quo totum cernere possit Latium, nos tales vobis esse filios quales semper fuimus ab omnibus reputati. Parcat nobis vestra serenitas si debito fuerimus longiores. Nondum enim quantum oportuit dictum est, et ob id, que restant per nostros supplebimus oratores, quos per Dei gratiam e vestigio transmittemus. Serenitatem vestram, cui nostram et totius populi devotionem, quequidem summa est, cum reverentia commendamus incolumem et felicem dignetur Altissimus pro defensione christianitatis et unione sancte matris Ecclesie conservare. Ceterum dignetur vestra clementia nobis per latorem presentium respondere, concedendo devotioni nostre licentiam quod, citra vestre majestatis indignationem, incepta nostra viriliter prosequamur. Datum Florentie, die xxiiii mensis aprilis, nativitatis gloriosissimi sancti Georgii, xii indictione, mcccciiii°.

Majestatis vestre devotissimi servitores et filii.

Priores artium et Vexellifer justicie | populi et communionis Florentie.

Suscription : Serenissimo et christianissimo principi et metuendissimo domino, domino Karolo, Dei gratia invictissimo Francorum regi, singularissimo patri et domino nostro.

(La pièce est écrite sur une feuille de vélin très-fin, d'une jolie minuscule italienne semblable à celle des manuscrits. Elle avait été pliée en forme de lettre missive et l'on y voit encore la trace d'un sceau plaqué. — *Arch. de l'Emp. Très. des Ch.* Carton J. 504, pièce 13.)

CXI

Mariage de la reine Isabelle, avec Charles d'Orléans.

Paris, 5 juin 1404.

C'est le consentement du roi Charles VI au mariage d'Isabelle de France, sa fille, veuve de Richard II, roi d'Angleterre, avec Charles d'Orléans, comte d'Angoulême, fils ainé de Louis, duc d'Orléans, contenant stipulation de la dot et du douaire.

Godefroy a imprimé cette pièce, avec quelques incorrections, dans son *Histoire de Charles VI* (p. 609). Nous ajoutons ici, d'après l'original (K. 55, n° 27), la date du mois qu'il a omise, et la mention importante des membres du conseil présents à l'acte.

Donné à Paris, le ve jour de juing, l'an de grâce mil cccc et quatre, et le xxiiie de notre règne.

Et sur le repli : Par le Roy en son conseil, où messeigneurs les ducs de Berry et de Bourbon, le connestable, Vous (le chancelier), l'archevesque de Sens, les évesques de Noyon, de Chartres et de Poitiers, le conte de Tancarville, le grant maistre d'ostel, et autres estoient.

J. DE SANCTIS.

Registrata in camera compotorum Regis Parisius in° memorialium hujus temporis fo. IX^{xx} I. xxviiiie junii m° cccc^{mo} iiii^{to}

MARTEL.

Sigillata de mandato Regis.
Visa.

CXII

Poursuites de l'Université contre Charles de Savoisy[1].

Samedi 19 juillet 1404.

Le Recteur de l'Université de Paris, acompaignié de plusieurs docteurs et autres de ladicte Université, est venu par devers mesdiz seigneurs, requérant la bonne justice de la court sur l'injure que on dit avoir esté faicte lundi derrenier passé à ladicte Université et ses suppoz, eulx estans à la procession qui lors se faisoit à la Saincte-Katherine du Val des Escoliers, laquelle injure a esté exposée de par ledit Recteur par l'inquisiteur sur le fait de la foy, en enchargant et encoulpant messire Charles de Savoisy et ses gens et serviteurs, et en disant que en ce fait a sacrilège, crime de lèze-majesté, sauvegarde enfrainte et port d'armes, force publique et autres détestables crimes. En requérant que actendue l'énormité et notorietté du fait, et aussi que on dit que ledit messire Charles s'appareille d'aler hors de la ville et en la guerre, la court le face emprisonner afin que plus seurement justice en puisse estre faicte.

Sur quoy messeigneurs ont délibéré et ordonné que il sera deffendu de par le Roy nostresire, et de sa court, audit messire Charles de Savoisy, sur peinne d'estre attaint et convaincu dudit cas, d'estre banni du Royaume de France et tous ses biens estre confisquez au Roy nostresire, qu'il ne parte hors de la ville

---

1. Cf. Félibien. *Histoire de Paris*, IV, 547.

de Paris jusques à tant que par la court en soit autrement ordonné¹.

Et pour se (*sic*) mectre à exécucion, a esté commis Robert Chanore, huissier de céans, et lui a la court commandé que pour faire plus solennellement cet exploit, il appelle avec lui aucuns de ses compaignons huissiers. Et quant au surplus la cour s'informera de ce que dit est, et ordonnera ce qu'il appartiendra.

(Reg. XV du Crim., fol. 196.)

Vendredi xxii° jour d'aoust, l'an mil cccc iiii.

Aujourduy a esté faicte et prononcée en présence du Roy, en son grant conseil, certaine ordonnance par laquèle la maison de messire Charles de Savoisy, chevalier, doit estre démolie, entre autres choses pour l'offense faicte à l'Université de Paris à la procession derrenierement faicte à Saincte-Katherine du Val des Escoliers ; laquelle ordonnance a esté receue par maistre Nicole de Baie, greffier civil de céans.

(*Ibid.*, fol. 206 v°.)

Lundi premier jour de septembre m cccc iiii.

Laurens de Ponce, varlet de Hennes, escuier de messire Charles de Savoisy, lequel Lorens estoit prisonnier pour souspeçon d'avoir esté consentant de l'offense faicte à l'Université à la procession derrenièrement faicte à Sainte-Katherine du Val des Escolliers, actendues les informacions et la relacion de sondit maistre, a congié de soy en aler *quousque* etc.

1. L'original de la condamnation prononcée par le roi le 22 août, se trouve aux Arch. de l'Emp., carton M. 57.

Samedi, 6 septembre 1404.

Veues les informacions et procès faiz par la court de céans à l'encontre de Ferran Descalles, espaignoul, Gillequin le Queux et Gérart l'Autrussier, serviteurs de messire Charles de Savoisy, chevalier, prisonniers ou Chastellet de Paris pour certaines offenses et injures par eulx faictes à l'Université de Paris et ses suppoz en la procession derrenièrement faicte à Saincte-Katherine du Val des Escoliers, il a esté ordonné par arrest, que lesdiz prisonniers seront menez nuz en chemise du Chastellet de Paris jusques à l'esglise de Sainte-Genève (Sainte-Geneviève), tenans chascun une torche alumée, et illec feront amende honorable un genoul à terre, et crieront mercy au Recteur et à l'Université de Paris pour les injures et offenses qu'ils ont faictes à l'Université et aux suppoz d'icelle; et ce fait, demourront lesd. torches à ladicte église de Sainte-Genève; et seront ramenez lesdiz prisonniers et batuz de verges, primo ou carrefour Saint-Sevrin, secondement en la grant rue Saint-Anthoine au devant de la rue des Ballaiz, et tiercement au devant de la place où fut l'ostel de messire Charles de Savoisy, quartement au carrefour de la porte Baudet, et derrenièrement au devant du Chastellet; et d'illec seront remis en leurs prisons.

Item, la court les bannist du Royaume jusques à troys ans.

Item, en chascun lieu où lesdiz prisonniers seront batuz comme dit est, sera crié et publié à haulte voix en la manière qui s'ensuit :

« Or escoutez ! On vous fait assavoir de par le Roy

notresire et de par nosseigneurs de Parlement, que Ferran Discalles, Gillequin le Queux et Gérart l'Autoussier, qui cy sont présens. pour certains grans offenses et injures par eulx [faites] à l'Université de Paris et aucuns leurs suppoz en la procession par eulx faicte derrenièrement à Sainte-Katherine, ont esté condampnez à faire amende honnorable à ladicte Université et à estre batuz en ce lieu cy et en certains autres lieux de la ville de Paris, et avec ce sont banniz du Royaume jusques à troys ans. »

Et ainsi a esté fait et exécuté ce jour, moy présent, Jehan de Cessières.

Vendredi xii° jour de septembre v cccc iiii.

Masse d'Aasse, prisonnier, pour tant qu'il avoit esté souspeçonné de l'offense faicte à l'Université en la procession derrenièrement faicte à Saincte-Katherine, veuz et considérez les procès sur ce fais, a esté par ordonnance de la court délivrez de prison.

Ferran Discalles, Gillequin le Queux et Gérart Lautrussier, prisonniers ou Chastellet de Paris, qui samedi derrenier passé furent banniz du royaume comme contenu est ci-dessus, ont congié de la court d'eulx partir et en aler hors du royaume, et pour ce faire leur est donné terme jusques au xxi° jour de ce présent mois de septembre.

(*Ibid.*, fol. 207.) Par lettres du 15 septembre 1406, le roi permit à Charles de Savoisy de reconstruire son hôtel.

CXIII

Mention de la révolte des Liégeois contre leur évêque, dans des lettres de rémission du 25 août 1404.

Charles, etc. Savoir faisons à tous présens et avenir. Nous avoir receue l'umble supplicacion de nostre amé et féal chevalier et chambellan, Raoul de Flandres, Henry Happart, escuier, Estienne du Chastellene, Loys de Caurenne, Poncien de Germont, Gileron le sergent dit Fremay, et de Jaquemin Coubbe. Contenant comme feu Laurens Lambert, bouchier, bourgois de Liège, eust à son vivant esté maistre de la cité de Liège, qui est moult grant et notable office et tel que quelconque personne qui ait ledit office il a en partie le gouvernement de tout le pais de l'éveschié de Liège; et durant le temps que ycelui Laurens ot ycelui office et en joy, et autres ses complices, machinèrent à l'encontre de l'évesque de Liège, qui estoit son seigneur souverain, faire mouvoir le peuple dudit pais contre lui et le faire débouter dudit pais et en lieu de lui mectre un autre. Pour laquelle chose et que ledit Laurens senti murmurer de ce que dit est, comme coulpable dudit cas, se absenta dudit pais de Liège et s'en vint demourer à Mousson, en laquelle ville, si comme l'en dit, tous malfaicteurs sont receus. Durant laquelle abscence ycelui Laurens a esté appellé aus drois dudit évesque, et par jugement et sentence dudit pais, banny comme traictre à sondit souverain seigneur, et plusieurs de ses complices dudit pais décapitez et décolez pour ceste cause, comme traictres. Et ce fait, lesdiz Raoul de Flandres et Henry Happart, de l'ordenance et commandement de feu nostre très cher et très amé oncle le duc de Bourgongne, qui sur ce avoit esté requis de par ledit évesque, acompaignez desdiz autres supplians, en obéissant audit commandement, non cuidans mal faire ne mesprendre feussent alez en nostredicte ville de Mouson, en laquelle ils eussent trouvé, le samedi après Quasimodo derrenièrement passé, ledit Gileron sergent de Fremay, qui estoit serviteur dudit évesque, lequel s'estoit chargié d'espier ledit Laurens. Lequel Gileron leur eust dit qu'il avoit trouvé ycelui Laurens et avoit tant fait qu'il lui devoit vendre des pourceaux et devoit aler aux champs avecques lui pour veoir lesdiz pourceaux, qu'il disoit estre ès bois d'entre Mouson et Beaumont. Et pour ce, lesdiz supplians feussent demourez tout le jour et le lendemain jusques après disner, et burent plusieurs fois ensemble et avecques plusieurs compaignons, entre lesquelz ledit Laurens estoit. Et il soit ainsi que ycelui jour de lendemain après disner ledit Gileron, sergent, eust tant fait que ledit Laurens feust monté à cheval, et eust dit ausdiz supplians qu'ilz alassent après eulx. Lesquelz supplians, pour acomplir leur entreprise, feussent alez après et eussent ratains lesdiz Laurens et Gileron assez près de nostredicte ville de Mouson, en certain lieu estant en nostre royaume, et de fait, par force, eussent pris ledit Laurens et ycelui transporté hors de nostredit royaume par delà ledit évesque de Liège. Lequel évesque, par jugement et sentence sur ce donnée contre ledit Laurens, environ huit jours après ce, lui a fait tranchier la teste comme traictre. Pour occasion duquel fait, etc.

(Suit la rémission, adressée au bailli de Vitry.)

Donné à Paris le xxv° jour d'août, l'an de grâce mil iiii° et quatre et de nostre règne le xxv°.

Par le Roy, présens les chambellans.

TOREAU.

(*Trés. des Ch*. Reg. JJ. 159, pièce 152.)

CXIV

Don à la reine Isabeau de Bavière, d'une maison à Vernon.

Paris, décembre 1404.

Charles, etc. Savoir faisons à tous présens et avenir. Que comme cinq ans a ou environ, que nous feusmes derrenièrement en nostre pays de Normendie, nous estans en nostre ville de Vernon sur Seine, eussions pour certaines causes et considéracions qui à ce nous meurent, donné et octroié à nostre très chière et très amée compaigne la Royne, une maison ou hostel avec ses appartenances séant en ladicte ville, où pendoit l'enseigne de l'Escu de France, en laquelle nostredicte compaigne estoit pour lors logée, laquelle maison avoit esté à Guillaume du Hasay, pièçà nostre recepveur des aides à Rouen, et pour lors nous appartenoit parceque tous les biens dudit Guillaume nous estoient confisquez pour certains crimes et délis par lui commis oudit office ou autrement, de laquelle maison, etc.

Paris, décembre 1404.

(Le roi la lui avait donnée verbalement. Il lui en donne ici les lettres.)

(*Trés. des Ch*. Reg. JJ. 159, pièce 195.)

CXV

Le Roi abandonne à la veuve de Jean de Béthisac la moitié des biens de son mari.

Juin 1405.

Charles, etc. Savoir faisons à tous présens et avenir. Nous avoir receu l'umble supplication de Fleurs, vesve de feu maistre Jehan de Béthisac jadis nostre secrétaire, contenant. Que comme ledit feu maistre Jehan en son vivant, pour la grant amour et affinité qu'il avoit à ladicte suppliante sa femme, lui eust donné oultre et pardessus son douaire et en accroissement d'icellui, sur tous ses biens quelconques, meubles et immeubles présens et avenir, la somme de vint mille frans, si comme par lectres et instrumens sur ce faictes puet apparoir.......

(Le roi lui abandonne la moitié des biens de son mari et cite un arrêt du 1er septembre 1403.)

Paris, juin 1405.

(*Trés. des Ch.* Reg. JJ. 160, pièce 8.)

CXVI

Mention de l'expédition française au pays de Galles.

Juillet 1405.

Charles, etc. Savoir faisons à tous présens et avenir. Nous avoir receu l'umble supplication de Jaques de Veuville, escuier, demourant en la parroisse de Moustiers-Hubert du diocèse de Lisieux, ou bailliage d'Evreux et viconté d'Orbec contenant. Comme pour nous servir ès parties de Gales, en la compaignie de nostre amé et féal chevalier et chambellan Le Borgne de La Heuse, ledit suppliant se feust nagaires partis de son hostel pour aler à Harefleu et illecques entrer en mer avec les autres chevaliers et escuiers qui devoient aler oudit voyage. Et après ce que les monstres d'iceulx chevaliers et escuiers furent faictes, pour ce il sembla à ycelui suppliant que ilz séjournoient longuement audit lieu de Harefleu, lui et autres ses compaignons s'en partirent.... et pour ce que pendant le temps qu'il fut en sad. maison il oy dire que les Anglez estoient descendus en Coustentin et destruisoient le pais, il n'y demoura que une nuit seulement, doubtant que ledit de La Heuse eust volunté d'aler au devant d'eulx.....

(Rém. pour avoir pris un cheval et tué un homme dans une querelle élevée à ce sujet.)

Paris, juillet 1403.

(*Trés. des Ch.* Reg. JJ. 160, pièce 61.)

CXVII

Lettre d'Olivier de Mauni à Henri III, roi de Castille, sur l'enlèvement du Dauphin par le duc de Bourgogne.

Paris, 25 août 1405.

Mon très redoubté et très puissant seigneur. Je me recommande à vous tant humblement comme je puis. Et vous plaise savoir, mon très redoubté seigneur, que le Roy n'est point en si bon point comme vous vouldriez. Et estoit la Royne à Meleun, laquelle avoit envoyé quérir monseigneur le Daulphin, lequel estoit jà à trois lieues de Paris ou environ, quant monseigneur de Bourgongne vint hastivement pardevers lui, acompaignie de II^{m} chevaulx ou environ. Lequel l'en admena à Paris au chastel du Louvre, ou quel il est bien et honorablement gardé par monseigneur de Berry, auquel mondit seigneur de Bourgongne la baallié en garde. Et vous plaise sçavoir, mon très redoubté et très puissant seigneur, qu'il en a moult grandement despleu à monseigneur d'Orliens, et tant qu'il a mandé partout gens d'armes. Et semblablement a fait mondit seigneur de Bourgongne. Et se doubte l'en qu'il n'y ait autre chose que bien. Mais je cuide que le Roy et son conseil y remédieront, tèlement qu'ils demourront bons amis, se Dieu plaist. Et a l'en défendu à mondit seigneur de Bourgongne et crié partout Paris de par le Roy, qu'il n'assemble ne tiengne nulles gens d'armes pour ceste cause. Et aussi mon très redoubté seigneur vous plaise sçavoir que monseigneur de Bourbon et autres du conseil du Roy sont alez à Meleun pardevers mondit seigneur d'Orliens, pour lui faire semblable deffense que l'on a fait à mondit seigneur de Bourgongne. Si ne sçavoie encores quelle response mondit seigneur d'Orliens feroit sur ce quant ces lectres furent escriptes. Et quant est d'autres nouvelles, mon très redoubté seigneur, plaise vous sçavoir que le roy Loys estoit party pour aler à Gennes pardevers le Pappe et à grant foison de gens d'armes pour faire son voyage en Itale (*sic*), mais le Roy l'a mandé et s'en retourne pardeçà. Et aussi, mon très redoubté seigneur, vous plaise sçavoir que les gens que le Roy avoit envoyés en Galles sont descendus ou pays sans avoir trouvé aucun empeschement, et là ont esté receuz bien et honourablement. Et aussi monseigneur de Cleremont, le conte de Foucz et le conte d'Armegnac, qui estoient ensemble, ont prins ou pays de Guienne pluseurs forteresces, si comme le port de Saincte-Marie, la cité de Daire, et III ou IIII autres chasteaulx. Ne autre chose ne sçay de présent qui vous face à escripre. Mais se il survient riens de nouvel je le vous feray sçavoir le plus tost que je pourray. Et aussi, mon très redoubté seigneur, vous plaise à moy pardonner de ce que je m'en hardis à si plainement vous escripre, car en bonne foy je le faiz plus seurement pour ce que je sçay de certain que vous estes tousjours moult désirant d'oir des nouvelles de pardeçà. Mon très redoubté et très puissant seigneur, je me recommande à vous tant humblement et de cuer comme je puis que il vous plaise m'avoir tousjours en vostre très bonne grace et pour tout recommandé, en moy commandant tout ce qu'il vous plaira, comme à cellui qui est tousjours prest et appareillié de faire et acomplir tous voz bons commendemens et plaisirs comme votre petit vassal. Mon très redoubté seigneur, je prie Nostre Seigneur qu'il vous ait en sa saincte garde et qu'il vous doine bonne vie et longue. Escript à Paris, le xxv° jour d'aoust.

Votre très humble et très obéissant serviteur,

OLIVIER DE MAUNY.

Au dos : Au Roy de Castelle et de Léon, mon très
redouté et très puissant seigneur.

(Orig. pap. cacheté.— *Arch. de l'Emp.* Carton K. B. 1²⁸⁾. — Dans la liasse Q. I, se trouve une lettre en espagnol de Ferrand de Robledo sur le même sujet.

CXVIII

Fortifications de Paris.

Paris, août 1415.

Charles, etc. Savoir faisons à tous présens et avenir. Que pour considéracion des bons et agréables services que nostre amé huissier de sales, Denisot Michiel, nous a fait oudit office et autrement fait chascun jour loyaument, et espérons qu'il face ou temps avenir, actendu ossy et ouy le rapport et advis de nostre amé sergent d'armes et maistre charpentier, maistre Robert Fouchier, et que c'est le très grant prouffit et utilité de nostre bonne ville de Paris, à ycellui Denisot pour lui, ses hoirs et aians causes ou temps avenir avons donné et octroyé, donnons et octroyons de grace espécial, plaine puissance et auctorité royal par ces présentes, une place de siz toises de long et de vint et ung piet de let, tout dehors euvre, au plus près de la porte de Saint-Enthoyne faisant couture de nostre dicte ville de Paris en alant de ladicte porte Saint-Anthoine à la porte du Temple, pour y édiffier par ledit Denisot, ses hoirs et aians causes, une maison ou demeure, en laquelle ledit Denisot, ses hoirs et aians cause seront tenus de faire faire à leurs despens par manière de bastide, un planchier et II frenestres flamanges doubles à pignon, pour asseoir et mestre haussepiez et espringales ou canons pour la défenses de nostre dicte ville de Paris se besoing en estoit. Parmi ce que....

(Ledit Denisot paiera 2ˢ p. de rente — les lettres

adressées à la Chambre des comptes, aux prévost et *capitaine de la ville de Paris*, et au prévost des marchans).

Paris, août 1405.

(Trés. des Ch. Reg. JJ. 160, pièce 31.)

CXIX

Déclaration de Louis, duc d'Orléans, au sujet de l'enlèvement du Dauphin à Juvisy par le duc de Bourgogne.

Melun, 2 septembre 1405.

Loys, fils et frère de roys de France, duc d'Orléans, conte de Valois, de Blois et de Beaumont et seigneur de Coucy. A tous ceulx qui ces lettres verront, salut. Savoir faisons que comme par l'ordenance de nostre très redoubtée dame, madame la royne de France, pour aucunes raisons qui à ce la mouvoient, eussent esté commiz et ordonnez noz treschers et tresamez cousins le duc de Bavière et le marquis du Pont, et aussi le grant maistre d'ostel de monseigneur le Roy, à faire venir pardevers madame la Royne en son chastel et ville de Meleun, mon très cher seigneur et neveu monseigneur de Guienne et Dalphin de Viennois. Et en venant et estant près de la ville de Gevisy[1], mondit seigneur de Guienne ait esté prins et arresté, non obstant le commandement de ma dicte dame, et non obstant aussi les paroles que nozdiz cousins dirent et remonstrèrent à ceulx qui firent le fait dessus dit, tant des lectres que madicte dame leur avoit en ce et

1. Juvisy.

sur ce rescriptes, comme aussi remonstrant le povoir que mondit seigneur en ce lui avoit et a donné du gouvernement et nourrissement de ses enfans, et plusieurs autres choses qui par ceulx ordonnez et commiz à amener mondit seigneur de Guienne à ce propos furent dictes, que par yceulx on pourroit savoir, et oultre le gré et voulenté de mondit seigneur et neveu qui requéroit tousjours d'aler devers madicte dame, comme il lui avoit pleu ordonner et mander. Et, tout ce non obstant, procédèrent à leur entreprinse, et de fait prindrent et emmenèrent mondit seigneur et neveu par gens armés et plusieurs estrangers de ce royaume, et le firent, sans lui donner loisir de descendre par si grant chaleur qu'il faisoit, cheminer l'espace de quatre lieues, aprez ce qu'il en avoit desjà cheminé deux, et le menèrent au Louvre, où il n'y avoit riens appareillié pour le recevoir ainsi que à son estat il appartient. Et tant que, par le traveil qu'il eut et prins, comme par la frayeur qui de ce lui peut venir, s'en senti de maladie. Et pensons que se Dieux n'i eust miz sa grâce, veu sa jeunesce et les choses dessus dictes, qu'il eust esté en grant aventure d'avoir et recevoir une grant maladie. Là fu tenu et demoura par l'espace d'aucuns jours, et, comme s'il fust prisonnier, gardées les portes dudit chastel et sa dicte maison, à gens d'armes, donc plusieurs estrangers de ce royaume, comme dessus est dit, y avoit. Qui nous a esté et est, non sans cause, une grant merveille à avoir veue et oye de nostre temps. Car la prinse et détencion de mondit seigneur et neveu ne touche pas ne ne regarde à si peu, que premièrement la seignourie de monseigneur n'i ait esté bléciée, l'estat de madame la Royne et la puissance que monseigneur lui avoit donnée en ce enfrainte et grevée, la personne de mondit seigneur et neveu non révéraument ne ainsi que elle deust avoir esté traictiée. Nous tous de son sang, et espécialment tant plus prochains sommes de mondit seigneur et de la couronne devons et sommes tenuz à ces choses pourveoir. Et pour ce requérons, sommons et prions à tous les vrays subgiez de mondit seigneur, gens d'église, nobles et autres qu'ilz veulent avoir ce fait en grant desplesance, et que nous tous d'un commun acort nous moustrons bons, vrays et loyaulx subgiez de mondit seigneur, à réparer les choses dessusdictes. Pour quoy, nous qui sommes son frère germain et le plus prochain de sa personne que nul autre aprez mondit seigneur son filz, beaux neveux ses enfans, nous offrons en acquitant nostre loyauté et pour garder la seignourie de monseigneur dessusdit, par la bonne ordonnance de monseigneur et de ma dame et les bons adviz et conseilz de ceulx de son sang et de ses vrays et loyaulx subgiez, de nous emploier corps, amiz et avoir à la réparacion des choses dessusdictes. Et soient bien pesez et advisez se tèles choses passoient soubz dissimulacion les maulx qui s'en pourroient ensuir, car les personnes de monseigneur de ma dame la Royne et de monseigneur de Guienne ne seroient jamez asseur, et faudroit que ce royaume, qui a esté tenu pour l'obéissance et révérence que on a tousjours porté comme raison est à messeigneurs les prédécesseurs de monseigneur et à monseigneur aussi, et aussi pour la bonne justice qu'on y a tousjours trouvée a esté le plus renommé, feust comme païs habandonné et sans avoir regart à aucune seignourie. Et nous merveillons et non sans cause, quel povoir et quele auctorité avoit cellui ou ceulx qui ce ont entreprins de fait d'oster à ma dicte dame le gouvernement de ses enfans que mon seigneur en la présence de nous tous lui avoit donné, et la priver de la veue d'iceulx, car plusieurs de nous sommes plus prouchains à pourveoir à la seureté de monseigneur de Guienne s'il y failloit pourveoir, que cellui ou ceulx qui si hastivement s'i sont avanciez. Et encores soit bien adverti que quant c'est venu à bailler la personne de monseigneur de Guienne et de beaux neveux et nièpces à noz tresohers et trèsamez oncles les ducs de Berry et de Bourbon, on a voulu mectre aucunes condicions lesqueles pourront estre sçeues par beaux oncles dessusdiz, en non voulant bailler mondit seigneur de Guienne et beaux neveux et nièpces dessusdiz, si plainement comme il appartenoit. Car à les vouloir mectre hors de leur franchise est une chose moult reprouvable, et nous semble qu'il n'y a nul à qui on eust prins ses enfans comme on a fait à monseigneur et à madame, qui n'en deust avoir grant douleur. Et preigne chascun à son cuer l'autrui, et pensons qu'il n'y a nul à qui on eust fait le cas pareil qui ne voulsist que la chose feust réparée. Et pour ce que cellui ou ceulx qui les choses dessusdictes ont commises et perpétrées, pour palier et colorer leur fait, ont fait certaine escripture, laquèle ilz ont envoiée par les bonnes villes de ce royaume pour les appaisier, se pensons nous bien du grant courroux qu'ilz ont deu avoir des choses dessusdictes, ne vueille aucun estre esmeu pour la dicte escripture. Car le plus grant désir que nous ayons a tousjours esté et est de faire nostre devoir au bien, honneur et profit de mondit seigneur, de son royaume et de ses subgiez.

Et afin que aucun ne pense ou croye que nous doyons avoir aucune charge des griefs, charges et oppressions dont mencion est faicte en ladicte escripture, tant au regart de la personne de monseigneur le Roy comme de ses subgiez, mais la portent ceulx qui la doivent avoir, nous voulons que chascun sache la response à chascun article d'icelle escripture.

Et premièrement, à ce que ladicte escripture touche que pour la prochaineté de lignage et affinité qu'ilz dient avoir à mondit seigneur et comme subgiez doivent faire ayant l'un d'eulx aucune prérogative de pairie, etc., joingt aussi aucun commandement exprès qui leur en a esté fait par leur seigneur et père; nous ne pensons point ne ne tenons qu'il ne doye estre pour les raisons dessusdictes plus astreint en vraye obéissance à mondit seigneur et à son royaume que se il n'eut les prérogatives dessusdictes. Et deussent avoir tenues autres manières envers monseigneur, madame la Royne et nous tous de son sang, que avoir fait publier en ce royaume et devant plusieurs estrangers, à qui les fais de ce royaume ne touchent point, les choses contenues en ladicte escripture. Et quant à ce qui touche aprez le gouvernement de la personne de monseigneur le Roy, du travail qu'il prent et qu'on lui donne depuis le matin jusques au soir etc. nous pensons qu'il doit remembrer à aucuns d'eulx comment par plusieurs foiz nostre trèscher et trèsamé cousin le roy de Sicile, noz trèschers et trèsamez oncles les ducs de Berry et de Bourgongne, que Dieux absoille! nous et plusieurs de son sang et de son conseil nous sommes acquitez à mondit seigneur en lui humblement suppliant que en ce il voulsist mectre aucun bon remède. Et la response que en ce mondit seigneur nous fist, nous tenons qu'il en doit souvenir à aucuns de ceulx qui ont fait dire et escrire aux bonnes villes, comme dit est. Et quant aux consaulx où il est dit que on y traicte souvent des dommages de mondit seigneur, quant on déclairera les dommages on saura par qui ilz auront esté fais, et la vérité sçeue on ne nous en trouvera de riens chargez. Et quant aux dons dont mencion ou dit article (*sic*), dure chose seroit de lier les mains de mondit seigneur que aucunes fois il ne donnast à ceulx qui le servent et desservent, et c'est fait de seigneur. Et se on veult desclairer aucuns dons excessifs fais par monditseigneur comme l'article porte, soit veu depuis le trespassement de nostre très redoubté seigneur et père que Dieux absoille, jusques au jour dui, qui plus a eu et emporté des biens de ce royaume et des meubles qui demourèrent après son décès, car par ce on pourra savoir où ilz ont esté convertiz et emploiez. Et quant aux officiers et serviteurs qui n'osent parler ne eulx acquicter envers monseigneur, il nous semble qu'il seroit bon que on les nommast, car c'est une grant charge que on leur impose, veu le serement qu'ilz ont fait, mesmement qu'il n'a pas été veu que aux consaulx de monseigneur chascun n'ait esté franc à dire son opinion. Et s'il n'y a nul des serviteurs de mondit seigneur, tant soit prochain de lui, qui de ce ait fait aucune plainte, au moins qu'il soit venue à nostre cognoissance. Et quant au point faisant mencion du fait de la justice pour la petite provision qui y a esté mise ès temps passez, etc. on pourra savoir en la court capital de mondit seigneur, laquèle nous sommons et requérons d'en dire la vérité, comment depuis le trespassement de nostre très redoubté seigneur et père, que Dieux absoille, elle a esté démenée et à quelz requestes les officiers moins souffisans y ont esté miz et ceulx qui ont esté en apel, et par ce en la garde de monseigneur comme ilz ont esté par aucuns traictiez, et les arrests de parlement, comment ilz ont esté petitement exécutez et comme on a empesché le ressort à venir à la cour souveraine de mon seigneur, de plusieurs bonnes villes et ses subgiez, comme en temps et en lieu sera désclairé; et au prévost de Paris et aux bailliz de mon seigneur, quèle désobéissance ilz ont trouvée et par qui ou par lesquelz tant en la ville de Paris comme généralement par tout le royaume, lesquelz, comme dessus, nous sommons et requérons qu'ilz le démonstrent en temps et en lieu à mondit seigneur. Et quant aux bailliz, prévosts et autres officiers, il est certain et sera sçeu se besoing est, que à nous n'en doit estre baillée aucune charge, mais à autres qui en leurs temps les ont fait mectre à leur vouloir et plaisir. Et quant au petit gouvernement du demaine dont en ladicte escripture est faicte mencion, soit veu l'estat en quoy monseigneur, dont Dieux ait l'àme, le lessa et par qui ou par quelz le demaine a esté si chargié que ses chasteaux sont en ruine, comme il est dit en ladicte escripture, et fiefs et aumosnes non paiez, et aussi par qui les officiers extraordinaires ont esté mis en la chambre des comptes et ailleurs, qui se paient de leurs gaiges et dons avant fiefz et aumosnes et autres choses nécessaires, et la recepte qui deust venir ens pour les réparacions dessusdictes, en quelles mains elle est allée, et les dons qui sur ce ont esté demandez et par qui et lesquelz en ont esté paiez toutes choses arrière mises. Et par ce on saura clairement qui doit avoir ou porter la charge du contenu en ladicte escripture. Car nous voulons que chascun sache, que sur le demaine de mon seigneur nous ne eusmes onques la valeur de dix ou douze mille livres, depuis le terme de xxv ans que nostredit seigneur et père ala de vie à transpassement, hors miz et réservé nostre apanage et partage.

Et quant à nous, il nous semble qu'il seroit de neccessité pour la réintégracion du demaine de mondit seigneur, que tous ceulx qui tiennent ou usurpent dudit demaine aucunes villes, chasteaulx ou chastellenies, sans jute tilte comme il apperra, le devroient bailler et rendre réalment et de fait à mondit seigneur avec les fruis et levées. Et quant à l'oppression qui a esté faicte aux gens d'églises, nobles et autres par impressions d'officiers de justice, par logeiz de gens d'armes et autres qui les ont rançonnez et gastez leurs vivres, etc. chascun puet congnoistre qui ou temps passé a assemblé gens d'armes pour ses affaires sur le pais de monseigneur et depuis son couronnement, et par ce on pourra savoir qui est cause des dommages des subgiez de mondit seigneur de quelque estat qu'ilz soient. Et quant à ce que on n'a pourveu ne ne pourvoit point au fait de la guerre, etc., ceulx qui le dient en sont petitement informez. Car en plusieurs parties de ce royaume on y a pourveu tèlement que chascun le puet cognoistre. Et par l'ordonnance de mon seigneur et de son conseil, et plus avant y eust on pourveu se aucuns eussent esté plus vrays obéissans à mondit s gneur qu'ilz n'ont esté. Car aucuns se sont arrestez et demourez en leurs pais pour leur fait singulier qui deussent avoir obéi à ce qui avoit esté ordonné par monditseigneur et ceulx de son sang et de son conseil à la seureté et garde de lui et de son royaume. Et soit bien adverti se la manière que on tient et que on a commenciée de tenir est bien profitable et honnourable à monseigneur et à son royaume, et se le fait de la guerre s'en devra mieulx porter. Et quant aux aides qui se lièvent pour le fait de la guerre, les tailles et les empruns qui ont esté fais, etc. nous avons toujours esté et sommes d'acort que les aides, tailles et empruns qui ont esté et sont levées pour le fait de la guerre soient, en la plus grant quantité que faire se pourra, par l'ordonnance de monditseigneur converties et emploiées ou fait de la guerre, et nous y actraint et contraint le désir que nous avons au bien de ce royaume et au dommage de ses adversaires, et aussi la charge qu'il a pleu à monseigneur nous bailler des frontières de Normendie et de Picardie, à quoy nous avons propos, l'aide de Dieu devant, de y emploier nostre corps, noz amiz et nostre chevance, par l'ordonnance de monditseigneur. Et quant aux tailles qui ont esté mises sus au temps passez depuis le trespassement de nostre très redoubté seigneur et père que Dieux absoille! nous vouldrions bien que elles eussent esté toutes appliquées, et aussi les aides et plusieurs autres subvencions, au bien et à la défense de ce royaume. Et voulons bien que chascun sache que quelque taille qui ait esté levée ne quelque subside, tant pour aler en Flandres devers Bourbouc, comme Le Dant et à l'Escluse, pour non aler en Angleterre comme pour aler en Alemaigne, ne quant monseigneur print son gouvernement pour don qu'il fist à quelque personne que ce feust, ne pour le mariage de ma dame ma nièce qui fu fait au roy Richart, que Dieux absoille, ne pour la conclusion que l'on print à faire guerre aux Anglois derrenièrement, nous ne conseillasmes ne ne fusmes présens à conseiller que monditseigneur levast tailles, muast ses monnoyes, ne fist empruns ne exaccions, telz et si excessifs, comme on puet savoir que fait a esté ou temps passé. Bien est vray que pour les raisons contenues ès lectres patentes de monditseigneur pour l'aide que derrenièrement il a fait mectre sus pour le fait de la guerre, nous fusmes présens en la compaignie de noz treschers et trèsamés cousins le roy de Sicile et le roy de Navarre, beaux oncles de Berry et de Bourbon, beau cousin de Mortaing, beau cousin d'Alençon et plusieurs autres de son sang et de son conseil, à la acorder; qui lors jurasmes à le servir de corps, de biens, de noz amiz et de noz subgiez et de quanques Dieux nous avoit presté. Et pour ce que nous ne savons se cellui ou ceulx qui ont les escriptures dessusdictes envoiées, ont voulu ou veulent clorre la main à monditseigneur de son gouvernement, en le voulant tenir comme en bail ou en tutèle, qui ne leur loist ne appartient, toutes choses considérées, voulans donner occasion aux subgiez de monditseigneur de non estre si vrais obéissans envers lui comme ilz ont esté tousjours et doivent estre, et tenons qu'ilz sont, et par ce mectre division et rebellion en ce royaume, qui pourroit estre à la destruccion d'icellui, que Dieux ne veuille, et considéré la manière de leur venue par deçà monseigneur estant en l'estat où il est, en quoy nous tenons que lui estant en autre point qu'il n'est, que Dieux veuille brief octroyer, aura ceste chose mout contre cuer et en grant desplaisance, nous sommes pourveuz et nous pourveons d'avoir des gens afin de garder le corps, estat et seignourie de monditseigneur, de Madame, de monditseigneur de Guienne et de beaux neveux et nièces leurs enfans. Et pour tenir et garder ce royaume en seurté et union et ses bons subgiez en obéissance, si comme tenuz y sommes, et nous loist et appartient plus que à nul autre. En vous priant, sommant et requérant que en ce nous vueilliez aidier et adhérer, comme vrays et loyaulx subgiez et obéissans à monditseigneur doivent faire. Et tèlement que monditseigneur, estant en estat, vous doie avoir pour recommandez comme vrays et loyaulx subgiez et bien obeyssans. En tesmoing des queles choses nous avons fait mectre nostre séel à ces lectres. Donné à Meleun le II° jour de septembre, l'an mil cccc et cinq.

Sur le repli : Par monseigneur le Duc en son grant conseil.

J. DE RECY.

(Orig. parch. — *Arch. de l'Emp.* Carton J. 1044, pièce 39.)

CXX

Traité d'alliance entre la reine Isabeau de Bavière, Jean, duc de Berri, et Louis, duc d'Orléans.

Paris, 1er decembre 1405[1].

Nous Ysabel, par la grâce de Dieu royne de France, Jehan, filz de roy de France, duc de Berry et d'Au-

---

1. Cette pièce tire son importance surtout de la qualité des parties contractantes.

vergne, conte de Poitou, d'Estampes, de Bouloigne et d'Auvergne, et Loys, filz et frère de roys de France, duc d'Orliens, conte de Valoys, de Bloys et de Beaumont et seigneur de Coucy, à tous ceulx qui ces présentes lectres verront, salut. Savoir faisons que nous, considérans le grant bien, proufit et honneur qui pevent advenir à monseigneur le Roy, à son royaume et à nous, pour nous tenir en bonne paix, amour et vraye union, et eschever toutes matières et occasions de débaz, discors et divisions, comme avons fait jusques cy, avons ensemble d'un commun accort et assentement, par grant advis et meure délibéracion, juré et promis, jurons et promectons, et chascun de nous, par les foys et seremens de noz corps sur les sainctes Euvangiles de Dieu et sur la vraye croix pour ce de noz mains touchés, nous Royne, en parole de royne, et nous, ducs de Berry et d'Orliens, en parole de filz de roy, tenir, garder et acomplir inviolablement les aliances, poins et articles qui s'ensuivent : Premièrement, que nous serons, tant comme nous vivrons, les uns envers les autres, bons, vraiz et loyaulx amis et aliez, pourchasserons le bien, honneur et proufit l'un de l'autre de touz noz povoirs, et se aucunes personnes vouloient faire ou pourchassier, faire ennuy, dommaige ou deshonneur à nous ou à l'un de nous, en corps ou en biens, soit pour le fait de monditseigneur le Roy, de ses enfans et dudit royaume ou pour noz propres personnes, besoignes et affaires, nous aiderons, conseillerons, garderons et défendrons l'un l'autre de toutes noz puissances envers et contre toutes personnes, exceptez mondit seigneur le Roy et sesdiz enfans, et escheverons et empescherons le mal, dommaige et deshonneur de chascun de nous. Et s'il venoit à la cognoissance de l'un de nous que aucun voulsist entreprendre de le faire, dire ou pourchassier, cellui qui premier le saura, le fera savoir aux autres, et y mectra tout le meilleur remède que faire se pourra, pour la tuicion, défense et garde de cellui de nous contre qui l'on vouldroit ou s'efforceroit de faire ladicte entreprise. Item, durant la vie de mondit seigneur le Roy, entendrons ensemble et d'un commun accord et assentement, au mieulx et plus diligemment que faire le pourrons, aus besoignes et affaires de monditseigneur le Roy, de son royaume et de la chose publique d'icellui, sanz ce que l'un de nous y face aucune chose se ce n'est en la compaignie des autres ou par le consentement de chascun de nous trois. En tesmoing desqueles choses, nous Royne, ducs de Berry et d'Orliens, avons fait mectre nos grans seaulx à ces présentes lectres, signées de noz propres mains. Donné à Paris le premier jour de décembre, l'an de grâce mil cccc et cinq.

YSABEL .....[1] LOYS.

(Orig. parch., où il reste des fragments des sceaux de Jean, duc de Berri, et de Louis, duc d'Orléans. Celui de la reine Isabeau de Bavière est perdu. Les signatures sont autographes. — *Arch. de l'Emp.* Carton K. 55, pièce 36.)

CXXI

Traité d'Owen, prince de Galles, avec la France.

12 janvier 1406.

Owinus, Dei gracia princeps Wallie. Universis litteras nostras inspecturis, salutem. Noverit universitas

---

1. Il y avait ici *Jehan*, mot qui est détruit par l'humidité.

vestra, nos, litteras infrascriptas, ligam et confederacionem inter illustrem principem dominum Karolum Dei gracia Francorum regem et nos, per procuratores suos et nostros in hac parte initas et contractas continentes, recepisse in hec verba :

Nos Jacobus de Borbonio........[1]

C'est le traité contenant les pouvoirs de Jacques de Bourbon, datés de Paris, 14 juin 1404, et ceux des ambassadeurs d'Owen, datés de Dologelle, 10 mai 1404. Ils sont imprimés dans Rymer, t. IV, Ire part., page 65). Le traité signé à Paris, dans l'hôtel d'Arnaud de Corbie, le 14 juillet 1404.

Nos vero factum procuratorum nostrorum in hac parte ratum et gratum habentes, ligam et confederacionem premissas, quantum in nobis est, ratificamus et confirmamus per presentes. In cujus rei testimonium, has litteras nostras fieri fecimus patentes. Data in castro nostro de Llanpadarn, xii° die januarii, anno Domini millesimo quadringentesimo quinto et principatus nostri sexto.

Au dos : Confederaciones facte et inite inter dominum nostrum regem et Owinum principem Walliarum, anno domini m°cccc°v°.

(Orig. parch., scellé sur double queue du grand sceau d'Owen qui le représente assis sur un trône a la face, et à cheval au revers. — *Trés. des Ch.* Carton J. 623, pièce 96.)

[1]. Imprimé dans Rymer, t. IV, Ire part., p. 65.

CXXII

L'Ordre de la Cosse de Genest donné à Robert de Mauny, écuyer.

Paris, 7 mars 1406.

Charles, par la grâce de Dieu Roy de France, à tous ceux qui ces présentes letres verront salut. Sçavoir faisons, que nous, à plein informez de la bonne et noble génération de nostre amé sergent d'armes Robert de Mauny, escuier, est issu et procrée, a icelui avons donné et octroié, donnons et octroions de grâce espécial par ces présentes, congé et licence de (*sic*) doresnavant il puist et lui loyse porter le collier de nostre ordre de la Cosse de Genestre, en tous lieux et par toutes places, festes et compaignies qu'il lui plaira et bon lui semblera. En tesmoin de ce nous avons fait notre séel secret mettre à ces présentes. Donné à Paris en nostre hostel de Sainct-Paul, le septiesme jour de mars, l'an de grâce mil quatre cens et cinq, et le vingt-sixiesme de nostre regne. Signé par le Roy. Ponthieu.

(Bibl. Imp. fs Dupuy, vol. 662, fol. 286.)

CXXIII

Eclypse de soleil.

Du mercredi 16 juin 1406.

Cedit jour, entre vi et vii heures, peu après vi heures devant midi, entendant que l'en visitoit les requestes, le soleil, qui paravant dès iii heures avoit luit clèrement et nettement, souffri éclipse de clarté, par espécial en ce climat, tel que l'en veoit aussi obscurement que l'en voit à x heures de nuit ou a 11 heures après minuit; et dura ceste obscurté l'espace de la xe partie d'une heure ou environ *novilunio existente*[1].

(Reg. 12 du Cons. — X. 1478, fol. 273 v°.)

CXXIV

Tempête au Landit.

Du mardi 22 juin 1406.

Mardi xxiie jour, fu si grant tempeste au lieu du Landict et à S. Deniz que, comme relatoient aucuns des seigneurs de la court et de l'évesque de Paris, y chut greelle aussi grosse qu'est le poin à un homme et plus ancores.

(Reg. 12 du Cons. — X. 1478, fol. 275.)

CXXV

Ordonnance concernant les offices, les finances et le domaine.

Paris, 28 juillet 1406.

Charles, par la grâce de Dieu Roy de France. A touz ceulz qui ces présentes lettres verront, salut. Comme souventesfoiz nous aions par plusieurs des plus prochains de nostre sang et lignage et de nostre grant conseil esté advertiz que pour la trèsgrant multitude d'officiers, que par importunité de requérans ou autrement nous avons mis, ordonnez et retenuz par

1. Le greffier a illustré la marge par un soleil.

cy devant en nostre grant conseil et en noz offices touchant le fait de la justice de nostre royaume et de noz finances, tant de nostre demaine que le fait de noz aides, trèsgrans maulx, inconvéniens, charges et dommages sont ensuiz à nous, à noz faiz et finances et à la chose publique de nostredit royaume. Et en espécial parce que plusieurs d'iceulx officiers ont esté et sont moins suffisans à bien savoir gouverner et exercer les offices à eulx commis que besoing feust, et s'en pourroient encores ensuir innumérables inconvéniens et dommages se pourveu et remédié n'y estoit comme il appartient. Savoir faisons que nous, considérans ces choses et qui désirons de tout nostre cuer celles qui moins deuement ont esté faictes le temps passé réformer en mieulx et les mettre et ramener en bons termes et noz diz offices à modération telle que touz telz inconvéniens cessent, et de ce descharger nouz, noz faiz et finances et nostre peuple, comme il est grant besoing, avons pour ces choses adviser, faire et exécuter, fait assembler plusieurs foiz en nostre présence et ailleurs nostre grant conseil, où ont esté noz trèschiers et trèsamez oncles, frère et cousins, les roys de Sécile et de Navarre, les ducs de Berri, d'Orléans, de Bourgoingne et de Bourbonnois et plusieurs autres nottables personnes de nostre sang et lignage, et de nostredit grant conseil. Et par l'advis et conseil de plusieurs d'eulx avons aujourd'hui ordonné et délibéré, ordonnons et délibérons les choses qui ensuient :

Et premièrement. Pour le grant nombre de ceulx que avons par cy devant retenuz de nostre grant conseil et par quoy noz consaulx et besoingnes ont esté tenues moins secrètes que besoing feust, et aussi plusieurs noz offices comme bailliages, séneschaucies, capitaineries et autres, moins deuement exercées et gouvernez qu'elles ne deussent, pour ce que plusieurs de ceulz qui tiennent iceulx offices n'y ont fait résidence ne les exrcez en personne, ains se sont tenuz et tiennent en nostre hostel et ès hostelz de nosdiz oncles, frère, et cousins, et à suyvre nos diz consaulx, à la grant charge de nous et préjudice des diz offices et de noz subgiez. Nous avons ordonné et ordonnons par ces présentes, que doresenavant seront seulement à noz diz consaulx et de nostre grant conseil, oultre ceulx de nostre sang et lignage et noz officiers qui à cause de leurs offices en sont et doivent estre, le patriarche d'Alixandrie, l'arcevesque d'Aux, l'arcevesque de Sens, l'arcevesque de Toulouse, les évesques de Noyon, de Meaulx, de Poitiers, de Tournay, de Lymoges, de Thréouenne, d'Evreux et de Saint-Flour, maistre Pierre L'orfèvre, l'abbé de Moustier-Ramé, nostre amé et féal cousin le conte de Tancarville, le sire Domont, le Begue de Villaines, le sire de Baqueville, le sire d'Yvri, le sire de La Roche-Guion, le sire de Torchy, le sire de Blarru, le sire de Boissay, le sire de Hangest, Regnault d'Angennes, le sire de Saint-George, le sire de Garencières, le Borgne de la Heuse, le sire de Rambures, Guichart Daulphin, le sire de Montenay, Philippe des Essars, Gaucher de Passac, Guillaume le Bouteillier, le sire de Montjoye, Colart de Calleville, le Galois d'Aunoy, L'Ermite de la Faye, Charles de Savoisy, Jehan de Chambrillac, Guillaume de Laire, chevaliers; maistres Tristan du Bus, Jehan de Boissay, Guillaume Boisratier, et Pierre de Lesclat, le sire d'Algre, Jehan de Nyelles, chevalier, Jehannet d'Estouteville, Thibaut de Meseray, escuiers, Arnoul Boucher et Jehan Coignet. Lesquielx nous y avons de nouvel retenuz et retenons par ces mesmes lettres. Par lesquelles cassons aussi touz les autres par nous cy devant retenuz d'icelui nostre grant conseil. Et ne auront ne prendront doresenavant iceulz noz conseilliers que uns gaiges ou pension seulement. Et ou cas que aucuns nous requerront lettres au contraire et que par inadvertance les octroyssions, nous deffendons très expressement que icelles ne soient séellées, et se par importunité ou inadvertance l'estoient, que elles ne soient expédiées en nostre chambre des comptes. Et s'il estoit autrement fait en quelque manière que ce feust, voulons qu'il soit recouvré sur celui ou ceulx qui les auroient ainsi obtenues ou pourchacées.

Item. Pour pourveoir et remédier à la descharge de noz finances et aus grans dommages que nous avons euz le temps passé par les descharges que nous avons commandées, par lesquelles nous confessons avoir receu de plusieurs des gens de noz finances aucunes sommes de deniers pour iceulx mettre en noz coffres et faire nostre voulenté, nous aurons pour garder nostre espargne, nostre amé premier varlet de chambre, Guillaume Foucault. Et pour la garde de noz coffres, Guillaume Cassen dit Castellain, par lequel, quant nous vouldrons avoir argent de nostre demaine nous le ferons recevoir par la main du changeur de nostre trésor; et de noz aides, par la main du receveur général d'iceulx.

Item. Pour ce que plusieurs d'iceulx noz officiers nous ont acoustumé demander et demandent robes chascun an, avons semblablement ordonné que doresenavant à aucuns d'iceulx noz officiers nous ne donnerons aucunes robes, si non ceulx qui d'ancienneté les doivent et ont acoustumé avoir. Et s'il estoit autrement fait par inadvertance ou autrement, nous deffendons qu'il ne soit alloué ès comptes de celui qui l'auroit paié.

Item. Pour les grans charges que nous avons eues et avons des requestes qui nous sont faictes chascun jour à part et quant nous alons à nostre conseil, ordonons que doresenavant ne seront faictes requestes de finances, si non que nous soions assiz en nostre chaère en nostre conseil, et présens nos oncles et frère et autres plus prochains de nostre sang, et à l'ouye d'eulx et des autres dudit conseil. Et se feront icelles requestes chacune sepmaine à un jour que nous ordonerons et par les maistres des requestes de nostre hostel, et en l'absence de ceulx pour qui et à quel requeste se feront. Et ne pourront signer noz secretaires à ce ordonnez, les lettres qui leur en seront commandées, si non qu'elles leur feussent et soient commandées par ceste manière. Et seront enregistrez en nostre chancellerie touz les dons que ferons sur noz dictes finances.

Item. Pour le gouvernement de nostre demaine avons nommez trois trésoriers. C'estassavoir nostre amé et féal chevalier et chambellan Thibaut de Chantemelle, Robert le Sénescal et Robert de Versailles, escuiers. Et auront chascun, de don, mil frans ou au dessoubz seulement pour mieulx servir et faire leur devoir et pour leur aider à soustenir leurs estaz et les frais qu'il leur conviendra faire à cause de leur office. Et aussi seront toutes les finances de nostredit demaine receues par ledit changeur, sanz y avoir nuls particuliers receveurs quelz qu'ilz soient, se non en tant que touche les amendes de nostre parlement, lesquelles seront receues par le receveur qui à présent les recoit. Et aussi seront gouvernées par les commissaires qui de par nous y ont esté et sont commis et ordonnez et que nous y commettrons pour le temps avenir. Et afin que les besoignes de nostredit trésor se facent et exécutent deuement et ainsi que d'ancienneté a esté acoustumé, nous voulons que nul tour d'escript ne soit doresenavant fait par lettres ou cédules, maiz par capiatis de nostre chambre des comptes, pour ceulx qui ont acoustumé avoir compte oudit trésor, et pour les autres en la manière anciennement acoustumée. Et aussi que riens ne soit escript oudit trésor, de recepte ou de dépense, se elle n'est deuement faicte par ledit changeur et selon les ordenances par nous pieçà faictes à Vernon. Et deffendons audit changeur et au clerc de nostredit trésor, sur paine de perdre leurs offices, que ces choses ilz ne facent par autre manière que dit est.

Item. Pour ce que noz chasteaulx, maisons et aussi les édifices et autres choses dont nostre demaine deust et souloit estre de plus grant revenue comme estangs, halles, fours, moulins et autres choses, sont tournées en grant ruyne, nous avons semblablement ordonné que nous ne donnerons doresenavant aucuns dons sur icelui nostre demaine, jusques à ce que premièrement les choses dessusdictes soient réparées et mises en bon et deu estat. Et deffendons très-expressément aux gens de noz comptes et à nosdiz trésoriers, que ilz ne paient ne seuffrent à personne quelconques paier ne passer aucuns dons sur nostredit demaine, que premièrement nostre dicte ordenance soit acomplie et entérinée, et que nostredit trésor soit aussi acquictié des rentes dont il est chargé et fiefs et aumosnes, gaiges d'officiers et autres charges ordinaires paiez, et ce qui y est ordonné pour la despense de nostre hostel.

Item. Et à fin que les offices de nostredit demaine, comme vicontez et receptes, soient bien et deuement gouvernez, nous voulons et ordonnons que touz noz vicontes et receveurs soient doresenavant esleuz et pris de bonnes et suffisans personnes, bien reséans et des pais où seront leurs offices, afin qu'ilz soient et doient estre plus contens de leurs gaiges, sanz aucuns dons. Toutesvoies, quant ausdiz vicontes qui ont juridiction à gouverner avecques receptes, ilz ne seront point officiers ès lieux et villes dont ilz seront natifz, pour oster toutes faveurs.

Item. Ou pays de Champaigne n'aura plus aucun gruyer et ne y demourra pour l'exercice de la justice sur le fait des eaues et forestz que les maistres desdictes eaues et forestz qui à présent y sont. Ausquielx, et semblablement à tous les autres de nostredit royaume, nous commandons très expressément et sur paine de perdre leurs diz offices, que ilz facent bien et diligenment leur devoir sur iceulx et tenir et garder noz ordenances faictes sur le fait desdictes eaues et forestz. Et pour ce que par cy devant on a usé de vendre telz offices et aussi nottairies à bourses et gaiges et nottairies de nostre Chastellet et comme tous offices royaulx, nous deffendons à tous telz noz officiers que doresenavant ilz ne vendent leurs offices ne en preignent prouffit, sur paine de les perdre et aussi l'argent qui leur en seroit baillié, afin que quant lesdiz offices vacqueront nous en puissions pourveoir à personnes suffisans et méritoires à les avoir et gouverner et qui les exerceront en leurs personnes.

Item. Quant au fait de noz monnoies et aux généraulx maistres d'icelles, ne demourra que quatre généraulx maistres, c'est assavoir ceulx qui par les gens de nostre grant conseil et de nostre chambre des comptes seront trouvez plus suffisans. Et quant il vacquera desoremaiz aucuns d'iceulx offices, nous en pourverrons, devant tous autres, ceulx qui nous y ont servi oultre le nombre et ordenance.

Item. Pour ce que à la requeste de plusieurs noz officiers, tant des maistres des requestes de nostre hostel, des gens de nostre parlement, de noz comptes, noz secretaires et d'autres nous avons octroié à plusieurs d'iceulx avoir et prendre leurs gaiges à vie, et qui ne ont si longuement servi qu'ilz les deussent demander ne avoir, nous avons tous telz et semblables dons à vie révoquez et révoquons, excepté à ceulx qui ont servi en leurs offices vint ans et au dessus.

Item. Quant au nombre des gens de nostre chambre des comptes, pour ce que nous avons esté informez par aucuns de nostredit grant conseil et de nostredicte chambre, que pour cause de ce qu'il y a aucuns des ordinaires d'icelle qui par foiblesse et impotence pevent pou et pourront desoremaiz travailler ne vacquer ès affaires de nostredicte chambre, et qu'il y a très grans et innumérables charges de besoignes et plus assez qu'il ne souloit le temps passé, et chascun jour y croissent et surviennent en plusieurs et diverses manières, lesdiz ordinaires ne pourroient fournir ne satisfaire aux dictes charges et besoignes, et aussi qu'il y a plusieurs des extraordinaires qui par moult long temps ont servi feu nostre très chier seigneur et père cui Dieux pardoint, et nous, en ladicte chambre et ailleurs, et qui sçevent les faiz et secrez d'icelle, et lesquielx ne voulons demourer despointiez et sanz estat, ordenons que en icelle nostre chambre demeurent oultre lesdiz ordinaires et subroguez, le sire de Foleville, chevalier, Jehan d'Estouteville, escuier, Jehan Chanteprime, garde de noz previlleges, Arnoul Boucher, Michiel du Sablon, Thibaut de Meseray, Martin Dérian, maistre Guy Crestien, Miles Baillet, Hervé de Neauville, Jehan Coignet, Jehan le Flament, maistre Jehan de la Croix et maistre Nicolas des Prez, à leurs gaiges et droiz acoustumez. Et n'y en mectrons doresenavant aucuns, jusques à ce que par leur trespas ou translacions à autres estaz ils soient ramenez à nombre suffisant. Et pour ce, quant aucuns d'eulx vront de vie à trespassement, leurs lieux seront non impétrables. Et voulons que se par inadvertance, importunité de requérans ou autrement nous en octroyons aucuns en quelque manière ne à quelque personne ou requeste que ce feust, nostre octroi, quant à ce, soit de nul effect et valeur. Et que tous nos conseilliers en ladicte chambre soient contens de leurs gaiges et anciens droiz ordinaires, sanz aucuns dons. Et leur defendons très expressément et sur les paines à ce acoustumées, qu'ilz ne preignent ne recoivent aucuns dons corrompables ou pensions de quelque seigneur ou personne que ce soit, fors de nous seulement.

Item. Ordenons aussi que quant aucuns des siéges des séneschaucies ou bailliages de nostre royaume vacqueront, il y sera pourveu par bonne eslecion par les gens de nostre dit grant conseil et de nostre parlement, à gens suffisans et expers en fait de justice. Et ne auront aucuns dons sur leurs exploiz, et ne prendront ne pourront prendre pensions ou gaiges d'autres que de nous, sur paine de perdre leurs offices.

Item. Quant aux maistres des requestes de nostre hostel, nous voulons qu'ilz soient réduiz et ramenez au nombre ancien. C'est assavoir de quatre clers et quatre lays ordinaires, et à leurs gaiges ordinaires. Toutesvoies, pour ce que maistre Guillaume Boisratier, Gieffroy de Peruce, Nicole le Dur, Jehan de Corbie et Vidal de Léon, arcediacre d'Agen, nous ont desjà par long temps servi oudit office, il nous plaist et voulons qu'ils y demeurent pour honneur, ainsi qu'ilz ont acoustumé.

Item. Quant au nombre de noz secretaires, nous avons ordonné que noz amez et féaulx maistres Thiebaut Houcie, Pierre Manhac, Gontier Col, Jehan de Moustereul, Guillaume de Neauville, Martin Dérian, Guillaume de Victry, Jehan Hue, Guillaume Barrau, Pierre Ferron, Jehan de Villebresme, Garnier de Scépeaux, Jehan Daunnoy, Girart de Bruyères, Pierre Dangerel et Gauchier de Chanteprime, nous servent doresenavant oudit office en ordenance, et non autres.

Si donnons en mandement à nostre amé et féal chancellier, que se par inadvertance, importunité de requérans ou autrement, nous octroyons aucunes lettres qui aucunement déroguent à noz ordenances dessusdictes ou à aucuns des articles d'icelles, il ne les séelle point. Mandons aussi et enjoignons très expressément à nos amez et féaulx gens de nostre parlement et de nostre dicte chambre des comptes et trésoriers et aus généraulx des aides ordonnées pour la guerre à Paris, et à touz noz autres justiciers et officiers ou à leurs lieuxtenans présens et avenir et à chascun d'eulx, endroit soy, que ils tieignent et gardent noz présentes ordenances sanz enfraindre en quelque manière que ce soit, et que icelles ilz facent publier partout où il appartendra, afin que chascun à qui il touchera en puist avoir cognoissance. En tesmoing de ce nous avons fait mettre nostre séel à ces lettres. Donné à Paris, le xxviii° jour de juillet, l'an de grâce mil cccc et six et de nostre règne le xxvi°.

Sur le repli : Par le Roy en son conseil, où quel messeigneurs les dux de Berry, d'Orléans, de Bourgoingne et de Bourbonnois, le conte de Mortaing, messire Jacques de Bourbon, Vous, le patriarche d'Alexandrie, l'arcevesque de Sens, les évesques de Noyon, de Meaulx, de Poitiers et de Saint-Flour, le conte de Tancarville, le maistre des arbalestriers, le sire Domont, le sire de Torchy et plusieurs autres estoient.

NEAUVILLE.

Au dos : Quia non fuerunt publicate, non registrantur.

(Orig. parch., scellé du grand sceau en cire jaune sur double queue. — *Arch. de l'Emp. Trés. des Ch.* Carton J. 469, pièce 13.)

CXXVI

Mention de l'expédition française au pays de Galles.

Charles etc. — de Aubert de Granières escuier; contenant que, comme deux ans a ou environ, il fust en la compaignie de Henri de Bruscalet, escuier, en entecion d'aler en nostre service ou pais de Gales soulz nostre très cher et très amé cousin le conte de la Marche; et estoient plusieurs gentilz hommes arrivez à Saint-Pol de Léon en Bretaigne, pour eux raffrechir, etc.

Août 1406.

(*Arch. de l'Emp.* Reg. JJ. 162, pièce 56.)

CXXVII

Extrait de lettres royaux en faveur de Jean de Hangest, maître des arbalétriers, faisant mention de son expédition au pays de Galles.

Paris, septembre 1406.

Carolus, etc. — Notum igitur facimus universis presentibus pariter et futuris, quod audita supplicacione perhumili dilecti et fidelis militis, consiliarii et cambellani nostri, Johannis de Hangesto, domini de Huguevilla, magistri ballisteriorum regni nostri, continente : quod ipse, nuper rediens de partibus Walie, ad quas ipsum transmittendum cum armatorum exercitu copioso et classe navium numerosa transfretandum duxeramus, pro succursu peramicabilis et magnifici confederati et amici nostri, Owyni, principis

Walie, adversus Anglicos, communes hostes nostros, adeo se reperit magnis et variis obligacionum sarcinis occasione memorati servicii nostri contractarum onustum et involutum, quod absque vendicione vel alienacione saltim alicujus porciuncule terre sue nullatenus se potuit neque posset ab obligacionibus hujusmodi commode liberare. Quapropter, hujusmodi necessitate compulsus, terram suam dictam d'Ayencourt prope Montem Desiderii, ad eum de suo conquestu pertinentem, et de feodo nostro ad causam castri nostri Montis Desiderii supradicti deppendentem, unacum juribus et pertinenciis universis, sub estimacione valoris ducentarum librarum turonensium vel circa, prout in litteris vendicionis plenius continetur, dilectis nostris decano et capitulo ecclesie Parisiensis cessit imperpetuum, vendidit et transportavit, promictens, etc.

Actum Parisius, mense septembris, anno Domini millesimo quadringentesimo sexto et regni nostri vicesimo sexto.

Per regem in suo consilio, in quo domini duces Bicturie et Aurelianensis, dominus Jacobus de Borbonio, superior magister hospicii et quamplures alii erant.

NEAUVILLE.

(Trés. des Ch. J. reg. 161, pièce 15.)

CXXVIII

Jean des Mares.

Du 11 décembre 1406.

Cedit jour la court, présant et non contredisant le procureur du Roy, a obtempéré à certeines lectres roy aulx de la date du x° de ce moiz, impétrez à la requeste de messire Hector des Mares, chevaliers et autres enfans de feu messire J. des Mares, docteur en loiz, et en son temps advocat du Roy céans, et lequel avoit esté exécuté avec plusieurs autres ès hales de Paris l'an III^{xx} et II; par lesquelles le Roy octroye ausdiz enfans qu'ilz meissent les os dudit des Mares en l'église Saincte-Katerine du Val des Escoliers en la chapelle qu'avoit fondée, et sanz solennité. Et à exécuter ceste lectre a esté ordonné Robert Chanvre, huissier de céans.

(Reg. du Conseil XII, X, 1478, fol. 310ro.)

CXXIX

Mention du voyage du duc d'Orléans en Guienne.

Mars 1407.

Charles, etc. — de Jehan Arrabi, povre jeune homme. Comme au retour du voiage de Guienne derrenièrement fait par nostre très cher et très amé frère le duc d'Orléans, auquel furent Jehan Noel et Philippot Lefevre, et par avant avoient esté ou voiage de Brantonne, et fréquenté les guerres en plusieurs pais et contrées de nostre Royaume, yceulx Arrabi, Noel et

Philippot Lefevre se feussent assemblez et acompaigniez ensemble, et eussent advisé entreulx comment et par quelle manière ilz pourroient venir à chevance et avoir argent davantage, et d'un commun accort fait entre eulx, regardans qu'ilz estoient povres compaignons desnuez de tous biens, s'en feussent tous trois alez par le plat pays de Beauce en la conté de Dunois et en Perche, etc.

Rémission, pour fait de détroussement, mars 1406.

(Tres. des Ch. JJ. Reg. 161, n° 253.)

CXXX

Confirmation par Guillaume, comte de Hainaut, d'un traité de commerce avec la France, pour ses sujets de Hollande et de Zelande.

Woudrichem, 20 octobre 1407.

A tous ceulx qui ces présentes lettrez veront ou oront, Guillaumes, par la grâce de Dieu comtes[1] palatins dou Rhin, dus de Bavière, comtes de Haynnau, Hollande, Zéellande et sires de Frise, salut et dilection. Comme pluiseurs de nos gens et subgez, marchans, maronniers et autres de nos pais de Hollande et de Zéellande eussent eus et receus et rechevissent de jour en jour sur la mer pluiseurs griefs, pertes, oppressions et damages en corps et en biens, de et par pluiseurs de la partie du royaume de France, comme il disoient, montans lesdictes pertes et damages à très grans

1. Voici un des cas excessivement rares où le mot *comte* est écrit par un *m*. Et encore on remarquera que la pièce n'est pas écrite en France.

sommes, lesquelles coses euissiens remoustré et fait remoustrer à monseigneur le Roy, supplians et requérans avoir de ce réparacion et y estre pas lui pourveu de remède convegnable. Sur laquelle nostre supplicacion et requeste eust esté ordené par mondit seigneur le Roy et son conseil, que son admiral de France et aucuns de sondit conseil se transportaissent en sa cité de Tournay à certain et compétent jour, auquel fuissent aucuns de nostre conseil depar nous, aussy aucuns de ceulx qui disoient avoir eus les damages et pertes devant dictes, et là faire ent plaine remoustrance et esclarchissement et y pourveir comme il appartenroit à raison. Sacent tous que à ycelles causes ont esté assignées et tenues plusieurs journées audit lieu de Tournay par les dessusdis commis de monseigneur le Roy et de nous, aians puissance et auctorité plainement de traitiier, pacifiier, ordonner et accorder des cas et coses dessusdictes. Lesquels commis ont traitié, ordonné et accordé par la forme et manière qui s'ensieut :

Premièrement. A ce que nos gens, commis et députés requéroient que tous nostres subges qui estoient prisonniers où que ce soit en France, fuissent quicte et mis au délivre, et aussy que ceulx qui auroient esté recreus et mis à finance en fuissent semblablement quictes et tenus paisibles. Et en oultre que tous les biens, marchandises, nefs, harnas ou autres coses que nostre dit subget pourroient savoir moustrer ou faire trouver ou royaume ès pors d'icelui et ailleurs desouls le Roy à eulx appertenans, leur fuissent franquement rendus et délivrés.

Appointié a esté, que tout ce dont ce présent article

fait mencion qui est et sera trouvé en estre, et que souffisaument parties oyes et appellés ceulx qui seront à appeller par devant l'admiral de France ou ses commis et députés nostre subget de Hollande et de Zeellande moustreront à eulx compéter et appartenir, leur sera rendu et restitué. Et pareillement le ferons ou ferons faire par nos officiers et commis, as subgès de France.

Item. A ce que nos gens, commis et députés disoient que ou temps passé de la partie des Franchois avoient esté grévés et damagiés les gens de vint wiit villes de nos dis pays de Hollande et de Zéellande, lesquels griefs et damages il estimoient à la somme de viit vins mil escus de France et plus, comme il apparoit par les parties par eulx moustrées par escript aux gens et commis du Roy; desquels damages et intérests il requeroient estre restitués par le Roy.

Accordé a esté, que en lieu de récompensacion nostre subget de nos dis pays de Hollande et Zéellande seront et demoront de grâce espécial frans et quittes par l'espasse de vviit ans acomplis des seze deniers pour le livre que il soloient paiier au Roy pour les grains par nos dis subgez achetés et levés ou royaume par la rivière de Somme ou par ailleurs. Et s'il advenoit que le Roy, pour aucune neccessité ou autrement, mesist sur les dis grains aucune autre aide, nostre dit subget en demoront semblablement quittes durant le terme des viit ans susdis. Et encores, se par deffence du Roy ladicte marchandise ne povoit plainement courir par aucun tamps, icelui tamps ne seroit nullement comprins ne compté oudit terme des viit ans. Et parmy ceste présente grâce, nous ne nostre dit subget de Hollande et de Zéellande ne povons ne devons dores en avant faire aucune demande au Roy ne à ses subgès des damages et pertes dessusdis, autrement que des coses qui seront en estre et dont mencion est faite au premier article chi dessus.

Item. A esté appointié et accordé que les subgès du Roy et aussy les nostres de Hollande et de Zéellande poront sauvement et sçeurement aler par mer et par terre en quelconques lieux et pays qu'il leur plaira pour faire leurs marchandises, sans fraude et mal engien, non obstant la guerre d'entre les Franchois et les Englois, sans lesdis Franchois estre damagiés par nos subgès, ne nostres subgès par les Franchois. Et sera cascun maronnier de nos pays susdis tenus d'avoir et porter avec lui certifficacion souls séel autentique ou autrement deuement, des lieux où il aura levé et chargié les marchandises par lui menées, quelles ycelles denrées seront, en quels nombres et à quelles gens et personnes. Et se nostre dit subget sont trouvés sur mer de la partie des Franchois, il deveront, se requis en sont d'iceuls Franchois, avaler leurs voiles, et dire et affirmer par sairement quelles marchandises et denrées il menront et à qui elles seront. Et s'il avoit en leurs vaisseaulx aucuns Englois ou de leur part biens ou avoirs appartenans à euls, iceuls Franchois les poront prendre et lever hors desdis vaisseaulx et en faire à leur plaisir sans aucun contredit, refus ou empeschement de par nos dessusdis subgès, parmy paians par yceulx Franchois, de voiture, otant que les dis Englois en seroient tenu de paiier au maronnier. Et à ceste fin seront tenus nos subgès de Hollande et de Zéellande susdis, de moustrer et exhiber aux dis Franchois, sil le requièrent, la certifficacion et autres ensaignemens des biens estans oudit vaissel. Et se ceulx de la part des Franchois doubtent que le maronnier leur ait aucune cose recélé desdis Englois ou de leur part, biens et avoir à eulx appartenans, il poront escripre, aler ou envoiier messages au lieu où le maronnier aura sa demorance et ailleurs où bon leur samblera, en nos pays, pour en savoir la vérité; et selonc ce qu'il en sera trouvé, nous ou nostre officiier de par nous, en ferons raison et brière délivrance. Et s'il est trouvé que aucun maronnier ou cas dessusdit ait fait faux sairement en recélant aucuns desdis Englois, seront rendus et délivrés franchement aux dis Franchois avec leurs damages, intérests et despens qu'il auront eu et soustenu pour occasion desdis recelemens et porsieute; et si sera en ce cas la nef ou vaissel dudit maronnier confischié, moitié au Roy et son admiral, et moitié à nous, et avec ce, sera ledit maronnier pugny de son faux sairement par nous ou par nos officiiers, tellement que les autres y deveront prendre exemple.

Et encores a esté accordé que se nostre dit subget sont refusans de bassier leurs voiles après ce qu'il en auront esté requis de la part des Franchois, et facent samblant d'eux mettre à deffence ou de fuir, et il sont prins par force, il seront tenu comme prisonniers des dis Franchois, et seront leurs corps et biens à la volenté d'yceulx Franchois.

Item. En oultre a esté appointié et accordé que se aucuns vaisseaulx d'armée ou autres de la partie des Franchois, par fortune de temps ou autrement arivoient ès pors, destrois et puissance de nous en nos pays de

Hollande et Zéellande, il seront receus amiablement et leurs seront administrez et livrés vivres et autres neccessités à leurs despens et pour pris compétent et raisonnable, sans leur faire ou souffrir estre fait aucun desplaisir ou empeschement. Et devront li Franchois et seront tenut de faire pareillement à nos subgès de nos dis pays qui arriveront ès pors, destrois et puissance de France. Et par la forme et manière dessusdicte poront les subgès de France et les nostres de nos pays dessus nommés, aler et venir paisiblement pour le fait de leurs marchandises par mer et par terre, tant ès pays de France et ès nostres, comme ailleurs. Ce entendu, que se on treuve aucunes ordonnances anchiennes royaux ou autres loyaux ensaignemens, soit d'un costé ou d'autre, faisans mencion comment les dessus nommés Franchois et nostres subgès de nos pays de Hollande et de Zéellande sus dis se doivent en ce cas ordener et maintenir pour aler et converser les uns avec les autres par mer et par terre, il sera fait et gardé selonc la teneur d'icelles, sauf tousjours la dessusdicte grâce du Roy de nostres dis subgès estre frans et quittes de paiier les seze deniers pour le livre, des grains qu'il acheteront et leveront ou royaume par la rivière de Somme ou par ailleurs, l'espasse de vviit ans, par la manière que chi dessus est contenu.

Chils dessus dis appointemens et accors fu fermes et conclus en le dicte ville de Tournay le second jour d'octobre, par Perre de Braban dit Clignet, chevalier, consiller et cambellan du Roy et admiral de France, Philippe de Boisgillont et Gaillart Petit Saisne, consillers, et Jehan le Begue secretaire, commissaires et députés de monsigneur le Roy en ceste partie d'une part, et Clais Kervinc de Remeswale, Guy, seigneur de Monchiaux, chevaliers, Leurent Damassonne, receveur, de Northollet et Jaque Barre, nos consillers, commissaires et députés de par nous d'autre part, à ce souffisaument fondés d'un costé et d'autre.

Toutes lesquelles coses par chi dessus escriptes et devisées et cascune d'icelles, nous Guillaumes, dus de Bavière devant nommés, pour le bien commun que tout prince et seigneur doivent amer et garder, eu sur ce advis et délibéracion de nous et de nostre conseil, en tant que à nous est et que toucher puet et pourroit à nous et à nos subgès, promettons en bonne foy à tenir et faire tenir et acomplir plainement et entièrement, et ferons lesdictes ordonnances et cascunes d'elles publiier et notiffiier en nostres dessus dis pays de Hollande et Zéellande par tout ès lieux acoustumés, affin que tout nostre subget et autres en aient et puissent avoir plaine et parfaite congnoissance, par quoy uns cascuns, de quelconque lieu ou pays qu'il soit, ait cause de lui garder de mesfaire. Si mandons et commandons à tous nos subgès et qui obéissance nous doivent, que cest dessus dit traitiié, ordenance et accord tingnent et remplissent, et à tous nos justiciiers et officiiers à qui il appartient et appartendra, qu'il les gardent et facent garder, tenir et aemplir, en constraindant les refusans ou rebelles et qui yroient ou feroient au contraire, par prinse de corps et de biens, en baillant pugnicions criminelles ou civiles selon les méffais et telles que au cas appartandra, sans deport ne aucun espargnier. Car ainsy nous plaist et volons que soit fait, et non enfraint en manière quelconque. En tesmoing de ce, avons à ces présentes lettrez fait mettre et appendre nostre séel. Donné en nostre ville de Woudrichem, l'an Nostresigneur mil quatre cent et siiept, le vintiesme jour dou mois d'octobre.

Jussu domini ducis, presentibus de consilio illi qui sunt nominati in presenti littera.

LAUREN. DELF.   S. HELINCUS DE TORNACO.

Au dos : Appunctuamentum factum inter gentes domini nostri Regis et gentes comitis Hanonie, super pluribus querimoniis factis per mercatores patriarum Hollandie et Zeellandie, et eciam super salvo conductu mercimoniarum per mare et per terram in dictis patriis et eciam in partibus Francie, michi Johanni Chanteprime traditum ad reponendum in thesauro.

(Orig. parch., scellé sur double queue d'un sceau équestre en cire verte. — *Tres. des Ch.* Carton J. 320, pièce 33.)

CXXXI

Promesse de Jean V, duc de Bretagne, de continuer avec la duchesse-douaire d'Orléans et le duc Charles son fils, les alliances qu'il avait contractées avec le feu duc Louis d'Orléans.

Vannes, 1er mai 1408.

Nous Jehan, duc de Bretaygne, conte de Monfort et de Richemont. Comme autre foyz ayt heu certaynez aliances entre treschier sirez et oncles le duc d'Orliens, à qui Dieu face pardon, et nous, Nous, volant continuer l'amour et aliance dessusd. avecques belle tante d'Orliens et avecques beau frère son filx, prometons loyaument en bone foy les parayllement tenir avecques lad. belle tante et beau frère le duc d'Orliens et de Valoys son filx, tout par la forme et manière que nous avions avecques trescher sirez et onclez, dont Dieux ayt l'arme. Par ainsy que nous exceptons esd. aliances beau frère d'Alenson. Et en tesmoing de vérité nous avons signée ceste cédulle de nostre main, et fait céeller de nostre séel. Et fut fait à Vennez, le premier jour de may, l'an mil iiii^c et huyt.

JEHAN.

(Original parchemin, qui est peut-être autographe. — *Arch. de l'Emp*, Carton K. 5, pièce 1e.)

CXXXII

Entrée de la duchesse d'Orléans a Paris, en appareil funèbre.

Août 1408.

Samedi xxve jour. Fu défendu de par le chancellier aux charretiers de Troyes qui avoient chargié sur leur char ii queues pleines des procès de Champaigne estans céans pour mener à trier, et plusieurs autres queues et poinsons pleins des habillemens, besoignes, tant des seigneurs de céans que d'advocas et procureurs de parlement, qui ne partissent jusques à ce que auroient autres nouvelles. Car l'en disoit que pour ce que la Royne et le Dauphin, qui estoient et avoient esté à Meleun longuement, devoient venir à Paris, si faisoit la duchesse d'Orléans aussi, qui paravant estoit à Bloiz, pour requérir justice contre le duc de Bourgoigne qui avoit fait occire le feu duc d'Orléans, son mari, père du duc d'Orléans à présent, et son filz, et qui estoit frère du Roy. Et pour ce faloit que les seigneurs demourassent à Paris avec tous les présidens.

Et disoit l'en que les païz et par espécial de Champaigne estoient garni de gens d'armes.

Dimenche xxvi° jour. Entrèrent à Paris et vindrent de Meleun la Royne et le Dauphin accompaignez, environ IIII heures après disner, des ducs de Berri, de Bretaigne, de Bourbon et plusieurs autres contes et seigneurs et grant multitude de gens d'armes, et alèrent parmi la ville loger au Louvre.

(Reg. XIII du conseil, fol. 40.)

Cedit jour (lundi 27) entra à Paris la duchesse d'Orléans, mère du duc d'Orléans qui à présent est, et la Royne d'Angleterre, femme dudit duc et fille du Roy oncle dudit duc, en une litière couverte de noir à IIII chevaulx couvers de draps noirs, à heure de vespres, accompaignez de plusieurs charios noirs pleins de dames et femmes, et de plusieurs ducs et contes et gens d'armes.

(*Ibid.*, fol. 41.) Ce dernier alinéa est imprimé dans Félibien *Hist. de Paris*, t. IV, p. 553ᵃ.)

CXXXIII

La tenue des grands jours de Troyes empêchée par les malheurs du temps.

Mercredi 29 août 1403.

Cedit jour est alé par le commandement des présidens, au Louvre, le graphier, pour savoir se les seigneurs qui devoient aler tenir les grans jours à Troyes, iroient ou non. Et a trouvé devers le chancellier et messire J. de Montagu, grant maistre d'ostel, que par la Royne avoit esté dit et respondu, que ceste année ne se povoient tenir iceulx grans jours, et que nul des présidens ne des seigneurs ne se partist de Paris, et pour cause.

(Reg. XIII du Conseil, fol 41ᵛᵒ).

CXXXIV

Publication des pouvoirs conférés à la reine pendant la maladie du roi.

Septembre 1408.

Mercredi vᵉ jour. Furent tous les seigneurs de céans au Louvre en la grande salle où estoient en personnes la Royne, le duc de Guienne son fils ainsné, le duc de Berry, le duc de Bretaigne, les contes de Saint-Pol, de Mortaing, d'Alençon, le duc de Bourbon, les contes de Clermont et de Dompmartin, la duchesse de Guienne, la dame de Charrolois, le conte de Tancarville, le connestable, le chancellier, les présidens de parlement, le grant maistre d'ostel, les arcevesques de Bourges, de Tolouse et de Sens, les évesques de Senlis, de Beauvais, d'Amiens, d'Evreux, de Lodève, d'Alby, de Thérouanne, de Séez, de Maillezès et plusieurs autres évesques et abbez, le prévost de Paris, et le prévost des Marchans acompaignié de cent bourgois de Paris ou environ. En la présence desquels et de plusieurs autres notables personnes et gens du conseil du Roy, fu publié par la bouche de maistre Jehan Jouvenel, advocat du Roy, la puissance octroyée et commise par le Roy à la Royne et audit monseigneur de Guienne sur le gouvernement du royaume, le Roy empeschié ou absent.

(Reg. XIII du Conseil, fol. 42r°.)

CXXXV

Procédure du parlement contre le duc de Berri au sujet d'une fille qu'il voulait marier à un peintre allemand.

Novembre 1408.

Mardi xxi° jour, assez tost après ix heures au matin, firent les seigneurs de la court partir les advocas, procureurs et autres estans aux plaidoiries, et tindrent conseil sur certeinnes lectres envoyées depar le duc de Berry à monseigneur Henry de Marle, premier président, sur ce que la court avoit eu plainte d'une juesne fille, d'environ viii ans, née de Bourges, de bourgoisie, que voloit marier icellui duc à un peintre alemant qui besoignoit pour lui en son hostel de Wincestre lez Paris; contredisant la mère et autres amis, si comme l'en disoit. Et de fait avoit fait détenir icelle fille, le duc, en son chastel d'Estampes, où il estoit alé un huissier de parlement, par justice, quérir ladicte fille, que l'en lui avoit refusée. Pour quoy avoit adjorné les désobeyssans céans. Sur quoy avoit en présent [*supp.* le duc de Berry], envoyé lesd. lectres aud. président, contenans en effet qu'il se pranroit à sa personne et à ses biens se la chose prenoit autre conclusion qu'il n'eust ordonnée. Sur quoy fu délibéré que aucun, ou aucuns des seigneurs de céans alassent audit duc le desmouvoir, combien que ledit président se présentast d'y aler en personne.

(Reg. XIII du Conseil, fol. 50 v°.)

CXXXVI

Discours prononcé par le chancelier, Arnaud de Corbie, à l'ouverture du parlement, sur les dangers des temps.

Novembre 1408.

Lundi xiie jour de novembre mil ccccviii, tint le parlement messire Arnaut de Corbie, chevalier et chancellier de France, présens messire Henri de Marle président premier, maistre R. Mauger président, les patriarche d'Alexandrie, arcevesque de Tours, évesques de Lisieux, de Paris, de Senlis, du Puy, Tournay, Usès, Limoges, Lodève, Mirepoiz, Terbe, Évreux, Lusson et Coustances et l'abbé de Saint-Denis en France, plusieurs des maistres des requestes de l'ostel du Roy nostre sire, les seigneurs des grant chambre, des enquestes, et requestes du Palais. Et furent leues les ordonnances et fais les services acoustumez.

Cedit jour, ledit messire Arnaut de Corbie, chancellier, a dit au conseil à la court, qui lui estoit mandé de par le Roy nostre sire, qui estoit, comme l'on disoit, à Gien sur Loire, qu'il alast à lui; qui lui estoit bien grief, actendu son ancien aage et le temps, et pour ce que le temps qui est à présent estoit bien dangereux. Car l'on disoit que monseigneur le duc de Bourgoigne estoit autour le paiz de Flandres, garni és paiz de Picardie et de Champaigne de moult grant nombre de gens d'armes, et ne savoit l'en son entencion. Et le Roy nostredit sire, la Roine, monseigneur le Dauphin et les autres seigneurs du sang royal estoient ou chemin de la rivière de Loire, et s'estoient puis xv jours partiz de Paris assez hastivement, et le Roy estant malade de sa maladie acoustumée. Qui amonesta la court de diligemment faire justice, car ceste court estoit le seul refuge de justice qu'on puest de présent avoir en ce royaume. Car partout avoit grant tribulacion, et souffroit et avoit moult à souffrir le peuple et par espécial en la Langue Doy, par la grant multitude de gens d'armes qui, hors feux bouter, gastoient et destruioient les plas paiz en pillant, en rançonnant les villes et les singulières personnes, et par espécial les églises et gens et subgiez d'église, et les subgiez et hommes et villes du Roy par tout, et singulièrement puis III ou V ans, le païz de Champaigne et de Brie, et aucunes foiz tuoient et souvant batoient plusieurs bonnes gens de plat païz.

(Reg. XIII du Conseil, fol. 49.)

CXXXVII

Augmentation du service de l'hôtel de Charles, duc d'Orléans.

2 avril 1409.

C'est l'ordonnance faicte par monseigneur le connestable, messeigneurs de Poitiers et de Roussay, par le commandement et ordonnance de la Royne et de monseigneur de Berry, du nombre de XXIIII chevaliers et escuiers qui acompaigneront monseigneur le duc d'Orléans et seront en son service oultre et par-dessus le nombre des conseillers, chambellans et autres gentilz hommes officiers servans continuelment en son hostel, ainsi qu'il est en un autre roole séellé du selé de la Royne et de monseigneur de Berry touché et déclaré.

Lesquel xxxiiii chevaliers et escuiers serviront de deux mois en deux mois, huit à la foys, c'estassavoir quatre chevaliers et quatre escuiers, et auront leur harnois pour acompaignier mondit seigneur quant besoing sera. Et moyennant ceste ordonnance seront cassez et mis au néant tous autres souldoyers qui estoient à Bloys en la compaignie de mondit seigneur, et n'en y mettra l'en nulz autres fors ceulz qui cy après sont nommez, que ce ne soit par l'ordonnance et commandement de la Royne et de mondit seigneur de Berry. Et premièrement.

Les huit chevaliers et escuiers qui serviront les mois d'avril et may iiiie et ix prochainement venant :

Jaques du Peschin,
Messire Guy Gourle,
Morviller,
Messire Lyonnet de Braquemont,

Pour chevaliers, et auront ces quatre les moys qu'ilz serviront chascun bouche à court, foing et avoine pour quatre chevaulx et V^s. p. d'ostel par jour sans autre chose.

Robin,
Louvet,
Darguery Avmery,
Le filz au Bugle.

Pour escuiers, et auront ces quatres les moys qu'ilz serviront chascun bouche à court, foing et avoine pour deux cheveaulx et deux s. p. d'ostel sans autre chose.

Les huit chevaliers et escuiers qui serviront pour les moys de juing et juillet après ensuivans.

Messire Jehan de Montjoye,
Messire Charles le Bouteillier,
Messire Enguerran de Fontaines,
Messire Mace de Boirgne,

Pour chevaliers, et auront pareille ordonnance quant ils serviront que les autres quatre chevaliers dessus ordonnez.

Saillant,
Jehan Louain,
Guiot Raillart,
Anthoine Moriz,

Pour escuiers, et auront ces quatre quant ilz serviront pareille ordonnance que les autres escuiers dessus ordonnez.

Les huit chevaliers et escuiers qui serviront les moys d'aoust et de septembre ensuivans.

Le sire d'Atechy,
Le sire de Chaumont,
Le sire de Bocqueaux,
Messire Jehan de Guierlay,

Pour chevaliers, et auront quant ilz serviront pareille ordonnance que les autres chevaliers dessus nommez.

Bouchart de Mornay,
Guillaume Bernart,
Robert de Laire,
Jaquin Prunele,
} Pour escuiers, et auront quant ilz serviront pareille ordonnance que les autres escuiers dessus nommez.

Et par ainsi chascun servira quatre moys en l'an, et au bout des quatre mois seroit bien fait que monseigneur leur donnast aucune courtoisie selon ce qu'il seroit advisé.

Item. Demourront avec monseigneur xii archiers et six arbalestiers des meilleurs.

Et ou cas que aucuns des dessus nommez yroit de vie à trespassement ou qu'il ne vouldroit venir ou service de mondit seigneur selon l'ordonnance dessusdicte, les trois principaulx conseillers de mondit seigneur porront mettre un autre ou lieu de celui qui deffauldra, sans y mettre aucune creue.

Tesmoing noz seaulz cy mis le iie jour d'avril, l'an de grâce mil quatre cens et huit, avent Pasques.

(Orig. parch. — *Arch. de l'Emp.* Carton K. 50, pièce 24.)

CXXXVIII

Mention de la mort de Gui de Roye, archevêque de Reims, tué à Voltri, dans les États de Gênes, comme il se rendait au concile de Pise.

Samedi 8 juin 1409.

Hac die, telo interfectus est dominus Guydo de Roya, archiepiscopus Remensis, cum aliquibus suis familiaribus, in villa de Voutre, prope Januam, eundo ad concilium Pisanum, pro unione Ecclesie celebratum, a nonnullis plebeiis ejusdem ville, in commocione habita inter quemdam habitatorem dicte ville et fabrum seu marescallum ejusdem archiepiscopi, occasione IIII vel VI denariorum, ut referebatur.

(Reg. XIII du Cons., fol. 75v).

CXXXIX

Joie dans Paris à la nouvelle de l'élection du pape Alexandre V.

Jeudi 11 juillet 1409.

Cedit jour, s'est levée la court, environ VIII heures, et est alée aux processions générales à Sainte-Geneviève, sur ce que après le scisme qui a duré par XXX ou XXXI ans entre II contendens du papat, l'un pardelà les mons, l'autre deçà, et que longuement et par espécial puiz la créacion de Pierre de Lune derrenièrement eslu en pape pardeçà les mons, qui Bénédict XIIIe se nommoit, eussent laboré, le Roy, les seigneurs de son sanc, l'Université de Paris et le clergié de France à l'union de l'Église et à ce que lesd. contendens voulsissent pranre la voie de cession, et que pour ce que ledit Benedict n'y voloit entendre, et lui eust esté faicte substraction jà pieçà par bulle, laquelle n'eust volu accepter ledit Benedict. Puiz, cellui de Romme, par manière de collusion qu'il eust faicte avec ledit Benedict, eust nyé qu'il eust prins ladicte voye de cession, au moins ne l'eust volu poursuir, et se fussent ses cardinaulx subtraction (*sic* lis: substraicts), et le Roy et son clergié aussi se fussent rendus neutres dudit Bénédict. Et se fust parti du paiz de Jannes où estoit et s'en fust alez au paiz d'Arragon. Et sur ces choses eust esté célébré conseil général des ii obéissances, à Pise, où eussent esté les cardinaulx d'icelles ii obéissances, les clergé, princes temporelx, ou leurs commiz. Derrenièrement, le xxvie de juin derrenier passé, a esté esleu en pape, après ce que lesd. ii contendens ont esté déclarez notoires scismatiques hérétiques, et aient esté privez de toute honneur et dignité papal et autre quelcunque, et ait esté ordonné d'exécuter la sentence contre eulx selon le cas, maistre Pierre de Candia, *Grecus nacione*, maistre en théologie, de l'ordre des Frères mineurs, qui paravant estoit cardinal de Milant, dont les nouvelles vindrent lundi matin à la cour et à Paris. Dont cedit jour fut faicte moult grant et joyeuse feste à Paris par toute la ville, tant en feux que en mengiers publiques.

(Reg. XIII du Conseil, fol. 82.)

CXL

Don fait par le Dauphin, Louis, duc de Guienne, à sa sœur, Marie de France, religieuse à Poissy, d'un fief qui avait été confisqué sur le grand maître de Montagu.

Melun, 11 décembre 1409.

Loys, ainsné fils du roy de France duc de Guienne et Dalphin de Viennois, etc....[1].

Laquelle confiscacion Monseigneur nous a donnée,

---

1. Les lettres commencent par rappeler le don que le Roi son père lui a fait des biens confisqués sur Jean de Montagu, en date du 26 octobre 1409. Le Dauphin donna la terre de Marcoussis, qui faisait la portion importante de cette confiscation, à « son très cher et très amé oncle, Loys, conte Palatin du Rin, et duc en Bavière, frère germain de Madame », c'est-à-dire la Reine, par lettres du mois de décembre 1409.

nous considérant la très grant affeccion et amour naturelle que nous avons et devons avoir à nostre tréschière et trèsamée suer, Marie de France, religieuse de Poissy, et que entre autres choses ledit feu Jehan de Montagu avoit un hostel nommé l'ostel de Montagu, avecques un petit fief nommé le fief d'Aumont, avecques deux arpens de vingne, six arpens de prez, un pou de terres labourables, et les bois appartenans audit hostel, séans à demie lieue ou environ dudit lieu de Poissy; lequel hostel, fief, appartenances et appendances dessusdictes pevent valoir chascun au quarante livres parisis ou environ. Et lequel hostel, fief, appartenances et appendances dessus déclairées seroient bien propices à nostredicte suer pour y faire de la nourriture pour le gouvernement de ses gens et serviteurs. Actendu regart à ce, et afin que nostre dicte suer ait mieulx et plus honnestement son estat et provision en ladice religion, à icelle suer avons donné, etc....

Melun, 11 décembre 1409.

(Orig. parch. — *Trés. des Ch.* Carton J. 369, pièce 8.)

CXLI

Emeute à Abbeville occasionnée par une exportation de blés.

Paris, décembre 1409.

Charles, etc. Savoir faisons à tous présens et avenir, nous avoir receu l'umble supplicacion de Robin Leroy, povre jeune homme chargié de femme, contenant :

Comme environ le moys d'avril, l'an mil CCCC et huit, à un certain jour, en nostre ville d'Abeville, cer-

taine esmeute et assemblée de peuple eust esté, pour
ce que l'en disoit que en la maison Raoul de Catheu
avoit plusieurs Angloys et Hollandoys qui menoient
et faisoient mener plusieurs vesseaulx aval la rivière
chargiez de blez, et que iceulx Hollandoys les me-
noyent à Calais, ainsi que renommé couroit. Et tant
avoient prins et chargiez d'iceulx blez ou pays que le
pain en estoit enchéry de deux deniers ou environ
sur chascun pain, et aussi en estoit bien enchéry le
petit buvrage d'icelle ville. Et pour ce que ledit suppliant vit entrer en la maison dudit Raoul grant
nombre de gens, et si en avoit grant quantité devant
l'uis, ledit suppliant entra avec autres en icelle maison
et là trouva le lieutenant du séneschal de Pontieu et
le bailli d'Abeville qui mectoient paine de sauver iceulx
Hollandoys. Lequel suppliant, qui cuidoit que se feussent
Angloys, dist audit bailli « Maugré ! Dieu voulez vous
sauver ces faulx traitres Anglois. Par la char Dieu ! ilz
seront mors. » Et lors sacha sa dague et en féry l'un
d'iceulx Hollandois, sans mort ne mehain. Et le lendemain, pour ce que l'en disoit que à Saint-Valery avoit
grant quantité de navire anglois, se parti de la ville
ledit suppliant avec plusieurs autres et y alèrent, et
estoit ce jour la feste du saint. Et pour ce que on
feist deffense que aucun ne touchast audit navire, ledit
suppliant s'en retourna sans faire aucun mal. Pour
occasion desquelles choses icellui suppliant a esté
banny par justice de nostre royaume....

Paris, décembre 1409.

(*Trés. des Ch.* Reg. JJ. 164, pièce 137.)

CXLII

Séance solennelle du conseil tenue par le Roi dans la salle Saint-Louis. On y résout la guerre avec l'Angleterre. On y crée des réformateurs généraux. Le Dauphin est adjoint à la Reine pour gouverner pendant la maladie du Roi.

Du mardi, dernier décembre 1409.

Cedit jour n'a point esté plaidié pour ce que l'en ne povoit entrer ou palaiz, obstant un grant conseil que faisoit le Roy en la sale Saint Lois, de messeigneurs de son sanc et des nobles du royaume, sur le fait de la guerre d'entre le Roy d'une part, et le roy d'Angleterre d'autre part. Ouquel conseil ay esté[1] sur la fin veoir la manière. Et y a esté dit et conclu de par le Roy par la bouche du conte de Tancarville, que pour plusieurs causes par lui paravant récitées et par espécial pour ce que les Anglois faisoient grant appareil de guerre et avoient délayé par III mois de venir au traictié où devoient venir ou envoier comme avoient promis, le Roy avoit conclu sur le fait de la guerre. Sur quoy estoient avisés aucuns poins qui seroient dis auxdis nobles, et se mieux avisoient le diroient au Roy. Aussi a esté dit, que pour ce que il y avoit eu grans défaus ou faict de la justice de ce royaume, et aussi ou gouvernement et recepte du domaine et des aydes, le Roy avoit ordonné plusieurs vaillans hommes réformateurs genéraulx desquelx les aucuns estoient du sanc du

---

1. C'est le greffier qui parle. Il se nommait Nicolas de Baye et était lié avec Nicolas de Clemangis, qui lui adresse plusieurs de ses letres.
2. On lit en marge : « Verba sunt omnia ad finem regendi. »

Roy. C'est assavoir les comptes (*sic*) de La Marche, de Vendosme et de S. Pol. Lesquelx réformateurs puniroient celx qui averoient failli, et premièrement ceulx qui avoient desservi. Aussi fu dit, que pour ce que le Roy, pour plusieurs empeschemens qui lui survenoient souvant, avoit jà piéçà ordonné que la Royne par le conseil de Mess. du sanc royal entendroit ès grosses besoignes et cas qui en ce royaume avendroient auxquelx le Roy ne povoit entendre, ycelle Royne aussi estoit empeschée pour plusieurs cas qui lui surviennent et empeschemens, par quoy n'y povoit entendre, si avoit ordonné le Roy, à la requeste de la Royne, que monseigneur le Dauphin entendroit de cy-enavant aux dictes besoignes par le conseil de mesdis seigneurs du sanc royal.

(Reg. XIII du Conseil, fol. 98.)

CXLIII

Don de la terre de Tournenfuye, près Melun, fait par le Dauphin, Louis, duc de Guienne, à la reine sa mère.

Paris, 4 mars 1410.

Loys, ainsné filz du Roy de France, duc de Guienne et Daulphin de Viennois. A tous ceulx qui ces présentes lettres verront, salut. Comme par la forfaicture de feu Jehan de Montagu, en son vivant chevalier, qui nagaires pour certains grans cas par lui commis et perpétrez a esté exécuté, le chastel de Tournenfuye et ses appartenances, avec tous les autres héritages et biens quelxconques d'icellui Montagu, aient esté acquis et confisquez à nostre très redoubté seigneur et père, qui icelle confiscacion nous a donnée, Savoir faisons, que nous considérant la très grant affection et amour naturelle que nous avons et devons tousjours avoir à nostre trèsredoubtée dame et mère, et que ledit chastel de Tournenfuye, qui aux causes dessusdictes nous appartient, est des fiefz des chastel et ville de Meleun que nostre dicte dame et mère par le don et octroy de nostre dit seigneur et père tient à sa vie. Par quoy icellui chastel de Tournenfuye et ses dictes appartenances lui sont bien duysans et convenables à tenir avec les diz chastel et ville de Meleun, mesmement qu'elle a grant plaisir de aler et fréquenter souvent audit lieu de Meleun pour soy y esbatre. Et voulans tousjours complaire à nostre povoir à icelle nostre dame et mère, et pour certaines autres causes et consideracions à ce nous mouvans, à nostredicte dame et mère, de nostre certaine science et grace espécial avons donné et octroyé, et par ces présentes donnons et octroyons ledit chastel de Tournenfuye avec tous les fiefs, justices, cens, rentes, terres, bois, garennes, vignes, prez, estangs et autres revenues quelxconques à icellui chastel appartenans et appendans, ensemble la plaine disposicion et institucion des officiers d'iceulx lieux, à avoir, tenir et posséder par icelle nostre dame et mère sa vie durant tant seulement. Si donnons en mandement à noz gens des comptes et trésoriers et à tous noz autres officiers et à leurs lieuxtenans et à chascun d'eulx, si comme à lui appartendra, que nostre dicte dame et mère, ou ses gens et officiers pour elle, sueffrent et laissent joir et user plainement et paisiblement sa dicte vie durant des choses dessusdictes, sans lui mectre ou souffrir estre mis ledit temps du-

rant aucun empeschement ou destourbier en quelque
manière que ce soit. En tesmoing de ce, nous avons
fait mectre nostre séel à ces présentes, sauf en autres
choses le droit de nostredit seigneur et père, de nous,
et l'autruy en toutes. Donné à Paris le III*e* jour de
mars, l'an de grace mil quatre cens et neuf.

Sur le repli : Par monseigneur le duc et Dalphin,
     monseigneur le duc de Bourgoingne,
     Vous, les sires de Saint-George, de
     Ramboullet et de Boissay présens.
          De Loye.

(Orig. parch., scellé sur double queue d'un grand sceau équestre en cire rouge. — *Trés. des Ch.* Carton J. 369, pièce 13.)

CXLIV

La capitainerie de Creil donnée au Dauphin Louis, pour y prendre ses ébats.

Paris, 13 avril 1410.

Charles, par la grâce de Dieu Roy de France. A touz ceulx qui ces présentes lettres verront, salut. Savoir faisons que nous, attendans et considérans que nostre treschier et tresamé filz ainsné, Loys, duc de Guienne et daulphin de Viennoiz, par la grâce de nostre Seigneur croist et augmente moult, tant en sens, coguoissance, entendement et autres bonnes mœurs et vertuz, comme aussi en corpulence de sa personne, et que chose très convenable et proffitable à sa santé lui sera doresenavant soy exerciter et chevauchier, à prandre aucune foiz des solaz et esbatemens à chacier, et autres déduis à lui appartenans, attendans aussi que noz chastel et ville de Creeil, entre les autres que nous avons cy environ, sont assiz en pays et lieux assez propres et convenables aux choses dessusdictes, et pour certaines autres et raisonnables causes qui à ce nous ont meu et meuvent, ycellui nostre filz avons fait, ordonné et establi, faisons, ordonnons et establissons par la teneur de ces présentes capitaine et garde de noz dictes ville et chastel de Creil et d'iceulx lui avons baillié et baillons par la teneur de ces présentes et de nostre certaine science la garde et capitainerie à tels droiz, gaiges, proffis, émolumens et revenues comme les a euz et parceuz à ladicte cause nostre trèschier et trèsamé cousin le conte de Clermont, lequel en deschargons par ces présentes; et à nostredit filz avons donné et donnons povoir, auctorité et mandement espécial de faire toutes choses à ce appartenans et que garde et capitaine de telz lieux peut et doit faire. Si donnons en mandement à noz amez et féaulx les gens de noz comptes et trésoriers à Paris, au bailly de Senliz et à tous noz autres justiciers et officiers ou à leurs lieuxtenans et à chascun d'eulx si comme à lui appartendra, que à nostredit filz et aux commis et députez par ses lettres aux choses dessusdictes, circonstances et dépendances, facent obéir et entendre diligemment par touz noz subjetz et autres qu'il appartendra. Mandons aussi à nostre receveur de Senliz, que lesdiz gaiges, droiz et autres proffiz deuz et acoustumez à cause desdiz garde et capitainerie paie, baille et délivre à nostredit filz ou à son certain commandement aux termes et par la manière acoustumez. Et par raportant ces présentes ou vidimus d'icelles soubz séel royal pour une fois tant seulement, avec quictance souffisant, nous voulons tout ce que par ledit receveur aura esté paié et baillé à ceste cause, estre allouée en ses comptes et rabatu de sa recepte sans contredit par nosdictes gens des comptes et par tout ailleurs où il appartendra, non obstant quelxconques ordonnances, mandemens ou défenses faictes ou à faire au contraire. En tesmoing de ce, nous avons fait mectre nostre séel à ces lettres. Donné à Paris, le xiiiie jour d'avril, l'an de grâce mil cccc et dix. et de nostre règne le xxxe.

Sur le repli : Par le Roy en son conseil, auquel messeigneurs les ducs de Braban et de Bavière, le connestable, Vous, messire Jehan de Nielles et autres estiez.

HUE.

(Orig. parch, scellé sur double queue du grand sceau en cire jaune.— *Trés. des Ch.* Carton J. 734, pièce 21.)

CXLV

Mention des lettres adressées par les princes au parlement.

Du mardi 9 septembre 1410.

Cedit jour, les ducs de Berry, d'Orléans, de Bourbon, et les contes d'Alençon et d'Armignac ont envoyé et fait présenter céans lectres patentes séellées de leurs seaulx, contenens [*sommarie*, que pour ce que l'onneur du Roy][1] sa justice et l'estat du Royaume et de la chose publique estoient foulez et bléciez,

---

1. Les mots mis ici entre crochets portent dans l'original des traces de rature.

estoient assemblez et aliez ensemble pour ce venir monstrer au Roy, comme contenu est plus à plain ès dictes lectres que vous trouveres ou livre des Ordonnances. Et est assavoir que onques mais l'en ne vit tel péril, car lesdiz seigneurs estoient ensemble selon la rivière de Loire en moult merveilleux nombre et avoient? de gens moult nobles en armes. Pardeçà se tenoit le duc de Bourgogne avec le Roy et le Dauphin, qui, ou nom du Roy, a fait et fait venir gens d'armes de tous païs sans nombre pour la défense et honneur desdis seigneurs. Et pour ce que le demaine du Roy, ne les aydes, XII deniers pour livre, et le quatriesme du vin, ne suffisoit pas au Roy pour la despense, car il n'avoit point d'argent, ne n'a accoustumé d'avoir depuis long temps par petit gouvernement, a fait et fait emprunter de toutes gens et par tout son Royaume sans distinction, soient moinnes, chanoinnes ou clers, bourgois ou autres, finance importable. Et pour ce que le Roy avoit fait crier son arierban à occasion des gens d'armes qui venoient par deçà comme l'en disoit du cousté desdiz seigneurs de Berry, d'Orléans, etc., pour résister à eulx se besoing estoit toutes manières de gens, fussent povres fussent riches, nobles ou non nobles anobliz, ou à occasion de povres et petis fiefs ou arrièrefiefs qui tenoient en plusieurs païs, s'esforcoient de venir pour servir le Roy à cause dudit cry, pour la doubte de mesprinse. Et quelx meschiefz, quelx perilx, quel honneur, quelx inconvéniens, quelx crimes et quelx péchiez sont venus de ce, viennent et venront, considéra par ce : La cause principal de ce que dit est, est défaut de justice *quoad Deum* par les blasphemies

horribles qui ont cours en ce Royaume, de renier et
maugrayer Dieu au premier mot, voire par les plus
grans, tant juges, que autres garsons et enfens et gens
d'église, et autres péchiez non dicibles, et aussi par
défaut de justice *quoad se et proximum seu subjectos*.
Car nos justices, ancor têles quelles, je me doubte,
sont de *nostrarum justiciarum* dont parle le prophète
Universe justicie nostre quasi proavus menstruate....

(Ici deux lignes raturées.)

Dieu par sa pitié vueille avoir pitié et mercy de
nous, et nous donner cognoiscence de nos fautes et
orgueil et mauvaistié. Au fort, *fiat sua benigna voluntas et non nostra. Amen.*

(Reg. XIII du Conseil, fol. 130.)

CXLVI

*Traité de Paris, du 2 novembre 1410, pour le désarmement
des partis.*

Charles, par la grâce de Dieu Roy de France. A
tous ceulx qui ces présentes lettres verront, salut. Savoir faisons que comme pluseurs grans seigneurs de
nostre sang et lignage eussent depuis certain temps en
çà fait plusieurs grans mandemens et assemblées de
gens d'armes en nostre Royaume, dont grans maulx,
périlz et inconvéniens fussent légièrement advenuz,
ou très grant grief, préjudice et dommage de nous et
de noz subjez, se bonne provision n'eust par nous sur
ce esté mise et advisée pour obvier à iceulx périlz et
inconvéniens, lesquelz nous avons tousjours voulu et
voulons du tout eschever; désirans de tout nostre cuer

nostre seigneurie maintenir et conserver entière, et noz diz subgez relever, garder et défendre des griefz et oppressions que à l'occasion desdictes assemblées ou autrement ilz eussent peu ou pourroient griefment porter et soustenir, et ceulx de nostre sang tenir en bonne amour et union. A quoy nostre treschière et trèsamée compaigne la Royne par nostre congié et licence ait grandement travaillié, et ayons pour ce ordonnez et par pluseurs foiz et en pluseurs lieux envoiez devers lesdiz seigneurs qui avoient faictes et mises sus lesdictes assemblées, noz solennez messages, tant de nostre lignage comme autres et en grant et notable nombre. Par le moyen desquelz aucunes voyes et manières aient esté advisées pour le département des diz seigneurs de leurs gens et compaignies. Lesquelz advis à nous rapportez avons euz agréables, et du consentement d'eulx avons ordonné estre acompliz par la manière contenue en une cédule sur ce faicte dont la teneur s'ensuit :

Les seigneurs du sang du Roy, tant d'un costé comme de l'autre, excepté monseigneur de Mortaing, se partiront et s'en yront en leurs pais et seigneuries, est assavoir tel en tel lieu, et tel, etc. Et en meneront ou renvoieront leurs gens et leurs puissances. Et se fera le département en un mesme jour et à égales distances ou journées, sans fraude et malengin, pourveu que monseigneur de Berry pourra estre à Giem à son bon plaisir, et monseigneur d'Armignac en sa compaignie par l'espace de quinze jours, sans puissance. Le Roy de Navarre, autant en sa duché de Nemoux. Et monseigneur de Brabant pourra aler s'il lui plaist en Bourgoingue, voir madame sa suer.

Item. Ne passeront les diz seigneurs d'un costé par les terres et seigneuries de l'autre, ne n'y feront passer leurs gens, afin que par ce aucuns dommaiges ou inconvéniens n'adviengnent, de quoy mal s'en puist ensuir, et se passer les y convient, ce sera sans y séjourner et au moins de dommage que faire se pourra.

Item. En toutes forteresses esquelles sont gens en garnison en plus grant nombre qu'il n'a acoustumé estre ou temps passé, ne demourront fors ceulx qui seront nécessaires à la garde et seurté d'icelles, sans fraude et malengin. Et de ces choses tenir et faire bailleront lesdiz seigneurs leurs seremens et lettres contenans leurs promesses et seremens, à un espécial commis du Roy sur ce. Et semblablement le jureront les capitainnes que une chascune partie eslira en un costé et en l'autre.

Item. Et se mestier et est plaist au Roy, il ordonnera aucuns de ses chevaliers qui yront en la compaignie desdiz capitainnes pour exorter et advertir eulx et leurs gens qu'ilz ne facent longue demeure, et que le mendre dommage qui pourra estre fait y soit fait.

Item. Et ne retourneront lesdiz seigneurs ou aucuns d'eulx devers le Roy, ce n'est que le Roy les mande ou aucun d'eulx par lettres patentes séellées de son grant séel passées en son conseil, et pour cause nécessaire et cogente. Et ne pourchaceront les diz seigneurs ne aulcun d'eulx, leur retour. Et ce jureront et promecteront lesdiz seigneurs en la main dudit espécial commis à ce. Et de ce baillera ses lettres, le Roy, que ainsi il ordonne et que ainsi ilz l'auront promis et juré. Et avec ce, que s'il advenoit que il mandast monseigneur de Berry, pareillement il mandera monseigneur de Bourgoingne, et aussi se son plaisir estoit mander monditseigneur de Bourgoingne, semblablement mandera monditseigneur de Berry, et les mandera estre devers lui tout à un jour.

Item. Jureront et promectront lesdiz seigneurs et chascun d'eulx en la main dudit commis, que decy au jour de Pasques communians prouchainement venans, qui seront l'an mil quatre cens et unze, et jusques à Pasques ensuivans, qui seront l'an mil quatre cens et douze, ilz, ne aucun d'eulx, ne procéderont par voye de fait ou d'aucunes rigueurs ou paroles blasmables contre les autres ou aucun d'eulx. Et de ce seront faictes lettres par le Roy contenans lesdiz seremens et promesses, et son ordonnance sur ce, contenans paines se mestier est.

Item. Pour estre au conseil du roy le Roy eslira certains preudommes notables non suspetz ne pensionaires à autres, mais seulement asseremente au Roy, et seront monstrez les noms d'iceulx qui seront esleuz aux seigneurs de l'un costé et de l'autre pour en avoir leur advis.

Item. Monseigneur de Berry et monseigneur de Bourgoingne ayans le gouvernement de monseigneur de Guienne, mectront chascun un, agréable à chascun d'eulx, pour estre en leurs absences ou gouvernement d'icellui monseigneur de Guienne, pour eulx et en leurs noms. Et pour ce que monseigneur de Berry n'a mie ses lectres du gouvernement dudit monseigneur de Guienne, elles lui seront faictes et baillées.

Item. Le prévost de Paris sera desmis et deschargiez des offices qu'il tient du Roy, et le Roy y pourverra comme il appartendra.

Item. A aucun chevalier, escuier ou autre, de quelque estat ou condicion qu'il soit, pour cause et occasion de estre venuz ou non venuz en ces assemblées d'une part ou d'autre, à ses hoirs ne à ses biens, ne sera fait ou mis aucun empeschement par le Roy ou par autre de nosseigneurs quelque il soit, ores ne ou temps avenir. Et se aucun empeschement lui estoit mis pour la cause et occasion dessusdicte par le Roy ou aucun de nosdiz seigneurs, desmaintenant la main en sera levée. Et en seront baillées lettres à tous ceulx qui avoir les vouldront par le Roy, par noz diz seigneurs, ou par aucun d'eulx.

En laquelle cédule soient touchez pluseurs points et articles sur lesquelz les seigneurs dessusdiz et chascun d'eulz doivent et sont tenuz de faire leurs seremens et bailler leurs lectres contenans iceulx seremens et leurs promesses, et que les capitaines qui sur ce seront esleuz ès compaignies desdiz seigneurs et chascun d'eulx, doivent et sont tenuz de faire et acomplir. Et pour ce, nous confians plainement des grans sens, grans prudences et bonnes diligences de nostre trèschier et trèsamé cousin le cardinal de Bar, de nostre amé et féal le grant maistre de Rodes, de nostre trèschier et féal cousin le conte de Saint-Pol, et de nos amez et féaulx le chancellier de nostre trèschier et trèsamé aisnné filz, Loys duc de Guienne Daulphin de Viennois, et le grant maistre de nostre hostel, noz conseillers, qui ès choses dessusdictes ont grandement labouré et travaillée, ayans de ce plaine et singulière confiance en eulx, iceulx ensemble et chascun par soy avons espécialment ordonnez et commis et par ces présentes ordonnons et commettons à prendre, avoir et recevoir de par nous des diz seigneurs et capitaines et de chascun d'eulx en tant que chascun touche, les lettres, seremens et promesses dessuz dictes. Et de ces choses faire, entériner et acomplir comme nous mesmes faire le pourrions, et de nous rapporter par leurs lettres ou autrement deuement et souffisamment tout ce que par eulx sera sur ce fait en telle manière que par nous et par noz lettres en puist estre ordené ce que ès choses dessusdictes appartendra à faire et ordener, leur avons donné et donnons plain pouvoir, auctorité et puissance, voulans et déclairans expressément que tout ce qui sera fait en ceste partie en leur présence et ès mains d'eulx et de chascun d'eulx, ou baillé à eulx et à chascun d'eulx, vaille comme s'il fust fait et baillié en nostre présence et en noz mains. En tesmoing de ce, nous avons fait mectre nostre séel à ces présentes. Donné à Paris, le second jour de novembre, l'an de grâce mil quatre cens et dix. Et de nostre règne le xxie.

Sur le repli : Par le Roy en son conseil, ouquel monseigneur le duc de Guienne, le marquis du Pont, le seigneur de Gavre, le sire de Saint-George, le gouverneur du Dauphiné, le sire de Blarrus messire Colart de Calleville, le sire de Mongauguier, messire Robert du Boissay, le sire de Ramboillet et plusieurs autres estoient.

J. Milet.
Collacion est faicte.

Au dos : Appunctamentum factum occasione discensionum et divisionum tunc inter dominos ducem Burgundie et ducem Aurelianensem et fratres ejus existencium. Datum Parisius, in mense novembris cccc°x°.

(Orig. parch. scellé sur double queue du grand sceau en cire jaune. *Très. des Ch.* Carton J. 250, pièce 21.

CXLVII

Révolte de Gênes. — Pouvoirs donnés au maréchal Bouciquaut d'arrêter tous les agents du marquis de Montferrat se trouvant en Languedoc.

Paris, 24 avril 1411.

Charles, par la grâce de Dieu Roy de France. A tous ceulx qui ces présentes lettres verront, salut. Pour ce que dès long temps a, nous avons esté et sommes bien et deuement acertenez de la dampnable et torcionière occupacion que le marquis de Montferrat, chief de la part de Guibeline, nostre ennemy capital, à l'aide de ses hommes, subgiez et aliez, a faicte et pourchacée l'encontre de nous en usurpant et torçonnièrement occupant noz villes et seignourie de Jennes par la volenté et consentement de plusieurs Genevoiz, Guibelins et autres, qui se sont renduz et monstrez de fait faulx désobéissans, rebelles et ennemis envers nous en mectant à mort, chassant et boutant hors de nostre dicte ville et seignourie et pays nos vraiz et loyaux subgiez et officiers, raençonnant et tenans prisonniers plusieurs noz hommes et subgiez de nostre royaume, et continuellement persévérant en leur mauvaise détestable et perverse volenté, comme il est tout nottoire. Dont nous avons esté et sommes si mal contens et nous desplait tant que plus ne puet. Et pour ce que ceste chose touche principalement le fait et honneur de nous et de nostre royaume et d'icelle nostre seigneurie, ausquelz garder, maintenir et défendre nous voulons pourveoir à nostre povoir comme raison est, considérans que plusieurs leurs aliez, nos hommes, vassaulx et subgiez, et autres hommes et subgiez dudit marquis, qui couvertement et en appert par divers moyens marchande et sont facteurs par eulx, fréquentant de jour en jour en nostredit royaume tant en nostre pays de Languedoc comme ailleurs, et font savoir les secrez d'icellui nostre royaume ausdiz nos enemis et rebelles, dont plusieurs grans maulx et inconvéniens se sont ensuis et puent ensuir de jour en jour. Et présentement soit venu à nostre congnoissance que plusieurs leurs facteurs et compaignons, tant du territoire de Jennes comme des villes et pays dudit marquis, soubz umbre d'aucunes lectres qui se dient avoir sur ce de povoir fréquenter en nostredit royaume, et par espécial en nostredit pays de Languedoc, font, conduisent et mainent chascun jour les denrées et marchandises desdiz rebelles Gennevois Guibelins et de plusieurs autres leurs aliés et compaignons, hommes de la terre et subgiez dudit marquis de Montferrat, lesquelles choses sont de très mauvais exemple et dignes de grant punicion, et ne les voulons tolérer ou souffrir, mesmement quelles sont en soustenant, nourrissant et adhérant à ladicte rebellion et en venant magnifestement contre nos défense et volonté, qui redondent au très grant vitupère, honte et deshonneur de nous et ou très grant dommage et esclande de tous bons vrays et loyaux subgiez, et seroit doresenavant plus grant se par nous n'estoit sur ce hastivement pourveu de brief et hastif remède de provision. Pour ce est-il, que Nous, voulans et désirans de tout nostre cuer pourveoir et remédier aux choses dessusdictes hastivement et diligemment, et confians ad plain des sens, loyauté, preudommie et bonne diligence de nostre amé et féal conseillier Jehan le Meingre dit Bouciquaut, mareschal de France et gouverneur de Gennes, ycellui avons commis, ordonné et establi, et par la teneur de ces présentes commettons, ordonons et establissons pour et en nostre nom, et lui avons donné et donnons plain povoir, auctorité et mandement espécial de prendre et faire prendre, saisir, arrester et mectre en nostre main, royaument et de fait, par lui ou ses commis et depputez de par lui, tous les papiers, mémoires et autres escriptures touchans le fait de marchandise de tous les diz marchans et facteurs, tant du pays et territoire de Jennes comme des terres et seignouries dudit marquis et autres, demourans, marchandans et fréquentans quelque part que ce soit en nostredit pays de Languedoc. Et aussi de eulx informer le plus diligemment et secrètement que faire se pourra des choses dessusdictes, leurs circonstances et deppendances et chascune d'icelles. Et se, tant par la prinse desdiz mémoires et autres escriptures, comme par lesdictes informacions ou autrement, deuement il vous appert des choses dessusdictes, tantost diligemment et le plus hastivement que faire se pourra, facent prendre, saisir, arrester et mectre en nostre main réaument et de fait, par bonne inventoire et soubz garde seure, qui en sachent et puissent respondre toutesfois que besoin sera, toutes les personnes et biens quelconques desdiz marchans et facteurs desdiz rebelles Guibelins et aussi des pays et terres dudit marquis de Montferrat et de leurs adhérens, facteurs, compaignons et autres qui auroient marchandé avec eulx, quelque part qu'ilz soient ou puissent estre trouvez, hors lieu saint, sans en faire ou souffrir estre fait relaissement, eslargissement ou délivrance quelconques, jusques à ce que par nostredit conseiller et mareschal en aura esté autrement ordonné. Auquel nostre conseiller et mareschal, actendu qu'il a longuement esté et est gouverneur desjà sçet les démérites et faultes des dessusdiz mieulx que nul autre, commectons par ces présentes, appellé à ce avec lui nostre amé et féal conseiller en nostre parlement maistre Jehan Audry, général sur le fait des finances en nostredit pays de Languedoc, ou aucun nostre procureur ou autre nostre officier, de congnoistre décider, déterminer, ordonner et sentencier de tous les cas rebellions et offenses commis et perpétrez par les dessusdiz rebelles, leurs facteurs, compaignons, aliés et adhérens, s'aucuns en y a, en les punissant selon l'exigence du cas et leur faisant bon et brief et accomplissement de justice. Et faisant du cas criminel civil se mestier est et bon lui semble. Et faire mectre la sentence et appoinctement qui sur ce seront fais, à exécucion deue, et autrement y pourveoir et ordonner comme nostredit conseiller et mareschal, appellé les dessusdiz par la manière que dit est, verra à faire et tout en la fourme et manière qu'il feist et peust faire s'il présidast paisiblement ou gouvernement de nostre dicte ville et seignourie de Jennes et illec fussent trouvez. Et ou cas que ycellui conseillier et mareschal seroit occupé et embesongnié en noz besongnes et afaires et autrement pour quoy il ne peut si hastivement et diligemment vacquer aux choses dessusdictes comme besoing et neccesité en est, nous voulons et nous plaist et ordonnons par ces mesmes lectres que pour vaquer et entendre diligemment aux choses dessusdictes et chascune d'icelles, il puisse commectre, ordonner et establir par ces lectres esquelles ces présentes sont encorporées mot à mot, certaines notables, souffisantes et ydoines personnes, à ses périlz, qui aient tel et semblable povoir comme dessus est dit, et yceulx y commectons par ces présentes ou cas dessusdit; et qu'ilz congnoissent, sentencient, facent exécuter et ordonner des choses dessusdictes et chascune d'icelles, pour et ou nom de lui, par la manière que lui-mesmes feroit et tauxer aussy par nostredit conseiller et mareschal. Et faire paier par cellui ou ceulx à qui il appartendra et qui commis sera ou seront à recevoir les deniers qui ysteront des choses dessusdictes, telz gaiges et salaires ou commis et depputez de par lui et autres qu'ilz s'emploieront et seront aucunement occupez en ceste besongne, comme il verra estre à faire par raison. Lesquelz gaiges et salaires ainsi tauxez et paiez en rapportant ladicte tauxacion et quictance souffisant, nous voulons sans contredit estre alloez ès comptes et déduis de la recepte de celui ou ceulx qui chargié en sera ou seront, par noz amez et féaulx gens de noz comptes à Paris et par tous autres où il appartendra. Et en oultre, s'aucunement desjà, pour occasion des choses dessusdictes ou aucunes d'icelles, aucuns biens des dessusdiz rebelles et autres estoient par nosdiz officiers oudit pays de Languedoc arrestez ou mis en nostre main, nous voulons et ordonnons par ces présentes que tantost et sans délay nostre dit conseiller et mareschal ou ses commis de par lui, appellés et présens les dessusdiz par la manière que dit est, facent yceulx biens prendre, exécuter et exploitier à fin deue par la manière dessusdicte, et en puissent descharger tous ceulx qui commis seroient à la garde d'iceulx biens, et yceulx par ces mesmes lectres en deschargons. Et tous les deniers et autres choses et biens qui ysteront des condamnations et forfaitures ou autrement des choses dessusdictes et des deppendances d'icelles, nous voulons estre bailliez et délivrez par bon inventoire ou contrerolle à nostre amé Jehan de La Barre, nostre receveur général de toutes les finances dudit pays de Languedoc, lequel sera tenu d'en compter là où il appartendra. De faire les choses dessusd. et les deppendances et chascune d'icelles, donnons à nostredit conseiller et mareschal, à ses commis et autres dessus diz, plain povoir auctorité et mandement espécial par la teneur de ces présentes, non obstans quelconques opposicions ou appellacions et lectres octroyées ou à octroier par nous ou autres de nostre sang, aux dessusdis ou aucuns d'eulx, soubz quelconque forme de parolle qu'elles soient et autres choses ad ce contraires. Si donnons en mandement par ces mesmes lectres à tous nos justiciers, officiers et subgiez, prions et requérons tous autres que à nostredit conseiller et mareschal et à ses commis et depputez ou autres dessusd. en faisant les choses dessusdiz, leurs circonstances et deppendances et chascune d'icelles, obéissent et entendent diligemment et leur prestent et baillent conseil, confort, prisons et aide, se mestier est et ilz en sont requis.

En tesmoing de ce nous avons fait mectre nostre séel à ces présentes. Donné à Paris le xxIIII° jour d'avril, l'an de grâce mil cccc et unze et de nostre règne le xxxI°. Ainsy signé : par le Roy en son grant conseil, où monseigneur le duc de Guienne, Loys, duc en Bavière, l'admiral, le maistre des arbalestriers, messire Robert de Boissay, le sire de Rambures et plusieurs autres estoient.   FERRON.

Suit un ordre du duc de Berri, gouverneur général du Languedoc, d'obtempérer aux lettres précédentes, daté de Bourges, 7 mai 1411.

Nota. Ces lettres sont incorporées dans d'autres du mois d'août 1411, qui sont une confirmation d'une rémission accordée par le maréchal Bouciquaut à un marchand de Montpellier.

(*Trés. des Ch*. Reg. JJ. 165, pièce 250.)

CXLVIII

Réponse du roi à une lettre des princes d'Orléans, qui lui demandaient justice du meurtre de leur père.

Paris, 20 juillet 1411.

Charles, par la grâce de Dieu Roy de France. A noz très chers et très amez filz et nepveux, le duc d'Orléans et les contes de Vertus et d'Angolesme, salut et dilection. Nous avons naguères receu certaines voz lectres patentes séellées du grant séel de vous beau filz et nepveu d'Orléans, données à Jargueau le xIII° jour de ce présent mois, contenans plusieurs complaintes et requestes pour le cas pieçà avenu en la personne de feu nostre très cher et très amé frère le duc d'Orléans, vostre père, qui Dieu pardoint. Lesquelles voz lectres avons fait lire en nostre présence et de pluseurs de nostre sang et de ceulx de nostre

grant conseil et de nostre parlement en grant nombre.
Et après que sur ce avons eu avec eulx grant et meure
délibéracion, nous vous faisons response par ceste
noz lectres patentes en la manière qui s'ensuit : C'est
assavoir que oncques ne fusmes refusans de vous faire
et administrer raison et justice et que les délais qui
ont esté en ceste matière sont advenuz par les traictiez
qui par pluseurs foiz ont esté mis sus pour bien de
paix par les plus grans de nostre sang et lignage, et
aussi par ceulx de nostre grant conseil, comme vous
povez assez savoir. Et encores de présent par le consentement et voulenté de vous, et aussi de l'autre partie, nostre trèschère et trèsamée compaigne la Royne,
et nostre trescher et trèsamé oncle le duc de Berry et
aussi nostre trescher et trèsamé filz le duc de Bretaigne,
auquel avons commandé d'estre avec eulx, se traveil-
lent pour le bien de nostre royaume et des parties,
de trouver entre vous ung bon accord ; et avons
espérance, au plaisir de Dieu, qu'ilz le trouveront,
veu leurs grans sens et discrécions et la grande et
bonne voulenté qu'ilz yont. Et pour ce, nous donnons
grant merveille que pendant ledit traictié vous nous
avez envoiées lesdictes lectres. Et néantmoins s'il
advenoit, que Dieu ne veuille, que la Royne, beaux
oncles de Berry et beau filz de Bretaigne ne peussent
trouver entre vous et l'autre partie bon accord et
appointement, nous serons tous prest et vous offrons
de faire bonne justice, tellement que vous ne autres
n'aurez cause de vous douloir de deffault de justice.
Toutesfoiz nous vous signifions que nous prenons très
grant desplaisir ès manières que vous et l'autre partie
avez tenues et tenez en ceste matière. C'est assavoir

d'assembler et mectre sur nostre royaume gens d'armes en si grant nombre que nostre povre peuple en est perduz et gastez et nostre royaume en voye de destruction. Si vous requérons sur l'amour, loyaulté et obéissance que nous devez, et aussi vous commandons sur toutes les peines que povez encourir envers nous, que vous cessiez du tout de telles assemblées et celles que faictes avez, faictes départir sans délay. Car en ce que vous offrons, ne trouverez aucune faulte. En tesmoignage de ce, nous avons fait mectre nostre séel à ces présentes. Donné à Paris le xxme jour de juillet, l'an de grâce mil quatre cens et unze, et de nostre règne le xxxie.

> *Sur le repli* : Par le Roy en son Conseil, où monseigneur le duc de Guienne, les contes de Mortaing et de Vendosme, Vous, l'arcevesque de Reims, les évesques de Limoges, de Tournay et de Xaintes, maistre Robert Mauger et Jehan du Drac, le Maistre des Arbalestriers, les seigneurs de Saint-George, de Chambely, de Rambures, de Rambouillet et plusieurs autres estoient.
> TOREAU.

(Orig. parch. scellé sur double queue, le sceau perdu. — *Arch. de l'Emp.* Carton K. 57, pièce 11.)

CXLIX

Déclaration de Saint-Ouen, émanée des seigneurs du parti d'Orléans.

Saint-Ouen, 9 octobre 1411.

A vous nos treschiers seigneurs et espéciaulx amis les Recteur, maistres et suppos de l'Université de Paris, nous, cy dessoubz nommez pour tous les autres cy assemblez, escrivons au Roy nostre souverain seigneur en la manière qui s'ensuit :

A vous nostre souverain seigneur le Roy. Nous, voz treshumbles loyaulx subgiez et serviteurs cy dessoubz nommez pour tous les autres cy assemblez, lesquielx et nous, nous recommandons à vous tant et si treshumblement comme plus povons. Et vous plaise savoir, nostre souverain seigneur, que nous avons entendu que aucuns ont rapporté à vous et à nostre tresredoubté seigneur monseigneur de Guienne, que monseigneur d'Orléans et noz autres seigneurs de vostre sang qui sont ensembles ont eue et ont entencion et voulenté d'ocuper et empescher vostre seigneurie, laquelle chose ne fut oncques pensée ne dicte. Et se nous avions congneu en quelque estat que ce feust qu'ilz eussent une pensée ou voulenté à ce, n'eussions un seul moment arresté ne demouré avec eulx ne les servis. Mais, nostre souverain seigneur, nous, congnoissans le grant oultrage fait de la mort de monseigneur d'Orléans vostre frère, père de monseigneur d'Orléans qui à présent est, vostre filz et neveu, par laquelle mort vostre couronne et seigneurie sont tant blécez que tous voz vraiz subgiez devroient crier à haulte voix vengence, pugnicion et justice soyent faictes de ceulx qui tant se sont forfais envers vous, et qui tant vous ont navré et eulx en mectre en fait. Nous, cognoissans aussi le droit que monseigneur d'Orléans, vostre filz et neveu, a de vouloir venger la mort de monseigneur son père, lequel après la voie de fait par faulte de justice, laquelle faulte de justice a esté et est par aucuns de voz conseillers et servans, menistres et favorables de cellui qui tant vous a offensé, le sommes venuz servir. Car nous savons que pour vous oster de servage et radresser vostre seigneurie et pour vengence de la mort de son père ilz ont empris ce fait. Et tous ceulx qui vous donnent à entendre le contraire et qui l'ont publié, sont faulx, mauvais et desloyaulx envers vous. Car nous sommes et serons tant que nous vivrons voz vraiz subgiez et obéissans. Nostre souverain seigneur, nous prions le benoist filz de Dieu qui toujours vous ait en sa saincte garde et vous doint très bonne vie et longue. Escript à Saint-Oyn soubz les seaulx de nous, Jehan, conte de Roussy et de Braine, Jehan, sire de Hangest, maistre des arbalestriers de France, Geffroy le Meingre dit Bouciquaut, le seigneur de Montbason, Amé de Sarrebruche, Guillaume le Bouteiller, Gadiffer de la Sale, Geffroy de Malestrait, seigneur de Combour, Jehan, sires de Fontaines, Guillaume, sire de Braquemont, Hue d'Amboise, sire de Chaumont, François d'Aubiscourt, François de l'Ospital, le Baudrain de la Heuze, Guillaume Bataille, Robert de Bonay, Loys de Culant, Loys de Bourredon, Jehan de Dreux, le Galois d'Achy, Raoul, sire de Gaucourt, Guillaume de Trie, Pierre de Mornay dit Gauluet et le sire de Guitry.

Sy povez voir et congnoistre, et aussi fait chascun, nostre bonne voulenté et propos. Escript audit lieu de Saint Oyn le ixe jour d'octobre, l'an mil cccc et onze. Jehannet de Garencières en Mansart d'Esne[1].

(Orig. parch. auquel il reste encore sept sceaux armoriaux en cire rouge sur double queue. — *Trés. des Ch.* Carton J. 359, pièce 28.)

CL

Nomination de Pierre des Essarts à la charge de prévôt de Paris.

Septembre 1411.

Et ledit jour (samedi 12) messire Pierre des Essars chevalier a esté receu prévost de Paris par vertu de certaines lectres royaulx présentées et leues, ou lieu de messire Brunel de Saint-Cler qui oudit office avoit résigné en la présence du Roy ou de son grant conseil, comme affermèrent au conseil de la chambre de parlement en la présence desdis seigneurs, messire Blanchet Braque, le Galoiz d'Aunoy et messire Anthoine de Craon, chevaliers.

On lit à la marge :   Unde orta sunt infinita dampna et mala.

(Reg. XIII du Cons., fol. 172v°.)

1. Ces deux noms sont ajoutés d'une autre main.

CLI

Le parlement décide qu'il portera ses plaintes au roi.

Du mercredi 20 janvier 1412.

Cedit jour a esté délibéré et ordonné céans, que pour ce que plusieurs avoient appellé céans et avoient causes d'excès et d'actemptas contre aucuns capitaines et autres officiers du Roy nostresire, desquelles ainsi n'en duroit ancores à cognoistre la court, obstans certeines lettres passées par le Roy présens II chevaliers, par lesquelles le Roy voloit avoir la cognoissance des causes touchans les Aurelnoiz et les Armignois qui estoient impéditures de justice, aucuns de messeigneurs de céans iroient devers le chancelier de Bourgoigne, les autres devers le chancelier de Guienne, les autres devers le roy Loys, autres devers mons. le Dauphin, autres devers le prévost de Paris, pour sentir de l'entencion de nosseigneurs de France afin que s'il n'y avoit nouvel empeschement tel que la court ne peust franchement parler au Roy et à nosseigneurs afin de faire libéralment et sans empeschement justice, la court alast en bon nombre devers le Roy accompaignée d'aucuns preudommes de l'Université et bourgeois de la ville, moustrer l'auctorité et bien de ceste court pour l'onneur de la couronne et le bien des subgiez, et que du bon plaisir du Roy ne fussent point empeschiez que de quelzconques causes d'appeaux et d'actemptas, qui est l'ordinaire de la court, ilz ne congneuscent et feissent justice comme il apartient.

(Reg. XIII du Cons., fol. 188.)

CLII

Lettres des Orléanistes interceptées.

Du vendredi 20 mai 1412.

Ce jour a esté délibéré que certeinnes lectres closes dont la copie est avecques les lectres qu'a à diverses fois envoiées le duc d'Orléans à la court, et lesquelles lectres sont de la date du xi° may, par l'adviz de monseigneur le chancellier soient leues. Et pour ce que une povre femme de village du paiz de Dunoiz les avoit apportées à la requeste d'aucuns sergens de la garnison de Chastaudun pour ledit d'Orléans, en espérance de ravoir son mari qui estoit prisonnier en ladicte garnison, demandoit certification de les avoir baillées à la court, il a esté advisié qu'elle n'averoit point de response ne de certificacion par escript, et s'en alast comme estoit venue se elle voloit.

On lit à la marge : Littera originalis missa, remissa est Regi.

(Reg. XIII du Cons., fol. 202 v°.)

Du lundi 23.

Sur ce que par un bon homme rural et ancien, prisonnier en la garnison de Yenville en Beaulce, tenens le parti du duc d'Orléans, avoient esté apportées lectres toutes pareilles à celles dont est faicte mencion ou xx° jour de ce moiz, en espérance qu'il gaignast par ce sa rançon ou partie, a esté délibéré que lesdictes lectres seroient leues et renvoiées au Roy avec les premières, en son ost, et lui seroit ou à son conseil estant avec lui et escript que plus ne recepvroit la court aucunes lectres dudit d'Orléans, si non par son ordonnance et volenté. Et si a esté envoié le messager ou porteur ou Chastellet, jusques à ce que la court averoit responce du Roy ou que autrement en seroit ordonné. Et pour ce ay fait lectres pour envoier audit conseil, qui ont esté leues à monseigneur le chancellier en la présence de maistre R. Mauger, président, et III autres de messeigneurs de la court, dont la copie est avec la copie desd. lectres et autres devers la court.

(*Ibid.*)

CLIII

Épisode de la bataille de Saint-Rémi du Plain.

Mai 1412.

Charles, etc. Savoir faisons à tous présens et avenir nous avoir receu l'umble supplicacion de nostre bien amé Jehan de Mondoucet, escuier, contenant : que comme le mardi xme jour de ce présent moys de may, ledit suppliant estant ou champ et en la bataille de Saint-Remy du Plain, en la compaignie de nostre treschier et trèsamé cousin, le comte de St. Pol et de Liney, connestable de France, monté et armé souffisaument et tout prest pour soy combatre contre noz ennemis, rebelles et adversaires, et ayant bon courage de soy combatre pour garder l'onneur de nous et de nostredit connestable, trouva un appelé **Hémond de Jauquays**, nepveu de Durcat, auquel, pour ce qu'il n'avoit point de croix et n'estoit croisié comme les autres, ledit suppliant cuidant qu'il feust de noz ennemis, lui donna ung grand cop de hasche avecques autres, dont il chey à terre, et tant que mort s'en ensuy en sa personne en la place. Et après, ledit suppliant prist son bassinet et se combati et fist bien son devoir oudit confluc et bataille avec nostredit cousin et connestable, et tant que, la mercy Nostre Seigneur, le champ et victoire demoura pour nous. Néantmoins nostredit connestable, pour occasion de ce que l'en dit que oudit confluc ledit suppliant fut adverti que ledit Hémond estoit de nostre costé, combien que ledit suppliant a affermé et est prest de affermer qu'il n'en oy ne entendi riens, a fait prendre et emprisonner ledit suppléant, etc.

Paris, mai 1412.

(*Tres. des Ch.* Reg. JJ., pièce 189.)

CLIV

Le parlement mandé à Auxerre.

Du mercredi, 3 août 1412.

Cedit jour a la court receue lettres closes du Roy nostresire estant à Aucerre, et monseigneur le Dauphin son ainsné filz et autres seigneurs de son sanc estans avecques lui, comme l'en dit. Desquelle lettres la teneur s'ensuit :

De par le Roy. Noz amez et féaulx. Comme pour réduire à nostre obéyssance aucuns de ceulx de nostre sang et linage et autres, qui contre nous et les commandemens à eulx faiz de par nous par noz lectres patentes et autrement, avoient en nostre roiaume fait et commiz plusieurs entreprises à nostre grant desplaisir, Nous, à grant compaignie de gens de guerre nous soions trais ou paiz de Berry et jusques devant la ville de Bourges, où nous avons esté par aucun temps comme vous savez assez. Durant lequel, pour le bien de nostredit royaume et relievement de noz subgiez, nous avons, par l'advis de nostre très cher et très amé ainsné filz, le duc de Guienne, Dauphin de Viennoiz et autres de nostre sang et nostre conseil, ordonné certeines choses qui au plaisir de Dieu seront à la paix et transquillité de nostredit royaume. Pour lesquelles choses mectre en seurté ou bien de nous et de nostredit royaume et de tous nosdis subgiés, nous avons ordonné et soyons disposé estre en nostre ville et cité d'Aucerre le xme jour d'aoust prouchain venant. Auquel jour nous avons fait convoquer grant nombre de ceulx de nostre sang et de nostre conseil, prélas, nobles et notables personnes des bonnes villes de nostredit royaume. Nous vous mandons et enjoignons expressement que, ces lettres veues, vous eslisiez entre vous vi notables personnes et un président de nostre parlement, et iceulx députez et envoiez pardevers nous, avecques et en la compaignie de nostre premier président d'icellui parlement, audit jour et lieu d'Aucerre. Auxquelx aussi par ces mesmes lectres, et à chascun d'eulx, nous mandons qu'ilz y viegnent et y soient pour nous conseiller ès choses dessusdictes ; et gardez bien que en ce n'ait faulte. Donné audit jour dans ce penultième jour de juillet. *Charles* FERRON.

(*Arch. de l'Emp.* Reg. XIII du Cons., fol. 210.)

CLV

Ordre du roi au duc d'Orléans de renoncer à l'alliance anglaise.

Auxerre, 22 août 1412.

Charles, par la grâce de Dieu roy de France. A nostre trèschier et trèsaimé filz et nepveu le duc d'Orliens, et à nostre trèschier et trèsamé nepveu le conte de Vertus, salut et dilection. Il est venu à nostre congnoissance, que pour occasion de certains discors et débaz meuz entre vous d'une part, et nostre trèschier et trèsamé cousin le duc de Bourgogne d'autre, vous avez fait aucunes aliances avec aucuns de nostre sang et lignage, et aussi avec nostre adversaire d'Angleterre, ses enfans et autres tenans son parti. De laquelle chose nous avons eu grant desplaisance, et lesdictes aliances et conféderacions avons déclairé et déclairons nulles, de nostre auctorité roial, et les avons mises et mettons au néant par ces présentes. Et pour ce que par le bon plaisir de Nostre Seigneur nous avons mis et ordonné bonne paix entre vous d'une part et nostredit cousin de Bourgogne d'autre, laquelle vous et chascun de vous, pour vous et comme vous faisans fors de nostre trèschier et trèsamé nepveu le conte d'Angolesme vostre frère, et de nostre trèschière et trèsamée niepce votre suer, avez jurée et promise garder et observer de tout vostre povoir. Nous vous mandons et commandons et à chascun de vous, sur la loyaulté et proximité de lignage en quoy vous nous estes tenuz, sur toute l'amour que vous et chascun de vous avez à nous qui sommes vostre souverain seigneur, et sur quanque vous doubtez encourir vostre indignacion à tousjoursmais, que vous et chascun de vous, ès noms que dessus, renoncez ausdictes aliances par vous ou pour vous faictes, tant avec ceulx de nostredit sang et lignage, comme les dessusdiz d'Angleterre ou autres, et icelles révoquez et rappellez en les mectant du tout au néant incontinent et sanz délay par vos lectres patentes faictes soubz voz seaulx. Et de ladicte renonciacion, révoccacion et adnullacion, par autres voz lectres patentes faictes comme dessus, signifiez à nostredit adversaire, ses enfans ou autres dudit royaume d'Angleterre ou tenans leur parti. Donné à Aucerre le xxiie jour d'aoust, l'an de grâce mil cccc et douze et de nostre règne le xxxiie.

Par le Roy, à la relacion de son conseil tenu par monseigneur le duc de Guienne.

MILET.

(Orig. parch. scellé en cire jaune sur simple queue. — *Arch. de l'Emp.* Carton K. 57, pièce 20.)

CLVI

Enterrement de Pierre de Navarre, comte de Mortain.

Août 1412.

Venredi v^e jour. *Curia vacat* devant disner pour ce qu'elle est alée par manière de court à S. Antoine hors Paris quérir et accompaigner le corps de feu messire Pierre de Navarre, conte de Mortaing, et cousin germain du Roy, qui a esté trèspassé ou voiage de Bourges, pour le porter aux Chartreux lez Paris.

Et notez que, tant devant Bourges, où le Roy a esté

comme l'en dit par manière de siège par environ
ix sepmaines, monseigneur de Guienne, son filz ainsné,
le duc de Bourgongne et plusieurs autres du sans (*sic*)
royal estans avec lui et moult grant compaignie de
gens d'armes, plusieurs grans seigneurs et moult d'autres sont alez de vie à trespas, et au retour dudit voiage,
comme ledit conte de Mortain, messire Giles de Bre-
teigne, le conte de Jogny, le sire de Virey en Savoie et
moult d'autres, tant de mésaise, car il a fait moult excessives chaleurs, que autrement.

(*Arch. de l'Emp.* Reg. XIII du Cons., fol. 210.)

CLVII

*Relation du premier président Henri de Marle,
sur les conférences d'Auxerre.*

Du samedi, 27 août 1412.

Cedit jour furent les seigneurs des ii chambres assemblez en la grant chambre de parlement pour oir
la relation de messire H. de Marle, premier président,
et vi des autres seigneurs de céans qui avoient esté
envoiez à Aucerre de par la court, au mandement du
Roy nostresire pour le traitié faire de la paix d'entre
les ducs d'Orléans et ses frères d'une part, et de Bourgoigne d'autre part. Si ont relaté à la Court que le
xxii° de ce présent mois d'aoust, lesd. duc d'Orléans,
le conte de Vertus et le duc de Bourgoigne, en la cité
d'Aucerre, en plein conseil où présidoit monseigneur
le Dauphin, ainsné filz du Roy, présens les pers de
France, les ducs de Berry, de Bourbon, de Bar et
plusieurs autres seigneurs du sanc royal, barons, che-

valiers, escuiers, bourgois des bonnes villes et les messages de l'Université de Paris, et conseillers royaulx, tous en moult grant nombre, lesdis seigneurs dessus-nommez firent, promitrent et jurèrent solennelement les sains Évangiles et la Croix touchez, paix entr'eux selon la forme de certeine cédule ilecques leue. Et pour ce que ce vient de moult grant grâce que Dieu a fait à ce royaume, considérez les maulx qui à occasion de la guerre desdiz seigneurs ont esté faiz depuis II ans, à l'occasion de la mort du feu duc d'Orléans père desd. duc d'Orléans et conte de Vertus, frère germain du Roy nostresire et cousin germain de monseigneur le duc de Bourgoigne, et nepveu du duc de Berry. Et tèlement, car l'en dit que desjà avoient esté mors et tuez en ce royaume, tant d'un costé que d'autre, plus de xx mil personnes de tous estas, tant en armes que autrement. Et par espécial puis la S. Jehan, devant Bourges, où le Roy et monseigneur le Dauphin avoient esté en armes pour asséger le duc de Berry, de Bourbon et autres seigneurs qui y estoient du sanc du Roy et autres, et autres en grant nombre. Les duc d'Orléans et conte de Vertus et le conte d'Angolesme, ses frères, estans à Orléans, ont esté mors, des gens d'armes du Roy et du duc de Bourgongne, plus de viii^m, comme l'en dit, que de fer que de povreté, mésaise et neccessité, pour les très excessives chaleurs et sécheresses qui ont esté et encores sont par III mois et plus, et aussi pour la tribulacion que ont soufert autres gens povres, tant femmes que enfans que hommes, se soient mors et memement par toutes les citez et villes de ce royaume en molt grant nombre. Et que des corps et biens de ceulx qui seroient ou estoient favorisans auxdis d'Orléans, aient esté faiz tant de maulx, crimes, pilleries et roberies et calumpnieusement accusacions et imposicions sur tous vaillans et sages hommes et sur plusieurs bons bourgoiz et bourgoises et autres simples gens et sur leurs parens et amis, et tèlement que par le conseil, comme aucuns disoient, de plusieurs de l'Université de Paris ou d'icelle Université ont esté publiquement excommuniez depuis ladicte S. Denis jusques à VIII ou XV jours cy devant, à cloches sonnans et chandoilles esteintes, les ducs d'Orléans, de Bourbon, contes d'Alençon, et de Vertus, d'Armignac, messire Charles de Lebret, lors connestable de France, qui estoient venus devant Paris ceste année environ la Toussains, et leurs aliez, complices, aydans et confortans, par vertu d'une bulle donnée par le pape Benedict Quint. Ont aussi esté trop de gens mors ès prisons de Chastellet en cest yver, qui avoient esté pris, tant à la besoigne qui fu à Saint, Cloud environ la Saint-Martin, que ailleurs et à Paris, souspeçonnez et actains d'avoir esté des consaulx desdis enfans d'Orléans. Desquelx plusieurs l'en laissoit morir de fain, comme l'en dit, et si leur nyoit l'en confession, comme l'en disoit, et encores les mors les menoit tous nuz à charretées sans braies ne sans autre couverture ou Marchié aux pourceaulx lez la porte S. Honoré, et à peine metoit l'en un po de terre sur eulx. Et si en a l'en tué plusieurs par la ville de Paris, et jour et nuit, et de gens de très bon nom, comme le receveur de Chartres, qui estoit venus au mandement de la Chambre des Comptes à Paris, pour ce que l'en disoit qu'il estoit Armignac. Car pour lors l'en appelloit ceulx qui tenoient du costé desdis enfans d'Orléans, Armighas, *a nomine* du conte d'Armighac que l'en disoit principal conseiller de celle partie pour l'amour qu'il avoit eue audit feu duc d'Orléans. Et somme toute, quicunques de quelque estat qu'il fust, fust du sanc du Roy, fust chevalier, baron, bourgoiz, d'église, petit ou grant qu'il estoit, ne tant ne quant, souspeconné d'estre Armighac, estoit en péril, tant de son corps que de son estat. Et a falu pour sauver leur vie que par neccessité plusieurs de divers estas soient partiz de Paris et alez, ou à Orléans, ou à Bourges, ou ailleurs ès terres desd. seigneurs. Si ont esté donnez leurs offices, prins leurs biens, aboutinez, donnez, départiz ou vendus. Et estoit en ceste tempeste le plus auctorisé, qui plus hardiement se boutoit en la besoigne, pour ce que le péril avoit esté si grant par la témérité et oultrageuse entreprise de venir devant Paris par lesdis Armighacs, et qui li plus besoignoient, plus avoient honneur. Et furent establiz juges contre iceulx Armighas de par le Roy, c'estassavoir maistre J. du Drac, président en parlement *quartus et antiquus*, maistre Eustace de Laitre, maistre Nycole d'Orgemont, chanoine de Paris, maistre Nycole de Biencourt, maistre Pierre Buffiere, conseillers du Roy céans, maistre Jaques du Boiz, advocat ou Chastellet, maistre J. de Troies, sirurgien, maistre Pierre Cauchon, licencié en decret et maistre en ars en l'Université de Paris, Martin de Neauvilli, drapier à Paris. Thomas le Goiz, bouchier à Paris, maistre Guillaume Barrault, secretaire du Roy, et estoit clerc ou graphier maistre Pierre de Fresnes. Par lesquelx plusieurs ont esté prinz peculièrement de gens avides, et aucuns corporelment. De toutes lesquelles choses et périlx et plusieurs autres, a esté, par la grâce de Dieu seulement, ce royaume délivré par ladicte paix. Pour quoy fu ordonné que *Te Deum* soit chanté par toutes les églises incontinent et les cloches sonnans. Et pour ce furent mandez le doien de Paris et l'official, le prévost des Marchans et eschevins de Paris, qui venus, louèrent ce. Et aultrement fu ordonné que lundi prouchain seroient faictes processions généraulx de Nostre-Dame à Saincte-Geneviève pour mercier Dieu, qui de sa grâce a ainsy regardé ce royaume en pitié.

(*Arch. de l'Emp.* Reg. XIII du Cons., fol. 212 v°.)

Lundi 29.

Ce jour vaque la court pour les processions générales qui se font de Nostre-Dame à Saincte-Geneviève pour rendre graces à Dieu, qui de sa grâce a fait paix entre nosseigneurs de France à cause de la noise et division desquelx ce royaume estoit taillié d'estre destruit. Car à occasion de la guerre, hors les occisions, roberies et pilleries et oultrages de fait, le peuple de ce royaume, tant prélas, gens d'église, bourgoiz et autres, ont esté telement pressés de tailles, disièmes, emprunts divers et plusieurs, que là où l'en savoit argent, fust à église, à pupilles ou autres gens, l'en le prenoit, de par le Roy comme l'en disoit, pour la neccessité qui estoit.

(Reg. XIII du Cons., fol. 202 v°.)

CLVIII

Alliance entre Thomas, duc de Clarence, et Charles, duc d'Orléans.

14 novembre 1412.

Je Thomas, filtz de roy, duc de Clarence, jure et promets par le foy de mon corps, sur tous les seremens que nulle preudomme peut faire, d'estre vray et bon parent, freer, compaygnon d'armes et amy en tous cas à mon trèscher et trèsamé cosyn Charles, duc d'Orlyans, et de luy servyr, ayder, conseylere, conforter et garder son bien et honneur en toutes manyères et de toute ma puissance, saulve et except tant seulement ma loyauté gardée envers monseigneur le roy, mon sovereyn seigneur. Et ce je promes tenyr loyaulment et d'acomplir de mon povoyr, et jamais pour quelquonque chose quy puisse avenyr non fayre le contrayre. Et en tesmoyng de ce j'ay ceste letre escrit, et signée de ma mayn et séellé de mon séel, le xiiie jour de novembre, l'an mil quatre cens et dcusze.

THOMAS.

(Orig. parch. *autographe*, scellé d'un sceau armorial en cire rouge sur double queue. — *Arch. de l'Emp.* Carton 57, pièce 29.)

CLIX

Paix entre Louis, duc d'Anjou, et Charles, duc d'Orléans.

Angers, 16 février 1413.

Loys, par la grâce de Dieu, Roy de Jhérusalem et de Sicile, duc d'Anjou, conte de Prouvence, de Forcalquier, du Maine et de Pymont. A tous ceulx qui ces présentes lettres verront, salut. Savoir faisons que nous, considérans que plusieurs nobles hommes et autres de noz pays et des voisins d'iceulx, et en espécial des pays et terres de nostre trèscher et très amé cousin le duc d'Orléans et de Valoys, conte de Bloys et de Beaumont et seigneur de Coucy, et des nostres, durant le temps des divisions de ce royaume s'entresont fait dommage en personnes et biens, et par ce pourroient ou temps avenir eulx revenchier et faire guerre et y esmouvoir les communautez desdiz pays, dont se pourroient ensuir moult de périlz et de dommages; et soubs umbre de ce, faire assemblée de gens d'armes et compaignes (*sic*), et par espécial quant nous serions absens de noz dis pays, qui pourroit estre cause de la désertion d'iceulx, ou préjudice de monseigneur le Roy et de nous. A quoy nous, désirans pourveoir et garder iceulx pays et subgez eu bonne justice, paix et tranquillité, et éviter toutes voyes de fait et de force comme faire le devons, considérans la bonne renommée de nostredit cousin, la très grant prouchaineté de sang et de lignage qui est entre lui et nous, et la vraye amour et loyaulté que nous tenons certainement qu'il a envers monditseigneur le Roy, monseigneur de Guienne et ce royaume, et aussi que ses terres, pays et subgiz et les nostres sont si prouchains voisins comme chascun sçet, affin que doresavant entre les subgiz de chascun desdiz pays ne soit ou puist estre aucune discencion, hayne ou discord, mais que tousjours demeurent et soyent bons voisins et amys, et puissent vivre, converser et marchander paisiblement et seurement les uns avec les autres, et que nulles gens de compaignes, ne autres ne puissent porter nuysance ou dommage à noz diz pays soubz quelconques couleur de guerre que puist estre; aujourduy avons promis les amistiez, bien vueillances et manières que nous entendons à garder et faire garder à nostre dit cousin par nous et noz subgiz ou temps avenir, sans entencion de faire ligue, alliance, ne chose qui soit contre l'onneur et seigneurie de noz diz seigneurs le Roy et le duc de Guienne, ne contre les accors et chapitres de la paix faiz et jurez par nous, à Aucerre; mais seulement pour la conservacion de l'onneur et bien de noz diz seigneurs le Roy et le duc de Guienne, de noz personnes et estas et de noz pays et subgiz, en la manière qui s'ensuit : C'estassavoir que doresenavant, loyaulment et sans fainctise nous amerons le bien et honneur de nostredit cousin, comme bon parent, voisin et amy doit et est tenu raisonnablement de faire. Et si nous savons, ne cognoissons que on traicte chose qui porte ou puisse porter préjudice à sa personne, aux nobleces, honneurs et prérogatives de ses pays et terres, nous lui ferons savoir, et mectrons peine par tous les meilleurs moyens et voyes qui nous seront possibles de ce empescher. Et en oultre, que nous ne ferons guerre à luy, à ses pays, ne subgiz, et ne recepterons aucun pour y faire guerre ne les endommager ouvertement ou autrement. Mais défendrons à tout nostre loial povoir que par noz diz subgiz, ne autres noz bien veuillans, adhérens ou alliez, y soit faicte. Et si faicte estoit par noz diz subgiz, nous les en punirions à nostre povoir. Et si par autre estoit faicte, nous mecterons paine de l'empeschier en tout ce que honnestement faire le pourrons. Et ces choses avons promiz et par ces présentes promectons à nostre dit cousin. Gardans tousjours en toutes choses envers nosdiz seigneurs le Roy et le duc de Guienne, l'onneur, devoir et obéissance que devons. En tesmoing de ce nous avons signées ces présentes de nostre main et fait séeller de nostre grant séel. Donné en nostre chastel d'Angers, le xvie jour de février, l'an de grace mil cccc et douze.

Loys.

Sur le repli : Par le Roy.
Michael.

(Orig. parch. scellé d'un grand sceau de majesté en cire rouge sur double queue. — *Arch. de l'Emp.* Carton K. 57, pièce 33.)

CLX

L'Université et la ville de Paris demandent au parlement de se joindre à eux pour la réformation des abus.

Du vendredi 17 février 1413.

Cedit jour l'Université de Paris, le prévost des Marchans et les échevins de Paris en grant compaignie, sont venus en la court, et, appellés toutes les chambres de céans, ont proposé par un maistre en théologie, que pour ce que le Roy a trop grant nombre de conseillers et de trop insuffisans, et aussi que les finances de ce royaume ont esté ou temps passé levées en moult grant quantité et despendues moult excessivement, à quoy est neccessité de remédier, et pour ce se soient miz ensemble d'un commun accort et comme par la voix du Saint Esperit, lad. Université et aussi la vill de Paris, si ont requis que la court s'adjoigne à eulx à faire ladicte poursuite et qu'elle députe aucuns des chambres de céans pour estre avec eulx à faire ladicte poursuite. Et en oultre ont défendu *sub pena perjurii* à ceulx qui sont leurs jurez que ladicte poursuite n'empeschent en aucune maniere. Et sur lesd. excès et faultes ont baillié et présenté à la court certains articles. Sur laquelle requeste, quant au premier point, a la court respondu en les louant et recommandant de leur bonne affection, volenté et propos, et qu'elle avoit moult grant plaisir que bon remède fust mis auxd. defaux. Mais actendu l'estat de la cour dessusdicte, qui est souvereigne et capital et représentans le Roy sans moien et tenue de faire justice se requise estoit, ne se povoit adjoindre ne faire partie. Mais en tout ce qu'elle pourroit aider et conforter à la besoigne dessusdicte, estoit tousjours preste. Et quant au secont point, estoit preste, toutes et quantes foiz qu'il plairoit au Roy ou à son conseil de mander ou ordonner aucuns de céans telx et en tel nombre qu'il voudroit, de les envoier et bailler pour faire aveccques lesd. requérans du miex qu'ilz pourroient. Et quant au tiers point, la court estoit seure que les jurez de l'Université se garderoient bien de faire chose qui à faire ne fust.

(*Arch. de l'Emp.* Reg. XIII du Cons., fol. 231.)

CLXI

Démolitions faites dans la ville de Soissons.

Mars 1413.

Lundi xx⁰ jour, maistre Hébert Camus, procureur de monseigneur d'Orléans, ou nom qu'il procède, a appellé et appelle de certain exploit fait contre lui par l'auctorité de messire J. de Bournonville, chevalier, soy disant commissaire en ceste partie ou autrement, qui a fait abatre le pont levie de son chastel de Suessons, fait perser, démolir et abatre partie des murs d'icellui chastel, fait murer et estouper certeine poterne que ledit duc et ses prédécesseurs contes de Suessons ont acoustumé d'avoir et tenir oudit chastel sur la rivière d'Esne, de tout temps. Et autres plusieurs exploiz, tors, griefz, excès, abus et entreprises à déclairer plus à plain en temps et en lieu. Et a requis led. procureur ce estre enregistré assez secrètement, pour les périlz. Car il dit que lesd. exploiz sont faiz au pourchas, requeste ou instance des bourgoiz, manans et habitans de Suessons ou d'aucuns particuliers, et comme de nouvel iceulx excès venus à sa cognoissance.

(Reg. XIII du Cons., fol. 235.)

CLXII

Le Dauphin consulte le parlement sur la guerre.

Du samedi 8 avril 1413.

Cedit jour a esté conseillié sur certeinne cédule envoiée céans par monseigneur le Dauphin pour avoir l'adviz de la court sur certeinne provision faicte ou advisée de gens d'armes envoier sur les frontières et ès paiz de Guienne et d'ailleurs ou s'efforcent les Anglois de venir, à savoir se lad. provision suffit et s'il la faut plus grant de nombre de gens d'armes ou autrement. Et l'autre point est se le conte de Douglas, escot, qui est venu de par dessa, fera bataille par dessa ou en Escoce contre lesd. Angloiz. Item, comment l'en pourra conduire et par quelle manière, ce que dit est.

(Reg. XIII du Cons., fol. 237ro.)

CLXIII

Restitution à la veuve de Pierre des Essarts, des biens confisqués sur son mari.

Paris, 5 août 1413.

Charles, etc. Savoir faisons à tous présens et avenir. Que comme pour aucuns cas desquelx feu Pierre des Essars. chevalier et garde de la prévosté de Paris, a esté naguères accusé, ait esté prins et détenu prisonnier et depuis exécutez en nostre ville de Paris. Par vertu de laquelle exécucion tous les biens et héritages dudit deffunct aient esté prins et mis en nostre main comme à nous confisquez et acquis. Et soit la vesve dudit deffunct estant grosse d'enfant, preste d'acoucher comme l'en dit, avecques un filz d'elle et d'icellui deffunct, demourée desnuée d'iceulx biens et en aventure elle et ses enfans de venir à trèsgrant povreté et misère se sur ce ne lui est nostre grâce impartie, si comme elle dit. En requérant humblement, que comme nous lui ayons octroyé que le corps dudit deffunct son mari soit délivré à elle et à ses autres parens et amis pour estre inhumé en terre sainte ou bon leur semblera, nous, en regart aux services que nouz a faiz ledit deffunct, et à celle fin que ladicte vesve et ses enfans aient de quoy vivre et conduire leur estat honnestement, leur vuellons délaissier les biens et héritages demourez du decès dudit deffunct, ou autrement leur pourveoir de nostredicte grâce. Nous, considérans les choses dessusdictes, ayans pitié et compassion de ladicte vesve et de ses diz enfans, et pour plusieurs causes et autres consideracions à ce nous mouvans, à ladicte vesve et à ses diz enfans, par l'advis et délibéracion de plusieurs de nostre sang et lignage, avons de nostre auctorité royal, plaine puissance et grâce especial, donné, cédé, transporté et délaissié, donnons, cédons, transportons et délaissons par la teneur de ces présentes, tous les biens et héritages demourez du décès dudit deffunct que l'en pourroit dire à nous confisqués et acquis par le moyen de ladicte exécucion, pour en joir par icelle vesve et ses diz enfans perpétuelment comme de leur propre chose. Si donnons en mandement....

Donné à Paris le ve jour d'aoust, l'an de grâce mil quatre cens et treize, et de nostre règne le xxxiiie,

Par le Roy en son conseil, ouquel messeigneurs les ducs de Guienne, de Berry, de Bourgongne et de Bar, le grant maistre de Rodes et autres estoient.

J. MILET.

Trés. des Ch. JJ. 167, pièce 177.

CLXIV

Nomination de Guillaume le Turc à la charge d'avocat du roi au parlement.

23 août 1413.

Ce jour a esté le chancellier céans, et a esté faicte éleccion par voie de scrutins, ou lieu de maistre J. Juvenel, naguères advocat du Roy et à présent chancellier de Guienne, et a eu plus de voix de trop maistre Guillaume le Tur, et pour ce m'a esté commandée sa lectre par mons le chancellier dessus dit.

(Reg. 13 du Cons., fol. 260.)

CLXV

Noms des bannis.

1413.

Les noms de ceulx qui ont esté banniz ou Chastelet de Paris depuis le xII° jour de décembre, l'an mil cccc et xIII incluz.

Messire Helion de Jacqueville, chevalier.
Maistre Jehan de Troyes.
Maistre Henry de Troyes.
Jehan Parent.
Simon le Coustellier dit Caboche.
Denisot de Chaumont.
Simon Robillart.
Maistre Laurens Cabot.
Guillaume le Goix.
Garnot de Saint-Yon.
Maistre Hugues de Verdun.
Colin Valée.
Jehan de Rouen.
Jehan Malart.
Jehan Boyvin.
Guillaume Bourdin.
Un appellé Péruchon, \
Hennotin de Monceaulx, } varlès dudit Denisot de Chaumont.
Un appellé Guillebin, /
Maistre Guillaume Barrau.
Simon Bausart.
Jehan Paumier.
François l'Orfevre, chaussetier.

Prononcié le mardi XII° de décembre, l'an mil CCCCC et XIII.

Messire Robinet de Mailly, chevalier.
Maistre Felix du Bois.
Guillaume Gente.
Martin de Coulommiers.
Maistre Jehan Rapiout.
Jehan du Bois au Ren.
Jehan Errault.
Thomays le Goys.

Prononcié le samedi XXVII° jour de janvier, IIII° et XIII.

Maistre Toussains Baujart.
Martin de Neauville.
Jehan le Goys, le jeune, boucher.
Jehan Bourbon du Rousselet, batillier.

> Prononcié le mercredi XIIIIe jour de février, CCCC et XIII.

Maistre Pierre Cauchon.
Maistre Jehan Bout.
Maistre Dominique François.
Maistre Nicole de Saint-Yllier.
Maistre Baude des Bordes.
Ligier Polin.
Mahiet Boileaue.
Guillaume Baillet.
Maistre Eustace de Laistre.

> Prononcié le lundi XIIIIe jour de may, IIIIe et XIIII.

Jehan Tillart.
Robin Gouppil, pasticier.
Estienne Moreau.
Vincent le Barruyer.
Cointinet du Harloy.
Jehan de Saint-Yon, boucher.
Maistre Guillaume Vignier.

> Prononcé le XXIIIe jour de may, CCCC et XIII.

Fréminot de Gourguichon.
Jehan de Tours.
David du Conseil.
Jehan Mainfroy.
Philippe Jossequin.
Guillaume Hurtevant.

> Prononcié ledit XXIIIIe jour de may, CCCC et XIIII.

Maistre Pierre Miote.
Anthoine Forest, dit des Joyaulx.
Maistre Nicole du Quesnoy.
Jaques de Choisy.
Jehan de Balery.
Colin le Mauvais.
Jaquet le maçon.
Jehan le Fort.
Thomas le Sueur, nagaires prévost de Saint-Denis.
Jaquin le Sueur, filz dudit Thomas.
Jehan le Maire dit Petit.
Denisot le Maire.
Guillemin le Provendier.
Jehan Bertran.
Jehan de Mante.
Jehan Lignage.
Jehan Chausse.
Jehan Moustre dit Chéron.
Thomas Garnier, vendeur de poisson de mer.

> Prononciez bannis le samedi XXVIIIe jour de juillet, l'an mil CCCC et XIII.

Colin de Neufville. Il a esté banni par mess. les commissaires.

RÈGNE DE CHARLES VI.

Item. Les personnes dont les noms s'ensuivent furent prononciez banniz le jeudi xiii° jour de décembre cccc et xiii.

Jehan Maille Orfevre.
Damoiselle Marguerite, femme de Maistre Guillaume Barrau.
Marguerite, femme de maistre Guillaume des Bordes.
Raoulin Puchin.
Jehan le Gras, costurier.
Jehan de Bretueil.
Jehan de Malatrait.
Huguet Potier.
Jaquet du Bois, cirier.
Thierry Mainfroy.
Jehan de Lombert dit Hanoz.
Guillaume Martin.
Un appellé Regnault, estuveur, etc.
Un appellé Laurencin, escuier serviteur de maistre Eustace de Laistre.
Robin,
Jaquet,   } valez de Jehan le Fort.
Denisot,
Un appellé Eustace, cousin de M° Felix du Bois.
Un appellé Perrin, varlet dudit M° Felix.
Philippot Orlart, changeur.
Jehan Nepveu, fils de maistre Guillaume Nepveu.
Un appellé Johannin, clerc de maistre Guillaume Vignier.
Un appellé Thibault, serviteur dudit maistre Guillaume.
Jehan Petit.
Raoulin de Macy.
Jaquet de Croqcelet.
Jehan Front de buef, sergent à verge.
Michiel Berangier.
Colin Genre, tavernier.
Jehan le Fevre, rotisseur.
Jehan de Poligny dit Chappellain.

Et ceulx cy après escrips sont appellez à ban et restent à prononcier banniz.

Primo, maistre Denys de Bausmes.
Un appellé Errault, escolier.

Et est sans ceulx de Compiengne, de Soissons et autres qui ont esté banniz des bonnes villes du Roy de quoy encores on ne sçet les noms.

(Bibl. Imp. fs. Moreau 1424, pièce 65.)

CLXVI

Création d'un ordre de chevalerie par le duc de Bourbon.

Paris, 1er janvier 1415.

Nous Jehan duc de Bourbonnois, comte de Clermont, de Forez et de l'Isle, seigneur de Beaujeu, pair et chambrier de France. Désirant eschiver oisiveté et explecter nostre personne en advançant nostre honneur par le mestier des armes, pensant y acquérir bonne renommée et la grâce de la très-belle de qui nous sommes serviteurs, avons naguères voué et emprins que nous, accompagné de seize autres chevaliers et escuiers de nom et d'armes, c'estassavoir l'admiral de France, messire Jehan de Châlon, le seigneur de Barbasen, le seigneur du Chastel, le seigneur de Gaucourt, le seigneur de la Huse, le seigneur de Gamaches, le seigneur de Saint-Remy, le seigneur de Moussures, messire Guillaume Bataille, messire Drouet d'Asnières, le seigneur de La Fayette et le seigneur de Poulargues, chevaliers, Carmalet, Loys Cochet et Jehan du Pont, escuiers, porterons en la jambe senestre chascun un fer de prisonnier pendant à une chesne, qui seront d'or pour les chevaliers, et d'argent pour les escuiers, par tous les dimanches de deux ans entiers, commencans le dimanche prochain après la date de ces présentes, ou cas que le plus tost ne trouverons pareil nombre de chevaliers et d'escuiers de nom et d'armes sans reproche que tous ensemble nous vueillent combattre à pied jusques à oultrance armez chascun de telz harnois qu'il luy plaira portant lance, hache, espée et dague ou moins de bastons de telle longueur que chascun vouldra avoir pour estre prisonniers les uns des autres par telle condition, que ceux de nostre part qui seront oultrez, seront quictes en baillant chascun un fer et chesne pareils de ceulz que nous portons; et ceulz de l'autre part qui seront oultrez, seront quictes chascun pour un bracelet d'or aux chevaliers, et d'argent aux escuiers, pour donner là où bon leur semblera. Et pour ce, nous, duc de Bourbonnois et tous les autres dessus nommez, d'un commun accord et volonté, au nom de la benoiste Trinité, de la glorieuse vierge Marie et de monseigneur saint Michel l'Ange, avons aujourd'hui derechief promis de accomplir l'emprise dessus déclarée, et en oultre pour plus grande fermeté des choses dessusdictes et pour mieulx nous entretenir en loyalle et fraternelle amour, et principallement à ce que Dieu et sa benoiste Mère en ceste chose et en toutes autres nous vueillent octroyer leur grace et accroistre noz honneurs, nous avons aussi juré et promis, jurons et promettons faire, tenir et garder et accomplir de poinct en poinct les choses et articles qui cy après s'ensuivent.

C'estassavoir, que nous ferons paindre un image de Nostre Dame de Paris et devant ledit image ferons mettre un fer d'or ainsi que nous le portons, en manière d'un chandellier, et dedans aura ung cierge ardent qui ardera tousjours jour et nuict jusques à deux ans, et ferons paindre en ladicte chapelle les armes de nous tous.

Item. Que nous ferons dire en ladicte chapelle une haulte messe de Nostre Dame et une messe basse continuellement par chascun jour jusques à deux ans et donnerons les calice, chasuble et autres ornements d'autel nécessaires pour ladicte chapelle; et se dira ladicte messe chascun jour à noeuf heures.

Item. S'il est le plaisir de Dieu que nous accomplissons l'entreprise dessusdicte à nostre honneur, nous fonderons à perpétuel ledit cierge et ladicte messe et la ferons dire et continuer perpétuellement par chascun jour. Et aussi ferons fournir ledit cierge perpétuellement en ladicte chapelle. Et se fera chascun de nous paindre en ladicte chapelle armé de sa cotte d'armes ainsy qu'il aura esté à la journée. Et donnera chascun de nous à icelle chapelle le bracellet que Dieu luy aura donné à gaigner à ladicte journée, ou un autre de la valleur. Et sera ladicte chapelle nommée de Grâce Nostre Dame.

Item. S'il advenoit que par oubliance ou aultrement aulcun de nous faillist de porter le fer au dimanche ainsy qu'il est emprins, celuy qui y fauldra sera tenu donner pour Dieu IIIe s. de parisis pour chascune fois qu'il y fauldra.

Item. Et serons tenus, nous, duc de Bourbonnois, de contribuer à la despence qu'il se fera pour les choses dessus déclarées plus largement que les autres, pour tant que nous sommes chef de l'entreprise.

Item. S'aucun de nous trespasse durant ledit temps que nous porterons ledit fer, il sera tenu donner et envoyer le sien fer en ladicte chapelle devant ledit image Nostre Dame.

Item. S'aucune ou aucunes de nous assommez (*sic*) ou trespassez devant ladicte journée, ce que Dieu ne vueille, on ne mectra nul en leur lieu que ce ne soit par le consentement et accord de nous tous.

Item. Quant aucun ou aucunes de nous yra de vie à trespassement, tous les autres de nostredicte compaignie seront tenus fère un service pour luy en ladicte chapelle, et fère dire particulièrement chascun xvii messes, et estre audit service vestuz de noir s'il est possible; et ceulx qui n'i pourront estre, contribueront selon leur portion audit obsèque et feront dire leurs xvii messes au lieu là où ils seront lors.

Item. Seront tenuz touz et chascun de nous, garder de tous noz pouvoirs l'honneur des dames et de toutes gentilz femes, et se nous nous trouvons au lieu où l'on dict mal ne vilenye des gentilz femes, seront tenuz d'en resprendre et d'y garder honneur de la gentil fame comme nous ferions pour nostre faict propre, et de mestre noz corps si mestier est.

Item. Et toutes fois que femes vefves ou pucelles, gentilz femes, auront besoing de noz secours et ayde chascun de nous sera tenu de si employer.

Item. Et serons tenu nous, duc de Bourbonnois, quant nous yrons en Angleterre ou devant le juge que sera accordé, de le faire sçavoir à tous ceulz de nostre compaignie qui ne seroient pardeça et de bailler à nosdits compagnons telles lettres de monseigneur le Roy qui leur seront nécessaires pour leur licence et congé.

Item. Jurons aussy et promettons tous que pendant le temps de deux ans, nul de ladicte compagnie n'entreprendra voyage ne nulle autre chose par quoy il ne puisse estre en ladicte journée pour soustenir fournir ladicte emprise, sinon pour le congé et licence de nous duc de Bourbonnois.

Item. Pour quelque faulte que face ou facent nul

de ceulx de ladicte emprise, nous, duc de Bourbonnois, n'y en pourrons mectre nul en lieu de celluy qui aura mesprins, sinon par l'accord de tous ou de la plus grande partie des dessus nommez.

Item. Nous tous jurons, promectons et serons tenuz de nous entreaymer et entretenir en bonne et loyal amour et fermeté, garder l'honneur, pourchesser le bien e empescher le deshonneur et dommage l'un de l'autre de tout nostre pouvoir, et de fère et tenir les ungs vers les autres durant ladicte emprise toute loyaulté et fraternité que frères e compagnons se doivent faire et entretenir.

En tesmoing desquelles choses, nous, duc de Bourbonnois, et les autres dessusnommez avons tous scéellée ceste présente cédulle des sceaux de noz armes. Faict à Paris le premier jour de janvier, l'an de grâce mil iiii^c quatorze.

Note de Dupuy : M. de Chateauneuf a l'original.

(Bibl. imp. — Dupuy, vol. 662, fol. 297.)

CLXVII

Mention du siége de Soissons.

Paris, 26 juillet 1415.

Charles, etc. Savoir faisons à tous présens et avenir. Nous avoir receu l'umble supplicacion de Jehanne de Villiers, vesve de feu Raoul du Plesseys, dit Guynaye, en son vivant chevalier et seigneur dudit lieu, et de Charlote et Robinète, filles dudit defunct et de ladicte Jehanne.

Contenant, que comme l'année derren^t passée, nous

estans devant nostredicte ville de Soissons pour le recouvrement d'icelle lors occupé par plusieurs noz rebelles et désobéissans, ledit defunct eust entre les autres qui l'occupoient et tenoient à l'encontre de nous esté trouvé et pris en l'abbaye de Saint-Marc (s. Médard) dudit lieu de Soissons. Et pour ce amené prisonnier ou Chastellet de nostredicte ville de Paris. Et pour ledit cas fu condempné à mourir, et depuis exécuté en nostredicte ville de Paris et de la mené à la justice d'icelle. Et toutes ses terres et autres héritaiges comme à nous confisquez....

(Le roi les rend à la veuve.)

Donné à Paris, 26 juillet 1413.

(Trés. des Ch. — Reg. JJ. 168, pièce 334.)

CLXVIII

Complot dans Paris.

Jeudi, 5 décembre 1415.

Ce jour furent mandez les gens du Roy ou Chastellet pour pranre garde à la seurté de la ville de Paris, à occasion de ce que l'en disoit et semoient plusieurs aval Paris, que la nuit derr^e passée, l'en devoit crier par Paris à l'ayde du Roy et du Dauphin et du duc de Bourgogne, et qui sailleroit hors à ce cry, l'en le tueroit; qui estoit périlleuse chose et controuvée[1].

Cedit jour, à IIII heures après disner, furent exposez certeins articles advisez et conseillez par la court et ceulx du grant conseil et de la chambre des comptes

1. Ce premier alinéa est imprimé dans Félibien, t. IV, p. 560.

en la présence de monseigneur le Dauphin, présens le roy Loys, le conte de Pontiu frère de moudit seigneur le Dauphin, le duc de Berry, et plusieurs autres chevaliers et ceulx du grant conseil, des comptes, et de céans, en l'ostel de Bourbon près le Louvre, par maistre Robert Mauger, premier président céans. Lesquelx articles sont contenuz et enregistrez ou livre des ordonnances.

(Reg. XIIII du Cons. X. 1480, fol. 33ro.)

Mercredi 11 décembre 1415.

Cedit jour survindrent en la chambre les chanceliers de France, du Dauphin, de la Royne, le prévost de Paris, le capitaine de Paris et plusieurs autres, tant chevaliers que autres du grant conseil, et appellées les chambres, fu conseillié et advisé sur ce que contre la volenté du Roy et de mons. le Dauphin, comme l'en disoit, venoit et s'approuchoit de Paris à moult grant compaignie de gens d'armes, tant de Savoie, de Lorreinne, d'Alemaigne comme d'autres estrangiers qui gastoient et destruioient les paiz de la rivière de Seine et de Marne, le duc de Bourgongne. Et combien que appoinctié eust esté qu'il pourroit venir à Meaulx, ledit de Bourgongne pour parler aux seigneurs ordonnez pour le Roy sans grant foison de gens d'armes, toutevoie s'efforsoit de venir à Paris, car desjà estoit à Laigny sur Marne et ses gens d'armes par tout le paiz.

Item, aussi fut advisié sur la seurté de la ville de Paris, car il y avoit grant murmure de sédicion, et par espécial avoit esté prins la nuit derrenière un patissier demourant dentre la grant boucherie de Paris, que l'on disoit estre interrogué et conveincu d'avoir fait lettres et envoiées jusques à Braye-Conte-Robert par un enfant de x à xii ans, qui portoient ou contenoient que monseigneur de Bourgougne se hatast de venir et qu'ilz estoient plus de v^m à Paris tous prests à le recevoir et ly ouvrir la porte de Montmartre ou de Saint-Honoré.

Jeudi xii jour, se leva la court, des plaidoieries, environ ix heures et se mist au conseil, survenus les chancelliers de France, du Dauphin, de la Royne, prévosts de Paris et des Marchans, capitaines et eschevins de Paris, plusieurs prélas et autres du grant conseil et des chambres sur la provision des gens d'armes.

(*Ibid.*, fol. 37.)

Janvier 1413 (V. S.)

Mercredi xxii jour dessusdit furent en la maison de mons. le chancellier au conseil, le chancellier dessusdit, M. A. Mauger, premier président, M. Guillaume Le Clerc, Buffière, Rabay, Baillet, Perveir, Braulart, du Gard, Poivre, Canu, Vitry.

Et fu visité et jugié le procès de maistre J. Fusons, maistre en ars, en médecine, en théologie, lequel procès avoit esté fait de par le Roy, non pas de par la court de parlement, par aucuns commissaires nommez entre les dessusdiz, sur aucunes accusacions et suspecons touchant crime de lèze majesté d'avoir ledit Fusons avoir favorisé et conseillié le Roy d'Engleterre et Angloix contre le bien publique du royaume. Et le requéroit le chapitre de Paris comme leur chanoine. Tout veu et considéré.

Il sera dit que ledit Fusons sera rendu audit chapitre, qui lui fera justice, et à faire son procès aura iii ou iiii des conseillers du Roy en son parlement.

(*Ibid.*, fol. 43vo.)

CLXIX

Sur Pierre des Essarts.

Dans une plaidoirie du 3 janvier 1416.

Que messire Pierre des Essars fu maistre d'ostel du Roy et convoita avoir moult d'offices, et fit tant qu'il fu prévost de Paris, grant bouteiller de France, souverain administrateur des finances de ce royaume, et maistre d'ostel du Roy; en ces estas se maintint tel, qu'il n'y avoit ne chancelier ne président qui l'y eust osé faire desplaisance; *tandem* fu prins et exécuté.

(Reg. IX. des Matin., fol. 20ro.)

CLXX

Emeute à Carcassonne au sujet des impôts.

Paris, février 1415.

Charles, par la grâce de Dieu roy de France, savoir faisons à tous présens et avenir. Nous avoir oye[1] l'umble supplicacion des parens et amis charnelz de Robert de Princes, pasticier, du bourg et ville de Carcassonne, povre jeune homme de l'aage de vint ans ou environ, chargié de jeune femme. Contenant comme deux ans a ou environ, pour aucunes causes qui à ce nous sont movens, eussions ordonné et mis sus certaine taille ou aide pour ycelluy ayde cuillir et lever en et par tout nostre royaume sur les contribuables à ce, et tant en nostre pays de Lenguedoc que aillieurs.

1. *Oye* surchargé; il y avait sans doute *receu*.

Et il soit ainsi que quant le peuple de ladicte ville oy parler que on avoit apporté ladicte taille en icelle ville, ledit peuple se feust assemblé en l'ostel de la ville où l'en a acoustumé de soy assembler pour les besongnes et choses qui surviennent touchans le fait commun de ladicte ville, et eussent esté tous d'accort que de ladicte taille ils ne paieroient riens. Et assés tost après les consulz d'icelle ville eussent fait assembler ledit peuple pour ladicte cause, et ilec ledit jour eusent esté leues certaines lettres envoyées par nostre très cher et très amé cousin le duc de Bourgongne, adrécans ausdiz consulz et habitans de ladicte ville, contenans entre autres choses qu'ilz se tenissent fors et qu'ilz ne paiassent riens de ladicte taille, et qu'il se faisoit fort de faire tant devers nous ou feu nostre très chier et très amé filz le duc de Guienne, dont Dieu ait l'âme, qu'ilz ne paieroient riens. Soubz couleur desquelles lettres ledit peuple se feust tenu en l'oppinion de riens paier. Depuis lesquelles lettres ainsi leues, les gens de ladicte ville commancèrent tousjours à murmurer entre eulx que noz gens et officiers, qu'ilz (*sic*) poursuivoient ladicte taille, devoient mectre dedens ladicte ville gens d'armes affin qu'ilz feussent les plus fors. Pour laquelle cause, aucuns de ladicte ville jusques à trente ou quarante, entre lesquelz estoit ledit Robert, par leur folie, simplesse et mal advis se misdrent sus en armes et s'en alèrent à l'ostel du prévost de ladicte ville et le firent lever de son lit où il estoit couchié, et lui disdrent qu'il alast avecques eulx pour viseter les portes et la muraille d'icelle ville pour ce que on leur avoit dit qu'il y avoit gens d'armes dehors qui vouloient entrer dedens. Lequel prévost y feust alé; et visitèrent ladicte ville et muraille, mais ilz ne trouvèrent riens. Et ce guet et manière de faire continuèrent lesdiz compaignons, et autres s'assemblèrent avec eulx par l'espace de sept sepmaines du consentement desdiz consulz et du peuple. En faisant lequel guet, par espécial de nuit advenoit aucunefoiz que aucuns desdiz compaignons frappoient contre les huys d'aucuns nos officiers et les faisoient lever, disant : « Traistre Armignac! il fault veoir s'il y a nulz gens d'armes séans. » Et visitoyent les hostelz, sanz ce toutesvoyes qu'ilz tuassent, ne prinssent ne emblassent riens, fors seulement pain et vin. Et aucunefoiz crioyent lesdiz compaignons. Vive Bourgongne! Et a tousjours ledit Robert tenu le parti de nostredit cousin, en parole seulement, sanz ce toutes voyes qu'il y ait eu de son costé aucune chose de fait. Et soit vray que durant ledit temps, ledit Robert eust esté envoyé par sesdiz compaignons ès autres villes et chasteaulx d'entour ledit bourc de Carcassonne, ou nom desdiz consulz, ja soit ce qu'ilz n'en sceussent riens, pour amasser et faire venir arbalestiers et compaignons, et leur disoit que lesdiz consulz leur mandoient qu'ilz venissent aidier à garder leur ville. Et de fait y en vint aucuns. Et quant lesdiz consulz virent qu'il venoit en icelle ville arbalestiers et gens estranges, ilz fermèrent toutes les portes excepté une, que cinquante ou soixante desdiz compaignons gardoient, dont ledit Robert en estoit l'un. Et tantost après, iceulx consulz assemblèrent le peuple oudit hostel acoustumé de faire assemblées, pour aviser qu'il estoit bon de faire, et eust esté dit et conclud que lesdiz compaignons feussent prins et mis en prison. Et lors, quant lesdiz compaignons apperceurent que plusieurs des gens de ladicte ville, qui paravant estoient avec eulx, s'en aloient au mandement desdiz consulz et les laissoient, cinquante ou soixante d'iceulx compaignons ou environ, dont ledit Robert estoit tousjours l'un, pour ce qu'ilz se trouvèrent les plus foibles, saillirent hors d'icelle ville et s'enfuirent. Toutesfoiz, ceulx de ladicte ville les poursuivirent tèlement qu'ilz en prindrent la plus grant partie et les misdrent en prison, les autres s'enfoirent et absentèrent. Et encores est absent ledit Robert. Pour occasion duquel insult, bruit, tumulte et assemblée, nostre amé et féal conseiller et chambellan Jehan le Meingre dit Bouciquaut, mareschal de France, et lors capitaine général des pays de Languedoc et duchié de Guienne soubz le gouvernement de nostre trèscher et trèsamé oncle le duc de Berry, à la requeste desdiz consulz de Carcassonne, quinze jours après ou environ, se feust transporté en la ville de Bourq, et après ce qui se fut informé sur les faiz et cas dessusdiz, icelluy nostre mareschal fist exécuter et décapiter quatre desdiz compaignons, et les antres remist à nostre séneschal de Carcassonne et autres, pour en faire telle justice qu'ilz verront estre à faire. Aux autres remist lesdiz faiz et cas, et les autres fist appeler à ban, comme ces choses et autres on dit plus à plain estre contenues ès lettres de nostredit mareschal sur ce faictes, lesquelles et tout le contenu en ycelles depuis ce avons confirmées, etc....

Paris, février 1415.

(*Trés. des Ch.* JJ. 169, pièce 67.)

CLXXI

Sur l'entrée de l'empereur Sigismond à Paris.

1er mars 1316.

Dimanche 1er mars 1415.

Ce jour entra à Paris monseigneur Sigismond, roy de Honguerie et roy des Romains. Et alèrent au devant de lui à cheval les prélas qui lors estoient à Paris, le duc de Berry, le cardinal de Bar, les chevaliers, les seigneurs de céans et de la chambre des comptes, le prévost de Paris, le prévost des Marchans, les advocas et procureurs tant de céans que de Chastellet, et les bourgoiz de Paris, tous à cheval, qui alèrent les aucuns à Estampes, les autres à Longjumel, les autres comme Berry et conseillers du Roy jusques au molin à vant vers le Bourg la Royne. Puis entra à Paris et ala au Louvre loger accompaignié comme dessus. »

(Reg. IX. des Matin., fol. 45vo.)

CLXXII

Séance de l'empereur Sigismond au parlement.

16 mars 1416.

« Et ce jour, pour ce que monseigneur Sigismond, empereur ou roy des Romains et roy de Honguerie, qui estoit venu oir les plaidoiries et veoir la court à oir proposer contre ledit Seignet, par le conseil de Pestel que icellui Seignet n'estoit pas chevalier et ledit

Pestel l'estoit, a, présens tous, lui assiz dessus les présidens et au plus hault, appellé ledit Seignet, en disant que à lui appartenoit bien de faire chevaliers. Et print d'un de ses gens son espée, et ledit Seignet, miz à genoulx près du grephier, frappa III grans couz ledit roy sur le doz dudit Seignet ; puiz fit deschaucer l'un de ses esperons dorez et ly fit chaucer par l'un de ses gens, et ly ceindre une ceinture ou estoit pendu un cousteau long pour espée. Car aussi avoit-il paravant requis de l'avancement de la cause dudit Seignet.

Du lundi, 16 mars 1415.

(Reg. IX des Matin., fol. 51ᵛᵒ.)

En la cause de messire Guillaume Seignet d'une part, et messire Guy Pestel chevaliers d'autre part.

CLXXIII

Sur Guillaume Seignet.

12 mars 1416.

Jeudi XII jour (mars 1415) messire Guillaume Seignet requiert l'entérinement de certeines lettres à l'occasion de l'office de séneschal de Belcaire que l'en lui avoit osté soubz umbre que l'en disoit que il seroit général[1] ; ce que ne wolt pas estre.

Le procureur du Roy dit, que incontinent ou avant du moins que Seignet fust miz hors de son office, s'absenta et ne résidoit pas, combien qu'il eust fait céans le serment de résidence, et si est ancores de nouvel ordonné que officiers du Roy, par espécial séneschaux

1. *Général*. Sous-entendu des finances.

ou bailli, n'averoient que ung office et ne serviront autre ne d'autre averont dons ou pansions et si feront résidence, si requiert que se la court le recoit; que ce soit par la manière que dit est, et qu'il preigne les instructions à ce pertinens par escript.

Messire Guy, seigneur de Pestel, chevalier, requiert que comme ait esté prins des Angloiz e soit retourné qui par autre estoit et est séneschal, il soit oy et ait distribution de conseil; ce qui lui est octroié.

(Reg. IX des Matin., fol. 52 et verso.)

CLXXIV

Bourgeois de Paris impliqué dans le complot de Pâques 1416 (19 avril).

Que comme feu Robert de Beloy, en son vivant drappier et bourgois de Paris, pour aucunes conspiracions, monopoles et conjuroisons long temps apensées et contrepensées à l'encontre de nous et de nostre seignorie et majesté royal par ledit feu Robert et autres de nostre ville de Paris, ait esté pris, et pour ses démérites exécuté en icelle nostre ville. Par le moien et à cause de ladicte exécucion, tous les biens et héritaiges dudit defunct ont esté pris et mis en nostre main comme à nous confisquez et acquiz, etc.

(Don de lad. forfaiture à la veuve et à sa fille.) Juvenal des Ursins en parle. Voy. *Charles VI* de Godefroy, p. 332.

Paris, 27 avril 1416.

(*Trés. des Ch.* Reg. JJ. 169, pièce 217.)

CLXXV

Les plaidoiries du parlement interrompues par l'approche des Bourguignons.

Août 1416.

Jeudi xiii jour ne fu pas plaidoié, pour ce que la court, advocas et procureurs et habitans de Paris, furent tous esmeux et tourblez de ce que grant nombre de gens d'armes estoient venu devant Paris, banniz et autres, du costé du duc de Bourgoigne, comme l'en dit, et avoient essayé de nuit entrer dedans Paris, et de fait, à ce matin, avoient prins tous les chevaulx qu'avoient peu trouver de la porte St Denis jusques à Beaumont, où l'en dit quilz se sont retraiz. Et estoient venu soudainement, ne de ce s'estoit l'en aucunement aperceu, pour ce que les dictes gens d'armes avoient fait grant chemin en moult petit de temps. Et à Beaumont ont tué, comme l'en dit, plus de xxviii personnes[1].

(Reg. IX des Matin., fol. 129ro.)

CLXXVI

Les gens du parlement, même prêtres, obligés à s'armer.

Lundi dernier août 1416.

Ce jour a esté conseillié jusques à ix heures, à savoir se sur l'ordonnance faicte par le Roy ou par son con-

---

1. *Les bourguignons aux portes de Paris* dans Félibien, IV, 562, mais d'une autre version.

seil céans, de la duchié d'Auvergne, qu'elle seroit mise en la main du Roy et soubz icelle gouvernée l'en bailleroit exécutoire promptement, ou se l'en actendroit ancores, actendu les empeschemens du temps qui est; et esté appoinctié que promptement sera ladicte ordonnance exécutée le plus courtoisement que faire se pourra.

Item, admonesta le chancellier les seigneurs de céans de soy armer et garnir de gens, et que un chacun advisast quel ayde il pourroit faire à la défense de Paris dedans, et se mestier estoit, dehors, et *id* avoit esté fait, et dit aux notaires et secretaires du Roy et pareillement à moy et autres notaires de céans.

(X. 1480, fol. 66).

Vendredi, 4 septembre.

Ce jour a esté enjoint aux seigneurs de céans et serviteurs de la court et advocas et procureurs, qu'ilz alassent à S. Martin monstrer comment ils estoient armez, et qui seroit empeschié, si y envoiast, et qui ne pourroit aujourdui, retournast à demain. Si m'a falu armer; qui m'a cousté plus de XL fr., non obstant que je soie prestre. De bonne estrainne soit il frans et quitte par qui faut que prestres se arment.

(*Ibid.* au verso).

CLXXVII

Requête présentée au parlement par les femmes des bannis.

Du vendredi, 4 septembre 1416.

Ce jour sont venues en la court Jaquelot du Pont, femme de Colin du Pont, mercier du Palais, et bien xx ou xxx autres bourgoises et habitans de Paris, requérans que comme maistre Robert le Maçon, chancelier de la Royne, hier leur eust dit à Saint-Jaques de la Boucherie qu'elles widassent de Paris, et de ce eussent appellé, et nul ne voulsist estre de leur conseil, que la cour leur pourveust (la cour leur donne des conseils). Desquelles femmes l'en dit leur mariz banniz.

(Reg. IX des Matin., fol. 141 v°).

CLXXVIII

Mesures prises par le parlement pour avoir de l'argent.

Samedi 15 mai 1417.

Ce jour est venu céans mons. le chancelier et, les ii chambres assemblées, a exposé la nécessité d'avoir argent prompt pour pourveoir à résister aux adversaires d'Angleterre qui se mettent ou sont desjà mis sus pour grever ce royaume, et à certains banniz et autres gens de campaigne qui, soubs umbre du duc de Bourgongne, font plusieurs maulx en cedit royaume. Et a requis que la cour fait aucune somme ou aide en général ou particulier, par prest ou autrement, au Roy, sur quoy la court a pris à délibérer après disner.

Et cedit jour, après disner, furent en la chambre (deux présidents et trente quatre conseillers). Et fut conclud que sur les propos et requestes dudit chancelier et sur certaines faultes qui sont au gouvernement de cedit royaume, leds. m. P. d'Oger, G. Petis Sens, O. Baillet, Ja. du Gard, Ja. Braulart, J. Vivien et G. Laillier feront une cédule d'avis qui sera leue en la court et puis portée ou baillée au grant conseil du Roy.

(*Arch. de l'Emp.* — Reg. XIV du Cons., fol. 91).

Lundi 24 mai 1417.

Et n'a point ce jour esté plaidié pour ce que paravant le avoit mandé ainsi estre fait mons. le chancelier, qui, et aussi le conte d'Armignac, connestable de France, messire Tanneguy du chastel, prévost de Paris, M. Robert le Maçon, chancellier de monseigneur le Dauphin, G. Cousinot, chancelier du duc d'Orléans, les évesques de Clermont et de Paris et de Chartres, mess. G. Seignet, sénéschal de Beaucaire, M. P. de Lesclat et autres maistres des requestes de l'ostel du Roy, M. Miles d'Angeul, M. G. Leclerc et autres de la chambre des comptes, M. Raymon Raguier, Alexandre le Boursier et Jehan Coignet, généraux commissaires sur le fait de toutes finances pour le Roy, Bureau de Dompmartin et autres trésoriers de France, vindrent en la chambre de parlement, et s'assist ilec ledit connestable au dessus dudit chancellier et de tous, et ylec, assemblez les seigneurs des III chambres, c'est assavoir de parlement, des enquestes et des requestes du Palais, et aussi les advocaz et procureurs du Roy, après aucunes choses dictes par lesdiz chancellier et connestable afin d'apviser à avoir argent prest et prompt pour la neccessité du royaume, comme ilz disaient, et comme autrefois nagaires l'avoit dit et exposé led. chancellier à la court, fut requis par lesdiz généraulx, commissaires par la bouche dudit Raguier, qu'ilz feussent deschargez de leurs offices et veuz leurs estaz des finances. Et oultre dit qu'il fault, pour iiii ou v mois prouchainement venans, de viii à ix^m fr. Et il n'y a rien de finances qui ne soit jà emploié et mengié jusques au mois de juing prouchain. Et ont laissiez devers la court certains quayers de papier, contenans estaz comme disoient. Et en parlant sur les choses dessus touchées, ont apporté, maistre Raoul Aucher, lieutenant, et G. Paris, clerc criminel dudit prévost de Paris, certaines lettres patentes envoyées de Rouen et trouvées atachées aux portes d'aucunes églises d'ilec, séellées du petit séel du duc de Bourgongne et signées de sa main, comme l'on dist, contenans menasses de feu et de sang contre ceulx qui gouvernent à présent pardeçà et entour le Roy, qu'il appelle rapineurs, dissipeurs, tirans, traistres, empoisonneurs et murtriers, et leurs adhérans Et ont esté ycelles lettres leues *in dicta camera palam omnibus* et en retenu copie et l'original rendu audit chancellier.

(*Ibid.*, fol. 92 r°).

CLXXIX

Vente de rentes sur l'Hôtel de ville pour les fortifications de Paris.

Du mercredi 9 juin 1417.

Ce jour ont esté céans mons. le chancelier et plusieurs maistres des requestes et du grant conseil du Roy avec lui, et ont apporté certaines lectres royaulx par lesquelles est octroyé aux prévost des marchans et eschevins de Paris, qu'ilz puissent vendre sur les rentes de la ville mil l. p. de rente à vie ou à héritage, à rachat, pour tourner l'argent qui ystra de ce és réparacions, emparement et défense de ladicte ville. Et à icelles lectres, dont est demouré autant au registre de la court, a esté obtempéré, pourveu que au compte rendre aura aucuns des seigneurs de céans avec ceulx de la chambre des comptes.

(Reg. XIV du Conseil, fol. 94 r°.)

CLXXX

Guy Turpin, chevalier, enlevé par force des prisons de la Conciergerie et conduit à l'hôtel Saint-Paul.

Juin 1417.

Dimanche xiii° jour *curia vacat*.

Ce jour, entre ix et x heures avant midi, vindrent environ viii hommes, y avoit iii chevaliers, eulx disans venir de par le Roy, és prison de la conciergerie du palais et rompirent le premier huis desdictes prisons et *invitis custodibus* prindrent en la grosse tour messire Guy Turpin, chevalier, soy disant seigneur de Laval, qui par ordonnance de la court estoit prisonnier en ladicte tour, et l'emmenèrent de fait devers le Roy en l'ostel de lez Saint-Pol à Paris.

Lundi xiiii° jour. Ce jour n'a point esté plaidié, mais a l'en esté au conseil sur ledit fait dudit Turpin. Et est le registre de ce au greffe criminel.

(Reg. IX des Matin., fol. 248).

CLXXXI

Emprunt demandé aux avocats et procureurs.

Juin 1417.

Jeudi tiers jour. Ce jour, avant les plaidoieries, ont esté mandez en la chambre les advocas et procureurs seulement, et exhortés par la court de par le Roy de prestrer au Roy pour sa neccessité urgent qui est de présent pour résister aux Anglois et autres adversaires de ce royaume qui se mectent sus pour le grever. Et a esté au fait desd. empruns, avecques maistres N. de Baye et R. Houel jà commis et esleuz à ce par la court, commis maistre Jehan Milet, notaire du Roy céans.

(Reg. IX des Matin., fol 242).

CLXXXII

Exil de plusieurs conseillers du parlement, comme partisans du duc de Bourgogne.

Du mardi 30 août 1417.

Mardi xxxe jour dessusdit, après disner, furent assemblez en la chambre de parlement les présidens et conseillers dudit parlement, de la chambre des enquestes et des requestes du palais, pour avoir advis et délibéracion sur ce que on avoit rapporté et exposé en ladicte court : C'est assavoir que le Roy avoit voulu et ordonné en son grant conseil pour maintenir la ville de Paris en plus grant seurté, paix et transquilité et autres causes, de faire partir et eslongnier de ladicte ville de Paris par aucun temps aucuns des conseillers et officiers de ladicte court nommez et escripz en certain roole, sauf à eulx corps, honneurs, offices et biens quelconques. Ouquel roole estoient escripz et nommez maistres Jehan de Longueil, G. Petitsaine, G. de Seris, G. de Besze, G. de Celsoy, G. de Gy, Estienne Joffron, Ja. Braulart, Estienne des Portes, G. Perière, J. de Saint-Rommain, Hugues de Morueil, Philippe le Begue, conseillers du Roy, J. Aguenin, procureur du Roy, J. Hue, J. Milet notaires, J. du Bois, greffier criminel, C. de Buymont, Ja. de Buymont, Théo. Raat et *aliter* Cachemaire, huissiers dudit parlement, soubz umbre de ce que on les soupçonnoit d'estre favorables ou affectez au duc de Bourgongne, lequel on disoit venir et adrécier son chemin pour vouloir entrer à Paris à compaignie de gens d'armes, contre les inhibicions et deffenses du Roy. Et finablement ladicte court députa et ordonna certains commissaires présidens et conseillers de ladicte court pour aler devers les gens du grant conseil et leur exposer et remonstrer entre autres choses l'innocence desdiz conseillers et officiers dessuz nommez, afin que ledit roole ou regard d'eulx feust aboli, et ne feussent contrains de partir de ladicte ville de Paris. Laquelle chose lesd. commissaires n'ont peu obtenir, jà soit ce que les dessus nommez ne feussent accusez, convaincus ne atains d'aucunes faultes. Et après ce fu ordonné que les dessus nommez et chacun d'eulz auroit lectres du Roy et de ladicte court, contenans en effect saufconduit et sauvegarde espécial, faisans narracion que le Roy envoie yceulz conseillers et officiers dessus nommez et chacuns d'eulz à certaines parties de ce royaume, pour certaines besongnes touchans le fait du Roy et de ladicte court, etc., *ut in forma cuilibet predictorum supranominatorum tradita.*

(Reg. XIV du Cons., fol 104).

CLXXXIII

Détails sur le complot de Pâques 1416.

Paris, novembre 1417.

Charles, etc. Savoir faisons à tous présens et avenir Que nous ayans en mémoire et recordacion les loyaulx agréables et prouffitables services que nostre amé Mengin de Treve, varlet de chambre de nostre trèscher et trèsamé filz le Daulphin de Viennois a fait tant à nous, à nostredit filz, comme à nos loyaulx officiers et serviteurs, aux bons bourgois et habitans de nostre ville de Paris et généralement à tout nostre royaume en révélant par lui certaine conspiracion, monopole et assemblée dampnable et détestable, machinée et excogitée par aucuns particuliers de nostre dicte ville de Paris sédicieux et desloyaulx envers nous, lesquelz avoient délibéré et conspiré de donner et bailler par force et à violence d'armes entrée, par une des portes de nostre dicte ville de Paris appelée la porte de Bordelles, en icelle nostre ville de Paris au duc de Bourgoigne, qui par le moien desd. conspirateurs avoit entencion de venir, et de fait vint le jour de la saint Clément derrenièrement passé, à grant effort et puissance de gens d'armes, devant ladicte porte de Bordelles, pour vouloir et cuidier entrer en icelle nostre ville contre nostre gré et voulenté et en icelle faire tuer et mectre à mort plusieurs de noz bons et vrays officiers et serviteurs et autres bourgois et habitans de nostredicte ville, à la déprédacion d'icelle; et dont plusieurs autres inconvéniens et dommages irréparables se feussent ensuis au deshéritement de nostre seignorie et généralment à la subversion de nostredit royaume, se nostre seigneur de sa bénigne grâce et provision n'eust voulu et permis ladicte conspiracion à nous estre revelée Et afin que ledit Mengin de Treve ait cause de persévérer en sa loyaulté, et que nos autres subgiez puissent par effect cognoistre et appercevoir les curialitez que nous avons de les rémunérer en temps et en lieu de leurs loyaultez selon leurs services, audit Mengin de Treve.... avons baillié cédé donné....

(Don de deux hotels situés en la ville et terroir de Challoyaux lez Paris).

Donné à Paris au mois de novembre, l'an de grâce mil cccc et dix sept et de nostre règne le xxxvIII°.

Par le Roy, à la relacion de son grant conseil tenu par monseigneur le Daulphin.

MAUREGART.

(Trés. des Ch. Reg. JJ. 170, pièce 110).

CLXXXIV

Autres.

Paris, décembre 1417.

Charles, etc. Savoir faisons à tous présens et avenir. Nous avoir receu l'umble supplicacion de Guillaume Pigalle, povre laboureur de la Villecte Saint-Ladre lez Paris, chargié de femme et d'enfans, prisonnier ès prisons de nostre Chastellet de Paris, contenant.

Que comme à un jour de dymanche, qui fu ou mois de may derrenièrement passé, lui estant en la ville de Pontronville où il estoit alé tant pour soy esbatre comme pour veoir traire de l'arc au papegaut les archers de ladicte ville de Paris qui se dit jour y devoient traire, se feust transporté en l'ostel de Jehannot Auberet, tavernier, lors demourant en icelle ville, ouquel il eust trouvé, ou au moins feussent seurvenus, un nommé Jehan Meuregny, tixerant de toiles, lors demourant à Paris, que il cognoissoit de veue, et trois autres compaignons, c'est assavoir Perrin Boussart, Jehan Bouteill, maçon, et Gilet Poverie, qui eussent fait mectre la nappe et trané? du vin, avecques lesquelz ledit suppliant se feust assis en une assiecte oudit hostel et beu et mengé, et avecques eulx ledit Jehannot

Auberet. Et lui estant audit escot et assiète, eust entendu entre autres paroles que lesdiz compaignons et en espécial ledit Jehan Meuregny, commença à parler et dire — Que il convenoit et avoient, lui et autres, advisé faire à Paris une seconde assamblée de gens et mander par un message au duc de Bourgoigne que à certain jour il envoiast secretèment près de Paris de ses gens d'armes, et que iceulx ainsi venus, lui et autres qui avoient grant gent de leur aliance, comme disoit ledit Menregny, feroient tant qu'ilz bailleroient entrée à Paris aux gens du duc de Bourgoigne et eulx ainsi entrés yroient devers nous et nous feroient chevaucher et aler aval la ville, sans déclarier à quel fin, et que tous ceulx qui à ce vouldroient résister seroient mis à leur obéissance, et feroient tant qu'ilz seroient les maistres. Et ces choses, et aucunes autres dont il n'a mémoire, sur ce pourpalées, oy ledit suppliant que ledit Meuregny et autres de ladicte compaignie dirent que le lendemain se assembleroient à Paris en certain hostel, qu'ilz ne déclairèrent point, pour sur icelle assemblée plus amplement parler. Et pou de temps après se feussent les dessusdiz partis dudit hostel et taverne sans plus avant parler de ladicte assemblée, ne quilz requissent oncques oudit suppliant qu'il feust en icelle, ne faist finance de gens, ne que icellui suppliant eust à ce donné consentement ne promis estre à icelle, ne sur ce fait serement de tenir la chose secrète en la main dudit Meuregny ne d'autre, ne sans avoir promis faire le message devers ledit de Bourgoigne ne aussi qu'il en feust oncques requis. Pour occasion des queles choses, et aussi pour ce que ledit suppliant n'avoit pas révélé à noz gens et officiers ce que dit est dessus, icellui suppliant briefs jours après eust esté emprisonné ès dictes prisons, esqueles il a tousjours esté depuis detenu et encores est....

(Suit la rémission adressée au prévôt de Paris.)

Donné à Paris ou mois de décembre, l'an de grâce mil cccc et dix sept et de nostre regne le xxxviiie.

Par le Roy, à la relacion du conseil,

R. CAMUS.

(*Trés. des Ch.* Reg. JJ. 170, pièce 69.)

CLXXXV

Discours sur la paix, prononcé en parlement par le cardinal de Saint-Marc, légat.

Du mardi 3 mai 1418.

Ce jour, le cardinal de Saint Marc, qui estoit envoié par le pape en ce royaume, principaument pour soliciter et poursuir l'apaisement des divisions et guerres estans entre les seigneurs dudit royaulme et subgetz du Roy, exposa certaine créance qu'il avoit à dire et exposer, ou grant conseil du Roy tenu par monseigneur le Daulphin, et entre autres choses, les causes et manière de sa légacion et ambassade, et proposa plusieurs causes, raisons, et exemples notables pour exorter, induire et amonester touz à entendre à l'apaisement desd. guerres et divisions, et print pour theume *Pax huic domui*. Lesquelles paroles ledit cardinal déduit moult notablement, si comme on disoit. Et fu ledit conseil continué à lendemain, ouquel furent mandez les présidens et plusieurs des conseillers de la court.

(Reg. XIV du Cons., fol. 135v°.)

CLXXXVI

L'hôtel d'Armagnac donné au comte de Charolais.

Paris, 21 juillet 1418.

Charles, par la grâce de Dieu roy de France. Savoir faisons à touz présens et avenir. Que comme pour plusieurs crimes, délys et maléfices notoirement commis et perpétrez envers nous et nostre royal majesté et encontre la chose publique de nostre royaume par feu Bernard, jadis conte d'Armignac, icellui feu Bernard ait esté prins et détenu prisonnier en noz prisons à Paris où il a finé ses derniers jours. Et comme crimineulx de lèze majesté aient esté et soient tous ses biens à nous confisquez et acquis, et mesmement soit aujourd'hui escheue et advenue par le moien de ladicte confiscacion la maison ou hostel où demouroit à son vivant ledit feu conte d'Armignac, appellé à présent l'ostel d'Armignac, situez et assiz en nostre dicte ville de Paris près de l'église S. Honnoré, et en puissons faire et disposer à nostre plaisir et voulenté comme de nostre propre chose. Et de la partie de nostre trèscher et trèsamé filz le comte de Charrolois nous ait esté exposé, que icellui nostre filz n'avoit en nostre dicte ville aucun hostel pour lui et pour nostre trèschière et trèsamée fille la contesse de Charrolois logier quant ilz vendront pardevers nous, en nous suppliant humblement que ledit hostel nous voulissions donner et transporter à nostredit filz, etc.

(Suit la donation.)

Donné à Paris le xxie jour de juillet, l'an de grâce

mil iiiɪᶜ et xviii et de nostre règne le xxxviiiᵉ. Ainsi signé.

   Par le Roy,
           J. Milet.

(*Arch. de l'Emp.* Reg. JJ. 170, pièce 160.)

CLXXXVII

Manœuvres séditieuses à Châlons sur Marne.

Paris, octobre 1418.

Charles, par la grâce de Dieu roy de France. Savoir faisons à tous présens et avenir, nous avoir receue l'umble supplicacion et requeste de la femme et amis charnelz de Regnault le Moqueur, povre homme, laboureur de vignes et de bras, chargié de iii enffans, contenant :

Comme il ait esté prins et emprisonné en nos prisons à Chaalons par la commission ou commandement et ordonnance de nostre amé et féal chevalier conseiller et chambellan, Jehan de Neufchastel, seigneur de Montagu, grant boutillier de France et capitaine de par nous dudit Chaalons, moiennant certaine informacion ou informacions contre lui faictes sur plusieurs sédicions par lui faictes et plusieurs assemblées de gens de petit peuple et petit estat audit Chaalons et de plusieurs paroles, maulx sermens et menasses par lui dictes par plusieurs fois contre ledit capitain, ses lieux-tenans, les gouverneurs, conseil et plusieurs notables habitans d'ilec, voulans par luy et ses complices corriger leur gouvernement et y mectre autre ordonnance, en menassant et desprisant iceulx et leur gouvernement, conseil et euvres, disans qu'il en falloit tuer et faire grant effusion de sang, et autres paroles maulx sonnans, en voulans induire le peuple à le croire à ce faire comme mal conseilliez et mal advisiez, actendu que ledit gouvernement et garde et les euvres d'iceulx et de ladicte cité, feussent bons et bien fais. Et aussi pour ce que environ v ou vi ans a....

(Suit l'énumération de plusieurs vols, puis la rémission du tout, adressée au bailli de Vermandois.)

Donné à Paris ou mois d'octobre, l'an de grâce mil cccc dix huit et de nostre regne le xxxixme. Ainsi signé. Par le Roy : le mareschal de Chastelluz, messire Charles, le vidame de Reims, messire Jehan de Courcelles et autres présens.

J. DE RINEL.

(*Arch. de l'Emp.* Reg. JJ. 170, pièce 269.)

CLXXXVIII

Discours du cordelier Pierre aux Bœufs dans l'église Notre-Dame. — Révocation par l'évêque de Paris de la sentence qu'il avait portée contre le duc de Bourgogne.

1418.

Le IIIe jour de novembre y ot processions et grant assemblée de peuple en l'église Nostre-Dame de Paris, et tist le sermon ung cordelier nommé frère Pierre-Aux-Buefs, confesseur de la Royne. Ouquel sermon furent leuez et publiéez les lectres de l'évesque de Paris, en l'absence dudit évesque estant lors en l'abbaye de Saint-Mor des Fossés, pour doubte de l'épidémie aiant cours à Paris, présens ad ce toutes voiez les vicaires et officiers ou conseillers d'icellui évesque, l'arcevesque de Sens, le chancelier, les présidens et conseillers de parlement, le Recteur et pluiseurs maistres de l'Université, les prévost de Paris, prévost des Marchans, eschevins et autres pluiseurs notables gens bourgois et gens du peuple de Paris. Par la teneur desquelles lettres apparoit que ledit évesque ou ses vicaires avoient déclarées estre nulles, cassées et irritées, et en tant que besoing estoit et d'abondant, cassoient, révoquoient, irritoient et adnulloient les sentences, fulminacions et procès autresfoiz faiz et publiés par led. évesque et ses vicaires à l'encontre du duc de Bourgoingne et ceulz qui avoient esté en sa compaignie en armée devant Paris et ailleurs en pluiseurs parties de ce royaume, en lui aidant et favorisant. Lesquelles sentences, fulminacions et procès avoient pareillement esté publiéez en lad. place à grant assemblée de peuple et d'autres estans en eschaffaux parez de sarges et tapisseriez, le jour de saint Clément, xxiiie jour de novembre derrenier passé. Et ainsi *cum pari solempnitate publicabatur antedicta revocacio seu revocatoria littera cum qua primitus publicabantur fulminaciones, processus et sentencie predicte, que processerant occasione dissensionum civilium et bellorum intestinorum in hoc regno, proth dolor! jam diu nimium urgencium*. Et est vray que environ l'an ccccix, à l'instance et poursuite des gens du conseil du Roy et du duc de Bourgongne estans à Paris, par vertu d'une bulle du pape Urbain, les ducs de Berry, de Bourbon, d'Orléans, le conte d'Armaignac et autres ses favorisans avoient esté publiquement dénonciez pour excommuniez par les églises et parroisses de Paris et en pluiseurs autres villes de ce royaume. Pareillement *vice versa* depuis que les dessusd., après le département du duc de Bourgongne entrèrent et vindrent à Paris en la compaignie du Roy, à leur instance et dez gens du conseil du Roy à eulz favorisans, furent fais de par le Roy pluiseurs éditz, ordonnances, procès, bannissemens à l'encontre de pluiseurs qui paravant avoient favorisié et favorisoient led. duc de Bourgongne, et entre autres choses, par vertu desd. bulles, à l'instance des dessusd., contre Bourgongne, ledit xxiii° jour de novembre derrenier passé, comme dit est. Lesquels procès sentences et fulminacions, le iii° jour dessusd., à l'instance des gens du conseil du Roy et du duc de Bourgongne estans à Paris, ont esté révoquez, irritez et mis au néant, selon la teneur des lettres dudit évesque de Paris et pour les causes contenues en ycelle.

Et sic ab omnino translato sacerdocio, contingebat legis fieri translacionem.

(Reg. XIV du Cons., fol. 153).

CLXXXIX

Sur l'entrevue de Meulan.

Du samedi 27 mai 1419.

Ce jour, le Roy, la Royne, le duc de Bourgongne, acompaigniez de grant nombre de gens d'armes, retournans de la ville de Provins où ilz avoient esté continuelment par l'espace de trois mois ou environ, vindrent ou giste ou chastel du Bois de Vinciennes et le lendemain à Pontoise, en intencion de estre et comparoir le pénultiesme jour de ce mois et ès jours ensuivans à Meurlenc. Et ou lieu devoient assembler les François et les Anglois pour entendre aux traictiez de paix et dez mariages autresfoiz pourparlez entre les ambassadeurs du Roy d'une part et les ambassadeurs desdis Anglois d'autre part.

(Reg. XIV du Cons., fol. 186).

CLXXXX

Sur le Traité de Pontoise.

Juillet 1419.

Du vendredi 7 juillet 1419.

Ce jour parti de Pontoise le duc de Bourgongne pour venir devers monseigneur le Dauphin à Corbueil.

(Reg. XIV du Cons., fol. 189.)

Du mercredi 12.

Ce jour vendrent à Paris certaines nouvelles du traictié fait entre monseigneur le Dauphin et le duc de Bourgogne, sur l'apaisement des débaz et divisions de ce royaume, dont les habitans de Paris furent touz resjouys. Et incontinent après ces nouvelles oyez, on fist sonner les cloches ès églises de Paris et chanter *Te Deum laudamus* en signe de trèsgrant joye et léesse *et ad laudem Dei* et furent faiz à Paris par les rues.

(*Ibid.*)

Le lendemain il y eut procession générale de Notre-Dame à Sainte-Catherine du Val-des-Écoliers, et le 14 de la Sainte-Chapelle à Sainte-Geneviève.

CLXXXXI

Prise de Pontoise.

1419.

Lundi dernier jour de juillet vindrent nouvelles de la prinse de Pontoise par les Anglois, qui montèrent par eschielles sur les murs d'icelle ville, entre iiii et v heures au matin, aprez ce que les gens qui avoient fait le guet furent départiz.

(Reg. XIV du Cons., fol. 190.)

CLXXXXII

Nouvelles de l'assassinat de Jean, duc de Bourgogne.

Du lundi XI septembre 1419.

Ce jour, après disner, vindrent premièrement nouvelles en la ville et cité de Paris, de la mort du duc de Bourgoingne, lequel, après les aliances faictez, juréez et passéez solempnelment entre lui d'une part, et le Dauphin de Viennois d'autre part, et pluiseurs barons officiers et serviteurs d'une partie et d'autre, et après les traictiez de paix semblablement jurez, passez et accordez par lesdictes parties, publiez en pluiseurs villes et citez de ce royaume, et céans enregistrez le xx° de juillet derr. passé, et après asseurances et seurtés renouvelleez et juréez, estoit au mandement dudit Dauphin de Viennois alé à Monstereau-ou-fourc-d'Yonne, en intencion d'entretenir lesdiz traictiez des aliances, paix et union dessusdictes et pour pourveoir de commun assentement au gouvernement à la garde et conservacion de ce royaume, et pour ordonner officiers pour démener et conduire le fait de la guerre et aussi de la justice de ce royaume. Et pour ce faire devoient convenir et assembler lesd. parties sur le pont dudit lieu de Monstereau. Et, combien que pour aucuns rappors lors vraisemblables et pour aucunes conjectures assez apparens, ledit duc de Bourgoingne doubtant estre déçeu, eust délayé aucunement d'assembler audit lieu en la disposicion qu'il estoit et entrer dedens lez barrières où ledit Dauphin en ses gens estoient retrays, néantmoins, confians desdictes aliances et traictiés ainsi solempnelment juréez et des assurances renouveller, afin que on ne lui peust rien imputer et que à lui ne tenist que lesdictes aliances et traictiez ne feussent accompliz, comme mal conseillé, vint le xe jour de ce mois, après disner, sur ledit pont où devoit estre faicte ladicte convencion. Et, environ cinq heures après midy, entra dedens la barrière où ledit Dauphin et ses gens estoient retrais, et en entrant se humilia moult envers ledit Dauphin et lui fist la révérence qu'il appartenoit. Et incontinent après ce que messire Archambaut de Foix, le sire de Saint-George, le sire d'Autrey, messire Anthoine de Vergy et autres de sa compaignie jusques à dix ou douze, furent dedens ladicte barrière, elle fu fermée *et post pauca verba, exquisita occasione* fu tué et mis à mort, en la présence dudit Dauphin, par ses gens et ceulz de sa compagnie, qui long temps paravant avoient machiné ladicte conspiracion, si comme on disoit communément en ladicte ville de Paris. Duquel fait les habitans de la ville de Paris, qui tant avoient esté désirans et joieulx de la publicacion des aliances et traictiez de paix et union dessusdiz, espérans yceulz traictiez ainsi solempnelment passez, accordez et jurez estre entretenus et observez, furent moult troublez de l'infraction desdiz pais, union, asseurances et aliances, et reprindrent par commandement de justice l'enseigne et crois de Saint-Andry que plusieurs avoient délaissié soubz umbre et en espérance du grant bien que on actendoit des traictiez et aliances dessusdiz. Dont et pour occasion duquel fait, pluiseurs grans inconvéniens et dommages irréparables sont disposez d'advenir et ensuir plus grans que paravant, à la honte dez faiseurs, ou dommage de monditseigneur Dauphin principalment, qui actendoit le royaume par hoirrie et succession après le Roy nostre souverain seigneur, à quoy il aura mains d'aide et de faveur, et plus d'ennemis et d'adversaires que paravant. Pour occasion duquel fait et choses dessusdictes ainsi avenuez que dit est, lendemain, douziesme jour dudit mois de septembre, furent assemblez en la chambre de parlement le conte de Saint-Pol, lieutenant pour le Roy, duquel la lieutenance est céans enregistrée, le chancelier de France, pluiseurs nobles capitaines et gens d'armes, les prévosts de Paris et des Marchans et autres conseillers et officiers du Roy, quarteniers, cinquanteniers, dizeniers, bourgois, manans et habitans de ladicte ville de Paris en grant nombre. Lesquelz firent serement entre autres choses, c'est assavoir de servir et obéir audit conte de Saint-Pol comme lieutenant dessusdit, de assister et entendre avec lui de tout leur povoir à la garde, conservacion et défense de ladicte ville de Paris et des habitans d'icelle, et généralment à la conservacion et défense de ce royaume; de résister de corps et de toute puissance au dampnable propoz et entreprinse des crimineux, sédicieux et infracteurs de la paix et union de cedit royaume, conspirateurs, coulpables et consentans de la mort et homicide dudit feu duc de Bourgoingne derrenièrement mort; dénoncier et accuser envers justice tous ceulx qui vouldront soubstenir, aidier et conforter les dessusdiz crimineux, conspirateurs et infracteurs de paix; de non rendre ladicte ville et de non faire aucune convencion ou traictié parcial sur les choses dessusdictes, sans le consentement l'un de l'autre. Pareillement le conte de Saint-Pol fist serement semblable aux dessusdiz et de non délaissier la ville de Paris, abandonnant, etc. La copie duquel serement, signée par maistre J. de l'Espine, notaire du Roy, fu envoiée par ledit conte de Saint-Pol en pluiseurs villes et cités de ce royaume.

(Reg. XIV du Cons., fol. 193.)

CLXXXXIII

Prise de Sens.

Du jeudi 13 juin 1420.

Ce jour vindrent nouvelles à Paris que le roy de France, nostre souverain seigneur, et le roy d'Angleterre, qui tenoient le siège devant la ville de Sens, estoient mardi derrenier passé entrez dedens ladicte ville, qui leur avoit esté rendue et délivrée par les gens de la garnison et habitans d'icelle ville, qui le tenoient auparavant par Charles, soy disant Régent et Dauphin de Viennois.

(Reg. XIV du Cons., fol. 217.)

Jeudi iiiie jour de ce mois de jullet, y ot processions générales de l'église de Paris à l'église Saint-Martin des Champs, pour prier Dieu pour le bon estat et prospérité du Roy et de son royaume.

(Reg. XIV du Cons. Fol. 218ro.)

CLXXXXIV

Mort d'Eustache de Laitre, chancelier de France.

Du mardi 18 juin 1420.

Ce jour vindrent nouvelles au palais de la mort et trespas de maistre Eustace de Laitre, chancelier de France, esleu évesque de Beauvès, qui le vendredi précédent estoit trespassé épidémie (*sic*) ou dyocèse de Sens, ou service et en la compaignie du Roy. Et le jour précédent avoit esté dit et relaté communément à Paris que l'élection dudit de Laictre avoit esté confermée par le pape. Qui lui a plus cousté que proufité. *Utinam proficiat ad salutem anime, cui misericorditer parcat Deus justus judex misericors in sempiternum.*

(Reg. XIV du Cons., fol. 217vo.)

CLXXXXV

Entrée des deux reines a Paris.

Du lundi 2 décembre 1420.

Ce jour, les roynes de France et d'Angleterre retournèrent et entrèrent à Paris, lesquelles paravant avoient esté en la ville de Corbueil durant le siège que avoient tenu les roys de France et d'Angleterre devant la ville de Meleun, la quelle avoit esté réduite et remise en la puissance et obéissance du roy de France et dudit roy d'Angleterre, héritier et régent de ce royaume. Lesquelz estoient le jour précédent, premier jour de ce moys, retournez à Paris, acompaignez de pluiseurs ducs, contes, barons et nobles desdiz royaumes de France et d'Angleterre; lesquelz furent moult joyeusement et honnorablement receuz en la ville de Paris, et furent les rues parées et tenduez à grant solempnité, selon la possibilité et puissance des bourgois, manans et habitans de ladicte ville de Paris, qui estoient moult diminuez et en toutes manières, tant de nombre de personnes que de leurs chevances, par le fait des guerres et mortalités.

(Reg. XIV du Cons., fol. 224.)

CLXXXXVI

Prise et reprise de Meulan.

Du mardi 7 avril 1421.

Ce jour fu faicte défense de par le Roy que sur certaines paines ne renchérist vivres ne marchandises à Paris pour occasion de la prinse de Meurlenc, qui avoit esté et estoit prinse et occupée par les Dauphinois, dimenche vme jour de ce mois d'avril. Qui la rendirent le xve jour dudit mois aux gens du Roy estant devant en siège.

(Reg. XIV du Cons., fol. 250.)

Jeudi xvie jour d'avril vindrent nouvelles de la recouvrance de Meurlenc, qui avoit esté occupé le ve de ce mois.

(*Ibid.*)

CLXXXXVII

Entrée du roi d'Angleterre Henri VI à Paris.

Du vendredi 4 juillet 1421.

Ce jour, le roy d'Angleterre, régent et héritier du royaume de France, qui nouvellement estoit retourné d'Angleterre où il avoit menée et laissée la royne d'Angleterre sa femme, fille du roy de France, vint de Gisors au giste en la ville de Paris, acompaignié de petit nombre d'archiers et gens d'armes. Et disoit on que il faisoit passer son ost et autres gens d'armes en grant nombre à Mante et à Meurlenc, en la compaignie d'un sien frère et du roy d'Escoce, en intencion de faire guerre aux gens du Dauphin de Viennois qui tenoient, si comme on disoit, siège contre la ville de Chartres. Lesquelz nouvellement, par siège et puissance d'armes, estoient entrez en la ville de Galardon, et, par traictié, en la ville de Nogent-le-Roy.

Du 5.

Ce jour, le roy d'Angleterre, acompaigné des chevaliers du conseil du Roy, des prévosts de Paris et dez Marchans, et d'aucuns segneurs et gens anglois, en petit nombre, vint en l'église Nostre-Dame de Paris.

Mardi VIII° jour de jullet, le roy d'Angleterre parti de la ville de Paris, acompaigné de grant nombre de gens d'armes, et ala au giste à Pontoise, en intencion de assembler ses gens d'armes et capitaines pour aler combatre le Dauphin et ses gens, qui estoient assez près de la ville de Chartres, si comme on disoit.

Ce jour, le Roy et la Royne de France se partirent de Paris et alèrent logier ou chastel du Bois de Vinciennes, en intencion si comme on disoit, de y demourer jusques au retour du roy d'Angleterre *aut aliter quousque*, etc.

(Reg. XIV du Cons., fol. 236.)

CLXXXXVIII

Victoire remportée par le duc de Bourgogne près de Saint-Walery

1421.

Lundi premier jour de septembre (1421), la court se leva et parti entre vii et viii heures du Palais, pour aler à l'église Nostre-Dame, où estoient ce jour les processions générales assembléez pour prier Dieu pour le salut et prospérité du Roy et de ce royaume, etc.

Ce jour, vindrent nouvelles qui furent publiéez ou sermon desd. processions, comment le duc de Bourgoingne avoit levé le siège qu'il tenoit devant la ville de Saint-Riquier, pour aler combatre ses ennemis qui venoient contre lui, ausquelz il estoit venu audevant et les avoit desconfiz et vaincuz en bataille, assez près de la ville de Saint-Wallery, le samedi précédent, xxxe jour d'aoust.

(Reg. XIV du Cons., fol. 239**.)

CLXXXXIX

Prise de Villeneuve sur Yonne.

1421.

Du samedi 27 septembre 1421.

Ce jour, la ville de Villeneusve sur Yonne, ou dyocèse de Sens, fu, par les gens de la garnison d'icelle ville, rendue et mise en l'obéissance du roy d'Angleterre qui tenoit le siège devant ycelle ville, et dist on qu'il n'y tint siège que deux ou trois jours. Et deslors ordonna, si comme on disoit, de faire approcher ses gens d'armes de la ville et cité de Meaulz, pour y mectre et tenir siège contre les gens de l'adveu du Dauphin estans èsdictes ville et cité, lesquelz avoient par long temps grandement grevé et dommagié les habitans de Paris et du pais environ et autres pluiseurs.

(Reg. XIV du Cons., fol. 241.)

CC

Lettres de Charles VI au duc de Lorraine, sur le droit d'Henri VI, roi d'Angleterre, de lui succéder à la couronne de France.

25 mars 1422.

Charles, par la grâce de Dieu roy de France. A nostre très chier et amé cousin Charles, duc de Lorrainne et marchis, salut et dileccion. Nous vous faisons savoir que nous avons ordonné à tous noz hommes et féaulz, qu'ilz vueillent faire sairement qu'ilz tenront et aront apres nostre décès nostre treschier et trèsamé fil Henry, à présent roy d'Angleterre, nostre héritier et régent de France, pour Rois du royaulme de France. Se vous prions, requerrons trèsacertes et mandons sur la féaulté qu'aveis à nous, toute honour et plaisir que nous désirés affaire, que ledit sairement veiulliés faire, en tant que touche à la condicion et nature du fief que tenés de nous. De ce faire vous donnons licence, pleine puissance, auctorité, mandement et commandement espécial. Donné etc. le xxve jour de mars, l'an de grâce mil quatre cens et vingt et ung avant Pasques, et de nostre regne le XLIIe.

(Minute sur papier. — Bibl. imp. fs Moreau 1425, pièce 109.)

CCI

Dons faits à Perrinet Leclerc et à ses complices.

Meaux, 30 mars 1422.

Charles, par la grâce de Dieu roy de France. Savoir faisons à tous présens et avenir, que nous, aians considéracion à ce que Jehan de Lisle et Michel le Maçon, prestres, nostre amé et féal clerc, notaire et secretaire maistre Grégoire Ferreboue, Perrinet le Clerc, Guillaume de Foletemps, Jehan Dieupart, Guillaume Bourdin, Jehan Gile, nostre varlet de chambre, et Mathieu Holant, habitans de nostre ville de Paris, furent cause de faire ouverture et baillier entrée en nostredicte ville aus gens de feu nostre treschier et trèsamé cousin Jehan, en son vivant duc de Bourgongne, en l'an mil

IIIIe XVIII, ouquel temps nous estions détenus ès mains et puissance de plusieurs rebelles et désobeissans à nous....

(Don à chacun de 200 p. de revenu ou 2000 une fois payées, à prendre sur les confiscations.)

Donné à Meaulx, le XXXe jour de mars, l'an de grâce mil IIIIe XXI et avant Pasques, et de nostre règne le XLIIe. Ainsy signé. Par le Roy, à la relacion du conseil tenu par le Roy, héritier et régent de France.

J. MILET.

(*Arch. de l'Emp.* Reg. JJ. 172, pièce 64.)

CCII

Extraits d'un compte d'une taille de marcs d'argent mise sur la ville de Paris.

L'an 1421.

C'est un vol. in-4° en parchemin, de 136 feuillets, conservé aux Archives de l'Empire, sous la cote KK 323. Nous en avons tiré tout ce qui nous a paru le plus utile, en ayant soin de faire précéder chaque article extrait, du folio du manuscrit.

Fol. 1.

Charles, par la grâce de Dieu Roy de France. A nos amez et féaulx conseilliers les gouverneurs de toutes noz finances, tant de demaine comme des aides, aians cours pour la guerre, salut et dilection. Savoir vous faisons que pour la bonne relacion qui faicte nous a esté de la loyaulté et bonne diligence de Jehan Courtillier, changeur et bourgois de Paris, icelluy, par l'advis de nostre Conseil, avons commis et ordonné, commectons et ordonnons par ces présentes, à ceuillir et recevoir les mars d'argent ordonnez estre levez pour l'admendement de noz monnoies, ès quartiers de Guillaume de Buymont, Lambert Kathelin et Michiel le Moyne, en nostre ville de Paris, à telz gaiges et prouffiz qui par nous en nostre Conseil lui seront tauxez et ordonnez. Si vous mandons, etc....

Donné à Paris le xxiiii° jour de mars, l'an de grâce mil ccccxxi.

Mandement des gouverneurs des finances à ce sujet, portant qu'ils ont reçu le serment du comptable.

Paris, 2 avril 1421.

Charles, par la grâce de Dieu Roy de France. A noz amez et féaulx conseilliers les gens de noz comptes à Paris et les trésoriers et généraulx gouverneurs de toutes noz finances, salut et dilection. Reçeue avons la supplicacion de nostre amé Jehan Courtillier, commis de par nous à recevoir une partie des mars d'argent pieçà par nous et nostre grant conseil ordonnez estre ceuilliz et levez en nostre ville de Paris pour l'amélioracion de noz monnoyes, contenant : Que comme les imposez et assiz ausdiz mars d'argent ès mectes de sa recepte soient venus devers lui pour paier leur impôt desdiz mars d'argent en plusieurs et diverses manières, tant en argent du nouveau poinsson, du vieil poinsson et d'autre de dehors et en fretin ou en billon à deniers et à grains et aussi en argent comptant (de) cent solz parisis par marc. Et il soit ainsi que aucune ordonnance ne lui ait esté baillée sur ce déclarative desd. manières, fors seulement de recevoir lesdiz mars d'argent en termes généraulx: pour quoy il se double que à la reddicion de ses comptes ce ne lui soit préjudiciable se sur ce ne lui estoit par nous pourveu de remède convenable, requérant humblement icellui. Pour ce est-il que nous, ces choses considérées et voulans tousjours le plus que nous povons envers noz bons et loyaulx subgiez préférer doulceur à rigueur. Et mesmement que longtemps a ils ont eu moult de pertes et dommaiges pour le fait de noz guerres, avons par l'advis et délibéracion de nostre grand conseil, voulu et ordonné, voulons et ordonnons par ces présentes, que lesdiz imposez ne soient aucunement contrains de paier leur assiette en autre argent que ainsi qu'ilz en ont peu et pourront finer selon les manières dessus dictes. Et que ledit receveur soit tenu pour quicte en nous rendant ou à noz commis, les diz mars d'argent par lui receuz ou à recevoir, en telle espesse et nature qu'il les a receuz. Dont nous voulons qu'il soit creu par son serement. Si voulons et vous mandons et à chascun de vous si comme il appartendra, que ledit Jehan Courtillier vous faites, souffrez et laissiez joyr et user de nostre présent octroy plainement et paisiblement, sans lui faire ne souffrir estre fait aucun destourbier ou empeschement au contraire. Donné à Paris le xie jour de mars, l'an de grace mil cccc vingt et ung et de nostre regne le xliie. Ainsi signées. Par le Roy, à la relacion du Grant Conseil,

BORDES.

Lettres d'attache des trésoriers et gouverneurs généraux des finances.

Paris, 26 septembre 1422.

(Fol. 2.)

Fol. 4.

Compte de *Jehan Courtillier*, changeur et bourgois de Paris, par le Roy nostresire et par ses lettres données le xxiiii° jour de mars mil cccc xxi expédiées le ii° jour d'avril ensuivant oudit an, desquelles la coppie est escripte au commencement de ce présent compte, commis à ceuillir et recevoir sur les églises, collieges, prélas et autres gens d'église, nobles, bourgois, manans et habitans de la bonne ville de Paris ès quartiers Guillaume de Buymont, Michiel le Moyne et Lambert Kathelin, esquelz quartiers est comprinse la Cité et tout ce qui est outre la rivière de Seine du costé de l'Université, les mars d'argent ordonnez estre levez esdiz trois quartiers en ensuivant la déliberacion et appointement prins par les gens des Trois Estas assemblez pour ce ou mois de décembre mil cccc xxi en ladicte ville de Paris devers le Roy nostredit seigneur et le Roi d'Angleterre héritier et régent de France, par lesquelles gens des Trois Estas fut conclut et accordé certaine quantité de mars d'argent estre cueilliz et levez généraulment par tout le royaume de France sur tous les subgez, manans et habitans d'icellui, de quelque estat ou condicion qu'ilz soient, ayans puissance de y contribuer, et sur chascun d'eux selon son estat et faculté, pour iceulx mars d'argent tourner, convertir et employer en l'amélioration de la monnoye nostredit seigneur. Ladicte recepte faicte par ledit commis selon la forme et teneur de certain kayer de pappier contenant xxv feuilles en escripture, audit Jehan Courtillié baillié par révérend père en Dieu monseigneur l'évesque de Beauvais, et Jean de Pressy, conseiller du Roy nostredit seigneur. (Fol. 4ʳᵒ.)

Fol. 5. Recepte.

QUARTIER GUILLAUME BUYMONT.

Dudit Guillaume Buymont quartenier assis oudit quartier à ung marc d'argent.

CINQUANTAINE JEHAN DE THOURY.

Fol. 5ᵛᵒ. *Dixaine Jean Le Beau.*

	Mᵉ Gilles des Moulins	20 marcs.
	Jehannette de Hollande, patinière	2 onces.
6.	Mᵉ Pierre Maugier	1 marc.
	Mᵉ Jehan Merles, libraire. . . .	1 —
6ᵛᵒ.	Jaques Lemol, faiseur d'orgues.	2 onces.
7.	Tassin le Clerc, boulengier. . .	2 —
	Mᵉ Thibaut Thessart	2 marcs.
	Mᵉ Pierre Porchier.	1 —
	Mᵉ Jaques Cardon	2 —

Dixaine Pierre de Laval.

	Dudit Pierre de Laval, dixainier.	2 onces.
	Mᵉ Jehan de La Marche	20 marcs.
7ᵛᵒ.	Guill. Bourlecat, portier de la porte Saint-Jaques.	2 onces.
	Guillemin Luiraux, faiseur de corbeillons	2 —

Fol. 8ʳᵒ. Jehan Morelet, sergent du Guet.
1 marc modéré à. 4 onces.
9. Denisot Courtillier, libraire et marchant.......... 2 marcs.

Dixaine Jehan Buyer.

10. Guiot de Compiengne, espicier. 1 marc.
Pierre d'Amiens, bourrelier.. 2 onces.
10ʳᵒ. Thomas Le Ralle, maistre des chaussées de Paris...... 2 —
Jehan Coquin, huchier..... 2 —

11. CINQUANTAINE DE JEHAN REBOURS.

Dudit Jehan Rebours....... 1 marc.

Dixaine Jehan Lenjoy

Jehan Lenjoy........... 4 onces.
11ʳᵒ. Colin Boudart, soubz bedeau de la nacion de France..... 4 —
Guillebert Le Roux, maistre bedeau de lad. nacion..... 4 —

12ʳᵒ. *Dixaine Jehan Guénart.*

13. Jehannette du Fossé, barbière. 2 onces.
Mᵉ Jehan Dourches....... 1 marc.
Jehan Rolin, vendeur de vins. 2 onces.

14. *Dixaine Jehan Mellin.*

14ʳᵒ. Robert de Vair, escuier..... 2 marcs.
Jehan Le Cras, sergent des eaues............. 2 onces.

Fol. 15ᵛᵒ. Regnault Le Moyne, selleur . . 2 marcs
modéré à un.

Cinquantaine Jehan Aux-Deux-Espées.

16. *Dixaine Gillet marchant.*

    Damoiselle Marie de Chasteau-
      pers et son fils . . . . 6 marcs.
    Damoiselle Jehanne Dailly. . . 1 —
6ᵛᵒ. Damoiselle Jehanne Darsis. . . 1 —
17. Mᵉ Gilles Massart, bedeau de la
      nacion de Picardie . . . . . 4 onces.
    Mᵉ Olivier de l'Empire, libraire. 20 marcs.

17ᵛᵒ. *Dixaine Gilles Bouvet.*

    Jehan Prier, triacleur. . . . . 2 onces.
    Guill. Videt, buffetier . . . . . 2 —
    Mᵉ Loys de Guingant. . . . . . 6 marcs.
    Estienne Gabel, marchant de
      laine et de draps. . . . . . . 4 onces.
    La femme Jehan Daunoy . . . 10 marcs.
18. Mᵉ Jehan Camart, advocat en
      parlement. . . . . 4 onces.
    Gassot Béranger, chandellier . 2 —

Dixaine Pierre Blondeau.

    Jehan des Treilles, cappitaine de
      Tiaiz . . . . 4 onces.
    Jehan Moreau, de Tiaiz.
18ᵛᵒ. Jehan Moulet, promoteur des
      testamens. . . . . 4 —

Fol. 19. Jehan Lamy, huissier d'armes
 du Roy. . . . . 2 marcs.

Les habitans de S. Ma'rcel?)

19ᵣₒ. Estienne Prévost, bourgois . . 4 onces.
 Jehan Heloys, sergent et bour-
 gois . . . . 2 —
20. Jehan Lesage, marchant. . . . 4 marcs.

21ᵣₒ. QUARTIER MICHIEL LE MOYNE.

CINQUANTAINE JEHAN DASSIGNY.

22. *Dixaine Colin Valot.*

23. *Dixaine Marquet Despinay.*
 Robert le Caron, espicier . . . 4 marcs.

24. *Dixaine maistre Jehan de Bien.*
 De maistre Jehan Buffière. . . 10 —

24ᵣₒ. *Dixaine Jehan Petit.*

25ᵣₒ. *Dixaine Jehan de Boulon.*

27. CINQUANTAINE ESTIENNE POUDEBON.
 Dixaine Estienne Fréville.

28. *Dixaine Gadifer de Mende.*

28ᵣₒ. Poncelet de Paris, marchant de
 menues denrées. . . . . . . 2 onces

29. *Dixaine Guillaume Dangerville.*

30. Messire Anthoine des Essars . . 2 marcs.

Fol. 30ᵛᵒ. Guillaume Guiot, potier de terre . . . . 2 onces.

Dixaine Jehan Gouppil.

32ᵛᵒ. QUARTIER LAMBERT KATHELIN.

CINQUANTAINE DENIS DE BAUGIS

33.   *Dixaine Chambly.*

    Jehan le Perrier, mercier . . . 1 marc.
33ᵛᵒ. Guill. Guerde, marchant de fil. 4 onces.
34. De Voulo du Ris, tassetier . . . 2 —

Dixaine Pasquier Prunerolle.

35. *Dixaine Guillaume de La Tour.*

    Jehan Lignote, gaignier . . . . 2 onces.
35ᵛᵒ. Adenet Le Roy, varlet boucher. 2 —

36. CINQUANTAINE JEHAN DE LINOT.

Dixaine Jehan Betrix.

36ᵛᵒ. *Dixaine Guillaume Eustasse, herangier.*

37ᵛᵒ. *Dixaine Jehan Fournier.*

38. *Dixaine Colin Sauvaige.*

39. Jehan François, marchant de grain . . . . 4 onces.
    Jehan de Santigny, libraire . . 4 —

39ᵛᵒ. CINQUANTAINE JEHAN COURTILLIER.

Dixaine Hélyot Fessart.

40. Regnault Bachellier, monnoyer. 1 marc.

Fol. 40ʳᵒ. *Dixaine Regnault Balay.*

41. *Dixaine Loys de Sens.*

Maistre Robert Agode, seigneur
en Parlement. . . . . 1 marc.
Guiote Sarre, gantière du Roy . 1 —
Michault Lalemant, chandellier
de suif . . . . 4 onces.

42. *Dixaine Colin Feurgeret.*

43. CINQUANTAINE TASSIN COULLART.

Dudit Tassin Coullart, cinquan-
tenier. . . . . 2 marcs

Dixaine Jehan Lefevre.

43ʳᵒ. *Dixaine Jehan de Bilois.*

44. *Dixaine Jehan Moisson.*

Pierre Baugis, herbier. . . . . 2 onces.

44ʳᵒ. *Dixaine Jehan d'Artois.*

45. *Les demourans au Palais.*

Maistre Jehan de Bury. . . . . 20 marcs
modérés à deux.

(Autre recepte en dehors.)

Fol. 45ʳᵒ. Summa totalis recepte
presentis compoti.. . 415ᵐ 7ᵒⁿ d'argent.

Videlicet :

Argenti novi poinconni. . 38ᵐ 2ᵒⁿ
Argenti veteris poinconni. 10ᵐ

Argenti fretini . . . . . 85^m 2^{on}
Argenti billonis. . . . . 95^m 4^{on}
Argenti c. s. pro marcha . . . . 96^m 4^{on} 16 esterl.
Argenti cujus species non designatur. . . . . 90^m 3^{on} 4 —

Fol. 46. *Despense et délivrance* desdiz marcs d'argent faicte par ledit *Jehan le Courtillier* en la manière qui s'ensuit. C'est assavoir :

A Regnault Thumery, maistre particulier de la monnoye de Paris.. . . . . 40 marcs d'argent.
A Pierre de Landres, id. . . . . . 270 —
Au même . . . . . . 1 —
Total . . . . 311 marcs d'argent.

47. Autre despense desdiz mars d'argent dont il est faicte recepte cy-devant en la recepte de ce présent compte, de pluseurs personnes assis ausdiz mars d'argent, tant escoliers, comme monnoyers, archers et arbalestriers de la ville de Paris et autres personnes tenues quittes et en délay par les gens du Conseil du Roy nostred. S. pour certaines causes ad ce les mouvans et les commissaires sur ce ordonnez. . . . . 58 marcs.

Fol. 48.   *Gaiges et tauxacions.*

Audit Jehan Courtillier, auquel le Roy nostredit S' par.... en quoy il a travallié et labouré par l'espace de xviii mois et mieulx à grans fraiz et despens tant en sallaires de clers comme de quatre sergens qui durant ledit temps ont continuellement traveillié à exécuter et faire venir ens iceulx mars d'argent. . . . .   17 marcs.

48ʳᵒ. Pour argent rendu par led. Jehan Courtillier cy devant en sad. recepte de ce présent compte, de pluseurs personnes assiz et imposez ausdiz mars d'argent desquelz ledit receveur n'a aucune chose receu combien que d'iceulx se charge en recepte cy devant en lad. recepte de ce présent compte, parce que les aucuns d'iceulx habitans sont mors ou fuitilz et les autres si povres qu'ilz ne pevent paier et ne treuve l'en de quoy les gaigier ne exécuter. . . . .   32ᵐ 3ᵒⁿ 4ᵉ.

49. Despense commune. Parchemin à 2' p. le feuillet.

(Totaux.)

50. Debtes descendans de ce présent compte.
53. Autre déclaracion (des exemptés).
56. *Archiers.*
57. *Arbalestriers.*
58. *Monnoyers.*

(Fol. 59 et 60 blancs.)

Fol. 65. *Compte de Alixandre des Mares*, changeur et bourgois de Paris, etc. (Les lettres du Roi au fol. 64.)

Paris, 24 mars 1421.

Es quartiers de Jehan Navarre.
     Henry Auffroy.
     Robin Pisseleu.
     Jaquet de Roye.
     Pierre Bridault.
     Jehan de Vaynes

68ᵛᵒ. Jehan Martin, maistre des garnisons de la Royne . . . . 10 marcs.

71. Maistre Guillaume Lamy, clerc de la Chambre des Comptes du Roy. . . . . 10 —
       modérés à quatre.

Maistre Lorens Fromont, escolier. . . . . 2 marcs.

75. Maistre Jehan le Conte, cirurgien . . . . 4 marcs
       modérés à deux.

76. Jehan Spifame, escuier. . . . 3 marcs.

79. Denisot Soret, queux de la Royne. . . . . 2 onces.

Guillemot de Crespy, barbier du Roy. . . . . 1 marc.

80. Madame d'Orgemont. . . . . 50 marcs.

Pierre le Verrat, escuier d'escuierie du Roy. . . . . 3 —

80ᵛᵒ. Robin Calet, affineur.. . . . . 4 onces.

81. Pierre de Vaudétar. . . . . . 2 marcs.

Fol. 81.	Du seigneur de l'Ymaige S. Christophle.	2 onces.
	Du seigneur des Estuves du Lyon d'or.	4 —
83.	Guy Guilbaut, trésorier de monseigneur le duc de Bourgongne	10 marcs.
84.	Maistre Estienne Bruneau, contrerolleur de la Royne. . . .	4 onces.
89.	Jehan le Mauvais, canonnier. .	2 —
90.	Jehan Le Muet, receveur de Troyes.	4 marcs.
	Madamoiselle de La Mote de Coquatrix, assize à quarante mars d'argent, modérés à. .	5 marcs.
90.	Henry de La Marche, chauffecire	1 marc.
91ro.	Martelet Testat, trésorier de la Royne.	2 —
92ro.	Maistre Pierre de Marigny, confesseur du Roy.	10 —
95ro.	Madamoiselle Du Drac.	1 —
96ro.	Maistre Jehan Tillart, commissaire au Chastellet.	1 —
97ro.	Bertran Bruneau, fondeur. . .	2 onces.
98ro.	Maistre Jehan Petit, clerc de messeigneurs les maréchaulx de France.	1 marc.
98ro.	Pierre Wateure, ouvrier de chappeaulx de plume. . . .	2 onces.
99.	Maistre Auge, phisicien. . . .	2 marcs.
101ro.	Jehan Guiet, salpestreur. . . .	2 onces.

Fol. 107ᵛᵒ· Jehan de Victry, servoisier. . 1 marc.
111. Maistre Pierre Robin, maistre des oeuvres du Roy nostre-sire . . . . 4 onces.
114. Summa totalis presentis compoti (d'Alexan-dre des Mares . vɪᶜ ʟᴠɪɪɪ march. ɪɪɪɪ. onc. x. sterl. argenti.
119. Pierre des Landes, maistre particulier de la monnoye de Paris.
122. Jehan Spifame, escuier, cappitaine de Con-flans-Saincte-Honorine.
125ᵛᵒ. Henrriet de la Porte, vendeur de vins, monnoyer.
127. Jehan de Housden, libraire.
128. Joquet Challivaly, assis oudit quartier, en la xⁿᵉ Michelet du Moulin, à ung marc d'argent, tenu quicte pour ce qu'il a tout perdu le sien par fortune de guerre.
130. Ferrant de Chastenay.... tenu quicte pour ce qu'il est homme d'armes et absent.
130ᵛᵒ. Jehan Marre, rottisseur... tenu quicte pour ce qu'il est fuitif par poureté.

Métiers que l'on trouve dans ce compte.

Affineur.
Barbier.
Boulengier.
Boursier.
Canonnier.
Chandellier.
Chandellier de suif.
Charpentier.
Cirier.
Cirurgien.
Cordouannier.
Cousturier.

Drappier.
Espicier.
Fondeur.
Fruictier.
Gaignier.
Hostellier.
Huchier.
Laboureur.
Libraire.
Marchant.
Marchant et bourgeois.
Marchant boucher.

Marchant de grain.
Marchant de vins.
Marescher.
Mercier.
Musnier.
Orfévre.
Ouvrier de chappeaux de plumes.
Pelletier.
Pescheur.
Phisicien.
Potier d'estain.

Potier de terre.
Regratier.
Salpestrier.
Servoisier.
Tapissier.
Tassetier.
Tavernier.
Tixerant de draps.
Tonnellier.
Trippier.
Tuillier.

CCIII

Ordonnance de l'Hôtel.

1422.

Ordonnance de l'ostel du Roy Charles VI faite à Senlis le premier juillet mil cccc xxii par l'ordonnance du Roy d'Angleterre, héritier et régent de France, en sa présence et en plein conseil.

Et premièrement :

EN PANNETERIE.

Pannetiers de bouche.

Arnault de Laistre, premier.   Tirecocq.

Pour la despence.

Guillaume Lestandart.   Pierre de Tessé.

Desquels quatre pannetiers les deux serviront par mois et servira le 1ᵉʳ à son tour comme les autres, et auront leurs harnois et deux chevaux chacun, et ne se mesleront ceulx de la bouche aucunement du fait de la despense; mengeront en salle. Et le pannetier de la despense emprés le sac au pain ou lès de la salle pour voir faire la despense. Et se aulcuns d'eulx venoient qui ne feussent en leurs mois desservir, ne prendront riens à court. Et auront de gaiges chascun vii s. et en yver chascun ung quartier molle de busche. Pour ce vii s.

Varlets trenchans.

Philipot de Juilly aura estat de varlet trenchant jusques ad ce que autrement luy sera pourveu.

Regnier le Chat   Pierre de Hauton.
Colinet de Harlay.   Pierre de Trie.

Desquels quate il en servira deux par mois et aura pareillement que les pannetiers.

AUTRES MENUS OFFICIERS EN PANNETERIE.

Sommeliers de panneterie.

Jehan Adam.   Jehan Moreau.

Ung à court; mengera en salle et aura pour hostelaige par jour iiii d.

Portechappes.

Millot de Chargny.   Guillemin de Beaumont.

Ung à la court; mengera en salle et aura pour hostelaige par jour iiii d.

Aydes de panneterie.

Jehan Reant dit le Camus.   Perrin Fortier.

Ung à court; et sera ayde et garde de panneterie et mengera en salle.

Varlés de napes.

Gervaisot Yray.   Jehan Godart.

Ung à court; mengera en salle.

Oubloyers.

Jehan Bourdain.   Denisot Raponce.

Ung par mois et mengera en salle.

Charpentras, qui fait le pain du Roy, servira continuelement, ne mengera point à court et aura par jour II s.

ESCHANÇONNERIE.

Eschançons.

Pour la bouche.	Pour la despense.
Pierre de Chasteaupers.	Le Besgue de Boisménart.
Galois de Givry.	Martin de Neauville.

Desquels quatre il en servira deux par mois, c'est assavoir un pour la despense et un pour la bouche, et auront leurs harnois et chascun II chevaulx. Et ne se mesleront ceulx de la bouche de la despense dudit office, et mengeront en salle. Et s'aucun d'eulx venoit à court qui ne feust en son mois de service, il ne prendra riens à court. Et auront de gaiges chascun par jour VII s. et en yvert ung quartier de molle de busche par jour.

Sommeliers d'eschançonnerie.

Gillet le Nain.   Jehan Cornet.

Desquels deux il en servira un par mois, et aura un cheval et pour hostelaige II s. par jour, et mengera en salle, et en yver un quartier de molle de busche par jour.

Garde huche.

Colin Blondot.   Raoulin Vernon.

L'un à court par mois, et mengera en salle.

Barilliers.

Heronnet le Bailly. Perrin Blondot.

L'un à court par mois et mengera en salle.

Aydes d'eschançonnerie.

Josset du Blé. Jehannin Busset.

L'un à court et ne mengera en salle.

Huissiers.

Simonnet Berruier. Turpin.

Serviront un par mois, et mengera en salle.

Porteurs.

Sifflet. Aroleteste.

L'un à court, et mengera à salle.

CUISINE.

Escuyers de cuisine.

Jehan du Moustier dit Chérounet, Adam de La Roe.

Desquels deux l'un servira par mois, aura un cheval et mengera en salle et par jour aura IIII s., et un quart de molle de busche en yver.

Queux.

Gillet Perraille. Jehan Jart. Thibault Bernart.

Desquels trois queux deux serviront par mois, auront chascun un cheval, mengeront en salle et par jour IIII s. Et s'aucun d'eux venoit à court qui ne fuissent en leurs mois de service ils ne prendront riens à court; et auront en yver chacun un quart de molle de buche.

Varlez serveans.

Jehan de Bièvre.   Jacquet de Marcilly.

Desquels deux il en servira un par mois; mengera à court et aura par jour ix d.

Hasteurs.

Herbelot.   Jehan May.   Jehan Prieur.

Desquels trois l'un servira par mois et mengera à court, et en yver aura demy quart de molle de buche.

Souffleurs.

Bertrand.   Le Grant Picart.   Bordereau.

Desquels trois l'un servira par mois et mengera à court.

Potagiers.

Thevenin Tassin.   Jehan de Poitou.

Desquels deux l'un servira par mois et mengeront à court, et en yver aura demy quart de molle de buche.

Broyeur au mortier.

Jacquet Blondeau.

Servira continuelement, ne mengera point à court et aura par jour vi d.

Enfans de cuisine.

Guillaume Bonin.   Perron de Boissy.

L'un à court par mois, mengera en salle et aura par jour iiii d.

Buchiers.

Guillemin Renaut.   Simonnet Renart.

L'un à court; ne mengera point en salle et aura par jour xvi d.

Porteurs.

Vaste Brie.   Colin Moruan.

Serviront continuelement et auront chacun xviii d. pour toutes choses.

Saussiers.

Gillebert Lévesque.   Guillaume Cordier.

L'un à court; mengera en salle et aura par jour viii d.

Jacquet Germain, garde de Sausserie.
Henriet Michault, ayde.
Colin le Clerc, varlet de chaudière.

Serviront continuelement et mengeront à court.

FRUICTERIE.

Fruictiers.

Bernard Roger.   Robinet Gobin.

L'un à court par mois mengera, en salle, aura un cheval et par jour iiii s., et en yver un quart de molle de buche.

Varlez de fruicterie.

Jehan Drouart.   François Gilette.
Jehan Doger.   Jehan Quesneau.
Jehan de Soissons.   Perrin Simonneau dit Pélisson.

Lesquels six serviront continuelement, ne mangeront point à court et auront par jour ii s.

ESCUIRIE.

Premier escuier d'escuirie à l'ordonnance du Régent.

Pour la despense.

Jehan Habot.   Etienne Destrez.

Desquels quatre escuiers les deux à court serviront par mois, c'est assavoir que celui qui servira pour la despense sera délivré de foing et d'avoine pour deux chevaux et aura par jour III s. p. Et l'autre qui servira pour le corps ne sera point délivré de foing et avoine et aura par jour VII s. Et mengeront en salle, et en yver auront chacun ung quart de molle de buche par jour.

Les trois pages du Roy mengeront en salle, et en yver auront un quart de molle de buche.

Garde du séjour.

Huet de Corbie.

Mengera à court et sera délivré de foing et d'avoine pour un cheval et aura par jour IX d.

Palfrenier.

Willequin.

Servira continuellement et ne mengera point à court, et aura foing et avoine pour demy cheval, et par jour II s. VI d.

Varlet de pied.

Gonsaille.

Servira continuelement et ne mengera point à court, et aura par jour VI s.

Mareschaulx.

Pierre de Mante.   Philipot de Forges.

L'un à court par mois et aura ung cheval, ne mengera point à court et aura par jour III s.

Chevaucheurs.

Denisot Hure.   Robinet du Vivier.

L'un à court par mois, ne mengera point en salle, aura un cheval et par jour III s.

Porteurs d'escuirie.

Jehan Selestre.   Henry le Charroyer.

L'un à court par mois, ne mengera point en salle et aura par jour ıı s.

Varlez de chevaulx du corps.

Coppin de la Chaussée.   Chrestien de Mons.
Liénart du Bois.   Robin Mulart.
Charlot le Beguis.   Jehan Hebert.

Desquels six il en servira trois par mois, ne mengeront point à court et auront chacun par jour ıı s.

Varlez de chevaulx du confesseur.

Benoist de S. Pol.   Colin du Bordel.

L'un à court, ne mengera point en salle et aura par jour ıı s.

Varlets de sommiers.

Colart de la Pierre.   Mahiet de Dury.
Jehan Goujart.   Didier Brette.

Desquels quatre il en servira deux par mois, ne mengera point à court et aura par jour chascun ıı s.

Varlet de levriers.

Gaultier Aubry.

Aura la garde du grand levrier avec ceulx qu'il a, ne mengera point à court, aura un cheval et par jour ııı s.

Autruchier.

Briquement.

Mengera à court ainsi qu'il a accoustumé et aura par jour xıı d., et s'il aloit de vie à trespassement, on ne mettroit personne en son lieu.

FOURRIÈRE.

Chambellans.

Mons. de Saligny, premier chambellan.

Servira continuelement et aura six chevaux comme il a accoustumé et deux gentils hommes avec luy, mengera à court luy seulement, et pour le demourant aura par jour pour toutes livroisons xxx. s. p., et en yver deux molles de buche.

Mons. Regnier Pot.	Mons. Jacques de Courtremelles
Mons. de Courcelles.	Mons. de La Motte.
Mons. de Roulleboise.	Mons. de Paris.

Desquels il en servira trois par mois avec le premier, et auront chacun six chevaux, un gentilhomme avec lui, mengeront à court leurs personnes seulement, et auront pour toutes livroisons chascun par jour xx. s. Et a esté ordonné audit conseil que quant le premier chambellan ne sera à court, mons. de Courcelles couchera devers le Roy. Et en yver auront chacun un molle de buche.

Maistres d'ostel.

Mons. le grand maistre d'ostel.
L'ordonnance du Roi Regent.
Mons. de Rancé, premier maistre d'ostel.
Mons. de Maligny.
Mons. Simon Morhier.

Desquels quatre maistres aura deux à court par mois et auront chacun quatre chevaulx, un gentilhomme avec eulx comme ils ont accoustumé, et mengeront à court leurs personnes seulement et pour toutes autres livroisons chacun par jour xx. s., et en yver chacun un molle de buche.

Confesseur du Roy.

M⁰ Regnault de Fontaines.   Et son compagnon.

Auront par jour pour eux et leurs gens trois xii^{ne} de pain de commun, quatre pains de bouche, deux septiers de vin, quatre pièces de char, demi longe de veau ou autre chose à la value, trois chevaulx à foing et avoine, ii. s. p. d'ostelage, quatre kayers de chandelle, une torche chacune semaine, un molle de buche en yver pour sa chambre et cuisine, et par an pour ses menues nécessitez xxviii l. p.

L'aumosnier mengera à court comme il a accoustumé, aura iii chevaulx et par jour xii. s. p., et en yver par jour deux molle de buche.

Maistre de la chambre aux deniers.

Regnaudin Doriac.

Mengera à court, aura iii chevaulx et xv s. p. par jour comptez sur les écrocs et vi s. sur le journal, et par jour en yver un molle de buche.

Grant Faulconnier.

Guillaume des Prez.

Aura ii chevaulx comme il a accoustumé, mengera en salle et par jour vii. s., et en yver une molle de buche.

Escuiers d'onneur.

Pierre de Givry.   Jehan de Lanvalax.
Jehan d'Estretigny.   Jacquet de Jarnicourt.

Desquels iiii il en servira deux par mois et auront chacun un cheval, bouche à court et par jour iii. s., et en yver chacun un quart de molle de buche.

Huissiers d'armes.

Jehan de Morvilliers.   Philipes de Montaut.   Jehan Piaut.

L'un à court par mois, mengera en salle, un cheval et par jour III. s., et en yver un quart de molle de buche.

Sergens d'armes.

Denisot Galiot.   Hance Haquenée.   Jehan Cartier.

L'un à court par mois, mengera en salle, aura un cheval et par jour III. s., et en yver un quart de molle de buche.

Varlez de chambre.

Huques de Saubertier, premier varlet de chambre.

Servira continuelement, mengera en salle et aura II chevaulx et par jour VII. s.

Jacquinot de Bergières, varlet de chambre, apothicaire.

Servira continuelement, aura II chevaulx, mengera en salle et par jour VI. s.

Jehan Gille.   Pierre Godart.
Jacquet Falle.   Pierre Landereau.
Hennequin.   Estienne Luillier,
Sous-sommelier, au cas que ledit Estienne ne le vouldra faire.

Ausquels VI il en servira III par mois, mengeront en salle, auront chacun un cheval et par jour IIII. s.

Harpeur.

Pierre Jullien.

Servira continuelement, mengera en salle, aura un cheval et par jour IIII. s.

Barbiers.

Gillet de Fresnes.   Guillemot de Crespy.

L'un à court, mengera en salle, aura un cheval et par jour IIII. s.

Varlez de garde robe

Charlot Verdelet.   Perrin Boutaut.

L'un à court par mois et mengera en salle.

Procureur du Roy.

Nicolas Langlois.

Mengera en salle, aura un cheval et par jour III. s.

Trompette.

Karles.

Servira continuelement, mengera en salle, aura un cheval et par jour III. s., et en yver un quart de molle de buche.

Confesseur du commun.

Frère Estienne.

Mengera en salle, aura un cheval et par jour III. s.

Fourriers.

Colinet Darsonval.   Ferri de Vernueil.

L'un à court par mois, mengera en salle, aura un cheval et par jour IIII. s., et en yver un quart de molle de buche.

Huissiers de salle.

Martin Fleury.   Jehan du Bois.

L'un à court, mengera en salle et aura par jour VI. d., et en yver demi quart de molle de buche.

Portiers.

Jeha Audry.   Guillemin des Mares.

L'un à court, mengera en salle et aura par jour VI. d., et en yver demi quart de molle de buche.

Sommeliers des espices.

Humbert Fleury.   Guiot de Monthéliart.

L'un à court, mengera en salle et aura par jour vIII. d. comptez au journal.

Oubloiers.

Perrin L'Oubloier.   Huiot de Monthéliart.

L'un à court, mengera en salle et aura par jour IIII. d., et en yver un demi quart de molle de buche.

Garde de la chambre du Roy.

Simonnet le Mictre.

Mengera à court et servira continuelement.

Phisiciens.

Me Jehan Boignon.   Me Jehan de Connes?

Serviront continuelement, ne mengeront point à court et auront chacun deux chevaulx et par jour xII. s., et en yver par jour chacun demy molle de buche.

Cirurgiens.

Me Pierre Gaultier.   M. Henry de Troyes.

Serviront continuelement, ne mengeront point à court et auront chacun deux chevaulx et par jour xII. s., et en yver chacun demy molle de buche par jour.

Ménestrels.

Farcien l'aisné.   Buicourt.   Jehan d'Escosse.
Farcien le jeune.   Jehan Millet.

Serviront continuelement, ne mengeront point à court, auront chacun un cheval et par jour chacun v. s , et en yver chacun un quart de molle de buche.

Varlez de fourrière.

Jacquet Thierri. Colin le Terrier.

L'un à court par mois, ne mengera point en salle et aura par jour ii. s., et en yver un quart de molle de buche.

Aydes de fourrière.

Jehan Lahoe. Jacquet Pierret.

L'un à court par mois, ne mengera point en salle et aura par jour ii. s.

Garde harnois.

Jehan Dubois

Servira continuelement, ne mengera point à court et aura par jour ii. s.

Deux sommeliers de chambre aux deniers.

Ne mengeront point à court et auront par jour ii. s. avecques leurs gages du journal de chacun viii. d. par jour.

Deux varlez d'aumosne.

Mengeront à court seulement.

Maciot Larchier.

Servira continuelement, ne mengera point à court et aura par jour ii. s.

Lavandière du corps.

Robinette, la lavandière du corps.

Ne mengera point à court et aura pour toutes choses par jour iiii. s.

Sommeliers du materas.

Colin Saintot. Perrin le Boursier.

Serviront continuelement, ne mengeront point à

court et auront chacun par jour II. s. avec les gages du journal de chacun IIII. d.

Deux clercs de la chambre aux deniers.

Mengeront en salle seulement le Bureau de la Chambre aux Deniers, en yver un quart de molle de busche.

Philipot des Daunes, messager.

Ne mengera point à court et aura par jour IX. d. et ses gages du journal accoutumez.

Sert de l'eaue.
Jehan Doublet.

Servira continuelement, mengera en salle et aura par jour III. d.

Trois sommeliers de chapelle.

Seront délivrez comme ils ont accoustumé.

Clercs des offices.

Jehan Fromont.	Millet de Bray.
Jehan Tressart.	Henriet Poincot.
Jehan Giffart.	Jehan de Cinq Fons.

Desquels VI il en servira III par mois, mengeront en salle, auront chacun un cheval et chacun IIII. s. par jour, et en yver chacun un quart de molle de buche.

La garde des coustes.

Servira continuelement, ne mengera point à court et aura par jour VI. d.

Les chapelains et clercs de la chapelle du Roy.

Mengeront doresenavant en salle à Paris et ailleurs

quelque part que le Roy soit et prendront leurs gaiges sur le Trésor en la manière qui s'ensuit.

Le premier chapelain, par jour.	XII s.
Mess. Jehan Jussias.	IX s. X d.
Mess. Jehan Vassal.	IX s. X d.
Mess. Jehan de Douay.	IX s. X d.
Mess. Guillaume Boutepoix.	VIII s.
Mess. Fourcy Malassien.	VIII s.
Mess. Jehan Mauconnet.	VIII s.
Mess. Jacques Liénart.	VIII s.
Mess. Jehan Huchet.	VIII s.
Mess. Raoul Guéroust.	VIII s.
Un ou lieu de muns. Jehan le Fèvre.	VIII s.
Mess. Pierre Maletrine.	VII s. III d.
Jehan du Passage, sommelier.	VI s.
Mess. Thomas Lefort.	VI s.
Mess. Estienne Petault.	VI s.

Et le surplus de leurs gaiges qu'ils souloient avoir, qui montent par mois IIII^{xx} XVI. L. XVIII. s. IIII. d., seront baillez chacun mois aux maistres de la Chambre aux Deniers pour convertir ou fait de la despense par mess. les Trésoriers de France ou par le changeur du Trésor.

AUTRES OFFICIERS PAR LE JOURNAL.

Maistres des requestes.

Me Jehan de Mailly. M. Nicolas Fraillon.	Clers.
M. Pierre de Marigny. M. Robert Piedefer. M. Jehan Dolé. M. Quintin Massue.	Lays.

Desquels VI il y en aura deux à court par mois, c'est assavoir un clerc et un lay, et aura le clerc par jour pour toutes choses XXIIII. s., et le lay XXX s. Et se vendront ou envoyeront présenter au commencement du mois qu'ils devront servir.

Guillaume le Martin, tailleur des robes du Roy.

Ne mengera point à court et aura par jour III s.

Jehan de Laveur, dit Savoye, cordouannier.

Ne mengera point à court et aura par jour ɪɪ s.

Perrin Pelleret, roy des Ribaux.

Ne mengera point à court et aura par jour ɪɪɪ s.

Jacques Bonnard, clerc du Confesseur.

Mengera avec son maistre et aura par jour vɪɪɪ d.

Sous aumosnier.

Mᵉ Philipes Aymenon.

Mengera à court quant l'aumosnier sera absent et aura par jour vɪ s. comme il a accoustumé avoir.

Et est assavoir que le Roy a ordonné et ordonne que tous les dessusdis chambellans, maistres d'ostel et autres officiers dessus nommez ne seront point comptez ne délivrez en nuls des offices se ils ne sont à court par devers le Roy ou dehors pour le fait de la despense.

Item, et par ces présentes ordonnances toutes les chambres sont et seront rompues, c'est assavoir que chacun des dessusditz soient chambellans, maistres d'ostel et autres officiers mengeront en salle et non autre part.

Item, que les chambellans bannerez et qui coucheront devant le Roys eront servis chacun par soy, et les autres chambellans deux et deux ainsi qu'il a esté accoustumé d'ancienneté.

Et des viandes d'eux et de tous les autres, ne sera aucune chose osté ou baillié ailleurs, mais tout ce qui en demourra, sera baillé, délivré et converti en l'aumosne et non autre part.

Item, que tous les officiers dessusdits qui ont par

ces présentes ordonnances chevaulx les aient et tiengnent, et ou cas que ils ne les auront et tiendront, il leur sera raié pour cheval xx d., et en respondra chacun clerc en son office, aux comptes.

Item, est ordonné que les officiers qui seront ordonnez à servir par mois se partiront de la court leur mois passé sans charger la court, et n'auront aucun commendement sinon ou mois qu'ils serviront seulement.

Item, est ordonné que le maistre de la Chambre aux Deniers ne payera denier à quelque personne, officiers ne autres, sans l'avis et conseil du controlleur, et ne baillera en la Chambre des Comptes aucunes debtes se ledit controlleur ne les baille par son controlle. Et deffent le Roy par ces présentes ordonnances aux gens des comptes que ils ne recoivent autrement les dites debtes, et pour ce les clercs d'offices seront tenus de faire doubles escroes chacun jour, et les sommeliers de laditte chambre seront tenus de besongner pour le fait dudit maistre et dudit controlleur.

Item, est ordonné que tous les dessus dis chambellans, maistres d'ostel et autres officiers jureront à tenir et garder ces présentes ordonnances tout par la fourme et manière qu'elles sont cy dessus déclairées.

(Cahier de pap. de 5 feuillets, d'une main du dix-septième siècle. *Arch. de l'Emp.*, carton K, 1712.

CCIV

Bref de Martin V à Charles VII sur la mort de son père.

1422.

Carissimo in Christo filio, Carolo, regi Francorum illustri, salutem, etc. Non dolere et pias lacrimas continere caritas nostra non potuit, cum nobis nunciata mors fuit celebris et preclare memorie carissimi quondam in Christo filii nostri Caroli, Francorum regis illustris, genitoris tui. Simul enim omnium subiit regie domus sanguinis et sue pristine fortune memoria, et consideracio infirmitatis sue, laborumque presencium, que nos, et te et ceteros qui eum amabant, facere prompciores debet ad laudandum Deum qui, si etiam illum rebus fecundissimis de regno tranquillo et saniore corpore vocavisset, esset a nobis de omni sua voluntate laudandus, presertim cum illi christianissimo regi plurimum boni, mali nichil accederit, qui ad regnum eternum vocatus est imperio regis eterni. Suscipiamus igitur consolacionem in Domino et misericordiam ejus humiliter implorare pro defuncti regis anima non cessemus. Verum, fili carissime, quoniam tu debitor es non minoris pietatis in patriam quam in patrem, rogamus Excellenciam tuam, ut omnes curas et cogitaciones tuas convertas ad populi tui quietem et patrie tue salutem, quia non minus debes amare quam patrem, quam filios, quam teipsum. Et cum tu regem esse cogitaris, necesse est, si recte consideras, fatearis te publicum patrie patrem esse oportere, quod paterne caritatis officium cum gentibus et nacionibus que in tuo regno continentur, prestare tenearis in omni statu omnique fortuna. Nunc maxime, diuturno bello fatigate et tantis afflicte calamitatibus, humanitatem et sapienciam tuam requirunt ut eas aliquando a tantis laboribus liberatas in optata pace componas, quibus profecto nichil melius pace, nichil optabilius dari potest; pro qua velis extinguere iras et odia et injuriarum omnium oblivisci, illasque omnino tua benignitate remittere. Nec te commutacio rerum aut aliqua nova felicitas a consilio pacis avertat, nec tibi blandiantur homines, aut querele sue tribuant, que Dominus solus fecit, in cujus manu corda sunt regum et aufert spiritum principum quando vult. Vana siquidem et infirma sunt humana consilia nisi Dominus illa direxerit, qui rebus omnibus tempora modosque constituit. Cum igitur acceperis ab eo id quod ipsi referende devote et humiles gracie sunt, et in cunctis tuis accionibus ejus auxilium implorandum, qui profecto, si per suas semitas ambulabis, tuis rectis et honestis desideriis prosperos cursus dabit. Inicia igitur regni tui illi commendes et secundum ejus legem et mandata disponas, et tu, cum regio diademate fueris ornatus, tibi persuadeas quod alia quedam sunt preciosora regum ornamenta quam diadema vel purpura, fides scilicet, humanitas et justicia, et super omnia timor Dei et veneracio ecclesie sue, sine quibus regium quidem nomen usurpari potest, verus autem et justus rex esse non potest. Quare, fili carissime, te obsecramus ut Deum timeas et sanctam ejus ecclesiam veneraris nec paciaris in regno tuo opprimi ecclesiasticam libertatem, que semper a clarissimis regibus progenitoribus tuis summa cura et diligentia fuit defensa. Nos enim pro statu et honore tuo et pro quiete et pace regni tui nostra semper studia interponemus, quo nichil per nos accommodacius fieri potest ad conservandam et amplificandam dignitatem tuam.

Ceterum, dilectus filius Gauffridus Chellet, prior monasterii de Villemaris, decretorum doctor, consiliarius et orator serenitatis tue, quem libenter audivimus commissa sibi per te nobis fideliter exponentem, te de sinceritate nostre voluntatis et de nonnullis aliis seriosius informabit, quem pro sua virtute et fide ac diligencia in factis tuis perspecta gratum habuimus et eumdem tue celsitudini commendamus. Datum[1].

(*Arch. de l'Emp.* Reg. LL. 4, fol. 4.)

1. *Sic* dans le registre, où la date manque.

FIN DU PREMIER VOLUME.

TABLE

DES PIÈCES COMPRISES DANS CE VOLUME.

		Pages.
I.	Mort de Charles V; avènement de Charles VI (16 septembre 1380)..	1
II.	Instructions de l'évêque de Langres, envoyé vers le pape (1380)..	4
III.	Autres de l'évêque de Langres et de messire Jean de Rye, envoyés vers le comte de Foix (1380)...............	6
IV.	Ordre de Charles VI au lieutenant du bailly de Rouen et de Gisors, d'assembler les notables des trois ordres dans son ressort, pour arriver a l'exécution de l'ordonnance touchant la défense du royaume; avec la convocation du lieutenant (S.-Denis, 8 février 1381).............	9
V.	Montre du sire de Garencières, capitaine de Caen (Caen, 1er mars 1381).......................................	13
VI.	Traité d'alliance entre Charles VI et Jean, roi de Castille (Bicêtre, 22 avril 1381)...........................	14
VII.	Mention d'une émeute à Saint-Quentin (Paris, mai 1381)	20
VIII	Rémission pour Berthelot du Dexc (Paris, mai 1381)...	21
IX	Rebellion contre un percepteur d'impôt à Noyon (Vincennes, 16 janvier 1382)................................	22
X.	Rôle de la taille répartie dans l'archidiaconé du Pincerais; par les gens des trois Etats du diocèse de Chartres, d'après la taxe mise pour un an par le roi pour le fait de la guerre (1er mai 1382)...........................	24
XI.	Condition des juifs convertis (Vincennes, 12 mars 1382)	26
XII.	Autres lettres de même forme et de même date.........	28
XIII.	Les godins ou brigands du Nivernais (Mantes, 19 mars 1382)...	29

		Pages.
XIV.	Sur les rémissions données par droit de joyeux avènement (Rouen, avril 1382)..............................	31
XV.	Fortifications de Châteaulandon (Paris, avril 1382).....	32
XVI.	Combat entre des nobles, a Laon (Beauvais, avril 1382)..	33
XVII.	Montre de la garnison du château de Caen (Caen, 8 mai 1382)...	35
XVIII.	Emprunt de 80,000 francs d'or fait par Charles VI à la ville de Paris (St.-Denis, 17 mai 1382)............	36
XIX.	Octroi de nouvelles lettres de rémission en remplacement d'autres qui avaient été rongées par les rats (St.-Denis, 27 mai 1382)......................................	37
XX.	Guerres privées (Paris, dernier janvier 1383)..........	38
XXI.	Remission pour les attornés de Senlis, qui avaient rappelé leur contingent de l'armée de Flandre (Paris, février 1383)...	42
XXII.	Juifs detroussés (Paris, 6 février 1383)................	43
XXIII.	Juifs de Mantes persecutés (Paris, mai 1383)..........	45
XXIV.	Sedition a Orleans (au Louvre, juin 1383).............	47
XXV.	Quittance donnée par Louis, duc de Bourbon, d'une somme de 3000 francs d'or sur la pension de 100 francs par mois que lui fait le roi (Paris, 5 novembre 1383)...	48
XXVI.	Remission pour un orfevre de Paris, impliqué dans l'affaire des maillotins (Paris, novembre 1383)...........	49
XXVII.	Traité d'alliance offensive et defensive entre Jean, duc de Berri, Philippe, duc de Bourgogne, et Jean, duc de Bretagne (Paris, février 1384).....................	51
XXVIII.	Bail à terme, fait par le roi a son chancelier Pierre de Giac, d'une partie des anciens murs de Paris, situés grande rue Saint-Antoine, près Sainte-Catherine du Val des Ecoliers, pour l'agrandissement de l'hôtel d'Hugues Aubriot, occupé par le chancelier (Paris, février 1384)...	53
XXIX.	Ordonnance de Charles VI, portant révocation des réformateurs généraux (Paris, 9 mars 1384)............	54
XXX.	Persécution des juifs a Mantes (Paris, mars 1384).....	56
XXXI.	Injures proférées contre le roi (Paris, février 1385)...	58
XXXII.	Ambassade envoyée aux Provençaux (1385)...........	60
XXXIII.	Reponse du senechal de Baucaire (1385)...............	67
XXXIV.	Vol du grand sceau royal (6 avril 1386)...............	70
XXXV.	Quittance donnée par Jean, duc de Berri, au roi, d'une somme de 80,000 francs en compensation des comtés de Saintonge et d'Angoumois (Paris, 7 juillet 1386).	71
XXXVI.	Ordre de payement d'une somme de 12,000 livres tour-	

	nois, pour le passage de l'armée navale (Paris, 9 août 1386).......................................	73
XXXVII.	Pouvoir donné par Charles VI a Jean, sire de Foleville, et a ses autres envoyés, pour assister au traité qui doit se faire entre le roi de Castille et le duc de Lancastre, leur adversaire commun (Amiens, 11 septembre 1386)..................	74
XXXVIII.	Guillaume de Naillac et Gaucher de Passac, chevaliers, chambellans du roi, s'engagent, moyennant une somme de 100,000 francs, de mener en Castille deux mille hommes d'armes que le roi envoie au secours du roi de Castille contre le duc de Lancastre (Paris, 5 février 1387)..........................	76
XXXIX.	Défi du duc de Gueldre au roi Charles VI (Neumagen, 12 juillet 1387)..............................	78
XL.	Consentement d'Olivier de Clisson à ce que l'aide pour la guerre soit levée sur ses terres du Poitou (2 août 1387)...	80
XLI.	Lettres de Pierre, comte d'Alençon et du Perche, permettant la levée, dans ses terres, d'une imposition mise sur tout le royaume pour s'opposer à une descente des Anglais, et pour porter secours au roi de Castille (Argentan, 5 août 1387)..........	81
XLII.	Lettres de Charles VI, adressées aux receveurs des aides du diocèse de Bayeux, pour la levée d'une nouvelle aide pour s'opposer aux entreprises du duc de Lancastre, arrivé récemment de Portugal à Bordeaux (Compiègne, 19 décembre 1387).............	83
XLIII.	Mention de la prise de Saint-Venant sur la Lis, par les Gantois (Paris, décembre 1387)..................	86
XLIV.	Rémission pour un homme de métier, complice des maillotins (Paris, janvier 1388)....................	87
XLV.	Rémission pour Jean Braque, chevalier (Paris, janvier 1388)..	87
XLVI.	Lettres de noblesse pour Jean Sper, roi-d'armes d'Artois (Paris, janvier 1388)......................	88
XLVII.	Propos politiques tenus par un berger (Paris, mars 1388).	90
XLVIII.	Titre du registre XIII du criminel (1388)............	91
XLIX.	Instructions a Jean Blondel et Pertuis, sur ce qu'ils auront a dire au Pape, a Raymond de Turenne et à l'Amiral, touchant le mariage du maréchal Boucicault avec la fille dudit Raymond de Turenne (Abbeville, 25 juin 1388)....................	94

		Pages.
L.	Don fait par le roi à son frère Louis, duc de Touraine, de l'hôtel de Behaigne, rue de Nesle (Saint-Ouen, juin 1388)	98
LI.	Propos tenus contre la mémoire de Charles V (Paris, juillet 1389)	99
LII.	Vente de l'hôtel de Sicile au roi, par Pierre, comte d'Alençon (Argentan, 16 mai 1390)	100
LIII.	Procès criminel intenté a Jean de Brézé, chevalier (1er juillet 1390)	101
LIV.	Prix de l'acquisition du comté de Longueville par le duc de Touraine (2 janvier 1391)	107
LV.	Ordre de Louis, duc de Touraine, au garde de ses chartres, de rendre au sire de Coucy une obligation de 10,000 florins ducats que le duc lui avait prêtés pour son expédition d'Afrique (Paris, 20 décembre 1391)	108
LVI.	Ordre de Louis, duc de Touraine, au garde de ses chartres, de rendre à Philippe de Florigny, son premier chambellan, une obligation de 500 florins d'or, que celui-ci avait souscrite au seigneur de Milan lors de son ambassade en Lombardie (Paris, 21 février 1392)	109
LVII.	Don fait par le roi à la reine de Sicile, duchesse d'Anjou, et a son fils, des aides pour la guerre qui se lèveront dans leur duché d'Anjou, leur comté du Maine et leurs autres terres (Paris, 15 mars 1392)	110
LVIII.	Instructions des ambassadeurs français envoyés vers le pape pour la création d'un royaume d'Italie pour Louis, duc d'Orléans (24 janvier 1394)	112
LIX.	Délivrance de Bureau, sire de la Rivière, et de Jean le Mercier, seigneur de Nouviant (Saint-Germain-en-Laye, dernier janvier 1394)	117
LX.	Consentement de Charles de Fiesque, à ce que la ville de Gênes se donne a Charles VI (février 1394)	119
LXI.	Attaques d'Enguerran de Monstrelet contre le seigneur de Fieffes (11 mai 1394)	120
LXII.	Le trésor du roi a la tour du Louvre (7 septembre 1394)	122
LXIII.	Mention de l'affaire de Bureau de la Rivière et de Jean le Mercier (janvier 1395)	123
LXIV.	Gages de bataille — Mention de l'expédition du duc d'Anjou (11 mars 1395)	124
LXV.	Batterie dans Paris entre des Bretons et des bouchers (27 juillet 1395)	126

TABLE DES PIÈCES.

		Pages.
LXVI.	Mention de l'affaire de Bureau de la Rivière (26 août 1395)..	128
LXVII.	Sauvegarde pour six mois, accordée par le roi à Pierre de Craon, et vingt hommes de sa suite (26 janvier 1396...	128
LXVIII.	Cortége de la reine Isabelle pour son passage en Angleterre (26 juillet 1396...........................	130
LXIX.	Don fait par Charles VI à Louis, duc d'Orléans, d'une somme de 300,000 francs d'or en dédommagement des villes de Gênes et de Savône (Paris, 12 décembre 1396)..	134
LXX.	Lettres de Richard II, roi d'Angleterre, sur son entrevue avec Charles VI (Calais, 24 octobre 1397).....	136
LXXI.	Acquisition de l'hôtel de Giac, par le duc d'Orléans (16 décembre 1397)................................	138
LXXII.	Rémission pour un écuyer qui avait, contre les défenses, passé au service de Raymond de Turenne (Paris, janvier 1398..	139
LXXIII.	Lettres d'alliance de Wenceslas, roi de Bohême, avec Louis, duc d'Orléans, et projet de mariage de Charles d'Orléans, fils aîné du duc, avec Elisabeth, fille de feu Jean, duc de Gueldre (Reims, 31 mars 1398 ...	140
LXXIV.	Opinions des princes du sang sur la question de soustraction du royaume à l'obédience de Benoît XIII (1398)...	142
LXXV.	Lettre missive du comte d'Alençon à l'évêque de Chartres, sur le même sujet............................	148
LXXVI.	État de l'Hôtel de Jean, duc de Berri, en 1398........	149
LXXVII.	Injures proférées contre le roi (1398)................	153
LXXVIII.	Montre passée à Boulogne-sur-Mer (1er avril 1399)....	154
LXXIX.	Rémission pour une bourgeoise de Périgueux, qui avait épousé un écuyer anglais. — Habitants de Périgueux surpris et faits prisonniers par un parti d'Anglais, dans leur église, le jour de la Pentecôte (Paris, mai 1399).	154
LXXX.	Traité d'alliance entre Henri, duc de Lancastre, et Louis, duc d'Orléans (17 juin 1399)..............	157
LXXXI.	Rémission pour le comptable et les gardes de la monnaie de Sainte-Menehould (Rouen, novembre 1399.	160
LXXXII.	Composition de l'échiquier de Rouen, de Pâques 1400.	162
LXXXIII.	Livraison de houpelandes du 1er mai aux seigneurs de cour, pour l'an 1400.............................	163
LXXXIV.	Pleins pouvoirs des ambassadeurs d'Angleterre (Westminster, 18 mai 1400)............................	167

		Pages.
LXXXV.	Pouvoirs des ambassadeurs de France, pour réclamer la reine Isabelle et pour traiter des trêves (Paris, dernier mai 1400).............................	171
LXXXVI.	Engagement de Louis II, duc de Bourbon, portant que son duché de Bourbonnais et son comté de Clermont en Beauvoisis feront retour à la couronne, à faute d'héritiers mâles (Paris, mai 1400).......	173
LXXXVII.	Autorisation donnée par Louis II, duc de Bourbon, à son fils Jean de Bourbon, comte de Clermont, de laisser faire retour après lui à la couronne, du duché d'Auvergne et du comté de Montpensier, qu'il tenait de sa femme, Marie de Berri, au cas où ils mourraient sans héritiers mâles (Paris, 18 juillet 1400).	178
LXXXVIII.	Avis du conseil sur les demandes des plénipotentiaires anglais (22 juillet 1400)................	182
LXXXIX.	Minutes de pièces diplomatiques concernant la restitution de la reine Isabelle, et l'ambassade envoyée en Écosse (août 1400).......................	185
LXXXX.	Instructions des ambassadeurs de France (6 septembre 1400).....................................	193
LXXXXI.	Présents faits par Charles VI à l'empereur de Constantinople, Manuel Paléologue (25 mai 1400)....	197
LXXXXII.	Don de la conciergerie de l'hôtel royal de Chantelou, fait par le roi Charles VI à Jean de Montagu (Paris, mai 1401.............................	198
LXXXXIII.	Poursuites de la reine contre Raoul de Hauquetonville (4 juin 1401)............................	200
LXXXXIV.	Arrêt contre Raoul d'Hauquetonville (7 juin 1401).	200
LXXXXV.	Guillaume de Tignonville reçu prévôt de Paris (6 juin 1401).................................	203
LXXXXVI.	Lettres de Charles VI qui confient la garde du pape Benoît XIII à Louis, duc d'Orléans (Paris, 1er août 1401).......................................	203
LXXXXVII.	Instructions des ambassadeurs Français envoyés vers le duc de Milan (août 1401).............	204
LXXXXVIII.	Trois lettres de Charles III, roi de Navarre, au roi de Castille, touchant les querelles des maisons de Bourgogne et d'Orléans (18 septembre, 7 et dernier octobre 1401..................................	208
LXXXXIX.	Lettre du duc de Bourgogne au parlement, et la réponse (octobre 1401)........................	212
C.	Instructions des ambassadeurs français (20 novembre 1401).....................................	218

TABLE DES PIÈCES.

Pages.

CI. Traité de Paris entre les ducs d'Orléans et de Bourgogne, moyenné par la reine, les ducs d'Anjou, de Berri et de Bourbon (Paris, 14 janvier 1402). 220

CII. Pouvoirs donnés par le roi à la reine pour apaiser la brouille survenue entre les ducs d'Orléans et de Berri, au sujet de la garde du pape dans Avignon (Paris, 16 mars 1402).................. 227

CIII. Prêt de 200 francs, fait au roi par l'abbé de Saint-Germain-des-Prés (23 avril 1402)............ 239

CIV. Pleins pouvoirs donnés à la reine pour traiter avec les partis d'Orléans et de Bourgogne, et pour le gouvernement des finances (Paris, 1er juillet 1402. 240

CV. Don par Charles VI au duc de Berri des aides levées pour la guerre, pendant un an, sur toutes les terres du duc (Paris, 2 octobre 1402)................ 243

CVI. Exécution de la veuve du procureur Le Charron (20 décembre 1402)........................ 245

CVII. Engagement du comté de Dreux fait au connétable d'Albret (Paris, 5 juin 1403)................. 246

CVIII. Lettres de Philippe le Hardi, duc de Bourgogne, pour la protection à accorder au commerce des Flandres, dans l'éventualité d'une guerre entre la France et l'Angleterre (Melun, 29 août 1403).... 249

CIX. Serment de fidélité au roi prêté par Louis II, duc d'Anjou (Paris, 29 décembre 1403).......... 252

CX. Lettre de la ville de Florence à Charles VI, contre le parti gibelin (Florence, 24 avril 1404)....... 253

CXI. Mariage de la reine Isabelle avec Charles d'Orléans (Paris, 5 juin 1404)..................... 260

CXII. Poursuites de l'Université contre Charles de Savoisy (19 juillet 1404).......................... 261

CXIII. Mention de la révolte des Liégeois contre leur évêque, dans des lettres de rémission du 25 août 1404. 263

CXIV. Don à la reine Isabeau de Bavière, d'une maison à Vernon (Paris, décembre 1404).............. 267

CXV. Le roi abandonne à la veuve de Jean de Béthisac, la moitié des biens de son mari (Paris, juin 1405)................................... 268

CXVI. Mention de l'expédition française au pays de Galles (juillet 1405)............................. 268

CXVII. Lettre d'Olivier de Mauni à Henri III, roi de Castille, sur l'enlèvement du Dauphin par le duc de Bourgogne (Paris, 25 août 1405).............. 269

		Pages.
CXVIII.	Fortifications de Paris (Paris, août 1405)............	272
CXIX.	Déclaration de Louis, duc d'Orléans, au sujet de l'enlèvement du Dauphin à Juvisy, par le duc de Bourgogne (Melun, 2 septembre 1405).........	273
CXX.	Traité d'alliance entre la reine Isabeau de Bavière, Jean, duc de Berri, et Louis duc d'Orléans (Paris, 1er décembre 1405).................	283
CXXI.	Traité d'Owen, prince de Galles, avec la France (Lanpardan, 12 janvier 1406)...............	285
CXXII.	L'ordre de la Cosse de Genest donné à Robert de Mauni, écuyer (Paris, 7 mars 1406)...........	287
CXXIII.	Éclypse de soleil (16 juin 1406)................	287
CXXIV.	Tempête au Landit (22 juin 1406)..............	288
CXXV.	Ordonnance concernant les offices, les finances et le domaine (Paris, 28 juillet 1406)...............	288
CXXVI.	Mention de l'expédition française au pays de Galles (août 1406).......................	299
CXXVII.	Extrait de lettres royaux en faveur de Jean de Hangest, maître des arbalétriers, faisant mention de son expédition au pays de Galles (Paris, septembre 1406).............................	
CXXVIII.	Jean des Mares (11 décembre 1406).............	301
CXXIX.	Mention du voyage du duc d'Orléans en Guienne (mars 1407)...........................	301
CXXX.	Confirmation par Guillaume, comte de Hainaut, d'un traité de commerce avec la France, pour ses sujets de Hollande et de Zélande (Woudrichem, 20 octobre 1407).......................	302
CXXXI.	Promesse de Jean V, duc de Bretagne, de continuer avec la duchesse douairière d'Orléans et le duc Charles, son fils, les alliances qu'il avait contractées avec le feu duc, Louis d'Orléans (Vannes, 1er mai 1408)...........................	309
CXXXII.	Entrée de la duchesse d'Orléans à Paris, en appareil funèbre (août 1408)......................	310
CXXXIII.	La tenue des grands jours de Troyes empêchée par les malheurs du temps (29 août 1408).........	311
CXXXIV.	Publication des pouvoirs conférés à la reine pendant la maladie du roi (septembre 1408).......	312
CXXXV.	Procédure du Parlement contre le duc de Berri, au sujet d'une fille qu'il voulait marier à un peintre allemand (novembre 1408)..................	313
CXXXVI.	Discours prononcé par le chancelier, Arnaud de	

TABLE DES PIÈCES.

		Pages.
	Corbie, a l'ouverture du Parlement, sur les dangers des temps (novembre 1408)	314
CXXXVII.	Augmentation du service de l'hôtel de Charles, duc d'Orléans (2 avril 1409)	315
CXXXVIII.	Mention de la mort de Gui de Roye, archevêque de Reims, tué a Voltri dans les États de Gênes, comme il se rendait au concile de Pise (8 juin 1409).	317
CXXXIX.	Joie dans Paris à la nouvelle de l'élection du pape Alexandre V (11 juillet 1409)	318
CXL.	Don fait par le Dauphin, Louis, duc de Guienne, à sa sœur Marie de France, religieuse a Poissy, d'un fief qui avait été confisqué sur le grand maitre de Montagu (Melun, 11 décembre 1409)	319
CXLI.	Émeute à Abbeville, occasionnée par une exportation de blé (Paris, décembre 1409)	320
CXLII.	Séance solennelle du Conseil tenue par le roi dans la salle Saint-Louis. On y résout la guerre avec l'Angleterre. On y crée des réformateurs généraux. Le Dauphin est adjoint à la reine pour gouverner pendant la maladie du roi (31 décembre 1409)	322
CXLIII.	Don de la terre de Tourenfuye, près Melun, fait par le dauphin Louis, duc de Guienne, à la reine sa mère (Paris, 4 mars 1410)	323
CXLIV.	La capitainerie de Creil donnée au dauphin Louis, pour y prendre ses ebats (13 avril 1410)	325
CXLV.	Mention des lettres adressées par les princes au Parlement (9 septembre 1410)	327
CXLVI.	Traité de Paris, du 2 novembre 1410, pour le désarmement des partis	329
CXLVII.	Révolte de Gênes. — Pouvoirs donnés au maréchal Bouciquaut d'arrêter tous les agents du marquis de Montferrat se trouvant en Languedoc (Paris, 24 avril 1411)	333
CXLVIII.	Réponse du roi à une lettre des princes d'Orléans, qui lui demandaient justice du meurtre de leur père (Paris, 20 juillet 1411)	341
CXLIX.	Déclaration de Saint-Ouen, emanée des seigneurs du parti d'Orléans (Saint-Ouen, 9 octobre 1411).	344
L.	Nomination de Pierre des Essarts a la charge de prévôt de Paris (septembre 1411)	346
CLI.	Le parlement décide qu'il portera ses plaintes au roi (20 janvier 1412)	347

		Pages.
CLII.	Lettres des orléanistes interceptées (20 mai 1412)...	348
CLIII.	Épisode de la bataille de Saint-Remi-du-Plain (mai 1412)..................................	349
CLIV.	Le Parlement mandé à Auxerre (3 août 1412).....	350
CLV.	Ordre du roi au duc d'Orléans de renoncer à l'alliance anglaise (Auxerre, 22 août 1412).......	352
CLVI.	Enterrement de Pierre de Navarre, comte de Mortain (août 1412).............................	353
CLVII.	Relation du premier président, Henri de Marle, sur les conférences d'Auxerre (27 août 1412).......	354
CLVIII.	Alliance entre Thomas, duc de Clarence, et Charles, duc d'Orléans (14 novembre 1412)............	359
CLIX.	Paix entre Louis, duc d'Anjou, et Charles, duc d'Orléans (Angers, 16 février 1413)............	359
CLX.	L'Université et la ville de Paris demandent au Parlement de se joindre à eux pour la réformation des abus (17 février 1413).......................	362
CLXI.	Démolitions faites dans la ville de Soissons (mars 1413)..................................	363
CLXII.	Le Dauphin consulte le Parlement sur la guerre (8 avril 1413).................................	364
CLXIII.	Restitution à la veuve de Pierre des Essarts, des biens confisqués sur son mari (Paris, 5 août 1413)..................................	365
CLXIV.	Nomination de Guillaume le Turc à la charge d'avocat du roi au Parlement (23 août 1413).......	366
CLXV.	Noms des bannis (1413).........................	367
CLXVI.	Création d'un ordre de chevalerie par le duc de Bourbon (Paris, 1er janvier 1415)...............	370
CLVII.	Mention du siège de Soissons (Paris, 26 juillet 1415).	374
CLXVIII.	Complot dans Paris (5 décembre 1415)...........	375
CLXIX.	Sur Pierre des Essarts (1416)..................	378
CLXX.	Émeute à Carcassonne au sujet des impôts (Paris, février 1416)................................	378
CLXXI.	Sur l'entrée de l'empereur Sigismond à Paris (1er mars 1416)..............................	382
CLXXII.	Séance de l'empereur Sigismond au Parlement (16 mars 1416)..............................	382
CLXXIII.	Sur Guillaume Seignet (12 mars 1416)...........	383
CLXXIV.	Bourgeois de Paris impliqué dans le complot de Pâques 1416 (19 avril)........................	384
CLXXV.	Les plaidoiries du Parlement interrompues par l'approche des Bourguignons (août 1416)...........	385

		Pages.
CLXXVI.	Les gens du Parlement, même prêtres, obligés à s'armer (dernier août 1416)	385
CLXXVII.	Requête présentée au Parlement par les femmes des bannis (4 septembre 1416)	387
CLXXVIII.	Mesures prises par le Parlement pour avoir de l'argent (15 mai 1417)	387
CLXXIX.	Vente de rentes sur l'Hôtel-de-Ville pour les fortifications de Paris (9 juin 1417)	390
CLXXX.	Gui Turpin, chevalier, enlevé par force des prisons de la Conciergerie et conduit à l'hôtel Saint-Paul (juin 1417)	390
CLXXXI.	Emprunt demandé aux avocats et procureurs (juin 1417)	391
CLXXXII.	Exil de plusieurs conseillers du Parlement, comme partisans du duc de Bourgogne (30 août 1417)	392
CLXXXIII.	Détails sur le complot de Pâques 1416 (Paris, novembre 1417)	393
CLXXXIV.	Autres	395
CLXXXV.	Discours sur la paix, prononcé en Parlement par le cardinal de Saint-Marc, légat (3 mai 1418)	397
CLXXXVI.	L'hôtel d'Armagnac donné au comte de Charolais (Paris, 21 juillet 1418)	398
CLXXXVII.	Manœuvres séditieuses à Châlons-sur-Marne (Paris, octobre 1418)	399
CLXXXVIII.	Discours du cordelier Pierre-Aux-Bœufs dans l'église de Paris — Révocation par l'évêque de Paris de la sentence qu'il avait portée contre le duc de Bourgogne (1418)	400
CLXXXIX.	Sur l'entrevue de Meulan (2 mai 1419)	402
CLXXXX.	Sur le traité de Pontoise (juillet 1419)	403
CLXXXXI.	Prise de Pontoise (1419)	404
CLXXXXII.	Nouvelles de l'assassinat de Jean, duc de Bourgogne (11 septembre 1419)	404
CLXXXXIII.	Prise de Sens (13 juin 1420)	407
CLXXXXIV.	Mort d'Eustache de Laitre, chancelier de France (18 juin 1420)	408
CLXXXXV.	Entrée des deux reines à Paris (2 décembre 1420)	408
CLXXXXVI.	Prise et reprise de Meulan (7 avril 1421)	409
CLXXXXVII.	Entrée du roi d'Angleterre Henri VI à Paris (4 juillet 1421)	410
CLXXXXVIII.	Victoire remportée par le duc de Bourgogne, près de Saint-Walery (1421)	411
CLXXXXIX.	Prise de Villeneuve-sur-Yonne (1421)	412

		Pages.
CC.	Lettre de Charles VI au duc de Lorraine, sur le droit d'Henri VI, roi d'Angleterre, de lui succéder à la conronne de France (25 mars 1422)....	412
CCI.	Dons faits à Perrinet Leclerc et à ses complices (Meaux, 30 mars 1422)......................	413
CCII.	Extraits d'un compte d'une taille de marcs d'argent mise sur la ville de Paris, l'an 1421...........	414
CCIII.	Ordonnance de l'Hôtel 1422'.	429
CCIV.	Bref de Martin V adressé à Charles VII, sur la mort de son père (1422).......................	447

FIN DE LA TABLE DES PIÈCES.

PARIS. — IMPRIMERIE DE CH. LAHURE
Rue de Fleurus, 9.

www.ingramcontent.com/pod-product-compliance
Lightning Source LLC
Chambersburg PA
CBHW070206240426
43671CB00007B/561